融中对

市县融媒体中心全景实战 12 讲

周劲 / 著

人民日报出版社
北京

> 自序一

破局·隆中对
携手踏上新征程

行至山穷水尽处，坐看风起云涌时。

公元207—208年的《隆中对》，是刘备集团救亡图存的分水岭。

那时的刘备，居无定所，空有匡扶汉室的雄心，他的战略就是加盟，即打不过人家，就加盟人家，同现在传统主流媒体入驻各大互联网平台有点相似。要不是在隆中被诸葛亮点醒，他怎么也不会想到要夺取荆州，那个根本不熟悉的互联网门户。

尽管刘备很苦恼，但他没有找到失败的原因，这和他的认知视野有关，刘备出生在中原，起家在中原，中原也是最繁华的地方，如同一张"中原馅饼"，他只愿意在熟悉的"中原"做没有风险的事。

传统主流媒体也大多如此，固守"得中原者得天下"，对主力军上主战场还有畏难情绪，宁可半死不活，在最熟悉的地方混，也不愿意全面深改，凤凰涅槃。

《隆中对》给了我们启示，"中原馅饼"其实是一个"中原陷阱"，传统主流媒体最大的风险，不是深融改革带来的阵痛，而是或像"温水里的青蛙"，感觉不到世界的变化；或一时难寻出路，选择"躺平"坐等供养；或脚踩西瓜皮，没有顶层设计，滑到哪儿算哪儿。

新时代吹响了新号角。党的二十大报告指出，"建设具有强大凝聚力和引领力的社会主义意识形态""加强全媒体传播体系建设，塑造主流舆论新格局"，为媒体深融的中国式现代化之路指明了方向。

未来3—5年，在大数据、算法、人工智能的推动下，媒体生态的复杂性将远超我们的想象，加上百年未有之大变局加速演进，世纪疫情反复延宕，全球经济持续衰退，外部环境复杂严峻，巨大的灰犀牛就蹲在那里。

如果传统主流媒体还不突破"中原陷阱"，找到深度融合关键的破局点，面临的将是错失一次次良机后的道尽途殚。在这样一个决定生死存亡的战略转折点，无论你是市县融媒体中心，还是报业集团或广电总台，都要对以下10个问题来一次反观内省、自我剖析。

1. 请10个中层干部，写下未来三年做什么、不做什么，是否步调不一致，各吹各的号？

2. 领导班子分工是否还由某领导专门分管新媒体、某部门专门只做新媒体？

3. 新媒体用户不如当地自媒体大号，影响力走不出媒体大楼、政府大院？

4. 改革思路难统一，领导在火上烤，中层只谋"小山头"利益，员工集体观望、趋于躺平？

5. 投入上千万元建成中央厨房，大屏数据大多用于展示，只在领导参观时播放？

6. 新闻产品爆款不断，但天量的阅读没有带来收入，疫情三年经营大幅下滑，新的一年首先要考虑如何活下去？

7. 新闻App发文下载过百万，日活数据仍然惨不忍睹，不能公布？

8. 公益一类没钱发绩效，公益二类没钱发工资，干的不如看的，看的不如捣蛋的？

9. 领导求贤若渴，员工怀才不遇，采编骨干"身在曹营心在汉"？

10. 尽管如履薄冰、严防死守，低级红、高级黑的报道仍不时发生，惊出一身冷汗？

以上10个问题，是检验一家媒体融合是否成功的重要标尺。如果你有5个以上回答了"是"，可要高度重视了，贵单位的媒体融合或许正处在"船到中流浪更急"的关键时期。

本书试图给出的，就是这10个问题的答案，力争用"深入浅出"的解决方案为传统主流媒体勾画出实现愿景的宏伟蓝图。

这些解决方案，套用当下互联网的话语体系，就是"既有趣又有用"。

有趣，是用通俗的语言，讲透媒体融合的底层逻辑，把枯燥的理论、实践的规律，用讲故事的方法，新颖地表达出来；有用，是从顶层设计的高度指明方向，既有战略规划，又有战术路径，提供货真价实的操盘术，能够复制落地。

以史为镜，可以知兴替。作为中国历史上有记载的第一个战略咨询案例，《隆中对》具备了各个战略、战术要素，给媒体深融开启了一个全新的方法论："融中对"。

历史照亮未来，征程未有穷期。从"隆中对"到"融中对"，让我们共同开启一场跨越千年的对话，不驰于空想，不骛于虚声，携手踏上媒体融合中国式现代化的新征程。

> 自序二

漫绘·融中对
王者融归路线图

　　东汉末年，群雄纷争，公元208年的某个下午。南阳郊外，尘土飞扬，几骑快马一路疾驰。马上一人，是47岁的"皇叔"刘备，这是他第三次赶往隆中的一个茅庐了。

　　茅庐里，住着一个27岁的网红，复姓诸葛，单名亮，字孔明。此时的刘皇叔有点像当下的传统媒体，曾经的无冕之王，面对媒体生态大变局，传播力逐渐下降，与用户和客户失去连接，正在试图夺回移动端上主阵地。

刘备一进门就哭诉道:"汉室倾颓,奸臣窃命,主上蒙尘。孤不度德量力,欲信大义于天下,而智术浅短,遂用猖獗。"

或许这就叫推心置腹、以诚相待。刘备欲信大义于天下,诸葛亮欲以天下为己任,这叫不谋而合。

此时的刘备,连块根据地也没有,偏居新野,寄人篱下,在刘表那里混口饭吃。之前,刘备先后投靠过曹操、袁绍,他的战略就是加盟,这同传统媒体入驻各互联网平台的策略有点相似。

诸葛亮缓缓说道:"自董卓以来,豪杰并起,跨州连郡者不可胜数。"这形势,同当下传统主流媒体遇到的困境极其相似,平台媒体降维打击,商业媒体攻城略地,自媒体比拼追赶,媒体同行内卷激烈。

加上百年未有之大变局下,新冠疫情、俄乌战争、台海局势、国际冲突……外部环境严峻复杂,我们已经站在了一个新赛道的交汇点,还要经受风高浪急的重大考验。

确认过眼神后,诸葛亮畅谈了三分天下的战略构想,具体而言分四步,过四个关口。

第一关:大变局丨风起——战略布局

第二关:夺荆州丨门户——抢占入口

第三关:占益州丨革新——内修政理

第四关:兴汉室丨出征——成就霸业

他的路线图是这样的:

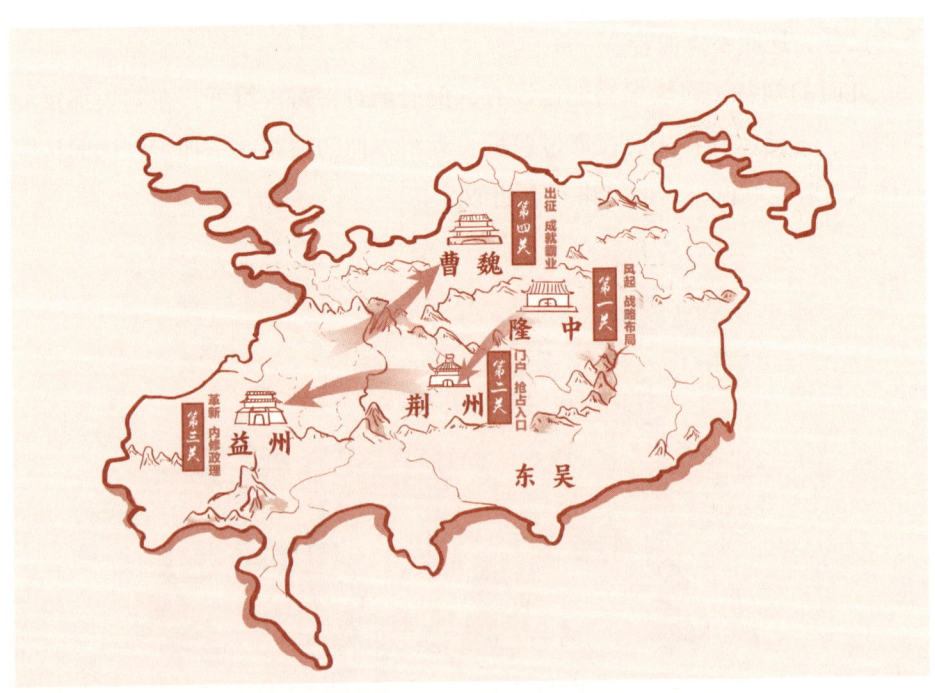

王者融归"过四关"路线图

陈寿的《隆中对》，除去开头和结尾的叙事，短短 350 个字，成功规划了三国时代的政治格局，具备了审时度势、分析背景、提出愿景、设计路径、明确打法等各个要素，其思路清晰、逻辑缜密、层层推进，为刘备集团勾画出实现愿景的宏伟蓝图。"过四关"战略，是换个角度对《隆中对》的另一种解读。

现在，让我们按诸葛亮的宏伟韬略，来到第一关。

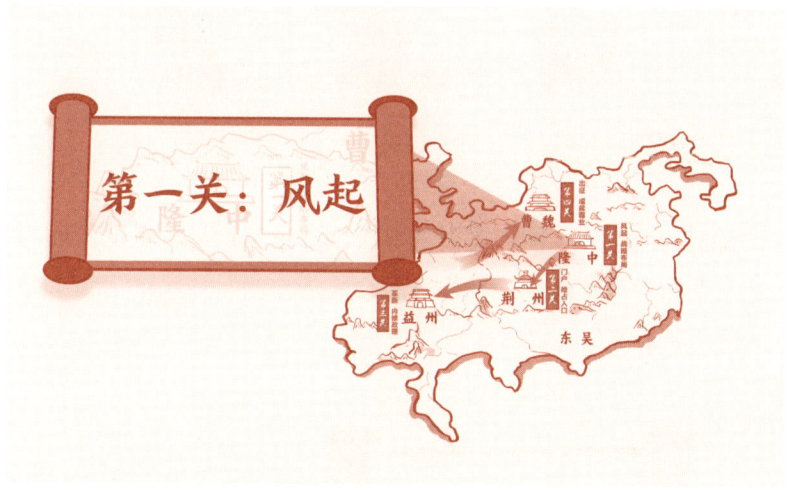

第一关：风起——战略布局

在隆中，诸葛亮从战略规划的角度，分析了刘备的优势和劣势，提出了宏大愿景，这是运筹帷幄的顶层设计。

诸葛亮说：主公，现天下有变。曹操名为汉相，实为汉贼，但他家大业大，已拥百万之众，还是别和他死磕了，"此诚不可与争锋"。

江东的孙权呢？多年经营，人品爆棚，依托长江天险，极得民心，虽是老二，也居安思危，他可以成为合伙人。

皇叔您呢，汉室宗亲身份，拥有强大的政治号召力和公信力，妥妥的大V啊，只要您提出"讨伐曹操，复兴汉室"的宏大愿景，按照我的"四步通关秘籍"，就能成就霸业。

建设新型主流媒体，同样需要战略规划和顶层设计，立足长远的制度性变革，运用系统性改革思维，把媒体融合发展作为一项系统工程，寻求整体性的总体设计和系统化的解决方案。

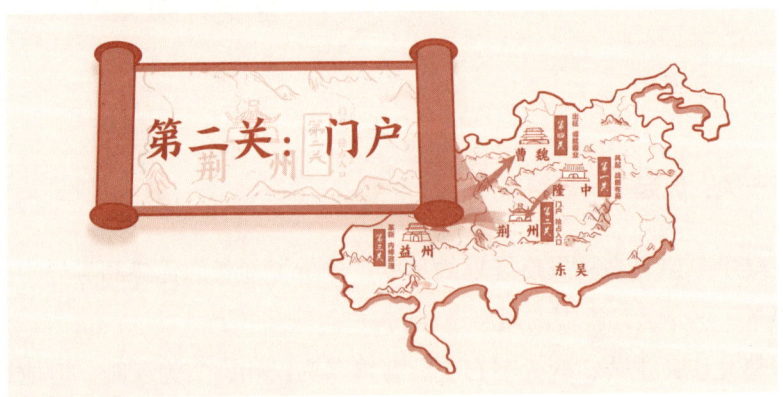

第二关：门户——抢占入口

"第二关，夺荆州。"诸葛亮郑重地说道，"荆州北据汉沔，利尽南海，东连吴会，西通巴蜀，此用武之国，而其主不能守，此殆天所以资将军，将军岂有意乎？"

诸葛亮的一席话，仿佛推开一扇沉重的大门。荆州，一个交通要道和战略前线，一个进可攻、退可守的枢纽，这样一个"移动互联网"上的入口和门户，你刘备的主力军为何不占领呢？

诸葛亮接着说道："将军既帝室之胄，信义著于四海，应总揽英雄，思贤如渴。"这是在指点刘备，占领了门户，就要凭借核心竞争力——公信力，吸引人才加盟。

事情的发展同诸葛亮预料的一样,凭借"汉室正统"的公信力,"赤壁之战"后,刘备占据荆州,所到之处望风而降,很多人才聚集到他的旗下,刘备原本弱势的团队立马满血复活、斗志昂扬。

同样,媒体融合也要占领"移动互联网"上的门户,与用户重新建立连接,加大人才培养力度,推进移动化、平台化、数据化、可视化、智能化的融合生态。这也是媒体深融的底层逻辑,只有洞察问题的本质,看清事情的底牌,才能朝着正确的方向前进。

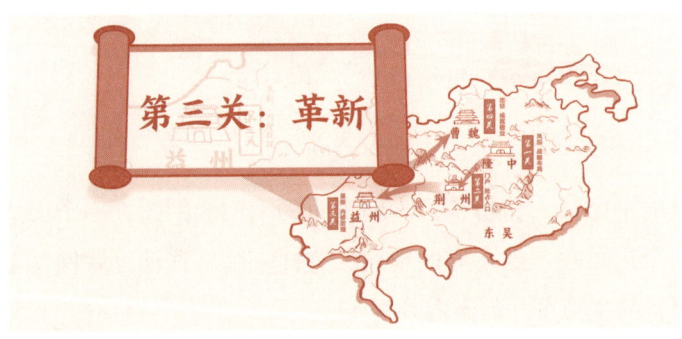

第三关:革新——内修政理

这第三关,是休养生息、改革发展。诸葛亮说道,益州四面环山,天府之国,"民殷国富而不知存恤,智能之士思得明君",主公下一步,是占领益州,变法革新,赋能发展,则霸业可成。

的确是丝丝入扣，入木三分！听到这里，刘备兴奋地跳了起来，后来他听从建议，在公元 214 年攻入成都，内修政理，论功行赏，加快变法，很快将益州建成稳固的根据地，成鼎足之势。

政权要稳固，仅靠自身力量是不行的。诸葛亮摇着羽扇接着说道，下一步，"西和诸戎，南抚夷越，外结好孙权"，即整合各种资源，联合各路英雄，为我所用。

孙权，坐拥江南，财足粮丰，一个资本大佬，可以融钱、融资源、融产业链；夷越呢？"师夷长技以制夷"，妥妥的技术合作方。

媒体融合也是一样，融合需要资金投入，但媒体没有钱，需要政府在政策、项目、资金上的支持，并通过技术的加持，形成核心竞争力，在资本市场上找到机会，获得更多的资金，形成正向循环。政府支持、资本运营、技术赋能是实现媒体融合弯道超越的"三驾马车"。

诸葛亮让刘备攻占益州，内修政理，是因为当一个集团或行业处于困境的时候，矛盾就会成倍地释放和暴露，需要在体制机制上动大手术。

同样，当下传统媒体面临的是系统性创伤，问题交织、错综复杂，很多媒体就此陷入"不改等死，改了找死"的困境，需要媒体高层壮士断腕，推进全面深改，实现组织再造、流程再造、薪酬再造，才能突出重围。

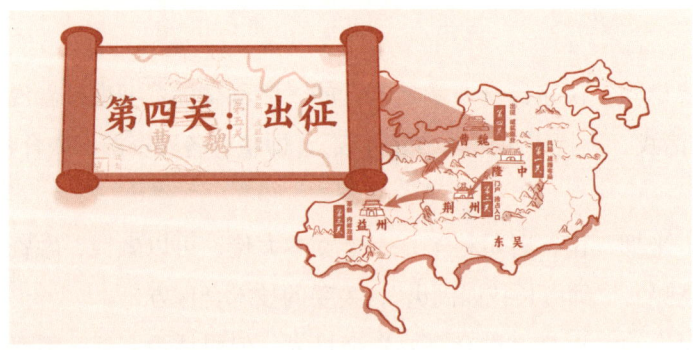

第四关：出征——成就霸业

这第四关嘛，诸葛亮捋了捋胡子，稍微停顿了一下，如"天下有变"，诸葛亮加快说道："则命一上将将荆州之军以向宛洛，将军身率益州之众出于秦川，百姓孰敢不箪食壶浆以迎将军者乎？"

第四关的出征之战，是从荆州和益州两个方向，设计了"王者荣归"的路线。同样，新型主流媒体的转型之战，要在盈利模式和融合经营两个方向上发力，实现"王者融归"，最终迈向智媒体，占领元宇宙的主阵地。

大结局

以史为镜可以知兴替，作为中国历史上有记载的第一个战略咨询案例，《隆中对》具备了各个战略、战术要素，给媒体深融开启了一个全新的方法论：融中对——媒体深融过四关。

第一关：风起·大变局｜规划蓝图：顶层设计、战略规划、传媒治理

第二关：门户·夺荆州｜深融格局：区域门户、融合生态、人才培养

第三关：革新·占益州｜赋能发展：全面深改、评估考核、三驾马车

第四关：出征·兴汉室｜转型之战：盈利模式、融合经营、王者融归

这四关中，每关均有三个步骤，四关十二步，设计了战略路径、明确了战术打法，为媒体深融顶层设计开启了一个全新的视角，如果绘就一张建设蓝图，就是这样的：

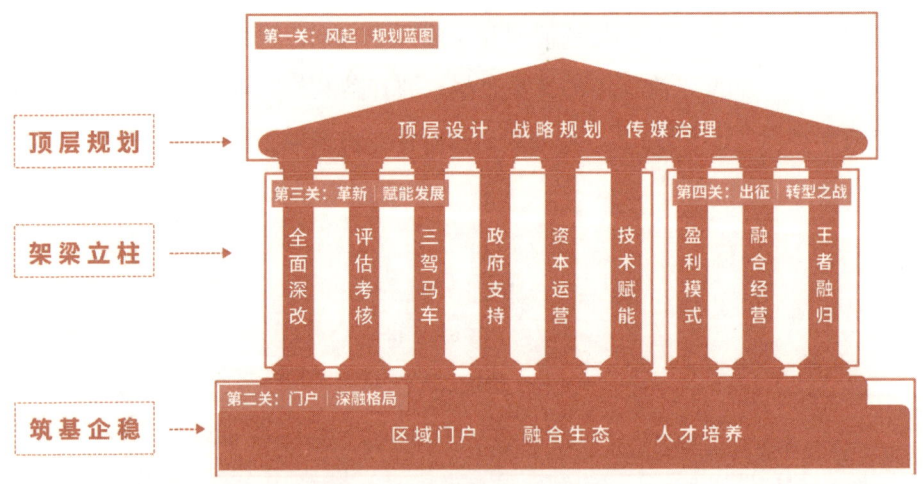

新型主流媒体大厦建设蓝图

第一关，从屋顶开始设计图纸，全面规划建设新型主流媒体；第二关，万丈高楼平地起，先打地基，构建深融格局，建立传播体系；第三、四关，架梁立柱，每根柱子都不能是短板，通过各个战术步骤，撑起新型主流媒体大厦。

有了建设图纸，如何突出重围呢？本书进行了谋篇布局：四个关口对应四大篇章，每个篇章分3讲，共12讲，每讲3—4节，共40节，全景展现新型主流媒体的实战路径。

本书系统梳理媒体融合的困局格局、底层逻辑、发展方向，解析顶层设计的方法论，传授智媒进化的操盘术，期待与您桃园结义，让传统媒体人先看到未来。

目录

第一篇 | 风起·大变局——规划蓝图

第1讲　顶层设计——媒体融合路在何方
　　第一节　困局：传统媒体十大痛点 …………………………… 004
　　第二节　开局：新型主流媒体底层逻辑 ………………………… 018
　　第三节　格局：媒体融合赢在顶层设计 ………………………… 029
　　第四节　布局：深融下半场"14个一体化" …………………… 037
　　融中对｜上级为何要调走我？ …………………………………… 043

第2讲　战略规划——新征程上立下的旗
　　第一节　取势：媒体融合的政策解读 …………………………… 048
　　第二节　明道：为什么要懂点战略 ……………………………… 057
　　第三节　优术：如何编制媒体战略 ……………………………… 061
　　第四节　践行：深融方案的11个"王炸" ……………………… 066
　　融中对｜市级融媒体中心要不要合？ …………………………… 072

第 3 讲　传媒治理——大变局下的制度创新

第一节　识变：市县融媒体中心怎么改 ……………………… 076

第二节　求变：法人治理结构背水一战 ……………………… 085

第三节　应变：20 个廉政风险点如何控 ……………………… 095

融中对 | 领导为什么被处分？ ………………………………… 104

第二篇 | 门户·夺荆州——深融格局

第 4 讲　区域门户——主流媒体新功能

第一节　新阵地：打通舆论引导"最后一公里" …………… 110

第二节　新服务：解决用户痛点的"新闻+" ……………… 118

第三节　新枢纽：建构群众离不开的渠道 …………………… 126

融中对 | 穿越 2030，新型主流媒体 12 时辰 ………………… 133

第 5 讲　融合生态——主力军挺进主战场

第一节　移动化：进军主战场的 8 条铁律 …………………… 140

第二节　平台化：以我为主的"诺亚方舟" ………………… 148

第三节　数据化：数字化转型是一次破茧成蝶 ……………… 157

第四节　可视化：玩转视频的 9 个黄金问答 ………………… 166

融中对 | 亏损的晚报"芭比 Q"了吗？ ……………………… 175

第 6 讲　人才培养——全媒人才从青铜到王者

第一节　党建引领：在前行的路上点盏灯 …………………… 180

第二节　人才战略：精兵强将从哪里来 ……………………… 186

第三节　人力资源：做一个传媒 HR 很难吗 ………………… 193

第四节　超级成长：全媒人才的"八个全会" ……………… 201

融中对 | 迷茫的"十字路口"，辞职还是留守？ …………… 208

第三篇 | 革新·占益州——赋能发展

第 7 讲　全面深改——体制机制迈向深水区
　　第一节　深化改革：七个步骤与五个研判 ……………………… 214
　　第二节　组织再造：重新洗牌的"三三制"模式 ……………… 221
　　第三节　流程重构：决胜"策采编发营馈存" ………………… 230
　　融中对｜办公室里的争吵声 ……………………………………… 244

第 8 讲　评估考核——用好奖惩的指挥棒
　　第一节　考评：新型主流媒体评估指标 ………………………… 248
　　第二节　考绩：薪酬考核的"4+4体系" ……………………… 254
　　第三节　考心：文化和精神决定我们走多远 …………………… 264
　　融中对｜我的健康谁做主？ ……………………………………… 272

第 9 讲　三驾马车——媒体深融的弯道超越
　　第一节　政府支持：向上级领导要什么 ………………………… 276
　　第二节　资本运营：媒体融合钱从哪里来 ……………………… 287
　　第三节　技术赋能：文科生和理科生的联手 …………………… 295
　　融中对｜资本运营的脱困魔术，你看懂了吗？ ………………… 306

第四篇 | 出征·兴汉室——转型之战

第 10 讲　盈利模式——流量是如何变现的
　　第一节　排兵：媒体创收是个系统工程 ………………………… 312
　　第二节　布阵：新型主流媒体盈利模式10要素 ………………… 319
　　第三节　攻防：图解收入模式的"七种武器" ………………… 330
　　融中对｜对话喻国明：传媒盈利模式如何重构 ………………… 344

第 11 讲　融合经营——主流媒体告别拉广告

第一节　破界：产品设计要画三张图 …………………… 350

第二节　破圈："四全营销"的新打法 …………………… 358

第三节　破冰：泛媒体产业的蓝海之路 ………………… 368

融中对 | 对话朱春阳：咖啡馆里的融合碰撞 …………… 379

第 12 讲　王者融归——面向未来的新秩序

第一节　跨越：后疫情时代，媒体要过几道坎 ………… 386

第二节　飞越：智媒时代扑面而来 ……………………… 398

第三节　穿越：占领元宇宙的主阵地 …………………… 410

融中对 | 对话李鹏：蜀道之路，智媒通云天 …………… 419

参考文献 …………………………………………………………… 427

后　　记 …………………………………………………………… 433

图表索引

1. 王者融归"过四关"路线图 ………………………（自序二）006
2. 新型主流媒体大厦建设蓝图 ………………………（自序二）014
3. 公益一类传媒事业治理模式架构图 ………………………… 089
4. 公益二类传媒双重治理模式架构图 ………………………… 092
5. 主流媒体"三审三校"岗位职责表 ………………………… 115
6. 媒体融合三层组织架构图 …………………………………… 224
7. 市县融媒体中心"三三制"组织架构图 …………………… 226
8. 新型报业集团"三三制"组织架构图 ……………………… 227
9. 新型广电集团"三三制"组织构架图 ……………………… 227
10. 媒体融合采编营流程图 ……………………………………… 234
11. 主流媒体 O2O 活动业务流程图 …………………………… 239
12. "传媒＋文产＋公益"线下演出业务流程图 ……………… 240

13. 主流媒体展陈业务流程图 ··· 241
14. 主流媒体经营管理流程图 ··· 242
15. 主流媒体薪酬考核"4+4体系"框架图 ································ 258
16. 传统媒体盈利模式"二次售卖"闭环图 ································ 321
17. 新型主流媒体盈利模式10要素模型图 ································ 326
18. 主流媒体收入模式"七种武器"架构图 ································ 331
19. 主流媒体"产业跨界+多方赋能"盈利模型图 ···················· 334
20. 主流媒体"前项免费+后项运营"盈利模型图 ···················· 337
21. 主流媒体"社群入口+整合营销"盈利模型图 ···················· 340
22. 主流媒体产品设计思维导图 ··· 353
23. 主流媒体产品矩阵架构图 ··· 354
24. 主流媒体"七彩祥云"36式产品矩阵图 ······························ 356
25. 粉丝经济下的B2C2b营销模型图 ·· 368

第一篇

风起·大变局
——规划蓝图

《隆中对》中，诸葛亮先是从战略规划和顶层设计的高度，分析了刘备的困境和优劣势，提出了"复兴汉室"四步走的战术路径，给媒体深融开启了一个全新的方法论：融中对。

未来，在与新冠病毒共存的岁月里，每家媒体都要有跨越瘟疫与深化改革的勇气。如果抢抓机遇、壮士断腕，就会尽享制度红利；如果优柔寡断、患得患失，就会陷入"不改等死"的困局；如果战略上不作为、战术上乱作为，就会走进"慌不择路"的死胡同。

有了问题不可怕，可怕的是大变局的时代，仍然用过去的逻辑和观念在苟延残喘。在这个三年河东、三年河西的大变局里，错失良机，就会坐以待毙。只有统一思想、众"智"成城，才能向死而生。

第一篇｜风起·大变局——规划蓝图，对主流媒体而言，培养的是认知能力，突破的是认知局限。要从顶层设计入手，洞察大势，推进战略规划和战术创新，在百年未有之大变局下进行制度创新，背水一战，才能突出重围。

第1讲　顶层设计——媒体融合路在何方

☆ 第一节"困局",讲的是在这个变革与颠覆的时代,巨大的"灰犀牛"就蹲在那里,随时可能扑将而至。传统媒体普遍存在10个痛点,即10个"不":用户触达"可望不可即"、顶层设计"顾前不顾后"、媒体融合"治标不治本"、体制机制"换汤不换药"、平台建设"叫好不叫座"、薪酬考核"同工不同酬"、人才匮乏"面和心不和"、盈利模式"独木不成林"、技术应用"表融里不融"、资本运营"恨铁不成钢"。

☆ 第二节"开局",说的是新型主流媒体的底层逻辑,所谓底层逻辑,就是事物的本质规律,掌握了底层逻辑,就看清了媒体融合的本质,媒体融合的底层逻辑是什么?新型主流媒体如何定位?其本质特征有哪些?本节一一道来。

☆ 第三节"格局",培养的是媒体的大视野,媒体融合赢在顶层设计,由于触及关键性问题、深层次矛盾和最切身利益,零敲碎打地调整不行,碎片化地修补也不行,必须立足长远的制度性变革,运用系统性改革思维,把媒体融合作为一项系统工程,寻求整体性的总体设计和系统化的解决方案。

☆ 第四节"布局",是设计突出重围的路线图。当下,媒体融合进入下半场,这是以数字化、智媒体为核心,推进的整体性、结构性的战略性深融,考验的是主流媒体的全域全网融合整合能力,"14个一体化"的整体谋划,要迈准迈稳,迈出新气象,迈出新成效。

第一节 困局：传统媒体十大痛点

党的十八大以来，习近平总书记高度重视媒体深度融合发展和新型主流媒体建设，发表了一系列重要讲话，作出了一系列重要指示批示。既有对传媒变革趋势的准确把握、深刻阐释，也有对主流媒体的实践要求、殷切期望，为推进媒体融合发展、打造新型主流媒体，指明了正确方向、提供了科学指南。

传统主流媒体深入贯彻落实党中央决策部署，主力军全面挺进主战场，通过融合发展，媒体的传播力、引导力、影响力、公信力倍增。全国县级融媒体中心已经全覆盖，市级融媒体中心也正在试点推广，党的声音传播得更深更广，体制机制、内容生产、传播发布、运营模式等方面取得质的飞跃。

但是，我们也要清晰地看到，百年未有之大变局下，经济全球化遭遇逆流，疫情冲击严重，全球舆论错综复杂，流量变现愈加艰难，人工智能突飞猛进，媒体深融依然任重道远。

媒体融合推进以来，传统主流媒体或多或少存在以下 10 个困局，即 10 个带"不"的痛点，这些痛点都有哪些症状？病因是什么？有何良方可医？

痛点一：用户触达"可望不可即"

1.【症状】

从 PC 端、移动端一路冲杀到智能端，传统主流媒体来到了一个茫然无措的十字路口，流量稀缺、模式崩溃、平台崛起、资本裹挟、技术博弈，大内容产业和大传播格局发生深度变革，主阵地上却少了传统媒体战斗的号角。

其最大的痛点是与用户失去了连接，报纸的发行量很大，但却是"谁写谁看，写谁谁看"，写的人绞尽脑汁，看的人少之又少；电视频道覆盖全区域，但观众寥寥无几；新闻 App 党员干部都安装了，但日活用户惨不忍睹；个别县市区融媒体中心，新媒体用户加起来还不如当地一个自媒体大号。媒体融合推进几年来,一些地方的新闻宣传面临"三个不满意":领导不满意,用户不满意,自己也不满意。

2.【病因】

长期以来,传统媒体内容生产大多是说教式思维,生产"我认为你应该看的"内容;传播发布一对多,没有形成以用户为核心的分享机制;策采编发流程仍然以传统媒体为中心,无法吸引用户,沉淀用户,劝服用户,引导用户,陷入用户触达"可望不可即"的尴尬境地。

传统媒体既不知道用户在哪里,也不知道用户需要什么。所谓用户,是指媒体能够掌握其各方面数据和需求的受众,是集内容生产者、传播者、消费者为一身,通过大数据精准画像,形成了能碎片化付费的闭环。如果用户没有贡献他的实名信息、他的家庭住址、固定电话、手机,没有绑定银行卡为推送给他的信息和服务付费,那还是叫粉丝,或者叫网上读者。

3.【良方】

党的十九大提出,中国特色社会主义进入新时代,我国社会主要矛盾已经转化为人民日益增长的美好生活需要和不平衡不充分的发展之间的矛盾。媒体融合的主要矛盾也已转化为人民群众对资讯服务日益增长的需求与传统媒体失去用户连接,传播难以触达用户、劝服用户之间的矛盾。

媒体融合要解决主要矛盾,与用户、客户重新建立连接,实现民意能上得来、舆情能早掌握、难题能快解决,完善市县融媒体中心的三大功能,推进移动化、平台化、数据化、可视化、智媒化。最终,构建起以内容生产分发为基础,以用户连接为核心,以多边交互为动力,开放共享、合纵连横、与区域各业态融合的门户生态圈。

痛点二:顶层设计"顾前不顾后"

1.【症状】

疫情三年冲击下,百年变局加速演进,媒体的生存环境将更为困难。然而,传统媒体对形势普遍认识不清,或者毫不在意,基本属于"顾前不顾后",脚踩西瓜皮,滑到哪里算哪里。如果请一家媒体的中层干部坐下来,用

5分钟时间把单位的长期目标写下来,估计很多人写不出来,或者写得各不相同。这就说明这家媒体的愿景不清,战略不明,各唱各的调,各吹各的号,这样的媒体融合建成后,肯定是一地鸡毛。

今天上个客户端,明天建个中央厨房,后天又想转型短视频,还有不少县级融媒体中心试图依靠做大做强县级电视台和县报来吸引用户,有大举投入中央厨房的,有标清转高清的,有巨资上 4K 的,投入再多也只是打个水漂。如果现在不转变观念,从顶层设计的角度,正确地推进媒体融合,当"灰犀牛"冲过来时,只能猝不及防、束手无策。

2.【病因】

长期生活在体制之内,传统媒体里的很多人已经失去了洞察力和危机感,或似井底之蛙,或似温水里的青蛙,在媒体融合上没有做顶层设计,没有整体的规划,也不了解媒体融合的底层逻辑,从最高层开始,不知道往哪里去,战略上不作为、战术上乱作为,成为一艘没有航向的船,永远到不了目的地。对于一艘没有方向的船来说,任何方向的风都是逆风,成功是偶然的,死亡是必然的,且一旦错失时机,回过头来再要做这些事,就会付出更大的精力和代价,已经形成的优势也会失去。

特别是不少媒体将融合定位于自身媒体的"小融合"上,没有上升到社会层面的"大融合"来考量,包括与外部的广泛融合、与产业的深度融合,以及积极参与国家媒体体系和舆论生态建设,以自主可控的新型传播平台为核心,打造上下联通、全面融通的现代传播体系,助力基层治理体系和治理能力现代化建设。

3.【良方】

与以往的改革从增量做起不同,现在媒体融合面临的是系统性创伤,这是一场存量改革,矛盾和问题交织、错综复杂,是一次全方位、大力度、深层次的全面深化改革,也是一场系统性、整体性、重构性的顶层设计。

当下,智媒时代已经来临,传统媒体面临传播生态的重构,靠单枪匹马、单打独斗已经不行了,需要顶层设计。顶层设计是处理"统"和"分"、局部和全局、当前和长远、"大"和"小"的关系,增强全域全网融合整合能力,要做好"14个一体化"的整体谋划,特别是要制订11个"王炸"级的战略规划和战术方案,包括总体战略、业务战略、职能战略,所谓运筹帷幄之中,决胜千里之外。

痛点三:媒体融合"治标不治本"

1.【症状】

很多传统媒体的融合,如同玻璃缸里的金鱼,四周一边光明,却不知出路在哪儿。不少传统媒体在获得了受众天量级增长的同时,也体会到投资血本无归的痛楚。客户端原本是要与用户建立连接,但日活粉丝量很低,没有给媒体的整体转型带来帮助,属于"治标不治本"。由于没有技术和运营赋能,无法沉淀用户,存在信息同质化、后发劣势、盈利模式缺乏、活跃度极低等问题。只能体制输血,一些客户端非但没有带来收益,反而成为压在传统媒体身上的累赘。

一些县级融媒体中心"形"合"实"不合。为了应付考核,有的花巨资建成了4K演播厅,仅仅满足于拍几个高清短视频上传抖音、上传快手,之前是被微信、微博、头条抢了新媒体主阵地,现在又被抖音、快手抢了短视频主阵地,进一步丧失了主动权。

新媒体矩阵的各个小号,看似获得巨量粉丝,但平台、渠道、用户、数据等均掌控在别人手中,传统媒体只有阅读数据和用户数量,没有用户数据,说白了就是替平台打工。商业平台的力量日渐强大,主流媒体有编辑终审制,但商业平台上的传播是由机器决定的,监管难度很大,党媒平台和党媒算法需要重夺主阵地的主动权。

2.【病因】

大多数传统媒体做融合,是把报纸上的内容发到网上,找几个人做客户端,再找几个人做两微,再留几个人做报纸,这几堆人各自为战,老死不相往来。一些媒体投入巨资的中央厨房,只是一个开会的场所;也有把媒体融合当成一个争取上级资金的项目,或者花些小钱搭个花架子,逃避"融合不力"的问责。

不少单位班子分工还有某领导专门分管新媒体、某部门专门只做新媒体，"修修补补式"的改革，只靠新媒体部门孤身向前、单点突破，既没有后续的政策、人力、组织、智力等做保障，又缺乏技术、资金支持，以及长期的系统性推动，很难达到上级的要求。

特别是改革过程中，传统媒体相对保守并难以容忍试错，不敢不愿大力度推进，总是领导在火上烤，中层只谋"小山头"利益，员工基本躺平。尤其是下了岗的员工，不妥善安置好，会以各种方式阻挠改革的推进，在社会上造成不良影响。

3.【良方】

媒体融合不能仅搭个花架子应付下，那是"治标"，会影响到舆论引导的高质量。"治本"是尽快推进媒体深融，以互联网思维优化资源配置，满足移动用户对即时性、多元化、碎片式、可视化的内容要求，对指挥体系、流程再造、产品形态、技术支撑、薪酬考核进行移动优先的整体重构。

特别是媒体融合在推行过程中，因为涉及既得利益的重大调整，压力和阻力很大，需要上级的支持，一把手要有壮士断腕的魄力，全体员工要有一往无前的决心，更需要中层干部较强的责任心、奉献精神和专业能力，否则，很可能半途而废。

痛点四：体制机制"换汤不换药"

1.【症状】

一些市县融媒体中心成立后，虽然挂了融媒体中心的牌，但还是按原来的人员和机构，各做各的事，地方财政针对融媒体中心的保障，还是按照原来的方式，分块拨付，"换汤不换药"。报纸、广播、电视、新媒体，几批人互不往来，连经营都分几支队伍，完全没有达到当初的期许。这样的融合改革，看起来大刀阔斧，但却是"换汤不换药"。

媒体融合推进以来，主流媒体生产单个爆款新媒体产品已不成问题，但无法做到持续稳定生产优质作品，其根源是体制机制没有颠覆式重构，主要精力用于"补全"渠道和新媒体产品，尤其是没有进行组织构架再造、生产流程重构、绩效考核重塑。长期以来，传统媒体采取科层制的组织结构，这种以"直线职能制"为代表的金字塔式结构，以条块为基本组织构成，完全不符合移动互联网的要求。

2.【病因】

媒体融合绝不是建个中央厨房向领导展示，体制机制的改革跟不上，就会陷入"不改等死、改了找死"的两难困境。传统媒体"事业单位、企业化管理"，看似能享受到两方面的"红利"，实则"党政事企四不靠"，属于"四不像"的体制：宣传、党建、扶贫等归口党委序列，要求很高；巡察、审计、考核等归口政府部门，禁锢很多；薪酬、人事、职称、财务等归口事业单位，管理很紧；税收、贷款、用工争议上归口企业，监管很严。

"四不像"的体制，既得不到行政资源的全力支持，又无法用市场方式配置资源，还没有企业的自主权。体制机制不用说与互联网企业相比，有的比国有企业更为僵化，导致整体活力不足、创新力匮乏。

3.【良方】

媒体深融是一场不容回避的自我革命，需要组织再造、流程再造、薪酬再造，更需要政府支持、资本助力、技术支撑，实现由局部探索、分步突围到系统集成、全面深改，全面深改有八个步骤，改革路上要做好五个研判。

特别是认清公益一类和公益二类事业单位的区别，提前做好顶层设计，构建完善事业治理结构，或"主体 + 子体"双重治理结构。在组织构架再造上，要以用户为中心，构建内外部互联互通、资源协调共享的平台型组织，向扁平化、网络化、虚拟化和柔性化方向发展。采取"三三制"组织架构，以柔性化授权的"倒三角"形式，实现事业产业一体两翼的发展机制。同时，以"策采编发营馈存"流程重构，实现媒体融合经营的一体化工作框架。既要学会"弹钢琴"，也要善于牵住"牛鼻子"，还要精准防范 20 个廉政风险点。

痛点五：平台建设"叫好不叫座"

1.【症状】

自媒体融合推进以来，中央厨房成为大多数媒体的标配，不少地方媒体斥巨资建设，盲目追求大而全，更有甚者，将中央厨房定位为一个争取上级资金的项目，一个形式大于内容的政绩工程，重视硬件、空间、技术的投入，对体制机制、采编流程、指挥系统等软实力不够重视，导致中央厨房最后往往成为参观和开会的场所。

媒体融合的另一个平台——客户端，也同样如此，刚开始建设时声势浩大，头开得很好，通过发文下载过百万，但在日后的运维过程中，日活数据惨不忍睹，端口小而散。一些媒体人觉得自己是媒体，做好新闻就行，没有必要办好政务服务、开展互动活动；有的内容缺少更新，有的"年久失修"，常年停留在 1.0 版本；有的虽然设置了积分商城，但里面空无一物，积分功能形同虚设。

媒体融合平台建设看似成就显著，赢得了一片叫好声，却只有领导的表扬，没有市场和用户的认可，陷入"叫好不叫座"的尴尬境地。

2.【病因】

媒体融合不能以硬件建设为主，重物理空间的投入，轻网络空间的创新，大屏、服务器、机房、会议系统，都是重资产的投入。一些市县级融媒体中心动辄投入几百到几千万元，一哄而上建设中央厨房，救活了不少软硬件的生产商，成了硬件设备公司的狂欢，建成的是一个形象工程，是资产中心、成本中心，而非宣传中心、利润中心。

特别是有些地方，省广电、省党报、省有线网络缺乏协同，各自为政组建"三朵云"，利用各自优势，争抢市县级融媒体中心资源，让基层左右为难无所适从。一些媒体中心的中央厨房只搬来了"空壳子"，重项目、轻改革，重硬件、轻机制，重技术、轻效果，重建设、轻运营，未能发挥应有的价值和作用。没有自主可控的平台，就没办法联系群众、服务社会、引导舆论，就没有联系和服务群众的渠道。

3.【良方】

新型主流媒体平台构建，重在打造参与者互惠互利、同生共存的新生态圈。不但包括线下空间、大数据库，也包括指挥调度中心和采编发系统，更是一套集流程再造和管理机制为一体的生产关系，把为人民群众提供的政务商务服务汇聚在一起，最终融入国家治理体系和治理能力现代化建设上。

客户端也是如此，用户选择客户端，看中的是其"调性"。客户端转型，要建设成为新闻端＋政务端＋行业智库端＋媒资端＋服务端，除了2C建立用户连接外，重点是2B、2G，为政府和客户服务，在政府的支持下，打通各部门数据接口。如果有政府数据支持和政策资金扶持的，还可以转型成为智慧城市的入口和平台。

痛点六：薪酬考核"同工不同酬"

1.【症状】

媒体深融，人员是最大的难题。裁下来的老同志如何考核？公益事业单位如何推行企业化绩效？技术人员如何与市场平均薪酬接轨？新的问题层出不穷，一旦处理不善，小问题也会牵涉一把手大量精力。传统媒体普遍存在"同工不同酬"的现象，虽然大家做着同样的工作，但在工资、福利上还有较大差距。造成了干的不如看的，看的不如捣蛋的，让干事的人伤了心。如果考核总是不去"得罪"不干活的人，那就一定会"得罪"干活的人。

市县融媒体中心在改革中，有公益一类单位、有公益二类单位，公益一类的不敢发绩效，员工当一天和尚撞一天钟；公益二类的没钱发工资，何谈调动积极性，实现高质量发展？加上媒体数据库还非常滞后，没有大数据来支撑全面的考核和评价。如何用有限的人力成本调动更多人的积极性，是薪酬管理需要解决的问题。

2.【病因】

长期以来，传统媒体的绩效评价不成体系，存在"六无"现象，即无量化、无标准、无数据、无差距、无反馈、无考勤，没有实现定岗定量、同工同酬、各尽所能、按劳分配，处于"捧铁饭碗、吃大锅饭"的状态。

一些媒体考核仍以量化考核为主，采取"计件制"，导致重数量、轻质量，长远来看不利于新闻内容的创新与生产，容易突出个人作用，忽略团队合作，削弱团队力量。此外，传统媒体在薪酬激励上，还缺乏文化、培训、自我价值体现、职业发展、工作环境等非职业性激励。

3.【良方】

薪酬考核不到位，根子在于没有建立一体化的考核体系，平台之间、产品之间、人员之间不平衡，这就需要分析本单位人力资源状况，科学设置部门和岗位，编制好岗位职责和目标，量化各部门业绩指标，建立人、岗、绩相匹配的考核机制。

在改革方向上，要制定与考核结果相对应的整体性薪酬体系，比如本书设计介绍的薪酬考核"4+4体系"，就是在4个一体化考核下，实现4个闭环。4个一体化考核即全岗位一体化覆盖、全结构一体化引导、全模型一体化考核、全流程一体化推进。4个闭环是指"三台协作"闭环、"两分双考"闭环、"性量共定"闭环、"考核应用"闭环。

痛点七：人才匮乏"面和心不和"

1.【症状】

人才匮乏，是传统媒体最普遍的痛点，大多数市县融媒体中心存在"两去"现象：一是离去，二是老去。离去的，大多是骨干力量，以及对传统媒体的信心；老去的，是员工的年龄，还有传统媒体的体制机制。于是出现了两难境地：领导求贤若渴，员工怀才不遇，诸多的悲欣交集都源于此。

青黄不接是很多传统媒体的普遍现象，2022年5月中国记协发布《中国新闻事业发展报告（2022年）》，对比2014年首份报告，8年中，全国持有效新闻记者证人员，总量从25.8万人减少到19.4万人，流失24.8%；30岁以下年轻记者从4万人下降到1.4万人，下降65%。高端人才更为缺乏，他们对薪资待遇、成长空间、体制活力等有较高期许，体制内难以实现。

此外，传统媒体的员工还常常"面和心不和"，体现在四个"不和"上：

一是文人相轻，相互不沟通，记者看不起编辑，采编看不惯经营，小事情常酿成大矛盾。二是文人以天下为己任，喜欢后座驾驶，自己不干事，还喜欢评价干事的。三是文人有一颗玻璃心，批评一下，仿佛受了天底下最大的委屈，得意时恃才傲物，失意时又牢骚满腹。四是曾经的无冕之王，时而妄自尊大，小事不去做，大事做不来；时而又妄自菲薄，遇到点挫折，立马崩溃。

2.【病因】

人才匮乏的原因是断层形势严峻、高端人才难引、离职现象严重、人才体系缺乏。传统媒体的员工年龄偏大、学习能力不强，标配的工资吸聚不到人才、刚培养一个优秀员工，没多久就被民营公司挖走。个别媒体负责人缺乏担当精神，总是爱惜羽毛，没有冲劲有官气，单位论资排辈现象严重，不敢大胆起用年轻人。

还有不少媒体对人力资源没有全面规划，选对人是媒体的头等大事，很多媒体用5%的精力招聘，却用70%的精力来应对当初的招聘失误。人才培训与发展也是千人一面，"人岗匹配"没有真正落地，学习型组织的打造一直停留在口头上。由于没人可用，能干的人常常一个人干三个人的事，把"一次采集"变成"一人采集"。"赶鸭子上架"或许能带来新媒体产品频出的短期效应，但无法长期延续，从表象看缺的是产品，实际缺的是人才。

3.【良方】

每家媒体的人才工作都要来一个"灵魂三问"：人从哪里来？来了怎么办？如何留住他？要做好人才战略，确定人力资源的发展愿景和目标，动态调整媒体的组织机构和岗位，健全成就、机会、报酬三位一体的激励机制。

同时，加大培训力度，让全媒体人才掌握"八个全会"——会过关、会选题、会云采、会写作、会起标、会做号、会避雷、会出镜，尽快从青铜成长为王者。写稿的时候，视角敏锐、文笔细腻，10万+少不了；做全案活动策划时，既能创意又能执行；拍视频，能写脚本和方案，还能做视频编导；镜头前摇身一变，又成为出镜记者。

痛点八：盈利模式"独木不成林"

1.【症状】

当前，内容产业走向十字路口，一方面传统媒体爆款频出，另一方面流量难以变现，投入无法回报，DAU之战、烧钱战、垄断战成为互联网巨头的常用手段。夹缝之下，传统媒体内容变现几无生存空间，不少党媒在媒体融合过程中，微信公众号积攒了千万粉丝，App下载已近百万，但天量的阅读没有带来收入，陷入了"喝彩声声声不断，沿街呐喊无人埋单"的内容博弈陷阱。

互联网商业平台的降维打击，让传统媒体雪上加霜，运营成本越来越大，一家地市级报社，每年成本开支近亿元，收入断崖式下滑，处于亏损边缘。广电媒体日子更为艰难，2022年广电行业首次享受"特困行业"扶持政策。由于重装备、重投入、人员多，成本更大，广告收入下滑严重，已有多家电视台多个频道停播，多地爆发"讨薪潮"。为了"活下去"，一些电视台顶着风险，去接低俗擦边球广告，导致因播出违规被勒令停播。曾经的光环耀眼，现今跌入"困难行业"，如何助媒纾困，值得深入思考。

2.【病因】

疫情之下，严格的"清零"政策，消费难以复苏，线下的论坛、会展、活动受限，商业广告大幅下滑。加上房地产市场风光不再，受土地财政的拖累，各地财政吃紧，政府支持大幅缩减，宣传经费大幅缩减，经营哀鸿一片。

特别是长期以来，媒体的盈利模式单一，基本为"二次销售"模式，依旧在刷脸拉广告，内容产品"独木不成林"。加上传统媒体广告投放千人成本较高，无法做到细分化、精准化、小众化、圈层化，没有广告抵达用户的数据，广告主的投入有一大半是被浪费掉的，折射出媒体自身存在已久的沉疴与痼疾。

在体制机制上，媒体创收单靠几十个经营人员是干不成的，它是一个系统工程，需要组织匹配、领导力匹配、平台匹配、营销匹配、制度匹配，需要一体化经营的顶层设计，需要班子团结、中层推进、员工得益。

3.【良方】

当前，互联网经济已经进入一个与传统实体经济全面融合的新阶段，对媒体而言，既是挑战又是机遇。其中，需要重构业务系统，打破原有赛道的边界，到产品的赛道上去竞争。设计、生产、运营市场需要的产品，解决用户痛点，为媒体创造价值，这个价值包括政治价值、社会价值、用户价值、市场价值。

同时，媒体创收需要重构盈利模式，按照"媒体盈利模式 10 要素模型图"，通过媒体创收的顶层设计和底层逻辑，千变万化出多种收入模型，把流量和公信力变现。其中，营销方法也需要重构，移动互联时代，营销的目标是形成精准用户的私域流量，媒体价值更体现在精准影响了哪些用户圈层，产生了什么样的传播效能。通过全媒体、全案、全流程、全要素的"四全营销"，打造媒体营销的"护城河"。

痛点九：技术应用"表融里不融"

1.【症状】

技术几乎是所有省级以下媒体的短板，长期以来，市县融媒体中心的技术支撑"表融里不融"，不少媒体把技术当成对外撑门面的"花瓶"，名义上各种技术都有，表面有声有色，但实质上，技术大多是第三方提供，难以实现主导和迭代，实质上没有发挥应有的作用，建好后就束之高阁。

传统媒体领导班子大多是采编人员出身，受观念的影响，不懂技术也不重视技术，把技术人才当成网络管理人员、电脑维修人员，加上传统媒体收入锐减，工资待遇与市场脱节，招不到也留不住技术人才。

此外，中央级和省级平台适合的技术平台，地市级和县级也无法复制，简单地拿来即用，造成技术选型一旦失误，会形成巨大浪费并贻误战机。诸多弊端造成了市县融媒体中心在技术应用上陷入"两难"境地：一方面，技术已经成为开放的工具，使用门槛越来越低；另一方面，技术壁垒和技术成本也越来越高，成为市县媒体与中央媒体、平台媒体拉开差距的主要门槛。

2.【病因】

融合是技术驱动下的媒体转型，技术是媒体融合的基石，技术投入需要大量资金，但媒体没有钱，只能搞技术的运维，研发和创新无从谈起，造成媒体融合大多成为表面文章，搞个花架子应付上级检查。关键技术主要依靠"服务外包"完成，没有自我研发，常被别人"卡了脖子"。

技术是需要巨额投入的，投入能否产生效益还不清楚，这个过程需要不断试错，短期内很难带来回报，这使得原本就面临着收入下滑的传统媒体，首要任务是保工资，拿不出足够的资金"冒险"研发技术。特别是大数据、人工智能、区块链等新技术，无法在主流媒体中广泛应用。媒体解决不了内容、广告与用户之间的精准推送，流量也就无法变现，媒体也就更加没钱，如此陷入恶性循环。

3.【良方】

传统媒体不能就技术论技术，要在理念、组织、机制、流程、投入上全面改革和重构，技术发展战略是摆在一把手面前的重大课题。由于技术投入的资金有限，传统媒体要在可行的技术构架下，及时跟踪技术前沿，确保技术适合管用、安全可靠、适度前瞻；又要根据本地实际、结合自身需要规划好本单位的技术研发与应用。既要重视白皮书，又不唯白皮书，通过务实的技术合作方案来实现技术的本地化部署。

同时，需要配置稳定的技术开发和维护团队，要加大人才的培养，给不了钱，就给政治待遇，设置 CTO（首席技术官）、CDO（首席开发官）、CAO（首席算法官）、CMO（首席产品官）等技术官员。此外，技术升级也不能照搬央媒、省媒的技术方案，陷入毕其功于一役的技术投入误区，要警惕招投标过程中的路径依赖。同时，要具备较好的技术应用和运维能力，在本区域内开拓技术服务，实现自我输血。

特别是商业平台的算法容易产生"信息茧房"，更容易产生低俗的流量、失序的流量。需要主流媒体研发"党媒算法"，用主流价值导向引领算法发展，推动传播效率升级与主流价值传播。

痛点十：资本运营"恨铁不成钢"

1.【症状】

媒体融合需要巨额资金投入，且投入周期长、回报较低，靠媒体自身力量难以可持续发展，传统媒体财力不支，不少媒体只能勉强维持正常运转，更有甚者举债度日，极大限制了媒体融合向深处推进。

钱从哪里来？经济好的地方，政府可以财政支持，但大多数媒体没那么好的运气，财政也不可能把媒体终身养起来，这就需要资本运营。资本运营，是指对媒体所拥有的一切有形与无形的存量资产，包括固定资产、内容资产、数据资产、品牌资产、版权、牌照、资源等，通过流动、裂变、组合、优化配置等各种方式，进行一体化运营，吸引投资，以最大限度地实现价值增值。

2.【病因】

由于内容属性和政策监管特性，传媒公司上市审批较难，也无法复制早些年国家和省级媒体上市的成功案例。加上传媒的公益属性，不能仅考虑经济效益，更多的是考量政治效益和社会效益，提升了资本运作的难度。加上人才缺乏、现金流不足、体制机制制约、政策限制、盈利模式不清晰，资本也看不上传统媒体，于是又打了个"死结"，如此循环往复，让资本运营处于"恨铁不成钢"的尴尬境地。

特别是传统媒体资本运营的人才缺乏，很多媒体没有合格的财务总监，财务总监负责媒体的财务战略、资本运作、风险规避、估值融资、并购上市等。他是一个财务战略官，一个资本操盘手，一个风险把控官，不但要有专业能力、前瞻能力，还要有战略分析和规避风险的能力，这样的人才凤毛麟角。加上媒体领导人多是上级机关派来，或采编出身，在资本运营上本身就是"小白"，对资本运营没有想法，也没有超前规划。

3.【良方】

资本运营，是近年来被广泛认同的推进媒体融合发展的新路径，媒体通过寻找自身核心价值，整合现有资源，增强影响力，吸引国有资本或社会资本投入，采取股权投资、债权投资、基金投融、上市融资、项目合作、战略重组、并购等多种形式合作，建立全方位、多层次的资产管理与投融资体系，可以较好地扭转媒体发展困境、巩固壮大党的新闻舆论阵地。

有效的资本运营，可以帮助媒体连接上下游资源，融资本、融资源、融产业、融人脉，实现从"管资产"向"管资本"的价值转变，使传统媒体迅速做强做大，实现内容、用户的价值变现。

十大痛点，也是媒体融合的十大病症。需要传统媒体准确识变、科学应变、主动求变，每家媒体、每位员工都需要寻找属于自己的治疗"良方"。

第二节 开局：新型主流媒体底层逻辑

2014年8月18日，中央深改组第四次会议审议通过《关于推动传统媒体和新兴媒体融合发展的指导意见》，为媒体融合的开局之路指明了方向。

2020年6月30日，中央深改委第十四次会议审议通过《关于加快推进媒体深度融合发展的指导意见》，为媒体深度融合发展再度进行了战略部署和顶层设计。

党的二十大指出："建设具有强大凝聚力和引领力的社会主义意识形态"，要求"加强全媒体传播体系建设，塑造主流舆论新格局"。学习贯彻党的二十大精神，就要在媒体深融的新征程上扛起新使命、谱写新篇章。

加强全媒体传播体系建设，塑造主流舆论新格局。关键在于推进媒体深融和建设新型主流媒体，那么，媒体融合要解决什么问题？融合的底层逻辑是什么？新型主流媒体又长什么样呢？只有了解媒体深融的本质，才能突破新型主流媒体建设的瓶颈。

一、媒体融合的底层逻辑

所谓底层逻辑，就是事物的本质规律，透过表象，掌握了底层逻辑，就掌握了解决问题的能力和方法。

媒体融合各有各的玩法，不同之中的相同之处，变化背后的不变规律，就是底层逻辑。看透了底层逻辑,也看清了事情的底牌,就能在大变局中发现本质规律,进行系统性变革,以新的方法论从容应对新环境。

短短 10 多年,传统媒体从黄金时代自由落体,急促下滑;媒体融合推进以来,为什么还有很多传统媒体处于亏损境地,问题究竟出在哪里呢?这就要看清媒体融合的本质是什么?走的路是否合乎底层逻辑?

1. 为什么与用户失联?

移动互联网冲击下,人们的注意力被智能手机吸引,每个人有 206 块骨头,手机成了第 207 块。机不离手,人们不再看报、看电视,微信、今日头条、抖音、知乎等移动互联网新物种,建立了全新的移动传播内容标准和话语体系。

一是传统媒体不再垄断内容生产。机构媒体、自媒体、企业媒体异军突起,一些微博大 V、微信大号在舆论场还扮演着意见领袖的角色。

二是传统媒体不再独占传播渠道。社交媒体具有传统媒体难以拥有的渗透率和传播力,商业平台基于强大的算法,成为用户获取资讯的主要渠道。

三是传统媒体的内容不受欢迎。传统媒体以说教的思维,一对多的传播,"八岁到八十岁统吃",提供"我要你看的内容",而不是"用户想看的内容",细嚼慢咽式的深度阅读方式,做不到浏览式、结构式、速读式的轻阅读,逐渐失去了读者,造成传统媒体与受众失去了连接。

2. 为什么无法触达用户?

有人天真地认为,只要我们加大新媒体的内容生产能力,就能在移动互联网上获得新生,不少媒体花大力气推进媒体融合,在体制机制上动了大手术,优质内容的生产能力大幅提高,产品上去了,但传播量仍无法提高,日活率惨不忍睹,这又是为什么呢?

一是传统媒体没有用户数据。由于技术上的天生不足,没有大数据和算法的支持,传统媒体新闻 App 没有用户行为分析系统、没有用户画像系统、没有用户和客户管理系统,不少传统媒体办的客户端宣称自己有多少用户,但实际上它们既不了解用户,也不知道如何与用户连接,产品无法触达用户。

二是传统媒体没有社群化的传播。移动互联网的传播是社交引领下的强交互传播，用户被垂直细分，每个细分背后都是一个精准社群，用户消费内容的时间碎片化，内容的分享是按照自己的喜好来完成的，能看图的不看文字、能看视频的不看图，新闻作品只有被见、被赞、被评、被转、被粉，才能成为社群传播的"五好生"，这些，传统媒体都难以做到。

三是传统媒体做不到精准推送。传统媒体千人一面、大水漫灌的单向传播，无法做到精准推送，把海量新闻通过算法，一对一地推给"有需求"的海量用户。加上传统媒体的新媒体矩阵，大都用的别人的平台，只有阅读数量，没有用户数据，为平台提供了海量的内容产品，让商业平台通过"精准推送"赢得了流量变现。

3. 为什么做不到精准推送？

要做到精准推送，就要了解成千上万用户的个人兴趣，十几亿人，可能有几十亿种兴趣，为什么一些头部商业平台能够掌握十几亿人的兴趣，在这些平台，用户几乎收不到个人讨厌的信息。

究其原因，是商业平台通过大数据技术，收集用户的行为痕迹及他们的消费兴趣，人工智能被应用到数据处理中，为用户画像，算法则进行海量内容和海量用户的需求匹配和个性化推荐。

其技术能力包括了技术的研发、运维、创新能力，但传统媒体基本上是一群文科生在决策，技术是理工男的强项，造成了媒体从顶层开始，就不重视技术。特别是当下大数据、人工智能、区块链，这三样在商业平台广泛运用的技术，对传统媒体而言，犹如天书。

融合是技术驱动下的媒体转型，技术是媒体融合的基石。传统媒体也深知技术的重要性，但却陷入了技术的困局，技术需要大量资金投入和人才储备，但传统媒体既没钱又没人，因为没有钱，所以没有技术研发，因为没有技术，媒体融合的关键问题解决不了，造成媒体更没有钱投入，如此恶性循环。

4. 为什么流量无法变现？

媒体融合推进以来，不少媒体流量有所增长，在互联网上影响力倍增。流量的本质，就是用户的使用时间，主流媒体获得了流量，但流量却难以变现，究其原因：

一是主流媒体大多通过标准的产品来获得用户，尽管吸引了一些流量，但是用户和新闻产品都没有标签，属于无效流量，无法成为私域流量，更谈不上变现了。更何况在互联网下半场，流量获取越来越难，流量的分布也越来越集中，集中转向头部媒体。

二是互联网的广告形式与传统媒体的广告经营不兼容。比如一家公司想做一款游戏广告，它不会选择传统媒体的新媒体平台，更愿意选择今日头条、抖音之类的商业平台。这是因为，其一，商业平台会告诉广告主准确的广告数据，有多少人看，包括他们的用户画像；其二，商业平台会显示有多少人看了广告后，直接下载了，还在游戏里充了钱；其三，商业平台向广告主收的费用，都是按照精确的用户数据和下载量来确定的。广告主的每一笔投入，都不是冤枉钱，会有明明白白的数字"账单"。而这些，传统媒体都做不到。

三是形不成营销和带货的能力。如果做不到广告的精准投放，不能形成基于智能应用和线上线下的交互传播，就形不成营销和带货的能力，也就不能完成创收的闭环。

5. 为什么政府的钱要不到？

大多数传统媒体都希望财政能把自己养起来，媒体要知道，政府财政支持是让你推动融合改革，尽快形成造血功能，不是让你一直咬着"奶嘴"过日子。

财政支持尽管能解一时之痛，但终究是短视的躺平行为。况且三年疫情，财政收紧，政府也没有钱了，财政的支持力度会越来越小。政府的人头经费要不到，可以去要项目和政策，但很多媒体没有运作项目的人才和经验，又不愿意刀刃向内，通过改革要政策，造成支持越来越少。没有钱，宣传工作也做不好，更得不到政府的支持，没有支持媒体员工也不愿做事，如此形成恶性循环。

二、什么是新型主流媒体

主流媒体是指由党和政府主办，作为党和政府的新闻舆论工具，采取事业体制、实行准机关管理的媒体，包括党报、党刊、广播电台、电视台，以及这些媒体主办的子报、子刊和传输覆盖的网络。新型主流媒体是主流媒体的迭代升级，它"新"在何处？其建设的底层逻辑是什么？

1. 新型主流媒体"新"内涵

按《关于推动传统媒体和新兴媒体融合发展的指导意见》的阐述，新型主流媒体是以内容建设为根本、先进技术为支撑，是传统主流媒体在体制机制、政策措施、流程管理、人才技术等方面加快融合步伐，迭代升级而来。

新型主流媒体与全媒体时代相适应，与奋进新征程的目标相一致。正如习近平总书记所指出的，"我们推动媒体融合发展，是要做大做强主流舆论，巩固全党全国人民团结奋斗的共同思想基础，为实现'两个一百年'奋斗目标、实现中华民族伟大复兴的中国梦提供强大精神力量和舆论支持"。这也是新型主流媒体的灵魂所在。

一是"新"在"形态多样"，即具有全程媒体、全息媒体、全员媒体、全效媒体的多形态，在内容、技术、终端、管理、服务等方面能全方位相融、一体化发展，并向数字化、智媒体转型。

二是"新"在"手段先进"，即以内容建设为根本、先进技术为支撑、创新管理为保障，充分运用大数据、云计算、物联网、人工智能等新技术，构建起全媒体传播体系，扩大主流价值影响力版图。

三是"新"在"具有竞争力"，以体制机制创新为保障，在传播力、引导力、影响力、公信力持续提升基础上，拥有强大竞争力和可持续发展能力，成为新时代治国理政的新平台。

通过3—5年的努力，新型主流媒体能够实现以大数据、云计算、人工智能等先进技术为手段，以优质化、差异化内容建设为根本，以体制机制创新为保障，发挥媒体资源整合能力和社会动员能力，重新与用户、客户建立强连接，不断提升传播力、引导力、影响力、公信力，并将"四力"转化为党的执政资源，巩固壮大主流思想舆论阵地。

2. 新型主流媒体的本质特征

正如"媒体融合"与"媒体深融"是不同层次的两个概念，"新型主流媒体"也有层次之分、高低之别。形式上的"新"似乎不难，但要做到内涵上的"新"，则要有以下几个本质特征：

一是政治角度上，党媒姓党，由党领导，以守正创新为要，承担党的宣传思想工作、新闻舆论工作的职责使命，为党和人民服务，是党和人民的喉舌。

二是功能定位上，实现"主流舆论阵地、综合服务平台、社区信息枢纽"三大功能，逐渐成为国家治理体系和治理能力现代化建设在区域的重要一环，承担起新时代治国理政的功能，最终实现"引导群众、服务群众"的顶层设计要求。

三是媒体形态上，从传统媒体单一形态发展为形态更多样、生产传播更先进的全媒体，在内容、技术、终端、管理、服务等方面能全方位相融、一体化发展。

四是平台建设上，能够成为所在区域的自主可控的新型传播平台，"自主"意味着在内容、算法、技术、运营等各重要环节自立自强，不受制于商业平台；"可控"则能掌握主动权，拥有一定量级的用户，有较强的议题设置带节奏的能力。

五是内容生产分发上，具有强大的全媒体生产能力，实现了移动优先，构建起群众离不开的渠道，打通舆论引导的"最后一公里"，创造较好的社会效益。

六是经营管理上，深化体制机制改革，创新盈利模式，具有强大的自我造血机能和竞争力，有良好的经济效益，引领传媒产业的可持续发展。

七是技术创新上，能充分运用5G、人工智能、元宇宙、虚拟现实等新技术，增强主流舆论传播的吸引力、到达率，可读可听可看，可互动可分享可体验。

八是国际传播上，能掌握国际传播规律，讲好中国故事，推进中国声音的全球化表达、区域化表达、分众化表达，是世界认识中国、了解中国的重要窗口和渠道。

3. 新型主流媒体的新定位

党的十八届三中全会正式提出了推进国家治理体系和治理能力现代化；党的十九大对我国社会主要矛盾转化作出战略判断，并提出打造共建共治共享的社会治理格局；党的十九届四中全会提出，"到2035年，国家治理体系和治理能力现代化基本实现"，还要求"构建网上网下一体、内宣外宣联动的主流舆论格局，建立以内容建设为根本、先进技术为支撑、创新管理为保障的全媒体传播体系"。

党的二十大提出：全面建设社会主义现代化国家，必须坚持中国特色社会主义文化发展道路，增强文化自信，围绕举旗帜、聚民心、育新人、兴文化、展形象建设社会主义文化强国。

主流媒体要感受到时代主题的深刻变化，顺应人民群众对美好生活的期待，自觉承担起举旗帜、聚民心、育新人、兴文化、展形象的使命任务。

新型主流媒体的定位为：与国家治理体系和治理能力现代化相契合，协同创新社会治理，成为当地高质量发展的助力者。做区域舆论的引领者、主流价值的传播者、城市治理的协助者、群众生活的服务者、智慧政务的运营者、智慧城市的建设者。

同时建成"四大平台"：以新闻、智库、文图影音等全媒体产品生产分发为核心的内容平台，以电子政务、新闻发布、媒资体系、舆情引导等为核心的政务平台，以数字营销、活动策划、信息化项目、文化产业、红色展陈等为核心的商务平台，以智慧城市、消费电商、数字生活等为核心的服务平台。

由于各地经济发展水平差别较大，对于发达地区的市县融媒体中心而言，要成为"当地新时代治国理政的新平台"；对于较发达地区的市县融媒体中心，要成为"当地治理能力和治理体系现代化的核心抓手"；对于欠发达地区的市县融媒体中心，要"提升当地舆论引导能力和服务能力"。

三、新型主流媒体四要素

习近平总书记指出，要"构建全媒体传播格局，不断提升传播力、引导力、影响力、公信力"。"四力"对主流媒体而言，是一个"功夫在诗外"的长期主义追求，是媒体核心竞争力的综合展现，新型主流媒体就是一个传播面广、引导力强、影响深远、公信力持久的媒体。

"四力"也是新型主流媒体的四个要素，它们相互关联，传播力是根本、公信力是基础，引导力是关键，影响力是结果。没有传播力，再好的内容产品也无人过目，何来引导力；没有引导力，内容产品就失去了灵魂，何来影响力；影响力又会培育公信力；而公信力又是前三者的基础，没有公信力，前三者就不复存在。

1. 传播力

所谓传播力，就是指主流媒体通过自身的内容生产、传播发布，信息能有效触达用户，引领舆论，对目标用户产生影响的能力。

移动互联时代，主流媒体最根本的能力是传播力，传统媒体最大的困局是与用户失去了连接，生产的内容产品没人关注，失去了传播力。"我说你听"的自上而下式、一对多的传播，很难触达用户，传统媒体刊发的新闻不易被接受、不易被转发、不易被评论，常成为无效传播。

加上移动互联时代，人人都是自媒体，天量新闻的产出，让人不知所措，甚至产生"新闻疲劳"，用户注意力持续的时间越来越短，传播力的打造也越来越难，给主流媒体提出的要求也越来越高。

媒体深融本质上就是提升主流媒体在移动互联网上的传播力，平台媒体的崛起，使其独占了传播渠道、流量和用户。而主流媒体由于技术上的匮乏，精准分发与广泛覆盖的能力不足，失去了主阵地上的主动权。

移动互联时代，主流媒体提升传播力既有挑战更有机遇，提升传播力要做到以下三点：

一是扩大优质内容产能。主流媒体发挥内容生产的优势，加大培养对全网新闻和舆论趋势的捕捉能力，始终保持内容定力，不断深化内容生产供给侧结构性改革，用心用情制作有品质、有格调的内容，打造群众喜爱、刷屏热传的作品。

二是提升传播发布能力。加快构建"两微一端众小号"的发布渠道，形成融媒体传播集群，在内容生产和发布上，针对不同人群，内容既相似又彼此独立，多元发布，冲破"次元壁"，大举出圈破阵，争夺流量。实现新闻信息的广泛传播，特别是构建覆盖年轻受众的渠道。传播有共情力、有代入感的内容，实现二次传播，通过社交驱动形成"线上线下"共振。

三是构建全媒体传播体系。利用大数据、云计算等新型技术，搭建主流媒体平台，通过策、采、编、发、营、馈、存等流程再造，实现弯道超车，逐步构建网上网下一体、内宣外宣联动的主流舆论格局，建立以内容建设为根本、先进技术为支撑、创新管理为保障的全媒体传播体系。同时，进一步打通各媒体的互联路径，在中央媒体、省级媒体、市级媒体和县级融媒体中心四级融合发展布局中，打造跨界融合生态，形成一呼百应的传播气势。

2. 引导力

引导力指媒体在舆论导向上所发挥的引导能力。移动互联时代，社会舆论是多样的、复杂的，人人都是自媒体，网上信息鱼龙混杂。关键是学会议题设置带节奏，坚持正确的政治方向、舆论导向、价值取向，提高政治判断力、政治领悟力、政治执行力。用社会主义核心价值观、主流意识形态来整合多样化的思想观念，对复杂的社会舆论起到正面引导作用。

一是学会议题设置带节奏。主流媒体首先要坚持正确的政治方向和舆论导向，加大培养对全网新闻和舆论趋势的捕捉能力，学会议题设置，始终保持内容定力，做互联网上的掌舵人。在"大是大非"面前有鲜明的态度，在错综复杂的舆论面前要一锤定音，在引导过程中要润物无声，在议题设置上要有大局观。

二是敢于主动发声、积极引导。舆论场如战场，主流媒体要旗帜鲜明地发挥舆论引导作用，突出明确应坚持的政治主张，引领和塑造社会舆论的正向力量。既不能因爱惜羽毛而对错误言论置之不理，又不能盲目地使自己成为众矢之的，要有专业的舆论引导水平，笔头、口头上要过硬，善于应对各种复杂舆情。

三是转文风、改作风、讲好主流故事。要知道站在你对面、拿着手机看的这个人需要什么，多用网民喜闻乐见的话语体系，强化"走转改"，小切口、平叙事，把感召力放在首位。让主流价值支持者成为信息传播链上的志愿者，转述最精彩的故事，传播主流价值，只有大量用户乐意分享，内容才有爆发和裂变的可能性，引导力才会扩大。

3. 影响力

影响力即媒体在社会上产生的影响，可以理解为，媒体通过生产、传播信息产生反响、引发关注、激起共鸣，进而对受众的思想或行动产生作用的一种力量与效力。移动互联时代，媒体提升影响力的途径除了提高内容生产的质量外，渠道建设也是重要一环。

一是多生产有影响力的产品。不关注社会大事件就不可能有影响力，主流媒体在大事件中发声，是提升影响力的最好时机。要推动内容供给侧改革，多用心用情制作有品质、有深度、有格调的内容，更加重视互动性、体验感、服务性、移动性、场景化。特别是突出"人民至上"的思想和情怀，在解民惑、纾民情、回应关切、消除谣言、权威解读上发挥作用，凝聚人心，汇聚力量。

二是走好全媒体时代的群众路线。主流媒体要坚持贴近群众、服务群众，创新实践党的群众路线，走好全媒体时代群众路线。借助大数据、云计算的技术，提升内容生产分发的准确性，进行个性化定制并精确传播，使人民群众能够获得全方位的信息传播服务、生产生活服务。同时，创新"新闻＋政务服务商务"运营模式，连接各类社会公共资源，有效参政议政、反馈监督、生活服务，从网上舆论阵地转型为网上治国理政平台，这样的媒体平台才有巨大的影响力。

三是树立品牌意识，打造自我形象。新闻同质化现象十分严重，媒体之间的可替代性十分明显，主流媒体要用创新的理念、内容、特色打造主流品牌，树立主流媒体新形象，新媒体要形成自身的"调性"品牌，吸引用户、聚集用户。媒体的影响力其实是人的影响力，要打造名记者、名主持、名评论员，提升从业者素养，加强职业道德建设。

4. 公信力

公信力即社会信任的力量，媒体公信力是指媒体自身获得社会公众信任和信赖的内在力量，它是媒体安身立命之本，也是主流媒体的核心竞争力，是衡量媒体权威性、信誉度和社会影响力的标尺。

公信力来源于媒体对新闻信息真实、准确、全面、及时、客观、公正传播的信誉积累。其意义在于实现新闻舆论的社会价值，用主流价值引领网上舆论，扩大主流价值影响力版图。媒体的公信力越高，其影响力越大，缺乏公信力，传播力就不会长久，引导力就容易走偏。

媒体的公信力容易受到损害，比如在新闻报道中把关不严、夸大事实、虚实不明、刊发哗众取宠的低俗信息；在广告经营中只注重经济效益，刊发夸张广告、造成诚信缺失；在传播发布中过度娱乐化、标题党、报道失当，产生"低级红""高级黑"问题；在管理中，采编人员违反职业道德、采编经营两不分等，造成对媒体公信力的严重损害。

主流媒体公信力建设是一项长期工程，要做好以下三点：

一是强化责任担当，坚持价值恪守。满足受众知晓真相需要，是重构主流媒体公信力的基石。要深度分析挖掘事物本质，探究事实真相，回应公众知情需求，以深度思考确立思想高度，通过理性的思想魅力吸引公众、引领价值。

二是做好党的喉舌，成为党和人民的桥梁。通过积极宣传党的路线、方针、政策，以全心全意为人民服务的党的感召力赢得群众对主流媒体的信任和尊重。要积极配合党委政府，做好新闻发布和舆情管理工作，及时公布真相、解疑释惑、正确引导、凝聚共识，在提升政府公信力的同时，也提升自身公信力。

三是为受众释疑答惑，发挥舆论监督作用。要做实舆论监督，在各种观点、意见、数据背后核实信息，发掘真相，发挥主流媒体舆论监督功能。并积极参与到区域治理和社会治理中去，寻求并建立一套可以让政府和社会付诸行动的解决方案。

第三节　格局：媒体融合赢在顶层设计

不谋全局者不足以谋一域，不谋万世者不足以谋一时。习近平总书记在《加快推动媒体融合发展　构建全媒体传播格局》（《求是》杂志2019年第6期）中明确指出：在信息生产领域，也要进行供给侧结构性改革，抓紧做好顶层设计，打造新型传播平台，建成新型主流媒体。

学习落实习近平新时代中国特色社会主义思想，需要我们以系统性改革思维和方法，对潜在风险科学预判，对发展趋势敏锐洞见，以顶层设计的格局，实现更高层次的突破与创新。

一、什么是顶层设计

1. 顶层设计的概念

"顶层设计"原来是网络工程学的概念，是指建设一个大系统前必须进行"从顶层开始、从上至下的设计"，以保证各个子系统之间的兼容、互通和联动。

顶层设计是一个洞察未来的核心价值体系，即站在全局的高度，站在未来的角度，在最高层次上把握趋势、找出问题、明确方向、整体设计，对一个行业或一个系统的各项工作进行统筹谋划，集中并整合有效资源，从根本上解决问题，实现目标。

媒体融合的顶层设计，即立足长远的制度性变革，运用系统性改革思维，把媒体融合发展作为一项系统工程，寻求整体性的总体设计和系统化的解决方案。

顶层设计是一套完整的改革方略，它是传媒的使命追求与责任担当，是传媒人智慧、意志、领导力的集中体现。它自上而下设计，自下而上落实，是打通战略、组织、人，推动传媒各项工作的方法论，是指导媒体深度融合的行动纲领，更是明确传媒发展、对未来系统性思考的路径指南。

2. 传媒顶层设计的分类

（1）在国家层面上，有全局性制度式顶层设计。媒体融合国家层面的顶层设计包括：媒体融合的思想和方针，即习近平总书记关于媒体融合的系列讲话和指示精神；以及媒体融合的政策和部署，即党和国家出台的各项推动媒体融合发展的政策，如两办《关于加快推进媒体深度融合发展的意见》，国家广电总局《关于加快推进广播电视媒体深度融合发展的意见》《广播电视和网络视听"十四五"发展规划》等。

（2）在各省市、行业层面上，可分为行业式或地区式顶层设计，如某地宣传思想工作"十四五"发展规划、某地加快推进媒体深度融合发展实施意见、某地广播电视媒体融合发展三年行动计划等。

（3）在单个融媒体中心层面上，可分为个体性顶层设计，如某市融媒体中心加快推进媒体深度融合的实施方案、某县级融媒体中心战略规划。

（4）在时间和工作跨度层面上，可分为长期、中期、短期顶层设计，以及某项工作的系统性解决方案。

顶层设计有广义和狭义之分，广义即国家层面对传媒的供给侧改革，以及各地区推进媒体深度融合的意见和规划；狭义的顶层设计即某个融媒体中心（传媒集团、报社、广电台）推进媒体深度融合发展的系统性解决方案，这是一个单位系统的改革方略，包括传媒的体制机制、治理体系、战略规划，以及战术方案。本书界定的顶层设计主要指狭义的顶层设计。

3. 传媒顶层设计的特点

（1）政治性。这是顶层设计的首要遵循，传媒是党和人民的喉舌，顶层设计的"举旗走路"不能有丝毫差错，必须上承天心、下接地气，从政治的角度和立场看问题、做决策。用马克思主义新闻理论分析传媒的发展规律，全面贯彻党的十九大和二十大精神，加快推进媒体深度融合发展，紧跟时代步伐，不断开创事业发展的新境界。

（2）系统性。这是顶层设计的基本特点，它是一个复杂的工程，运用系统论的方法，把传媒视为一个系统，放在大环境中审视，站在全局和长远的角度，对系统各方面要素、功能、结构统筹谋划；分析系统与系统之间、系统与要素之间、要素与要素之间的关系；分析系统与各要素的现状和需求，确立发展目标、资源分配、具体任务、行动计划、执行措施等。

（3）整体性。这是顶层设计的立足点，事前要具备"站在未来看现在"的能力，决策上审时度势，走一步、看两步、想三步；执行中要做好方案、明确责任、落实到位；管理上要监督反馈，适时纠偏，考核评价更要总结经验、查找不足，奖优罚劣。

（4）可操作性。这是顶层设计的落脚点，顶层设计重在执行，要有明确的"任务书""时间表""路线图""责任状"，要明确责任主体、明确目标任务、明确组织领导、明确完成时限、明确路径打法、明确考核奖罚。

二、为什么要进行顶层设计

习近平总书记指出："做好党的新闻舆论工作，事关旗帜和道路，事关贯彻落实党的理论和路线方针政策，事关顺利推进党和国家各项事业，事关全党全国各族人民凝聚力和向心力，事关党和国家前途命运。"由此可见，在顶层设计中，新闻舆论工作对于党和国家的各项事业，尤其是对于我国第二个百年奋斗目标的实现极其重要……因此，提高新形势下新闻舆论工作，推进媒体深度融合，势在必行。

1. 党中央高度重视媒体融合的顶层设计

2019年1月25日，习近平总书记在十九届中央政治局第十二次集体学习时指出：要抓紧做好顶层设计，打造新型传播平台，建成新型主流媒体，扩大主流价值影响力版图，让党的声音传得更开、传得更广、传得更深入。

2020年6月30日，习近平总书记主持召开中央深改委第十四次会议审议通过了《关于加快推进媒体深度融合发展的指导意见》。这是继2014年8月18日中央深改组第四次会议审议通过《关于推动传统媒体和新兴媒体融合发展的指导意见》之后，又一个关于我国媒体融合发展极其重要的纲领性文件，是习近平总书记和党中央在媒体融合发展处在攻坚冲刺和催化质变的关键时刻所作的战略部署和顶层设计。

2020年9月，中共中央办公厅、国务院办公厅印发了《关于加快推进媒体深度融合发展的意见》，这份文件是党中央从全局的角度，系统地对媒体融合改革进行统筹规划，调配资源，明确目标，推进工作的宏大布局；是解放思想、解决问题、加快建成新型主流媒体的战略规划；是激发传媒业斗志、与时俱进推动高质量发展的一次重大部署。

党的二十大指出："建设具有强大凝聚力和引领力的社会主义意识形态"，要求"加强全媒体传播体系建设，塑造主流舆论新格局"，为媒体深融的现代化之路再次指明了方向。

2. 媒体融合是一项系统工程，需要顶层设计整体推进

早在2013年9月17日，习近平总书记在跟党外人士座谈时就指出："全面深化改革是一项复杂的系统工程，需要加强顶层设计和整体谋划，加强各项改革关联性、系统性、可行性研究。"当前媒体深融进入攻坚期和深水区，这是一项全面深化改革，与以往的增量改革不同，传统媒体面临的是系统性创伤，这是一场存量改革，矛盾和问题交织、错综复杂，涉及各方面利益的调整，涉及体制机制的完善，闭门造车不行，刻舟求剑不行，异想天开更不行。

媒体融合需要向死而生，以壮士断腕的勇气从多层面进行分析与定性，动员多元利益相关主体统筹协调与合作，重新调整利益格局，剥离"负资产"，运用整体性改革思维，作为一项系统工程，寻求整体性的总体设计和政策安排，寻求多元化的解决方案，以形成一套完整的改革方略，主力军走向主战场。

3. 顶层设计的方法论，是加快媒体深融最基本的工作方法

习近平总书记指出："改革开放是前无古人的崭新事业，必须坚持正确的方法论，在不断实践探索中推进。"他强调："全面深化改革工程极为宏大，零敲碎打调整不行，碎片化修补也不行，必须是全面的系统的改革和改进，是各领域改革和改进的联动和集成。"

属性（干什么事）决定了方法论（怎么干），由于传媒属于不同地区，传媒之间没有隶属关系，单个传媒改革的优劣，只能解决某个地区或单位的内部体制问题，特别是整个行业共同存在的体制机制问题，只有通过全面深化改革的顶层设计才能彻底解决。特别是在主流媒体供给侧改革上，需要自上而下发力，在全行业全面深化改革，只有顶层设计的方法论才能形成推进媒体融合的强大合力。

自 2014 年开始，媒体融合推进了 8 年，主流媒体已积累了大量分步改革的经验，已具备了从渐进式改革向系统性改革方向全面推进的能力和基础。在工作思路上，要解放思想，勇于突破，起点要高；在决策过程中，要统筹考虑，全面论证，科学研判；在落地执行上，要整体推进，重点突破，狠抓落实。

三、如何进行顶层设计

1. 传媒顶层设计的核心命题

由于传媒的意识形态属性，要坚持用习近平新时代中国特色社会主义思想这个马克思主义中国化最新成果武装全党、教育人民、指导实践。坚持培育和践行社会主义核心价值观，坚持提高新闻舆论传播力、引导力、影响力、公信力。这是传媒顶层设计的核心命题。在这一命题下，我们就要对以下问题进行系统性思考：

（1）我们这家融媒体中心的使命、职责、核心价值观、企业文化是什么？如何把党的政治建设摆在突出位置？如何始终在政治立场、政治方向、政治原则、政治道路上，同党中央保持高度一致？

（2）如何发展成党和政府想要的样子，发展成用户想要的样子？未来成长道路在哪里？愿景是什么？核心竞争力是什么？

（3）未来治理之路如何走？如何建立完善采编、经营、管理、人事、财务、审计、投资、品牌等一系列规章制度和法人治理结构，理顺现代企业管理逻辑，构建起面向未来的新型主流媒体集团？

（4）组织生态如何设计好？如何由事业向事企一体化运营转变，包括组织构架、组织能力建设、薪酬考核、流程再造、人才培养、人力资源等？

（5）融媒体中心的机制建设怎么完善？责、权、利、能、廉的机制设计，内部管控、执行力和制度建设如何适应移动互联时代的要求？

（6）如何适应移动互联时代的特点，打造新型传播平台，对外拓展传播渠道，大幅提升主流媒体的内容生产能力、信息聚合能力和技术引领能力，让正能量更强劲、主旋律更高昂？

（7）如何设计系统化的经营理念和模式，由单一的报、台变成产业链更丰富的传媒集团？新的盈利模式如何找到新的业绩增长点，让流量变现？

（8）如何加大人才培养力度，深化人事制度改革，完善聘用制度、岗位管理制度，实现定岗定责、同工同酬？如何建立完善职业发展双通道，人才机制不断优化？

时代的开阔地带已经打开，站在历史交汇的十字路口。这8个问题，是传媒顶层设计需要系统性思考的经典框架。

2. 媒体融合顶层设计的重点

媒体融合是一个非常庞大与繁杂的系统工程，需要自上而下和自下而上的双重改革，自上而下推进的是国家层面的战略布局和供给侧改革；自下而上推进的是各媒体深化改革，以壮士断腕的勇气重新调整利益格局，主力军才能走向主战场。对一家市县融媒体中心而言，推进媒体深度融合发展的顶层设计要着重解决以下问题：

（1）解决主要矛盾。主流媒体最大的难题是与用户失去了连接，生产的新闻没人关注，失去了传播力。加上移动互联时代，人人都是自媒体，天量新闻的产出，让人不知所措，用户注意力持续的时间越来越短，媒体融合向纵深推进，实质上就是提升主流媒体在移动互联网上的传播力。顶层设计要围绕这一目标，主力军进军主战场，以用户为中心，让内容以多种形式、以最快速度触达多个端口、形成裂变式交互传播。

（2）做好舆论引领。媒体融合顶层设计的目标，是强化主流媒体舆论引领带节奏的能力，发挥定盘星的作用，通过理念、内容、形式、方法、手段等创新，使正面宣传质量和水平明显提高；这就要丰富产品形态，制作推出人们愿意看、喜欢看、看得懂、记得住的全媒体产品，将新闻资讯单一生产的价值链，向产品矩阵和融合生态系统延伸；同时，改变传播方式，将单向式传播向互动式、服务式、场景式传播转变，提升正面宣传的到达率、阅读率、点赞率，量身定做、精准传播。

（3）推动平台建设。平台建设需要从体制机制入手，把党媒云和客户端作为系统工程来建设和运营。这就要从指挥系统、组织系统、采编流程、技术体系、空间建设、内容生产、分发反馈、运营方式、盈利模式等方面进行全方位规划，通过技术赋能、社群运营、场景推送、沉浸式服务等，形成内容与用户的强交互。

（4）再造组织构架。移动互联网带来的去中心化、开放和分享，要求以用户为中心，构建内外部互联互通、资源协同共享的平台型组织，能够扁平化融合，快速协同，同时又能整合分散在传统业务部门和新媒体业务部门的采编力量，分层级构建新型采编发网络，建立适应全媒体生产传播的一体化组织架构。

（5）重构采编流程。移动互联网改变了新闻传播的"时"，以前新闻生产传播从写编排到印送，最少也要七八个小时，现在实现了"即时性"，这就重塑了用户的阅读场景，引发了流程再造，"策采编发营馈存"流程再造是对采编、经营、管理系统进行重新设计和重构。

（6）设计薪酬体系。传统媒体面临巨大生存压力，如何用有限的人力成本支出调动更多人的积极性，是薪酬设计需要解决的问题。要真正打破体制界限，按照业绩导向、分类考核的原则，全面落实KPI考核系统。把战略目标分解为可操作的工作目标，量化各部门业绩指标，引入现代企业管理模式，制订与考核结果相对应的薪酬体系，并将个人成长、工作成就感、良好的职业预期和培训等与考核挂钩。

（7）重构盈利模式。盈利模式需要顶层设计，单靠发行提价和财政购买服务来实现盈利，是走不通的。只有创造新的商业模式，通过免费、抢占入口、场景营销、O2O、跨界、打造生态圈等新的方法，把党媒公信力变现，才能实现经营质的飞跃。特别是广泛聚合和有效运营各类本土资源，通过各项垂直应用的渗透和各类便民惠民服务的聚合，为区域群众提供一站式综合服务。

（8）做强技术支撑。技术一直是各地传统媒体的弱项，大数据、云计算、人工智能、区块链也迎来新一轮应用，移动互联网的感知、存储、传输、计算等核心能力全面提升。紧盯技术前沿，主要通过与上级媒体技术合作，以及汇聚第三方技术的方式，弥补技术短板。同时要具备较好的技术应用和运维能力，可以在本区域内开拓技术服务，同自身的资源相对接。

（9）尝试资本运营。资本运营作为媒体深融的催化剂，能够以少量的自有资金撬动更多的社会资本和国有资本，让传统媒体驶上转型的快车道，但因为专业人才的缺乏、体制机制的制约，资本运营也一直是传统媒体的短板。资本运营需要顶层设计，制订资本战略，配强财务总监，增强资本运营的能力。同时建立防火墙，坚决防范资本操纵舆论。

（10）做优人才战略。人才战略也叫人力资源战略，它以媒体发展战略为导向，以媒体人才队伍和人力资源管理的现状为出发点，对岗位进行核心识别，确认岗位的能力要求，确定媒体人力资源的发展愿景和目标，对人才进行配置、招聘、培育、管理、文化建设、考核等。

3. 传媒顶层设计的编制

就单个市县融媒体中心而言，顶层设计以三种形式呈现，上级部署的总体方案、媒体的战略规划、战术推进方案。这就将媒体融合顶层设计的编制分成三种呈现形式：

一是媒体融合的总体框架方案。包括市（县）委、市（县）政府就本区域媒体融合的总体性规划、政策支持、项目规划等，以及媒体单位上报市（县）委的深化改革方案，这个方案是一家传媒集团推进媒体深度融合改革的纲领性文件，主要包括目标愿景、体制机制改革设想、希望争取的支持等，是传统媒体在推动改革之前必须完成的工作。

二是媒体单位的战略规划。主要是剖析媒体所处的外部环境，分析内部优势和劣势，明确未来的发展方向，迎接挑战，同时让媒体员工明确发展目标。这个规划是由领导小组会同外部专家，采取会议、沙龙等方式，深入探讨，制定的长期发展目标，并明确措施将其付诸实施。

三是战术方案。战术方案是从战略规划中选取一些战术性的目标，寻求问题的解决之道，设定完成战略目标的路径和方法，并将资源、时间、人员、组织、考核具体化，最终实现战略目标，这些方案也是环环相扣，互相支撑，成为一个系统。

第四节　布局：深融下半场"14个一体化"

媒体融合重在"一体化"发展，习近平总书记在十九届中央政治局第十二次集体学习时指出，要坚持一体化发展方向，加快从相加阶段迈向相融阶段，通过流程优化、平台再造，实现各种媒介资源、生产要素有效整合，实现信息内容、技术应用、平台终端、管理手段共融互通，催化融合质变，放大一体效能，打造一批具有强大影响力、竞争力的新型主流媒体。

2020年9月，中共中央办公厅、国务院办公厅印发《关于加快推进媒体深度融合发展的意见》，从重要意义、目标任务、工作原则三个方面明确了媒体深度融合发展的总体要求，开启了"一体化深融"的战略性布局。媒体融合迎来一场多元主体、多种形式、多重功能的"大融合"，开始向全面深改、体制创新、内外融合、生态构建的一体化、全局性的战略融合转移。

一、媒体融合进入下半场

2021年开始，互联网业内有一种共识：伴随着智能化和数字化的浪潮，移动互联网的上半场即将结束，取而代之的下半场是产业互联网时代。人工智能、云计算、大数据、区块链、元宇宙扑面而来，互联网将在产业侧创造巨大的价值，国家将致力于在全球范围内拥有更出色的产业制造、供应链能力。媒体在这场产业链的巨大变革中，迎来数字化转型的新机遇，媒体融合进入下半场。

1. 上半场战术浅融

2014年媒体融合启动以来，所强调的是传统媒体对多种传播介质的拥有，表现为全媒体的转型和扩展。多为单点式的、自下而上的战术创新，多为各媒体自发的行动，跟媒体一把手思路、策略紧密相关，可以称为媒体融合的上半场。

这种战术性浅融，主要在媒体内部进行融合发展，对新媒体和传统媒体的内容生产、渠道发布、产品形式进行融合。包括强调"移动优先"，进入移动互联网的各个终端，自建App、入驻社交平台及各类聚合开放平台等。在内容生产上强调新媒体产品、视频化、体验式、沉浸式、交互性的作品的生产制作。

2. 下半场战略深融

下半场进入产业互联网后，媒体融合迎来的是多元主体、多样内容、多重功能的"大融合"，开始向全面深改、体制创新、内外融合、生态构建的一体化、全局性的战略融合转移，以实现媒体的政治价值、传播价值、品牌价值、平台价值、数据价值和资本价值，媒体融合的下半场正式开启。

下半场的战略深融，主要体现在体制机制深改和与外部的整合，包括实现各种媒介资源、生产要素有效整合，实现信息内容、技术应用、平台终端、管理手段、外部平台的共融互通；深化主流媒体内容生产与传播体制机制改革，建立适应全媒体生产传播的一体化组织架构，构建新型采编流程，形成集约高效的内容生产体系和传播链条。同时，建立"4+4"体系的薪酬考核机制，把更多先进技术、专业人才、项目资金向互联网主阵地汇集、向移动端倾斜。

3. 从战术创新到战略深融

媒体融合的上半场，是战术性的创新，是在原有传播链、价值链基础之上的内容策采编发改造，属于内部融合；下半场是战略性的深融，这是以数字化、智媒体转型为核心，推进的整体性的、结构性的深改，不仅是媒体内部，更需要媒体与媒体、媒体与外部的广泛融合，即主流媒体的全域全网的融合整合能力，考验的是主流媒体的战略定力、外部整合力、改革推动力，是站在时代的制高点上，与时代同频共振，对媒体融合转型进行"一体化"的顶层设计和整体谋划。

二、什么是"一体化"深融

所谓"一体化"深融,就是从顶层设计的角度,通过全面深化改革,推进媒体深融,打造"融为一体、合而为一"的全媒体传播格局。主流媒体要对内容采编发、组织生态、管理机制、技术应用、平台终端等作深度调整和完善,实现各种媒介资源、生产要素有效整合,放大一体效能。此外,媒体与外部的融合也向纵深化、一体化方向发展,包括媒体与不同行业进行产业融合、组织融合、所有权融合。

"一体化"深融最终让传统媒体和新兴媒体之间、主流媒体和外部产业之间形成的关系,不是取代关系,而是迭代关系;不是谁主谁次,而是此长彼长;不是谁强谁弱,而是优势互补。

"一体化"深融是新型主流媒体的基本要求,真正推动传统媒体和新兴媒体在体制机制、政策措施、流程管理、人才技术等方面加快融合步伐。"一体化"要做到前端内容生产与传播渠道一体、中端技术和运营等中台支撑一体、后端经营与管理保障一体,实现信息内容、技术应用、平台终端、人才队伍、管理手段、产业发展的共融互通。

"融为一体、合而为一",是构建全媒体传播格局,也是推进媒体深度融合发展的重要原则和目标任务。特别是在媒体融合进入战略性深融阶段,如果只做"增量补充",不做"存量改革",主力按兵不动,人才和资源不去主战场,体制机制没有重构,实际上只是用有限的人财物做新媒体,那还是"你还是你""我还是我",难以激发媒体活力、释放新闻生产力。"一体化"深融如何布局呢?具体到一家传媒集团,要做到"14个一体化"。

三、媒体深融的"14个一体化"

1. 战略一体化规划

战略规划必须系统思考、整体谋划,这个战略目标包含了内容、渠道、平台、经营、管理等各个方面,它是一个交融性的一体化工程,报社、广电、新媒体、经营、运营等各部门既要瞄准各自定位、目标发展,又要坚持相互补充、一体发展。防止相互撞车、消耗资源，各集群实现一张图规划、一盘棋整合，形成集群化、集约化发展。

2. 改革一体化推进

不伤筋动骨、不做基因改变的媒体融合是假融合，传统媒体面临的是系统性创伤，需要向死而生，对体制机制进行颠覆式重构。需要治理结构再造、组织再造、流程再造、薪酬再造，更需要政府支持、资本助力、技术支撑，实现由局部探索、分步突围到系统集成、全面深改。从顶层设计的高度，编制路线图、时间表、任务书，推动全方位、系统性、深层次的改革。

3. 平台一体化建构

平台是媒体融合的终极形态，它整合了报纸、电视、广播、App等发布平台，也包括了中央厨房、大数据库的硬件系统，更是一套集采编发系统和管理机制为一体的生产关系，聚合新闻、政务、服务、商务等多重功能。需要通过一体化的顶层设计对指挥系统、组织架构、采编流程、技术体系、空间建设、内容生产、运营发布、中台支撑、盈利模式等全方位规划，进行平台再造。

4. 内容一体化生产

变"报、台、网、微、端"各搞一摊，为"一体策划、一次采集、复合生成、全媒共享、多端发布"，以产品形态上的融合生产，实现传播效应最大化。每一个生产单元都融媒体化，面向报纸、广电、新媒体三个端口进行融媒体内容生产和发布运营，特别是以用户为中心，将新闻资讯单一生产的价值链，向产品矩阵和融合生态系统的一体化方向延伸。

5. 组织一体化重塑

建立适应全媒体生产传播发布运营的一体化组织架构，媒体内部不再按照媒介类型设立岗位，而应以内容产品与服务用户为导向，按照不同产品线的业务流程和要素进行重构。一支队伍服务多个平台，一个平台上有多支队伍，一个平台上的队伍包括采、编、美工、视频、技术、运营等各方面人才。

6. 流程一体化重构

流程重构是媒体深融的决战环节，在组织构架再造后，流程设计就要打破部门壁垒、畅通运行机制，明确媒体各项工作的顺序、职责、权限，以用户为中心，对指挥系统、生产发布、经营运营等过程进行颠覆式重构，从"策采编发"升级到"策采编发营馈存"，打造集约高效的一体化全媒体生产传播运营链条。

7. 薪酬一体化考核

改变当前媒体考核单一、片面的状况，实现全渠道、全方位、全流程、全模式的一体化考核，强化从战略到目标到执行的全过程管理，将采编、经营、管理、技术、运营等各岗位纳入一个考核体系中，驱动媒体与员工一体共赢。全岗位一体化覆盖、全结构一体化引导、全模型一体化考核、全流程一体化推进。构建大数据考核系统，后台考核前台指标，前台考核中台产品、前台中台为后台打分。

8. 人才一体化培养

实现全员转型，从单兵作战、部门壁垒中解脱出来，人才一体化培养和使用。要深化人事制度改革，完善聘用制度、岗位管理制度，打造采编、经营、技术、管理等共融互通的一体化人才队伍，以"八个全会"为目标，培养"一专多能"的全媒体人才。

9. 经营一体化统筹

媒体经营是个系统工程，在采编、经营"两分开"前提下，做到"两加强"，统筹好内容生产和媒体经营一体化发展，实现顶层设计、领导机制、组织构架、工作流程、薪酬考核相互支撑的工作机制，一支经营队伍服务各个发布平台，实行全要素服务、全渠道推广、全链条运营、全媒体经营。

10. 产品一体化打造

盈利模式的核心是产品，产品是解决用户痛点的方案，需要一体化打造，为用户创造价值。从作品升级为产品，需要一体化的思维运作，包括团队、组织、考核、技术、用户、运营、设计、推广等众多工作。核算产品的收入和成本，设计产业链的扩展，以及采取何种营销策略，在哪个点盈利，并形成产品矩阵，带来综合收益。

11. 技术一体化支撑

在媒体融合的推进中，无论是报纸的方正系统，还是广电的索贝系统，都要形成一体化的整合运维模式。以一个技术标准、一个技术系统、一套技术语言、一种技术思维，为集团内部各媒体的数字化生产、发布、传播提供共建共享的技术支撑。通过技术合作方式弥补技术短板，将各类技术一体化融合到自身的平台上，并具备较好的技术运维能力，以及一定的开发能力。

12. 数据一体化采营

媒体融合下半场，主流媒体将迎来数字化转型，数据将成为主要资产，媒体要通过一体化的数据采集和运营，整合各平台资源和人力、财力，全面收集积累各种媒资数据和用户数据，并建立一个能让社会公众集体维护的数据库。一体化还体现在对掌握的数据再利用、再挖掘，推动数据资源共享开放和开发应用，营造增值服务点，形成造血功能。

13. 资本一体化运营

资本是媒体所拥有的一切有形与无形的存量资产，包括固定资产、内容资产、数据资产、品牌资产、版权、牌照、资源等，可通过流动、裂变、组合、优化配置等各种方式，将这些资源一体化运营，放大媒体资本的核心价值，吸引外来资本，采取股权投资、债权投资、基金管理、上市融资、项目合作投资、战略重组、并购等多种形式，建立全方位、多层次的资产管理与投融资体系。

14. 扶持一体化争取

媒体融合是一个系统工程，投入周期长、回报较低，靠媒体自身力量难以可持续发展，需要政府一体化的扶持，既有资金支持、资源配置、财税支持、改革推动，又支持成立集团公司、划拨用地改商住，帮助牌照获取，给予税收优惠，还可以争取项目，如党建平台、媒资库、智慧城市等，这些都要用一体化的思路来争取。以增加媒体的竞争力和造血能力，实现可持续发展。

第 1 讲
顶层设计——媒体融合路在何方

上级为何要调走我？

赵主任：南方某县级融媒体中心原党委书记、主任
周博士：某融媒研究中心主任
时间：2022 年 5 月

这天小满，盛夏模式开启，天气转热。

一早，周博士还没起床，就接到赵主任的电话，不由得眉头一皱，暗想：赵主任不会又遇到啥困难了吧？

这个赵主任，是业内公认的该省"牢骚大王"。他原先是县报的总编，在媒体融合改革中，县报与县广播电视台合并为融媒体中心，赵主任被重用为中心"一把手"。按说成为一方"喉舌"的掌门人，老赵应该"春风得意马蹄疾"，可他的一张脸总是愁云密布，有说不尽的苦恼。

"老兄，今天又有什么难题啊？"周博士接了电话问。

"老周，又喜又忧啊，昨天县常委会研究了，我调到了文联，回归行政编制啦。"

"祝贺祝贺，老兄终于脱离苦海了。"

"唉，你有所不知啊，我们县文联号称是全县最小的科级单位，连我才 2 个编制，明显让我靠边站啦。"赵主任又倒起了苦水，"在县城，我好不容易才熬到正科职，多不容易！虽然之前我也想交流个岗位，可到这个单位，说明组织上对我的工作不认可啊……"

"那怎么突然到文联的呢？"

"是这么回事。"赵主任讲起缘由，两周前省电视台来县里采访县委书记，安排在融媒体中心演播厅采访，哪知中途提词器出了故障，现场又没准备采访提示牌，采访效果很不好。县委书记大光其火，痛斥融媒体中心大事做不来，小事做不好，只知道伸手要钱。

"唉，这也不怨你，你手下是吃干饭的？没有应急预案吗？"周博士一边安慰一边反问。

"周博士，你哪知道基层的苦哦！我手下的人才都走得差不多了，"赵主任无可奈何地说，"事业编不干活，企业编频频离职，这两年多的疫情，收入比以前降低了不少，员工对我是怨声载道，可我有什么办法呢？台里的设备十几年没更新了，这次出错是偶然也是必然！"

周博士想了想，直言不讳道："赵主任，凡事预则立，不预则废。这次出的采访事故，虽有偶然性，但根子还是出在你身上。"

"这话我不爱听，根子应该是没钱更新设备。"赵主任情绪有点激动，"不瞒你说，我们是人穷志短啊。财政给事业编人头费，但加班费和奖金都不能拿，干好干坏一个样，还真拿他们没办法；企业编自收自支，靠市场吃饭，这些年入不敷出，工资都发不上，几个台柱子都走了。"

"这些问题向书记报告过了吗？"

"汇报啦，前两年，我经常到书记办公室，就是想要点钱解决问题。"赵主任叹了口气，"最好把台里这十几年欠的贷款给解决了。"

"书记怎么说？"

"书记反问我，县财政也不宽裕，人头经费都给你了，不能光想着输血，要学会自身造血。"赵主任沮丧地说，"之前，县电视台拖欠了员工医保社保，几个员工闹得不可开交，写人民来信给书记反映问题，县里批下来，让我来解决，但县里又不给钱，我怎么解决？里外不是人啊。"

"那你要想办法呢！"周博士道。

"我想啦，我发了短信给书记，反映了前两任留下的一堆烂摊子，希望县里给解决。"

"那书记怎么说的？"

"书记说，新人要理旧账，还债也是政绩。他还说我没思路，不开拓，张口闭口只知道要钱。唉！钱没要到，还挨一阵批，员工知道我没要到钱，怨气更大，背后指责我无能。我想何必两头受气，干脆调个单位算了，于是向组织上提了要求，书记又说我没担当，大会上还不点名地批评了我。"

第1讲
顶层设计——媒体融合路在何方

"你不是调到文联了吗？书记还是满足了你的心愿。"周博士安慰道。

"老周，说实话，我们都是有点情怀的人。我想调单位是气话，我大学一毕业就进了报社，对新闻工作有难以割舍的热爱啊。"赵主任坦陈道。

"解铃还须系铃人，这事还得找书记。"周博士建议。

"唉，书记不见我啊，发短信也不回，估计还在为采访出错的事生气呢。唉，真是愁死我了。"

"老兄，事已至此，随遇而安吧，你的工作也有不足之处。"周博士反问道，"我问你两个问题，你如实回答。"

"好吧，你问。"

"第一个问题，省台到县里采访，你们有没有拿出针对此次采访的专题报道方案？"周博士问。

"我们没有拿，省台自己有采访方案，我们照方案执行就是了。"

"那就是你的错了。"周博士正色道，"省台的方案，是省台的工作计划，你们如何借船出海很关键，除了提供内容外，这次采访本身也是新闻，说明县里的工作得到上级的认可，你们得追加采访，把新闻往深处做，抓住机会，二次传播。"

"这倒是，是我疏忽了。"赵主任的音量明显调低了。

"第二个问题，事前有没有排查风险点？"

"没……有。"

周博士叹了口气道："你呀，真是捧了金饭碗讨饭吃。你想想，省台来采访书记，书记能不重视？书记很少来你们台，又不待见你，这可是天赐良机，你配合采访做好工作后，再将省台的节目二次宣传，扩大影响，书记一高兴，你再找书记解决问题，他会不答应吗？"

周博士娓娓道来的一番话，让赵主任十分后悔："还真是，也怪我没往深处想。"

"老兄，说句不见外的话，现在媒体不好干，融媒体中心主任得受得了委屈、吃得了苦，要有企业家精神，你平常牢骚多，工作压力也太大了。"周博士尽力安慰道，"我倒是觉得文联这个单位适合你，别把自己压垮了。今天刚过小满，最好的人生状态就是小满啊。"

"唉，不说了，老周，虽说不在业内了，以后来南方出差，别忘了过来看看我！"

一阵寒暄过后，周博士放下了电话，陷入沉思，这融媒体中心一把手，现在还真的不好做，谁说站在光里的才算英雄呢？

第 2 讲 战略规划——新征程上立下的旗

☆ 第一节"取势":"势"是大势,是政策导向和逻辑起点,主流媒体要把中央关于媒体融合的精神和政策吃透、吃准,能够运用到改革发展的实践中,不至于犯战略方向的错误。

☆ 第二节"明道",就是要掌握规律,抓住主要矛盾,做好战略规划。媒体战略是媒体在关键时刻的重大抉择,如何做正确的事以及如何正确地做事。要看五年、想三年、干一年。战略不是"设定目标",而是"解决问题";不仅是"一把手"的事,更需要全体员工共同努力。

☆ 第三节"优术",讲的是智慧转化为方法的策略,对媒体而言,要制订 3 个三年规划。第 1 个三年规划,到 2026 年,全面深化改革,转型成为新型主流媒体;第 2 个三年规划,到 2029 年,加快融入人工智能、云计算、算法、大数据构成的智能生态,转型成为智媒体;第 3 个三年规划,到 2032 年,进军 6G 和元宇宙建构的舆论场,全面占领虚拟世界的主阵地。

☆ 第四节"践行",是实战操盘,媒体深融要制订 11 个"王炸"级的战略规划和战术方案,包括总体战略、业务战略、职能战略。总体战略是媒体战略的框架性方案,以 3—5 年发展规划的方式呈现;业务战略包括新媒体战略、大数据战略、产业战略;职能战略是指媒体发展需要哪些能力,包括技术战略、人才战略、资本战略等。以 11 个方略实现媒融、事融、技融、数融、人融、心融、智融、产融。

第一节　取势：媒体融合的政策解读

媒体融合要想取得成功，"顶天立地"至关重要，"顶天"就是把中央关于媒体融合的精神和政策吃透、吃准，能够运用到改革发展的实践中，不至于犯战略方向的错误；"立地"就是立足本地实际、立足本单位融合实际，以壮士断腕的精神推动全面深化改革。只有"上接天气"，才能"打通地气"。

自 2014 年媒体融合上升至国家战略以来，习近平总书记就宣传思想工作发表了一系列重要讲话，作出了一系列重要指示，回答了一系列方向性、根本性问题，党和国家出台了多个文件，推动和规范媒体融合发展，这些文件是我们要遵循的政策依据和根本遵循，需要全面深入学习领会，在战略编制中认真落实。

本书现将与媒体融合转型相关的文件和政策作一个梳理和解读。

1. 2014 年 8 月 18 日，习近平总书记主持召开中央全面深化改革领导小组第四次会议，审议通过《关于推动传统媒体和新兴媒体融合发展的指导意见》，将媒体融合上升为国家战略，掀起了全国新闻媒体新一轮的深刻变革。《意见》强调，推动传统媒体和新兴媒体融合发展，要遵循新闻传播规律和新兴媒体发展规律，强化互联网思维，坚持传统媒体和新兴媒体优势互补、一体发展，坚持先进技术为支撑、内容建设为根本，推动传统媒体和新兴媒体在内容、渠道、平台、经营、管理等方面的深度融合。

2. 2016 年 2 月 19 日，习近平总书记主持召开党的新闻舆论工作座谈会。会上，习近平总书记用 48 个字高度概括了党的新闻舆论工作的职责和使命，为新闻舆论战线提供了思想武器和行动指南。高举旗帜、引领导向，围绕中心、服务大局，团结人民、鼓舞士气，成风化人、凝心聚力，澄清谬误、明辨是非，连接中外、沟通世界——这 48 个字，概括了在新的时代条件下，党的新闻舆论工作的职责和使命。

3. 2016 年 7 月，国家新闻出版广电总局印发《关于进一步加快广播电视媒体与新兴媒体融合发展的意见》，广播电视媒体转型升级有规可循。

4. 2016年7月，中宣部等五部门联合研究出台《关于深化国有文化企业分类改革的意见》，对各地各有关部门深化国有文化企业分类改革工作作出具体部署，很多政策媒体可以执行。

5. 2017年1月，中共中央办公厅、国务院办公厅印发《关于促进移动互联网健康有序发展的意见》，大力推动传统媒体与移动新媒体深度融合发展，加快布局移动互联网阵地建设，建成一批具有强大实力和传播力、公信力、影响力的新型媒体集团。

6. 2017年2月，习近平总书记主持召开中央全面深化改革领导小组第三十二次会议，审议通过《关于深化中央主要新闻单位采编播管岗位人事管理制度改革的试行意见》，从改革方向、管理体制、激励机制等方面提供有效指导，地方媒体可以借鉴。

7. 2017年6月，《中华人民共和国网络安全法》正式施行，标志着中国的网络安全步入有法可依的新阶段，这是我国第一部全面规范网络空间安全管理方面问题的基础性法律，在中国网络空间治理史上具有里程碑意义。

8. 2017年8月到9月，国家互联网信息办公室相继颁布了《互联网论坛社区服务管理规定》《互联网跟帖评论服务管理规定》《互联网用户公众账号信息服务管理规定》《互联网群组信息服务管理规定》，要求相关服务的提供者必须按照"后台实名、前台自愿"的原则，对其服务的使用者进行真实身份信息认证，否则不得为其提供相关服务。系列条例都严格地对社交平台用户进行了实名化监管，以法规的形式将责任落实到每一个主体身上。QQ群、微信群、陌陌群、微博群、贴吧群、支付宝群等，也都将按照"谁建群谁负责""谁管理谁负责"的规定进行规范化运行。

9. 2017年10月，党的十九大报告提出：坚持正确舆论导向，高度重视传播手段建设和创新，提高新闻舆论传播力、引导力、影响力、公信力。加强互联网内容建设，建立网络综合治理体系，营造清朗的网络空间。同时，深化事业单位改革，强化公益属性，推进政事分开、事企分开、管办分离。

10. 2018年2月28日，《中共中央关于深化党和国家机构改革的决定》在党的十九届三中全会通过，将事业单位分成三类进行改革，"全面推进承担行政职能的事业单位改革，加大从事经营活动事业单位改革力度，区分情况实施公益类事业单位改革"。

11. 2018 年 3 月，中央网信办和中国证监会联合印发《关于推动资本市场服务网络强国建设的指导意见》，支持符合条件的网信企业利用主板、中小板、创业板等多层次资本市场做大做强，鼓励网信企业通过并购重组，完善产业链条，提升技术创新和市场竞争能力。这对国有互联网媒体企业在资本市场上去谋取更大的发展空间提供了一个政策支持的依据。

12. 2018 年 8 月 21 日，全国宣传思想工作会议在北京召开。习近平总书记出席会议并发表重要讲话。习近平强调，完成新形势下宣传思想工作的使命任务，必须以新时代中国特色社会主义思想和党的十九大精神为指导，增强"四个意识"、坚定"四个自信"，自觉承担起举旗帜、聚民心、育新人、兴文化、展形象的使命任务。习近平指出，要把握正确舆论导向，提高新闻舆论传播力、引导力、影响力、公信力，巩固壮大主流思想舆论。要加强传播手段和话语方式创新，让党的创新理论"飞入寻常百姓家"。要扎实抓好县级融媒体中心建设，更好引导群众、服务群众。

13. 2018 年 8 月，中央办公厅印发了《关于建设新时代文明实践中心试点工作的指导意见》，要求县级融媒体中心与新时代文明实践中心相结合，把两个中心打通，做文明的引导者。

14. 2018 年 9 月，中宣部召开县级融媒体中心建设现场推进会，深入贯彻落实习近平总书记在全国宣传思想工作会议上的重要讲话精神，总结交流各地经验做法，对在全国范围推进县级融媒体中心建设作出部署安排，要求 2020 年底基本实现在全国的全覆盖。

15. 2018 年 11 月，中央全面深化改革委员会第五次会议审议通过《关于加强县级融媒体中心建设的意见》。组建县级融媒体中心，有利于整合县级媒体资源、巩固壮大主流思想舆论。要深化机构、人事、财政薪酬等方面改革，要坚持管建同步、管建并举，坚持正确政治方向、舆论导向、价值取向。

16. 2018 年 12 月，国务院办公厅出台《关于推进政务新媒体健康有序发展的意见》(国办发〔2018〕123号),明确了建设政务新媒体的指导思想、工作目标和基本原则,并明确了各部门的工作职责,标志着国家迈出了推进"数字政务"建设的第一步。

17. 2018年12月,国务院办公厅印发《文化体制改革中经营性文化事业单位转制为企业的规定》和《进一步支持文化企业发展的规定》两个文件,对媒体改制转型有较大的指导作用。

18. 2019年1月25日,中共中央政治局在人民日报社就全媒体时代和媒体融合发展举行第十二次集体学习。习近平强调,推动媒体融合向纵深发展,巩固全党全国人民共同思想基础。

19. 2019年1月,中宣部和国家广播电视总局联合发布《县级融媒体中心建设规范》和《县级融媒体中心省级技术平台规范要求》。

20. 2019年4月,中宣部和国家广播电视总局再次发布《县级融媒体中心网络安全规范》《县级融媒体中心运行维护规范》《县级融媒体中心监测监管规范》。至此,县级融媒体中心5项标准规范全部发布实施,县级融媒体中心标准体系基本建立,为指导全国县级融媒体中心建设提供了关键性、基础性技术支撑。

21. 2019年8月,中共中央印发《中国共产党宣传工作条例》。《条例》作为中国共产党第一部关于宣传工作的基础性、主干性党内法规,以刚性的法规制度为全党开展宣传工作提供了有力指导和支撑,在党的宣传事业发展史上具有重要的里程碑意义。《条例》把基层宣传工作单列一章,明确规定"各级党委和政府应当加强新时代文明实践中心、县级融媒体中心建设"。

22. 2019年9月,国家广电总局发布《关于创建广播电视媒体融合发展创新中心有关事宜的通知》,总局决定择优创建广播电视媒体融合发展创新中心,以改革创新的思路举措,汇聚各方力量、深入研究探索、强化应用示范,加快推进广播电视媒体与新兴媒体深度融合一体发展。

23. 2019年10月28日,中国共产党第十九届中央委员会第四次全体会议在北京举行。全会审议通过《中共中央关于坚持和完善中国特色社会主义制度推进国家治理体系和治理能力现代化若干重大问题的决定》。

24. 2019年11月，科技部发布《关于批准建设媒体融合与传播等4个国家重点实验室的通知》，批准建设"媒体融合与传播国家重点实验室""传播内容认知国家重点实验室""媒体融合生产技术与系统国家重点实验室""超高清视音频制播呈现国家重点实验室"4个实验室。

25. 2020年3月，国家互联网信息办公室发布《网络信息内容生态治理规定》，以建立健全网络综合治理体系、营造清朗的网络空间、建设良好的网络生态为目标，突出了"政府、企业、社会、网民"等多元主体参与网络生态治理的主观能动性，重点规范网络信息内容生产者、网络信息内容服务平台、网络信息内容服务使用者以及网络行业组织在网络生态治理中的权利与义务，这是我国网络信息内容生态治理法治领域的一项里程碑事件。

26. 2020年3月国家相关部门相继出台了《网络交易监督管理办法（征求意见稿）》《关于加强网络直播营销活动监管的指导意见》《关于加强网络秀场直播和电商直播管理的通知》《关于平台经济领域的反垄断指南》等政策。

27. 2020年5月，国家新闻出版署印发《报纸期刊质量管理规定》，加强报刊质量管理，规范报刊出版秩序，促进报刊质量提升。《规定》对报刊质量编校差错判定和出版形式差错判定做了明确说明。

28. 2020年6月30日，中央深改委第十四次会议审议通过《关于加快推进媒体深度融合发展的指导意见》。为媒体深度融合提供顶层设计和战略布署。

29. 2020年9月8日，国家发展改革委、科技部、工业和信息化部、财政部四部门联合印发的《关于扩大战略性新兴产业投资 培育壮大新增长点增长极的指导意见》，明确将"构建新时代大视听全产业链市场发展格局"纳入战略性新兴产业投资领域。广播电视与网络视听在内容生产制作、节目资源、市场业务、生产主体、体制机制、政策管理等方面的深度整合融合，以及超高清视频、高新视频和相关行业应用深度融合和联合创新，将成为大视听产业发展的新常态。

30. 2020年9月30日，中办、国办发布《关于加快推进媒体深度融合发展的意见》，为推动媒体深度融合、做强新型主流媒体、建设全媒体传播体系提供了思想与政策指引。

31. 2020 年 11 月,《中共中央关于制定国民经济和社会发展第十四个五年规划和二〇三五年远景目标的建议》指出,要"推进媒体深度融合,实施全媒体传播工程,做强新型主流媒体,建强用好县级融媒体中心"。

32. 2021 年 4 月 9 日,《中共中央 国务院关于构建更加完善的要素市场化配置体制机制的意见》正式对外发布,明确提出数据是一种新型生产要素,要加快培育数据要素市场。

33. 2021 年 5 月 31 日,中共中央政治局就加强我国国际传播能力建设进行第三十次集体学习。习近平总书记在主持学习时强调,讲好中国故事,传播好中国声音,展示真实、立体、全面的中国,是加强我国国际传播能力建设的重要任务。主流媒体是对外讲好中国故事、传播好中国声音的主力军,是世界认识中国、了解中国的重要窗口和渠道。

34. 2021 年 6 月,国家相关部委出台了一批监管政策,《关于加强网络直播规范管理工作的指导意见》《关于加强互联网信息服务算法综合治理的指导意见》等,《互联网信息服务算法推荐管理规定(征求意见稿)》也公开征求意见。

35. 2021 年 8 月,全国人大常委会表决通过《个人信息保护法》,对应用程序(App)过度收集个人信息、"大数据杀熟"等问题作出了针对性规范,对平台和个人网上行为的监管不断趋严。

36. 2021 年 9 月,中共中央办公厅、国务院办公厅印发的《关于加强网络文明建设的意见》,指出:深入推进媒体融合发展,实施移动优先战略,加大中央和地方主要新闻单位、重点新闻网站等主流媒体移动端建设推广力度。

37. 2021 年 10 月 20 日,国家网信办发布了最新版《互联网新闻信息稿源单位名单》,为鼓励支持县级融媒体中心发展,首次将具备条件的江苏江阴市、浙江长兴县、福建尤溪县、江西分宜县、河南项城市、湖北赤壁市、湖南浏阳市、四川成都高新区、陕西陈仓区、甘肃玉门市等 10 家县级融媒体中心纳入名单。

38. 2021 年 11 月,国务院办公厅印发《全国一体化政务服务平台移动端建设指南》，进一步加强和规范全国一体化政务服务平台移动端建设，促进各地区各部门政务服务平台移动端标准化、规范化建设和互联互通，推动更多政务服务事项网上办、掌上办作出部署。

39. 2022年元月，国务院印发《"十四五"数字经济发展规划》，明确了"十四五"时期推动数字经济健康发展的指导思想、基本原则、发展目标、重点任务和保障措施。其中，打造智慧共享的新型数字生活部分提出，要加强超高清电视普及应用，发展互动视频、沉浸式视频、云游戏等新业态，深化人工智能、虚拟现实、8K超高清视频等技术的融合。这是我国数字经济领域的首部国家级规划，必将为我国数字经济的下一步发展指明方向。

40. 2022年2月22日，中央一号文件《中共中央国务院关于做好2022年全面推进乡村振兴重点工作的意见》正式发布。文件围绕农村精神文明建设和推进应急管理与乡村治理资源整合等问题，对县级融媒体中心、农村应急广播建设等提出了新要求。加快推进农村应急广播主动发布终端建设，指导做好人员紧急转移避险工作。以数字技术赋能乡村公共服务，推动"互联网+政务服务"向乡村延伸覆盖。加快推动数字乡村标准化建设，研究制定发展评价指标体系，持续开展数字乡村试点。

41. 2022年3月1日，由国家互联网信息办公室、工业和信息化部、公安部、国家市场监督管理总局联合发布的《互联网信息服务算法推荐管理规定》正式实施，《规定》要求，算法推荐服务提供者应当坚持主流价值导向，优化算法推荐服务机制，积极传播正能量，促进算法应用向上向善。算法推荐服务提供者提供互联网新闻信息服务的，应当依法取得互联网新闻信息服务许可，规范开展互联网新闻信息采编发布服务、转载服务和传播平台服务，不得生成合成虚假新闻信息，不得传播非国家规定范围内的单位发布的新闻信息，不得利用算法实施影响网络舆论、规避监督管理以及垄断和不正当竞争行为。

42. 2022年3月，国家发展改革委正式发布的《市场准入负面清单（2022年版）》中，再次明确涉及新闻采编业务的相关政策，即非公有资本不得从事新闻采编播发业务；非公有资本不得投资设立和经营新闻机构，包括但不限于通讯社、报刊出版单位、广播电视播出机构、广播电视站以及互联网新闻信息采编发布服务机构等；非公有资本不得经营新闻机构的版面、频率、频道、栏目、公众账号等；非公有资本不得从事涉及政治、经济、军事、外交、重大社会、文化、科技、卫生、教育、体育以及其他关系政治方向、舆论导向和价值取向等活动、事件的实况直播业务；非公有资本不得引进境外主体发布的新闻；非公有资本不得举办新闻舆论领域论坛峰会和评奖评选活动。

43. 2022年5月，中办、国办印发《关于推进实施国家文化数字化战略的意见》，明确提出，夯实文化数字化基础设施，依托现有有线电视网络设施，广电5G网络和互联互通平台，形成国家文化专网。到"十四五"时期末，基本建成文化数字化基础设施和服务平台，形成线上线下融合互动、立体覆盖的文化服务供给体系。到2035年，建成物理分布、逻辑关联、快速连接、高效搜索、全面共享、重点集成的国家文化大数据体系，中华文化全景呈现，中华文化数字化成果全民共享。

44. 2022年5月31日，人社部等四部门发布《关于扩大阶段性缓缴社会保险费政策实施范围等问题的通知》，将广播、电视、电影和录音制作业等17个其他特困行业纳入阶段性缓缴养老、失业、工伤保险费政策实施范围。其中养老保险费缓缴实施期限到2022年底，工伤、失业保险费缓缴期限不超过1年。缓缴期间免收滞纳金。

45. 2022年5月31日，中宣部、中央网信办、广电总局等九部委联合发布的《关于建立健全全媒体健康科普知识发布和传播机制的指导意见》，要求通讯社、广播电台、电视台、报刊音像出版单位、互联网和移动互联网信息服务单位等，建立健全全媒体健康科普知识发布和传播机制，增加全社会健康科普知识高质量供给，满足人民群众日益增长的健康需求。

46. 2022年4月，中国互联网金融协会、中国银行业协会、中国证券业协会联合发布的《关于防范NFT相关金融风险的倡议》指出，NFT在丰富数字经济模式等方面显现出一定的价值，但也存在炒作、洗钱、非法金融活动等风险隐患。《倡议》呼吁会员单位共同遏制NFT金融化证券化倾向，从严防范非法金融活动风险。

47. 2022年6月，国家网信办发布《互联网用户账号信息管理规定》，加强对互联网用户账号信息的管理，保护公民、法人和其他组织的合法权益，促进互联网信息服务健康发展。《规定》要求，互联网个人用户注册、使用账号信息，含有职业信息的，应当与个人真实职业信息相一致；互联网机构用户注册、使用账号信息，应当与机构名称、标识等相一致。互联网信息服务提供者为互联网用户提供信息发布、即时通信等服务的，应当进行真实身份信息认证；应当对互联网用户在注册时提交的和使用中拟变更的账号信息进行核验；应当在账号信息页面展示合理范围内的互联网用户账号的互联网协议地址归属地信息，便于公众为公共利益实施监督。

48. 2022年8月，中共中央办公厅、国务院办公厅印发了《"十四五"文化发展规划》，涉及媒体的内容有：持续推进网络内容建设，建设具有广泛影响力的国家级新闻信息内容聚合发布平台；建立项目化主导、团队化运作、立体化作战和日常工作相结合的运行机制，促进对内和对外宣传协同高效；推进内容生产供给侧结构性改革，完善高质量内容产出机制，推广互动式、服务式、场景式传播；强化新一代信息技术支撑引领作用，支持主流媒体重塑采编流程、建设平台终端、优化管理手段、强化版权保护、打造媒体资源数据库、提升内容生产力、占据传播制高点；加强数字版权保护，推动数字版权发展和版权业态融合，鼓励有条件的机构和单位建设基于区块链技术的版权保护平台；加快发展数字出版、数字影视、数字演播、数字艺术、数字印刷、数字创意、数字动漫、数字娱乐、高新视频等新型文化业态，改造提升传统文化业态等。

49. 2022年9月8日，国家广播电视总局组织相关单位编制《市级融媒体中心总体技术规范》《市级融媒体中心数据规范》《市级融媒体中心接口规范》《市级融媒体中心网络安全防护基本要求》《市级融媒体中心技术合规性评估方法》等5项行业标准，通过全国广播电影电视标准化技术委员会审查，报批稿网上公示。

50. 2022年10月16日，党的二十大胜利召开，二十大报告指出："建设具有强大凝聚力和引领力的社会主义意识形态""加强全媒体传播体系建设，塑造主流舆论新格局。"为媒体深融的中国式现代化之路指明了方向。

51. 2022年11月，国家互联网信息办公室发布新修订的《互联网跟帖评论服务管理规定》，其中，公众账号生产运营者应当对账号跟帖评论信息内容加强审核管理，及时发现跟帖评论环节违法和不良信息内容并采取必要措施。

第二节　明道：为什么要懂点战略

媒体融合推进以来，尽管取得了较大成绩，但也有少数媒体缺乏主动性，处于应景式、拆招式的应对。"明道"，就是要掌握规律，抓住主要矛盾，做好战略规划，制订有针对性的解决方案和措施。

一、什么是媒体战略

所谓战略，就是一家单位为了完成神圣的使命任务，保证未来3—5年的持续发展，而制定的长期目标，以及为实现这一目标而采取的工作方法和资源配置。如果用一句话表达，就是：一家媒体在关键时刻作出的重大抉择，如何做正确的事以及如何正确地做事。

媒体战略要看五年、想三年、干一年。看五年，即思考未来趋势，五年后传媒业会变成什么样？想三年，即制定战略目标，三年中做什么、不做什么、凭什么做？干一年，即先理出来年的困境，如何解决眼下的生存难题。

1. 媒体战略的重要性

大到一个国家、一个民族，中到一个地区、一个行业，小到一家媒体、一个个人，都需要战略。2014年8月18日，习近平总书记主持召开中央全面深化改革领导小组第四次会议，审议通过《关于推动传统媒体和新兴媒体融合发展的指导意见》。第一次明确提出推进媒体融合的基本原则、基本路径和主要目标，媒体融合发展正式上升为国家战略。

国家的"大战略"需要具化为无数的媒体单位战略，才能落实到位。长期以来，传统媒体对战略极不重视，战略上不作为、战术上乱作为。因为没有战略，导致媒体从最高层开始，不知道往哪里去。战略上走错了路，战术上越是勤奋犯的错误越严重。

2. 战略是把握趋势、确定前进方向的

当前，媒体融合的重心正逐步由产品形态、发布方式、表现手段等单点、离散的浅融创新，向体制机制、平台建设、生态构建的一体化、全局性深融转移。在这一过程中，如果没有"观大势、谋大事"的能力，就会成为一艘没有航向的船，永远到不了目的地。对于一艘没有方向的船来说，任何方向的风都是逆风，成功是偶然的，死亡是必然的，且一旦错失时机，回过头来再要做这些事，就会付出更大的精力和代价，已经形成的优势也会失去。而战略正是把握媒体发展的趋势和方向，所谓运筹帷幄之中，决胜千里之外。

3. 战略不是"设定目标"，而是"解决问题"

战略的本质不是"设定目标"，而是做到知行合一，通过一系列连贯性的行动去解决前进道路上的难题。战略分析了媒体的优势和不足，明确了核心竞争力，制订了传媒的愿景，这一愿景是传媒发展的导航图，可以保证媒体发展方向的正确性，战略帮助组织更好地组合和配置有限的资源，因势而谋、应势而动、顺势而为，什么能做，什么不能做，把资源用到最需要的地方，才能在该进攻时绝不手软，在该防守时也绝不冒进。

二、战略编制的原则

战略编制重在准确识变、科学应变、主动求变，对宏观环境、行业环境、单位情况加以分析，明确使命和职责、站在未来看现在，编制出高质量的发展规划。

1. 牢记使命和职责

习近平总书记强调，推动媒体融合向纵深发展，做大做强主流舆论，巩固全党全国人民团结奋斗的共同思想基础，为实现"两个一百年"奋斗目标、实现中华民族伟大复兴的中国梦提供强大精神力量和舆论支持。这是推动媒体深度融合和做强新型主流媒体的初心使命。要坚持以习近平新时代中国特色社会主义思想为指导，深入学习贯彻习近平总书记关于宣传思想工作的重要思想、关于新闻宣传工作的重要论述，深刻把握传媒业发展新任务新要求，规划新闻主流媒体建设的目标、时间表、路线图和任务书。

2. 站在未来看现在

百年未有之大变局下，经济全球化遭遇逆流，疫情三年带来较大冲击，全球舆论错综复杂，在这巨大挑战之下，媒体要兼顾历史、眼下与长远，具备前瞻性，基于未来来审视自身的机遇和挑战、资源和能力、优势和劣势，决定现在做什么，不做什么。而不是"站在过去看现在"，认为自己的不足太多，该进攻时裹足不前；或"站在现在看未来"，把未来的趋势定格在现在的小格局上，对未来新技术、新机遇认识不清，把握不住，白白丧失了宝贵的时间窗口。

站在未来看现在，是预测未来走向，判断当下媒体行业发展困境，找到解决方法；并且从未来的角度，对技术和趋势作前瞻性认知，反过来倒推今天所面临的机遇和挑战，这是一个系统性思考的方法论。

3. 开门问计、知行合一、迭代修正

媒体做战略，最常见的问题是脱离实际，或按照上级的要求做规划，或片面学习先进地区的做法，导致假大空的战略规划，成为空中楼阁，纸上谈兵。战略规划是服务媒体发展的，编制过程中，做到开门问计、知行合一，要认真分析研究媒体的实际情况、优劣势及资源情况，制定符合实际的方向和目标。

各媒体所处的地区和发展环境不同，每家媒体的历史文化、资源能力、人才资金、政策支持也不尽相同，要讲究因时、因势、因地、因人而定，做到开门问计、知行合一，做到"上下结合、凝心聚力、科学决策、扎实推进"，战略确定后，不能束之高阁，而要真正落地执行，不断根据新变化迭代修正。

三、如何编制战略规划

1. 广泛沟通凝聚共识

制定战略前,每家媒体要开一个务虚会,征求全体员工的意见,找出长板和短板。要想清楚四个问题:当前的困难有哪些?愿景是什么(确定做什么、不做什么)?有什么资源实现愿景(确定你的核心竞争力)?怎么实现愿景(打法)?这一过程要让大家充分讨论,自下而上进行,要让新媒体的原住民发表意见,要让经营人员带来客户的要求,要让产品经理等一线操盘手来主持,要学习先进的报社,务虚会往往是要吵一架才能搞明白。同时,要与外部专家学者保持密切联系交流,保持战略规划的科学性和前瞻性。

2. 成立班子撰写

战略规划编制是一个系统工程,需要多个部门参与,领导集体决策。要成立领导小组和工作小组,明确责任分工,主要领导牵头,聘请专家指导,要请一个战略顾问,进行长期的专业化指导。

同时,组建专门班子负责研究与撰写,围绕外部环境和内部情况系统收集资料,梳理自身的核心资源能力和发展存在的问题,对外部宏观环境、区域环境、媒体所涉及的各行业进行分析,找出集团未来发展面临的机遇挑战。形成初稿后,还要征求各方面意见,最终提交领导班子集体研究,并上报上级组织审定。

3. 明确团队执行

战略战略,7分是战,3分是略。战略确定后,就要选择领军人物来执行,这个领军人物要有较强的责任心、奉献精神和专业能力。同时,让领军人物选择团队,制订实施推进方案。人是关键性因素,同样一个战略,不同的人来操作结果完全不一样,甚至是同一个战略,同一个人操作,上半场和下半场也会不一样。

4. 做好进度管理

根据规划,进一步编制路线图、时间表、任务书,按照项目管理的工序安排，详细确定各节点完成时间，做到项目节点清晰，进度合理，防止进度拖延。

5. 政策和资源保障

战略推进过程中，政策保障、资源配置、资金保障相当重要，包括制定项目预算，对资源和资金进行调配和管理等。要制订相应的政策配套方案，包括组织架构方案、薪酬方案、内部管控方案、项目孵化方案、标准化手册、实施推进方案等。

6. 考核激励

战略执行中要不断进行考核激励，制订相应的考核方案，达到目标后如何奖励，达不成如何处罚，要与员工的激励与业绩实现关联。

7. 持续学习

战略制定后，员工不一定能理解，有时班子成员也持不同意见，要统一思想，不断地培训学习，帮助他们理解战略，并转化成行动方案。

8. 评估和修正

战略执行过程中，需要不断地进行评估和修正，对效果和取得的业绩客观评判。包括：重新审视分析内外部环境；衡量战略带来的宣传效果与业绩变化；根据变化的环境及战略执行情况，制定适宜的战略调整措施。

第三节　优术：如何编制媒体战略

"术"，是方法、手段，优术是智慧转化为方法的策略，在了解战略规划的重要性后，如何编制媒体战略呢？

2021年3月12日，《中华人民共和国国民经济和社会发展第十四个五年规划和2035年远景目标纲要》全文发布。其中既有对媒体融合的总体要求，更有媒体转型发展的方向和指南，可作参考。编制媒体战略，要从以下几个方面进行分析，找准方向，破冰前行。

一、战略规划总则

1. 明确使命

新型主流媒体的使命是：牢牢占据舆论引导、思想引领、文化传承、服务人民的传播制高点，成为党的主张最专业的传播者，人民利益最坚强的捍卫者。作为党的媒体，要传承红色基因，树立正确的政治观、发展观、利益观，解决好"从哪里来，到哪里去"的根本问题。

2. 明确愿景

愿景即长期目标，即一家媒体将来要做什么，是传媒对未来发展方向的规划，其描述的语言应当坚定和简练。这个愿景要成为全体员工的梦想，它不是写在墙上的一句话，而是通过3—5年，最终能实现的大目标。

每家媒体所处环境各不相同，但总有共性，愿景应符合两个条件：当地党和政府希望达到的（上级的要求）、传媒自身通过努力能够做到的（主动的愿望）。

一家市县融媒体中心，它的共性愿景是：成为新型主流媒体，做大做强主流舆论，不断提高主流媒体的传播力、引导力、影响力、公信力，为实现"两个一百年"奋斗目标、实现中华民族伟大复兴的中国梦提供强大精神力量和舆论支持。

这一愿景需要分步实施，第1个三年规划，到2026年，全面深化改革，转型成为新型主流媒体；第2个三年规划，到2029年，加快融入人工智能、云计算、算法、大数据构成的智能生态，转型成为智媒体；第3个三年规划，到2032年，进军6G和元宇宙建构的舆论场，全面占领虚拟世界的主阵地。

3. 明确目标

明确了愿景后，就要制定战略目标，战略目标是愿景的具体呈现，愿景没有具体的数量和时间限定，而战略目标是可以定性和定量的，是具体和可度量的。把战略目标转化为高层、中层及至基层的目标，才能激发员工的斗志、热情，潜力才能全力发挥。

战略目标就是对主流媒体未来的期望值和成果值，它是媒体愿景的具体化呈现，是对舆论引导和经营活动所要达到的水平和具体规定。比如，一家融媒体中心未来可量化的具体目标，有行业地位、财务指标、业务指标、营收、利润、客户端的日活数、市场渗透率等。本书第 8 讲第一节《考评：新型主流媒体评估指标》对媒体的各项指标作了梳理，可以借鉴。

二、外部环境分析

1. 分析政策法规

政策因素是制定媒体战略的指南针，政策常会改变，导致战略的不确定。在制定战略前要对政策法规作一个梳理和分析，包括党和国家对传媒的融合政策、管制政策、产业政策、税收政策、扶持政策等，要认真理解分析，哪些因素会对媒体的发展产生重大影响，或者蕴含着重大机遇。

2. 分析宏观环境

考虑宏观经济的走向、移动互联网发展趋势，分析经济增长、经济周期、人们的消费倾向、可支配收入水平、利率等因素；分析人工智能、技术发展等对传媒的影响，特别是疫情三年对经济带来的影响。"十四五"期间，我国人口出生率会大幅度下降，进入老龄化社会。人口的下降造成网民规模和手机网民增速出现较大幅度下滑。流量红利在经历了多年的指数级增长后，互联网产业的流量变现模式已经见顶。

3. 分析技术趋势

未来两年，VR（虚拟现实）、XR（扩展现实）、AI（人工智能）、车联网、全时在线、沉浸体验、传感器新闻、虚拟现实新闻等新的内容生产传播形式会逐渐兴起。5G 移动通信技术、云计算技术、大数据技术、人工智能技术、区块链、非同质化代币（NFT）方兴未艾，元宇宙成为新的风口。

4. 分析本地环境

媒体要对所处地区的经济发展状况、人口因素、交通、产业发展、支持政策等情况进行分析。对当地的传媒市场做深度剖析，分析行业存在的问题，把脉行业的整体情况。并对竞争对手进行分析，竞争对手有同级媒体对手、有产业发展对手、有上级媒体对手，要分析竞争对手有哪些类型，如何应对？

5. 分析业内标杆

选择一家条件相似的先进媒体，进行对比研究，可采取以下三个步骤：

一是高标准选择标杆。选择的标杆所处环境、基本情况要与自身类似，做到靠实、可比、能学，可采取上门学习、干部交流、结对共建、制度复制、讨论座谈、建立友好单位等多种形式，学习先进标杆的成功经验。

二是收集分析求实效。全方位收集标杆媒体的资料，包括各财务指标、KPI指标、中长期发展规划、年度工作规划、绩效管理制度、岗位职责类制度、培训制度、薪酬与福利制度、财务管理制度（包括预算管理、成本核算等）、采编大纲、文化手册、管理标准、员工手册、流程文件等，拿到资源后成立小组分析对照，同时学习他们的工作思路、队伍建设、精神状态、工作作风。

三是确定目标出措施。剖析差距形成的原因，通过优劣势分析，明确需改进的方面，并从先进媒体的实务中找到方法与手段。同时制订目标和措施，使本单位的目标确定和措施方法能够参照行业的先进水平。

三、内部环境分析

内部环境分析就是分析本单位的现状，包括资源、能力、自身的长处和短处、优势和劣势，并分析其原因，扬长避短寻找挖掘潜力的方向。

1. 分析当前单位的困境

战略是解决问题的，要对单位的不足有清醒的认识，本书第1讲第一节对传统媒体的十大痛点作了详细分析，每家媒体要反观内省、自我剖析，你有没有这种情况？问题根源何在？如何解决问题？

2. 分析单位的核心竞争力

要对媒体自身的核心优势有清楚认识，主流媒体的公信力和传播力，是最核心的能力。主流媒体服务于党的中心工作，以赢得人民认同为根本出发点，在内容生产和传播上，能发挥权威地位和龙头引领作用，敲响"定音鼓"，助力各条战线在主流舆论场发出主流声音。

主流媒体还有人才优势，记者行天下、见风云，驰而不息明眼力、强脚力、健脑力、练笔力。深入基层一线，深度挖掘行业亮点，策划采写有思想、有温度、有文化、有品质的深度报道，能在社会各界产生较大的影响。

此外，主流媒体还有品牌影响力和线上线下活动策划力、执行力。要打破传播边界，探索由表及里、由内而外、从窄到宽的大融合，强化党媒品牌战略，聚力打造"新闻＋政务服务商务"的泛媒体产业圈。

3. 分析单位当前的发展状况

当前发展状况分析是内部环境分析的重要内容。

一是对媒体的用户、传播率、平台使用情况等进行分析；特别是对媒体用户和客户进行分析，如何满足客户需求，挖掘客户需求，创造客户需求。要分析我们的客户有哪些类型？B端、C端、G端分别有什么样的需求？找出未来哪些客户有机会、哪些客户机会一般、哪些客户会衰落，通过对客户及客户需求趋势的判断，来确定媒体的客户选择和客户战略。

二是分析资源（资产）状况、业务构成状况，对媒体长期以来积累下来的资产资源，包括内容、品牌、公信力、组织文化、专利、技术、商标、执行经验等进行剖析。

三是进行财务分析，通过查阅资产负债表、利润表、现金流量表等财务报表，了解相关数据，了解企业的偿债能力，了解盈利能力。盈利能力强则竞争能力强，成长性好，成长性好的传媒具有更广阔的发展前景，因而更能吸引投资者。

四是对管理和技术能力进行分析，分析媒体在组织管理、技术应用、产品研发、人力资源等方面的能力，这些资源与能力是制定战略的依据，确定做什么、不做什么。

4. SWOT 分析

制定战略常用的是 SWOT 分析法，是一个分析框架，通过分析媒体当前面临的优势（Strengths）、劣势（Weaknesses）、机会（Opportunities）和威胁（Threats），对媒体内外部条件进行综合评估和概括，帮助媒体把资源和行动聚集在自己的强项和有最多机会的地方。

优势主要指媒体的核心竞争力，是这家媒体独有的、竞争对手难以模仿的能力，对媒体的宣传传播能力和盈利能力起着至关重要的作用。一般说来，优势和劣势从属于媒体自身，而机会和威胁则更可能来自外部环境。

通过 SWOT 分析后，就能确定一家媒体做什么，不做什么。具体要从总体战略、业务战略、职能战略三大类入手，分别制定规划。

第四节　践行：深融方案的11个"王炸"

"践行"，是媒体战略的实战落地，一般而言，媒体战略可分为三个层面：总体战略、业务战略、职能战略。总体战略是媒体战略的框架性方案，以3—5年发展规划的方式呈现；业务战略是规划媒体在哪些方面、哪些产业、哪些客户、哪些产品上发展，怎样发展，包括新媒体战略、大数据战略、产业战略；职能战略是指媒体发展需要哪些能力，采取什么样的策略和措施，包括技术战略、人才战略、资本战略等。中国报业融媒研究中心多年研究编制了11个"王炸"级别的战略规划或战术方案，真正实现媒融、事融、人融、心融、技融、数融、智融、产融。

一、媒体深融需要11个方略

1.《三（五）年发展规划》

这是一份媒体的总体战略，面对百年未有之大变局，未来3—5年做什么？有什么资源做？谁来做？如何发展成党和政府想要的样子，发展成用户想要的样子？未来成长道路在哪里？愿景是什么？核心竞争力是什么？使命、职责、核心价值观、企业文化是什么？如何坚守红色基因，把党的政治建设摆在突出位置？

当前，媒体融合迎来一场多元主体、多种形式、多重功能的"大融合"，开始向全面深改、体制创新、内外融合、生态构建的一体化、全局性的战略融合转移。机遇面前既不能错失良机，也不能冒进崩盘，这份战略文件是一家媒体推进深融的"指南针"。

2.《加快推进媒体深度融合发展的改革方略》

这是一家传媒集团推进媒体深度融合改革的纲领性文件，也属于总体战略的一种，是向上级党委的汇报版，主要包括目标愿景、体制机制改革设想、希望争取的支持等。

传统媒体在推动改革之前，包括成立市级融媒体中心，或县级融媒体中心，都要向市（县、区）委、市（县、区）政府主要领导、宣传部长汇报思路，取得支持。同时向纪委、组织部、财政局、人社局、编办等汇报沟通，了解政策，制订推进政策。这份方案需上报市（县、区）委深化改革领导小组，经会议研究通过后下发，它是一家媒体深化改革的"压舱石"。

3.《全面深化改革方案暨组织架构调整和人员竞聘上岗实施办法》

这是一份职能战略，主要是优化调整机构设置、岗位职责、人员配备，按深融一体化的要求，重新设置岗位，重新竞聘人员，破除媒体融合的藩篱。建好全媒体指挥调度机构，分层级构建新型采编发网络，建立适应全媒体生产传播的一体化组织架构。这份战略文件是媒体深融的"手术刀"。

4.《岗位绩效考核及薪酬激励方案》

这份方案属于职能战略，它设计了媒体深融的部门和岗位、编制职责和目标、划分岗位序列与等级，明确岗位职责，细化工作任务，创新"M+P"双通道成长体系，全面落实 KPI 关键绩效指标考核系统。同时，建立与媒体深度融合发展相适应的绩效评价和考核体系。坚决打破部门大锅饭，薪酬向辛苦多、贡献大、业绩佳、富有开拓力的一线员工倾斜。这份战略文件是媒体深融的"指挥棒"。

5.《指挥体系重构及流程再造方案》

这是一份职能战略，指导媒体坚持移动优先，以移动端为龙头，推进"策采编发营馈存"的流程再造。主要内容是增强集团新闻指挥能力，建立指挥调动、协调联动、融通共享的工作机制，完善重大突发事件的应急报道机制，建立健全融媒体新闻指挥协同与联合作战体系，矩阵式建构跨媒体形态传播体系。这份战略文件是媒体深融的"方向盘"。

6.《新媒体及内容平台建设规划》

这是一份业务战略，推动主力军全面挺进主战场，以互联网思维优化资源配置，占领新兴传播阵地。这份战略包括大端大号大阵的建设，新媒体产品的生产发布，全媒体传播格局的构建等。推动媒体的内容供给侧改革，从组织、技术、人员、资金、机制、考核等方面，全面规划，建设新媒体平台、新闻App、产品矩阵、发布矩阵等。这份方案是媒体深融的"播种机"。

7.《技术规划及数据库建设方案》

这是一份业务战略，指导媒体以先进技术为引领，把更多优质内容、先进技术、专业人才、项目资金向互联网主阵地汇集、向移动端倾斜。在技术理念、组织、机制、流程、投入上全面改革和重构。

未来，媒体的竞争就是数据是竞争，要对媒体几十年的媒资数据进行规划建设，参与数字政务建设，形成强大的数据、算法生产力，深度融入国家治理体系。媒资库应该成为每家媒体的标配，这份战略是媒体深融的"金钥匙"。

8.《经营及产业规划》

这是一份业务战略，主要是探索建立"新闻+政务服务商务"的运营模式，重构盈利模式，打破原有赛道的边界，到产品和产业的赛道上去竞争，增强自我造血机能。创新经营模式、经营机制、经营组织，以新的业态、新的场景，实现流量聚合、活动聚势、品牌聚效，推动媒体转型向纵深迈进，经营产业向高质量迈进。这份战略是媒体深融的"发动机"。

9.《关于加强人才队伍建设的意见》

这是一份职能战略，坚持党管人才原则，明确以强化政治素质、能力建设为核心，以领军拔尖人才和业务骨干培育为重点，强化马克思主义新闻观教育，以人力资源管理体制机制创新为抓手，优化人才发展环境，加快完善培养、引进、使用、考核、激励等方面的制度体系，努力打造一支政治坚定、业务精湛、作风优良的高素质人才队伍。同时，在期权设计、员工持股、股权激励上破冰前行。这份战略是媒体深融的"牛鼻子"。

10.《资本及财务战略》

这是一份职能战略，资本运营作为媒体深融的催化剂，能够以少量的自有资金撬动更多的社会资本和国有资本，让传统媒体驶上转型的快车道。我们要加快制订资本战略，配强财务总监，增强资本运营的能力。各媒体通过资产融资、债权融资、股权融资、项目融资、并购重组、资产管理、基金扶持等，获得资金支持。这份方案是媒体深融的"钱袋子"。

11.《数字化转型及智媒体战略》

这是一份业务战略，数字化转型是主流媒体未来3—5年的发展方向，人工智能不仅是一种趋势，更是推动媒体形态与业态变革的重要驱动力。需要顶层设计和战略布局，从技术体系构建、平台建设、生态链打造、业务创新与商业模式探索等方面进行全方位规划。媒体融合的下半场，主要是推动数字化转型和智媒体建设，这份战略是媒体深融的"风向标"。

媒体战略还包括一些功能战略，比如影响力战略、品牌战略、流量战略等，其核心内容都可以在上述11个方略中体现。

二、11个方略的推进顺序

11个方略可分五步编制和推进，是一个分步实施、循序渐进的过程。

第一步推进第1、2项，这是改革的总纲领和定盘星，首先要确定；

第二步推进第3、4、5项，这是启动改革的先手棋，刀刃向内才能绝处逢生；

第三步推进第6、7项，这是媒体深融的制高点，体制机制理顺后，打响移动优先的攻坚战；

第四步推进第8、9项，这是媒体高质量发展的驱动器；

第五步推进第10、11项，这是媒体发展的方向，也是11个方略中最难编制和实施的。

三、11 个方略需要整体推进

1. 坚持一体化的发展观

主流媒体要在理念上确立"融为一体、合而为一"的融合方向，在移动互联网思维指导下，以内容创新为基础、服务用户为中心、技术驱动为核心、资本运营为支撑，树立大系统融合的思维方式。

在推进过程中，坚持"守正、创新、改革、创业"的原则。"守正"是基础、是底线，解决的是去哪里的问题，守土有责、守土负责、守土尽责；"创新"是灵魂、是动力，解决的是怎么去的问题；"改革""创业"是工作的方法，敢为天下先，锐意改革，勇于创业，全面转型，才能在新型主流媒体建设中勇当排头兵。

2. 坚持一把手负总责

战略是大家奋斗的目标，不仅是媒体一把手脑子里的想法，更要成为员工的共识，成为高管能画出来的一张图。战略执行过程中，一把手要有壮士断腕的决心和魄力，因为涉及全体人员既得利益的重大调整，压力和阻力很大，没有一往无前的决心，很可能半途而废。

在 11 个方略编制中，一把手要对目标考核、采编管理、干部人事、薪酬分配、项目管理、经营管理、财务管理、廉洁风险防控、集团文化等进行一体化的设计和建设，形成同向发力、整体推进。特别是重视制度供给，强化制度保障。

3. 需要全体员工共同努力

11 个方略是要人来执行的，它不仅是一个务实的计划，更要落实到谁来干、怎么干、干好干坏怎么办。需要全体员工共同努力，通过制定和实施战略，使员工深刻理解组织是一个整体，各部门各员工的工作都必须紧紧围绕战略来进行。战略实施得好，就能增强员工信心、鼓舞员工斗志，激发全体员工热情，确保传媒可持续发展。

为确保员工积极参与，就要优化调整机构设置和人员配备，这是最难的改革，也是确保采编资源和生产要素能有效整合的关键所在。战略需要多个部门、多兵种的统筹协调，人事安排要形成一体化的系统性。比如，有媒体总编辑在分管采编、融合工作外，还分管技术、运营；有媒体总编辑兼任客户端总编辑；有媒体常务副总编兼任技术公司董事长；有媒体将传统媒体的采编人员，转岗成为网络记者编辑，辅之以传播数据为主的考核激励机制……从而打造一支政治过硬、本领高强、求实创新、能打胜仗的宣传思想工作队伍。

市级融媒体中心要不要合？

钱部长：某地级市市委常委、宣传部部长
孙社长：某地级市党报集团党委书记、社长
李台长：某地级市广电总台党委书记、台长
周博士：某融媒研究中心主任
时间地点：2022年12月某一天，中部某地级市宣传部会议室

  这是一个阳光明媚的下午，东部某地级市宣传部召开了座谈会。钱部长开门见山："不久前，浙江衢州日报报业传媒集团、衢州广电传媒集团已经整合，衢州市新闻传媒中心（衢州传媒集团）正式挂牌。看来，地市级融媒体中心即将迎来建设高潮，我们要不要合？怎么合？想听听大家的意见，今天专门请来了周博士，给我们出出主意。"

  "我个人认为，报社和广电要尽快合并。今年年初，中宣部已经在全国遴选60个市级融媒体中心建设试点单位了。"孙社长说道，"我们同属宣传领导，同一属性、同一市场，现在做了两个App，两批人去谈广告，经常产生内耗，合并能从对手变为一家人。"

  "我看，合不合还要慎重。"李台长接过话题，"广电和报社，文化的不同、团队的摩擦、心理的冲击、收入的增减……都会带来困扰和动荡。整合成本控制得好，能以短时间的阵痛换来长远发展；如果控制不好、磨合不佳，则可能后患无穷。"

  "你们想过没，合并能整合资源，减少内耗，但也一家独大了，可能导致市场竞争的弱化，出现官僚化倾向、惰性化风险。"钱部长边说边看了看周博士，"周博士，你以为呢？"

  "2020年两办出台的《关于加快推进媒体深度融合发展的意见》，对这个问题是这样表述的，"周博士翻了翻笔记本，念道，"市级媒体要积极探索自身融合发展模式,可以各自建设融媒体中心和传播平台,也可以做好资源统筹和机构整合,共同打造市级融媒体中心。"

"对呀,关键是看各地的情况。"孙社长说道,"像我市这样,靠近省城,省市媒体竞争激烈,我们整合了,更容易获得政府的支持,特别是在智慧城市建设、政务资源的运作上形成绝对优势。"

"也不一定。"李台长说道,"像我市的两个媒体,都比较强,员工也强势,还是不合比较好,因为适度良性的竞争有利于两家媒体保持发展活力;如果合,广电文化无法整合报业文化,文人相轻,报人也很难与广电员工和睦相处。"

"情况不是你想象的那样。"孙社长加大了声量,"像我市这样,人口少用户规模小,加上市场空间和财力相对有限,难以支撑多家媒体的各自为政,只有合起来,才能化解媒体恶性竞争和资源内耗,才能打好深融主动仗。"

"情况也不是如你所说。"李台长有点激动,"我听过一个比喻:一个烂土豆,单独放,最多烂一个,和一堆好土豆装进麻袋,一袋好土豆都会烂掉。"

见社长和台长争得不可开交,周博士赶快抢过话茬:"哎,社长、台长各有各的道理,地级市报社和广电合并,体量较大,且之前少有成功案例,所以一直存在正反两方。正方认为,整合优化了资源,做大做强了地方媒体;反方认为,合并的成本太大、矛盾太多,行政力推动的整合,如果改不彻底,很难成功。"

"我看还是屁股决定脑袋,利益面前谁都不愿意动手术吧。"钱部长喝了口茶,说道,"你们说说,什么情况下愿意合呢?"

"之前业界有一个共识,"周博士说道,"地市级报社和广电,如果一强一弱,建议合并,以强带弱;如果两者都弱,建议合并,可以向市里争取支持;如果两个都强,建议不合。"

"哎,有支持可以,如果市里把我们两家的债务给化解了,我就愿意合。"李台长说道,"不然,以后合到一起,日子好过的媒体不满意,觉得拖累了他们;日子不好过的媒体也不满意,觉得为什么低人一等。"

"我也赞同,如果财政化解了债务,我们更愿意合,这样我们就轻装上阵了。"孙社长笑着说,"就在三个月前,2022年中国新媒体大会上,时任中宣部部长黄坤明指出,地市级媒体要在整合融合上迈出新步伐,整合是大势所趋啊。"

见社长、台长意见一致,钱部长说:"让财政化解债务,可能行不通,是不是有其他办法,比如在合并时,成立集团公司,政府注入资本或划入资产,两家的债务也划归集团公司。"

"这个方法可行,合并能否成功,关键还要看顶层设计和改革的深度。"周博士说道。

"对啊,合并也不能甩包袱。"钱部长接过话茬,"体制机制的改革要跟上,否则就会出现整而不合、同床异梦。"

"只挂牌不真融的,基本都以失败告终。"周博士说道,"在已合并的市级融媒体中心,做到一体化真融的还很少,大多数整合都是形合实不合,对外一个单位,对内还是两张皮,还有不少市级融媒体中心合了以后又分的。"

"我也怕他们表合里不合。"钱部长表情严肃,"关键是打破固有利益格局进行体系再造和重构。改革是化蛹成蝶,只有甩掉硬壳,才能从爬行状态蜕变成飞行状态。"

"这次衢州市就成立了由书记、市长任双组长的高规格媒体融合工作领导小组,并下设推进办,市级相关部门协同建立工作推进机制,确保媒体融合工作蹄疾步稳。"周博士说道。

"媒体也要配强领导班子,自身要有动力,你们两家媒体要锐意进取,勇于变革,两位肩上的担子很重啊。"钱部长接过话题。

"关键还有部长您,合并涉及十几个部门,矛盾多压力大,推进小组组长只有部长担任才能成功啊,这可是一个系统工程。"

"我肯定全力支持,"钱部长说,"还有周博士,你的顶层设计方案也很关键啊。"

......

天渐渐暗了下来,讨论还在热烈地进行。看来,风起云涌的转型路上,推进媒体深融,既需要"刀刃向内"的自我革命,也需要"滚石上山"的胆识魄力,更要破除思想上、观念上的藩篱。

第 3 讲　传媒治理——大变局下的制度创新

☆ 第一节"识变",就是透过现象看本质。相比于"头部"中央和省级媒体、"尾部"县级融媒体中心,处于"腰部"的市级媒体面临的困境较大。市级融媒体中心如何建设?关键是完善法人治理结构,在体制机制上进行颠覆式重构,打通媒体深融"华山一条路"。

☆ 第二节"求变",是迎难而上、主动作为,传媒竞争在很大程度上取决于治理结构的竞争,其制度优势有时会超过传媒技术与产品本身。公益一类传媒要完善事业治理结构,公益二类传媒要打造"主体+子体"双重治理结构。明者因时而变,知者随事而制。求变,体现的是媒体改革创新的思想自觉和行动自觉。

☆ 第三节"应变",是考验新型主流媒体如何增强驾驭复杂局势的本领,如何提升防范化解风险的应变能力。媒体深融不可能一帆风顺,越是往深度推进,越是要有如履薄冰的谨慎,越是要有居安思危的忧患,既要学会"弹钢琴",也要善于牵住"牛鼻子"。本节列出的 20 个廉政风险点,是媒体不能越过的红线,需要精准防范、靶向发力。

第一节　识变：市县融媒体中心怎么改

媒体融合一方面需要顶层设计和战略规划，另一方面也需要内生式的供给侧改革。所谓内生式供给侧改革，就是通过调整媒体结构以及改革体制机制，优化媒体融合各要素的配置，从而形成"中央、省、市、县"四级全媒体传播格局，布局合纵连横的媒体结构体系，进而构建"中央、省、市、县"四级治国理政大平台。

在四级媒体架构中，"头部"的中央和省级媒体率先引领发展，"尾部"的县级融媒体中心也全面推进，处于"腰部"的市级媒体面临较多困境。2022年8月30日，中国新媒体大会上，时任中宣部部长黄坤明指出，中央媒体和省级媒体要在深入深化上取得新进展，地市级媒体要在整合融合上迈出新步伐，县级融媒体要在增质增效上进行新探索。所谓"识变"，就是透过现象看本质，对市县融媒体中心进行颠覆式整合和融合。从"合而为一"到"融为一体"，打造合格的运营主体。

一、市级媒体改革箭在弦上

2022年4月，中央明确提出，到"十四五"末，有条件、有意愿的地级市加强资源整合，建设市级融媒体中心，中宣部、财政部、国家广电总局联合下发《关于推进地市级媒体加快深度融合发展实施方案的通知》，在全国遴选60家市级融媒体中心建设试点单位。对市级媒体而言，这次改革是绝处逢生的"华山一条路"，媒体深融的全面深改已箭在弦上。

1. 市级媒体当前的困境

相比于"头部"中央和省级媒体、"尾部"的县级融媒体中心，处于"腰部"的市级媒体在媒体融合中面临的困境较大。中央和省级媒体有中央和省级财政支持，有基金投入，且家底丰实，物业资产雄厚，拥有大量资源，在媒体融合上投入力度大，人才集聚，引领主流媒体的融合发展；县级融媒中心大都定为公益一类事业单位，有财政保底，处于信息传播的"最后一公里"，比较接地气。且县级融媒体中心大都使用省级媒体的云平台，能够上下联动，县级媒体的外宣基本以中央和省级媒体为发布对象，将市级媒体置于"空心"地带，上下不靠。

综上，处于中间层的地市级媒体就有点"爹不疼娘不爱"，财政支持少，家底又不丰实，针对地市级媒体融合发展的政策引导和支持还处于"断裂"层面。虽然不少报社和电视台都建立了"中央厨房"，但体制机制均未实现重构，处于"表融里不融""形融实不融"的境地。

平台建设上，不少市级媒体有了客户端，但日活用户很少，影响力连政府大院都没跨出。广告经营这两年受疫情影响，持续下滑，有的连工资都发不出。加上市级媒体的负担较重，企业编制的人员多，不少地市级媒体10多年前大搞基建砌大楼，欠下沉重的债务，处于"既无动力改革，又无能力重生"的"两无"状态，不少媒体只能眼巴巴"等死"。

地市级媒体实行"事业单位、企业化管理"，看似能享受到两方面的"红利"，实则"党政事企四不靠"，属于"四不像"的体制：宣传、党建、扶贫等归口党委序列，要求很高；巡察、审计、考核等归口政府部门，禁锢很多；薪酬、人事、职称、财务等归口事业单位，管理很紧；税收、贷款、用工争议上归口企业，监管很严。

"四不像"的体制，既得不到行政资源的全力支持，又无法用市场方式配置资源，还没有企业的自主权。体制机制不用说与互联网企业相比，有的比国有企业更为僵化，导致整体活力不足、创新力匮乏，薪酬激励、资本运营也无法到位。

2. 市级融媒体中心建设的挑战

在媒体深融改革中，由于有地市级媒体整合失败的案例，不少人有抵触心理，认为改革只是把原来两家新闻单位合并为一家，换汤不换药。更有媒体负责人存在畏难情绪，担心改革会触动既得利益得罪人，存在患得患失的心理。一些媒体"一把手"工作中喜做老好人，只求维稳不犯错，有的只想回到公务员序列。

作为事业单位,市级媒体党政、政事、政企不分,上级部门往往养不住、管不好、手不放,媒体也是没动力、不上心、不主动。身份管理的用人方式、大锅饭式的分配方式、机关化的运行方式严重阻碍了媒体发展,内部生产流程和绩效评估机制也跟不上移动互联网的要求。加上历史遗留问题较多,改革的阻力和包袱都很大。

在媒体融合的能力上,媒体负责人任命,往往来自行政机关,对传媒业务特别是技术不熟悉,人员老化严重,人才又招不来,市场意识、用户意识、新媒体生产和运营能力普遍不高,存在惯性思维和路径依赖。不少市级媒体,习惯了偏安一隅,只要"小日子"还过得去,要让其刀刃向内,进行向死而生的全面深改,从领导到员工,阻力都很大。

3. 市级融媒体中心如何改

首先,要借助事业单位改革的东风,完善法人治理结构,在体制机制上进行颠覆式重构。市级融媒体中心不是把报社、广电集中到一起办公,挂个牌了事,需要按"14个一体化深融"的顶层设计,对组织构架、采编流程、薪酬激励、运营经营等进行再造,实现信息内容、技术应用、平台终端、人才队伍、管理手段共享融通。

其次,在运作层面,要拿出系统的改革方案,全面深化改革。制订11个"王炸"级的战略规划和战术方案,按照七大步骤分步实施到位,不能脚踩西瓜皮,滑到哪儿算到哪儿。要制订3个三年发展规划,果断关停受众少、影响力弱、连年亏损或经营困难的报纸和频道频率,集中精力做大做强新闻客户端,真正推动主力军全面转向主战场。

最后,需要市委、市政府主要领导高度重视,全市支持。市级融媒体中心改革不是靠宣传部和两家媒体就能完成的,它是全市性的重大改革,市委、市政府主要领导要高度重视,亲自谋划。组织部、财政、编办、发改、经信、人社、大数据等部门要全力支持,成为改革小组的一员,全面推动改革向深处行。对历史遗留问题,有条件的市最好能协调解决,在数据资源、广告资源等方面,向市级融媒体中心倾斜,"扶上马,送一程"。

二、事业单位改革的东风

2018年2月28日，党的十九届三中全会通过《中共中央关于深化党和国家机构改革的决定》，将事业单位分成三类进行改革，"全面推进承担行政职能的事业单位改革，加大从事经营活动事业单位改革力度，区分情况实施公益类事业单位改革"。2018年5月，中央全面深化改革委员会第二次会议召开。会议审议通过了《关于地方机构改革有关问题的指导意见》，审议了《深化党和国家机构改革进展情况报告》。2018年4月，人民出版社出版了《〈中共中央关于深化党和国家机构改革的决定〉〈深化党和国家机构改革方案〉辅导读本》一书，全面解读了深化党和国家机构改革，书中《加快推进事业单位改革》一文，明确了事业单位改革的实施方法。

1. 承担行政职能的事业单位

《中共中央关于深化党和国家机构改革的决定》提出："全面推进承担行政职能的事业单位改革，理顺政事关系、实现政事分开，不再设立承担行政职能的事业单位。"中央和地方各级所属承担行政职能的事业单位要实现行政职能回归行政机构。

行政类指承担行政决策、行政执行、行政监督等职能的事业单位。如劳动仲裁机构、渔政、盐政、海事、动物卫生监督等，改革是将事业编制置换为行政编制。党媒不是承担行政职能的事业单位，不在这一改革范围内。

2. 生产经营类的事业单位

《中共中央关于深化党和国家机构改革的决定》提出："加大从事经营活动事业单位改革力度，推进事企分开。"把从事经营活动事业单位真正转为自主经营、自负盈亏、平等竞争、自我发展的市场主体。

生产经营类事业单位是指所提供的产品或服务可以由市场配置资源、不承担公益服务。主要有：技术开发、科研设计、出版印刷、广告传媒、咨询服务、招待培训等。这一类事业单位属于自收自支，部分地区也称为公益三类。

之前，有文章认为自收自支的事业单位都属于从事经营活动的事业单位，按这一标准，市县融媒体中心会不会整体转为企业？

如果整体转企，改革的步子太大，不会全面推广，只会在局部试行。近两年有深圳龙岗区、北京经开区等少数地方的融媒体中心整体转制为国有企业，还有四川遂宁等地的融媒体中心深化改革，员工事业身份保留在档案，全体人员按企业集团管理运作，进行了较好的尝试。

总体上，市县融媒体中心下属的广告、印刷、发行等单位，可以转为企业市场主体，市县融媒体中心按公益一二类事业单位来推进改革。

3. 公益一二类事业单位

《中共中央关于深化党和国家机构改革的决定》提出："区分情况实施公益类事业单位改革，面向社会提供公益服务的事业单位，理顺同主管部门的关系，逐步推进管办分离，强化公益属性，破除逐利机制；主要为机关提供支持保障的事业单位，优化职能和人员结构，同机关统筹管理。"

（1）公益一类事业单位

公益一类是指，承担义务教育、基础性科研、公共文化、公共卫生等，不能或不宜由市场配置资源的单位。公益一类改革重点是创新体制机制。一是去行政化，逐步推进管办分离。二是去营利性，除党中央国务院赋予特殊职能的以外，政府举办的公益性事业单位要禁止投资办企业，禁止开展竞争性经营活动，同时完善财政、人事、收入分配等各项政策，使其真正回归本业。

（2）公益二类事业单位

公益二类是指，面向社会提供公益服务，按照政府确定的价格收取费用，其资源在一定区域或程度上可通过市场配置。如普通高等教育机构、非营利医疗机构等。公益二类事业单位的工资有一部分财政补贴，有一部分靠单位营收。

三、市县融媒体中心怎么改

中央全面深化改革委员会第二次会议强调："赋予省级及以下机构更多自主权，允许地方因地制宜设置机构和配置职能。"由于各地融媒体中心的情况不太一样，各地会区分情况实施不同的改革举措。有的地方划为公益一类，有的地方划为公益二类，也有视同公益三类直接整体改制为企业的，差别较大。

无论采取哪种合并方案，市县融媒体中心都要改为合格的运营主体，成为事业主体身份；或成为事业法人和企业法人双重身份，形成主业引领产业、产业反哺主业的新格局。

1. 改为公益一类事业单位

划为公益一类的融媒体中心，是当地党委下属的全额拨款事业单位，整合当地市（县、区）委机关报、市（县、区）级电视台、新闻网站、新闻客户端等媒体平台，成为事业主体。

公益一类单位由财政供养，工资发放无忧，但在薪酬和开支上受到严格限制，收支两条线，不能投资办公司，不能由政府购买服务。在广告经营和产业发展上，这一类媒体要提前做好谋划，比如让市（县、区）委深化改革领导小组通过媒体改革方案，在广告创收、薪酬激励等方面给予绩效发放等政策支持。

近年来媒体创收艰难，不少媒体希望改回公益一类，实行"全额拨款"，但一旦由财政"包养"，容易陷入"一包就死"的困境。员工一旦不再为"生计"犯愁，收支都由政府承担，必然导致媒体活力与传播能力急剧下降，进而失去核心竞争力，导致媒体难以履行宣传职责。媒体融合是需要大量资金投入的，定额拨款难以满足不断扩大的资金需求，也无法扩展创新业务，往往会陷入"死也死不了，活也活不好"的尴尬境地。

随着媒体融合的深入，公益一类媒体受到财政、编制等影响，发展动力和活力均不足。存在着"干多干少一个样、干与不干一个样"的现象，大锅饭很普遍，在薪酬待遇上，由于之前大多数媒体员工的收入水平高于当地公务员，一旦划入全额拨款事业单位，工资待遇拉平，员工收入就会下降，且按标准工资发放的薪酬，更是留不住人才。

在财政收紧的大趋势下，公益一类的划拨资金也很难调高，有些困难县区也没能足额兑现，财政拨款的使用上，手续、流程、使用方向有较严的规定,难以适应市场和技术的千变万化,影响媒体深融的发展需求。

在实际工作中,公益一类融媒体中心要完善财政、人事、收入分配等各项政策,特别是改革薪酬激励机制。改革方向是建立健全事业型法人治理结构,探索建立理事会、董事会、管委会等多种形式的治理结构,健全决策、执行、激励和监督机制,提高运行效率,确保公益目标实现。

2. 改为公益二类事业单位

融媒体中心整合当地市(县、区)委机关报、市(县、区)级电视台、新闻网站、新闻客户端等媒体平台,改为公益二类事业单位,成为当地党委直属的差额拨款事业主体,需要完善以下改革。

(1)塑造事业企业双重主体

公益二类融媒体中心成立后,通过授权经营成立集团公司,将原媒体的经营性资产和业务整体划入集团公司,与媒体并列运行。事业与企业分开运作、分类管理,成为事业法人和企业法人的联合体。

融媒体中心和集团公司实现"一个党委、两个主体、两套班子、统筹运行"。融媒体中心为市(县、区)委、市(县、区)政府直属事业单位,为事业主体身份,可加挂广播电视台和报社两块牌子,保留其呼号和刊号;集团公司为市(县、区)管重点国有企业,为企业主体身份。

融媒体中心实行党委领导下的主任负责制,党委书记兼任主任,主任是事业法人代表,可兼任集团公司董事长,集团公司法人代表由董事长或总经理担任,实现董事会领导下的总经理负责制,并逐步完善法人治理结构,健全现代企业制度。

公益二类传媒既能争取一定的财政支持,又能成立公司自我造血发展,充分调动了媒体的积极性。在一定的财政保障基础上,获得了自主经营的权限,既完成新闻宣传的职责使命,又产生改革创新的激情和动力。对于经济相对发达的地区,如有较多的人口和较大的市场,公益二类应成为市县融媒体中心的首选,形成事业与产业比翼齐飞的发展格局。

(2)剥离经营职能

国家的相关政策一直要求经营性事业单位形成事业化主体和市场化主体

分工明确的管理架构，采编和经营两分开。《事业单位登记管理暂行条例》规定："事业单位依法举办的营利性经营组织，必须实行独立核算，依照国家有关公司、企业等经营组织的法律、法规登记管理。"可见，事业单位办企业符合国家相关政策，并不影响传媒自身的事业性质。

公益二类传媒可以投资成立集团公司，有两种路径可供选择，一是社（台）办公司，即由事业单位的报社或广电台作为出资人，投资成立集团公司；二是集团公司办报（台），即先成立集团公司，全体人员转企，再在集团公司下，成立报社（广电台），保留报社（广电台）的事业单位性质，承接之前的事业编制人员，老人老办法，新人新办法，新进的人员全部进入集团公司企业编，第二种路径改革力度较大，矛盾较多。

市县融媒体中心作为公益二类事业单位，基本选择第一种路径，剥离经营职能，以出资人身份，成立传媒集团有限公司，将内部产业经营性资产划归到公司，按照现代企业制度组建新型市场主体。聘任人员身份全部划入公司，从事时政新闻以外的融媒体内容生产，以及"新闻＋政务服务商务"运营工作，依法开展相关的经营活动，利润主要用于增量绩效发放，以及公益事业发展。

也有极少数选择第二种路径，相当于整体转企，可以一次性解决体制机制上的弊端，政策上的优惠也多，以短期的深痛解决长期的浅痛，各地各媒体可根据各自情况抉择。

在成立集团公司运作上，各地都有较好的尝试。2022年10月31日，在苏州市文化产业发展推进大会上，苏州新闻出版集团有限公司、苏州广电传媒集团有限公司揭牌成立。

苏州新闻出版集团为苏州市委管理领导班子的国有文化企业，其前身为苏州报业传媒集团有限公司，集团在苏州日报社党委领导下，通过"新闻＋出版"双轮驱动，发展文化产业，集团旗下拥有苏州古吴轩出版社有限公司、苏州新文置业发展有限公司、苏州日报印刷中心有限公司、苏州报业广告有限公司、苏州报业发行有限公司、苏州新苏报业网络科技有限公司等子企业。

苏州广电传媒集团全面负责苏州广播电视总台经营性产业发展，凭借主流媒体强大的内容生产能力和传播覆盖能力，拓展关联产业、丰富产业链，形成内容生产、文化创意、媒体经营、技术服务、电子商务、物业资产、少儿艺培等产业板块。集团旗下有各级各类公司48家，其中全资公司21家、控股公司4家、参股公司23家。

（3）明晰产权授权经营

现代企业制度要求出资者明确、到位，产权清晰。公益二类传媒由国资委授权，建立出资人制度，投资成立集团公司，产权更加清晰。

成立公司前，公益二类融媒体中心是事业法人，受政府委托将资产授权给公司运营，国有资产授权经营明确了市县融媒体中心的国有资产产权主体和投资主体的地位，市县融媒体中心以产权为纽带，以股东会的身份持有投资对象的产权或股权，以此参与企业的经营管理和收益分配，使出资人真实到位，又不直接左右企业的具体经营，有利于彻底打破以前企业与媒体之间的行政隶属关系。

（4）争取政策和财政扶持

中央和省市也出台不少关于新闻信息类国有文化企业深化改革的文件，要求建立现代企业制度，完善企业运营机制，激发媒体经营活力，确保实现国有资产保值增值。

公益二类事业单位在改革过程中，要充分利用好国家政策。《国务院办公厅关于印发文化体制改革中经营性文化事业单位转制为企业和进一步支持文化企业发展两个规定的通知》（国办发〔2018〕124号），进一步深化文化体制改革，推进国有经营性文化事业单位转企改制，许多优惠政策持续落实。通知明确指出：经营性文化事业单位是指从事新闻出版、广播影视和文化艺术的事业单位。剥离转制包括：新闻媒体中的广告、印刷、发行、传输网络等部分，以及影视剧等节目制作与销售机构，从事业体制中剥离出来转制为企业。

在税收优惠方面，政策也有明确规定：党报、党刊将其发行、印刷业务及相应的经营性资产剥离组件的文化企业，自注册之日起所取得的党报、党刊发行收入和印刷收入免征增值税。

公益二类传媒还要争取薪酬改革的支持，特别是经营绩效的发放、激励机制参照集团公司运作。另外在智慧城市项目、贷款贴息、干部职数、资源上，争取政府支持，财政也可以通过差额拨款，保障事业部分的人员工资和相关开支，并通过政府购买服务等方式予以经营性服务支持，还可以申请项目资金，通过培育媒体融合的各个项目，形成自我造血能力，做大做强传播平台，产生强大的内容生产和传播能力，早日建成新型主流媒体。

第二节 求变：法人治理结构背水一战

党的十八届三中全会首次提出"国家治理体系和治理能力现代化"的概念，党的十九大明确提出国家治理体系和治理能力现代化的时间表和路线图。国家治理体系和治理能力现代化已成为我国"两个一百年"奋斗目标中的重要组成部分。

"求变"，是迎难而上、主动作为，传媒竞争在很大程度上取决于传媒治理的竞争，作为肩负发展党的新闻事业和文化产业神圣使命的市县融媒体中心，更应高度重视治理体系建设，特别是做好自身的法人治理结构建设。

法人治理结构是传媒发展的定盘星，是传媒持续发展能力和市场竞争能力的制度基础，在媒体融合的下半场，构建传媒治理结构的制度优势有时会超过传媒的技术与产品本身。

但是，长期以来，传统主流媒体对法人治理结构既不重视，也不了解，认为可有可无，难以形成制度优势。在市县融媒体中心推进过程中，构建和完善法人治理结构到了背水一战的时候。

一、法人治理结构概述

1. 什么是法人治理结构

法人治理结构的概念最早源于公司治理，其前提是公司所有权与控股权的分离，目的是通过一系列制度设计和组织规范形成利益的分配与制衡。

传媒法人治理结构，是指党和政府、股东、社会、利益相关者等对传媒的宣传、经营、管理、绩效进行监督和控制的一整套制度安排和流程设计，通过价值体系、激励体系、指标体系、实施体系、监督体系、保障体系的建设，构建起传媒领域有机协调、互动整合的治理系统。

传媒法人治理结构在传媒治理体系现代化建设中，要做到整体设计、系统构架、协调推进；运用现代治理理念、治理方式有效地破解传媒集团在历史发展过程中形成的治理难题和体制机制弊端；解决主体身份各异、组织机构僵化、激励动力不足、监督机制缺失等问题。要重视制度供给，强化制度保障，为媒体融合全面深化提供强劲的制度动力，为传媒事业产业发展提供支撑。

2. 传媒法人治理结构的重要性

（1）有利于实现国家治理体系和治理能力现代化的战略目标

法人治理结构的重心是"治理"，从"管理"到"治理"，意味着治理方式从以往依靠政府权威的一元管理，向社会各阶层、各机构共同合作的多元治理的转变。多元治理强调政府相关部门、传媒和各种社会力量的相互依存、制衡、对话，形成联合行动的协作网络，目的是促进公共利益的最大实现，政府的作用是确立指导思想、决定目标方向、实行效率监督。

（2）有利于解决传媒遇到的困境

我国事业单位存在的共性问题，都在严重制约着传媒的改革和发展，比如人事自主权、干部选拔、编制管理、岗位管理等都没有到位。传媒管理层的选拔、考核和任命与行政官员一样；资金来源主要依靠财政拨款，严格限定资金使用范围；事业性质使传媒无法成为市场主体，传媒产权残缺、委托人残缺、激励机制残缺；传媒效率低下、竞争不足、地区分割、画地为牢；双重体制的不协调，与集团化不相容的行政整合，业外资本进入传媒的惶恐，行政管理的越位、错位甚至失位。

一些传媒集团公司模拟现代企业制度规范了内部组织机构，但是由于没有建立相应的法人治理结构，这种传媒集团成为"麻袋装土豆"式的组合，搭建的集团外壳徒有其表，其治理结构是畸形和扭曲的。行政任命导致外部没有经理人市场，使传媒的经理人选择评价机制大大削弱，更谈不上建立有效的经营者选择机制、激励机制和约束机制，使传媒难以发展壮大。

（3）有利于破解传媒组织僵化

事业单位接受上级政府部门委托，履行公共职能，形成封闭式的业务运转，组织僵化。传媒单位常用的科层制垂直管理模式，与社会需求时常脱节，容易陷入对本单位利益的追逐中，导致偏离公益性目标。传媒领导人的考核、级别、待遇与政府公务员相同，他们是经济人，追求自身的利益最大化，在缺乏有效监督的前提下，产生逆向选择和道德风险，他们的主要责任是完成上级的行政命令，大多陷入官本位情结而不能自拔，其工作的底线是宣传不出错、工资能发出，最大的目标是获取上级的满意，往往以牺牲传媒长期发展为代价，追逐短、平、快，缺乏"长期主义"精神。

3. 传媒法人治理结构的要求

（1）确保党对传媒的依法控制，确保舆论导向的正确

做好党的新闻舆论工作，事关旗帜和道路，事关贯彻落实党的理论和路线方针政策，事关顺利推进党和国家各项事业，事关全党全国各族人民凝聚力和向心力，事关党和国家前途命运。必须从党的工作全局出发把握党的新闻舆论工作，做到思想上高度重视、工作上精准有力。

传媒法人治理结构要确保党的领导，在新闻采编领域发挥舆论引导的作用，在经营领域建立国有资产的有效监管和营运。要坚持和巩固党在意识形态领域的领导地位，掌握对传媒企事业单位主要领导干部的任免权、重大事项的决策权、资产经营的控制权、宣传内容的终审权，这是党媒治理结构的基础和前提。

（2）确保传媒公共利益实现，确保国有资产保值增值

移动互联时代，主流媒体要占领舆论制高点，牢牢掌握意识形态工作主动权，在宣传党中央的战略决策、壮大主流思想舆论上发挥主力军作用。这就需要传媒把握方向导向，聚焦一体发展，保持内容建设定力，构建全媒体传播格局，较好地承担起公共责任，实现公共利益，而这正是传媒治理结构

的主攻方向。

同时，市县融媒体中心要沿着产权明晰化的道路，行使出资人权力，履行出资人职责，实现国家所有权、传媒采编权、传媒经营权的分离，确保国有资产保值增值，从而促进新闻出版事业和产业的发展。

（3）解决传媒的委托—代理问题，解放传媒生产力

传媒治理结构要合理配置传媒控制权和剩余索取权，对传媒治理进行改革创新，做到内部结构治理与外部功能治理的有机结合。赋予传媒以充分的自主权，让传媒在激励和约束机制下运用好这些自主权，解决传媒的委托—代理问题，解放和发展传媒生产力，消除传媒现有的体制和机制弊端，加快传媒的发展壮大，从而有利于调动传媒干部职工的积极性，增强凝聚力；有利于增强传媒事业发展的实力。

二、公益一类传媒法人治理结构

市县融媒体中心如果定为公益一类事业单位，不应是传统体制的简单延续和现代翻版。机制重塑、构架重组、薪酬重构是核心，需要进行法人治理结构的深刻变革。

1. 治理模式

由于传媒的特殊性，承担重要的舆论引导功能，公益一类事业单位的传媒可以采取党委会领导下的、与社委会（理事会、管委会）共同治理的模式，党委会下设编委会、经委会，具体承担管理职责，健全决策、执行和监督机制，提高运行效率，确保公益目标实现。党委会是事业单位最高决策层，社委会、编委会、经委会是党委会的执行机构，负责采编工作、日常业务管理、财务资产管理等。监督层由上级纪律监察机构委派。如下图所示：

这一模式实现了党的领导与事业法人治理结构相结合，同时赋予传媒充分的自主权，让其成为真正的事业法人实体，以独立事业法人身份，面向社会、面向群众，自主为公众提供产品和服务。确保党和政府依法对传媒实行有效的管控，确保舆论导向的正确，有效地解决传媒的委托—代理

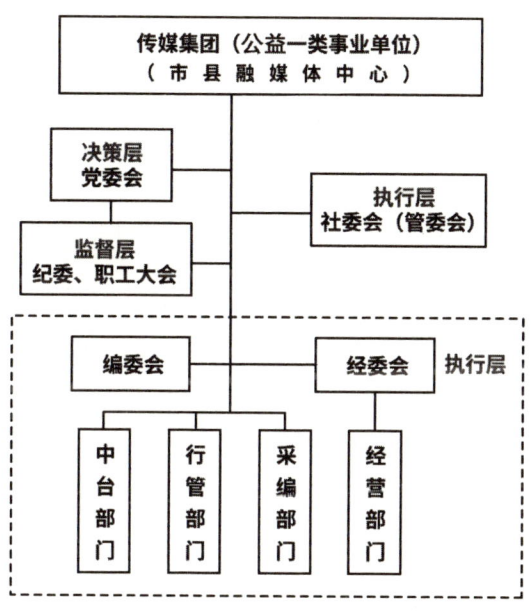

公益一类传媒事业治理模式架构图

问题，规范所有者与经营者的权力和职责，对传媒资源进行合理配置，对传媒人才进行有效开发和激励，从而形成科学的决策机制、制衡机制、激励机制。

2. 制度安排

传媒治理的出发点在于明确划分各个部门的权力、责任和利益，形成相互之间权力制衡关系，最终保证传媒制度的有效和运行。

党委会是最高权力机构和决策机构，党委会下设社委会作为党委会的高级行政管理机构，执行党委会决议，对传媒集团进行组织控制、业绩控制、财务控制。协调传媒集团各职能部门和相关人员。党委会对传媒实行人事管理、重大决策管理、采编管理、收益管理四项事权管理，同时进行战略管理、预算管理、资产管理、运营监控管理四项辅助管理。

纪委是监督机构，其主要职能是监督督促传媒领导层及员工认真贯彻党的路线、方针、政策和国家的法律、法规，正确地制定和有效地组织实施传媒采编工作、经营工作和党风廉政建设决策。

执行层是编委会、经委会和中层机构，党委会通过其下属的编委会对采编工作进行管理，通过编委会实行对采编权的控制，党委委员兼任编委会成员，对采编部门实行行政领导，具有机构设置权、干部任免权、业务指导权和收入分配权，共同组成传媒集团党委领导下的新闻宣传组织指挥系统。通过经委会对资产和收入进行管理，按照公益一类事业单位的要求，实行预算管理和经费支出。

3. 人事及激励约束机制

公益一类传媒要建立包括以战略、价值和市场为导向的职位管理体系、绩效管理体系和薪酬管理体系。通过健全规章制度、完善问责机制、严惩违规行为，发挥传媒价值观和职业道德的约束力，建立传媒的激励约束机制。

一是深化人事管理制度改革，赋予事业单位人事管理自主权。扩大干部竞争上岗和职工双向选择的范围，推行聘用制和任期制，完善能上能下、能进能出的用人机制，实施职称评聘分开，按职工的实际能力聘任相应岗位等形成激励和约束。

二是实施收入分配制度改革，赋予事业单位收入分配自主权。在国家工资政策指导下，事业单位可结合本单位自身特点，自主制定体现岗位绩效和分级分类管理要求的收入分配制度，建立收入可增可减、合理拉开不同种类人员与不同层次人才的收入差距的市场化机制。

三是建立考核体系，对员工的职责、业绩进行评价和奖惩，从经济收入、工作性质和条件、晋升的可能性、责任感等方面，形成有效的激励因素，促使组织成员为共同的目标而奋斗。

四是通过新闻职业道德的约束，以及建立学习型组织的活动，激发职工对崇高事业的追求，将个人目标与组织目标有机结合，提升组织凝聚力。

三、公益二类传媒法人治理结构

1. 双重主体身份

上一节说过，公益二类融媒体中心成立后，通过授权经营成立集团公司，成为事业法人和企业法人的联合体。融媒体中心和集团公司实现"一个党委、两个主体、两套班子、统筹运行"。

融媒体中心实行党委领导下的主任负责制，党委书记兼任主任，主任是事业法人代表，可兼任集团公司董事长，集团公司法人代表由董事长或总经理担任，实现董事会领导下的总经理负责制，并逐步完善法人治理结构，健全现代企业制度。

在双重主体身份下，采编部分坚持党管党媒的基本出发点，保证了党媒采编业务事业单位的独立性质；经营部分形成了以产权制度为突破口，以资产为纽带的母子公司企业法人体系，有利于企业法人治理结构的构建。

在组织机构上，中心与公司班子相对独立，不再是原来的两块牌子一套班子的组织构架。在发展定位上，媒体强调事业属性，承担公益性出版重任，不再从事与经营相关的业务；公司则以国企体制机制运行，是独立的法人，享有完全意义上的财产权，公司还能以合资、投资、控股等方式，承担投融资行为，做大做强国有资本。在确保国家控股的前提下，可吸收社会资本，推进党媒经营社会化、市场化。在此基础上，可进一步组建股份制公司，争取上市或挂牌。

2. 双重治理结构

双重主体身份要完善双重治理结构，针对事业单位采取事业型治理，针对公司采取企业法人治理，它是党和政府对公益二类传媒的体制机制、宣传、经营、管理、绩效进行监督和控制的一整套制度安排，通过内部治理设计和外部功能约束，建立起科学的决策机制和约束激励机制。

双重治理结构将事业法人治理与公司法人治理有机地结合起来，实现了事业法人治理与公司法人治理的协调统一。它把公益性传媒视为一个公共事业性组织和市场性契约组织，构建了一种新型的一体两制下分而不离的双轨运行体制，两者相互依存属于一个产业链，又适度分开相互独立。这一模式在实践层面上有厚实的制度基础，符合治理的发展趋势，同时也符合中央对传媒改革的要求，遵循了传媒改革的路径依赖规律。形成如下图所示的"主体＋子体"双重治理结构：

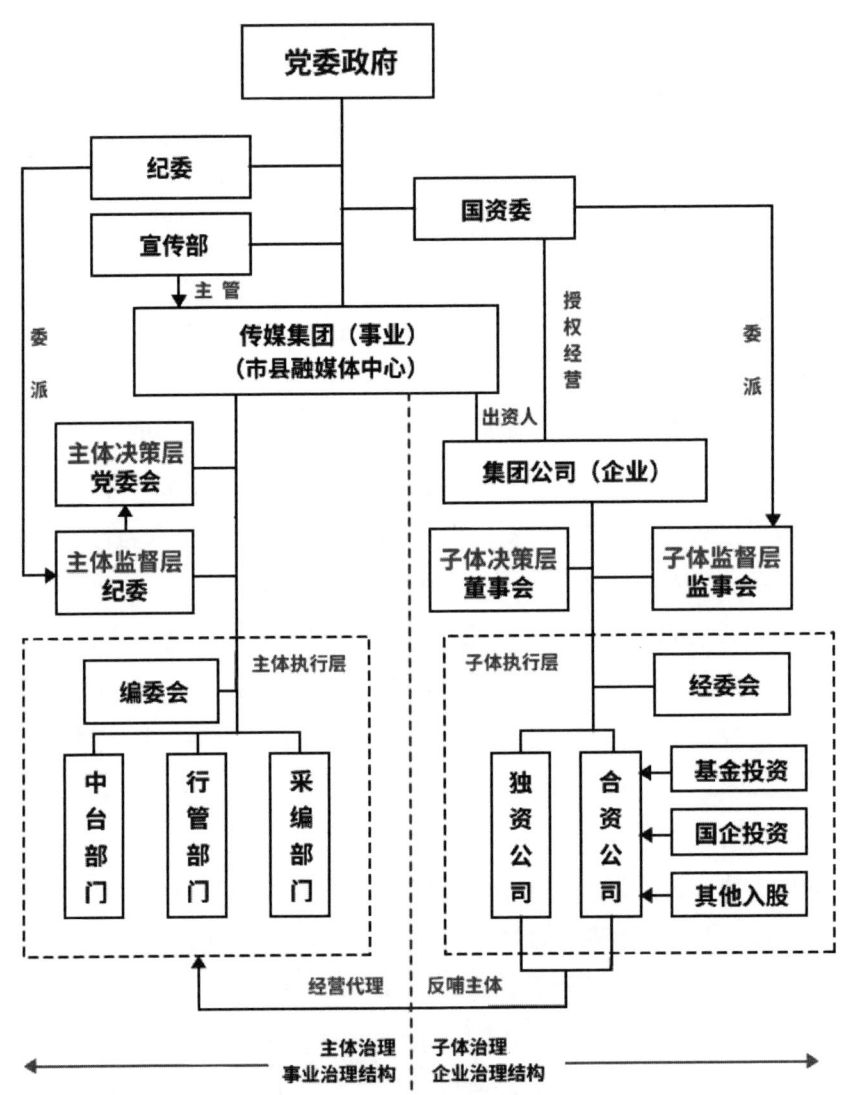

采编经营两分开防火墙

公益二类传媒双重治理模式架构图

(1) 主体治理结构

即事业单位的治理结构,可参照公益一类传媒的模式,包括了集团行政部门、党媒采编部门。模式为:决策机构——党委会、执行机构——管理层、监督机构——纪委等。

党委会是融媒体中心最高权力机构和决策机构，行使重大决策权，协调统筹各部门和相关人员。党委会下设编委会和经委会，融媒体中心党委书记、主任兼任编委会和经委会主任。

编委会对中心的采编工作负责。中心总编辑出任编委会执行主任，负责报纸、广电、新媒体的采编宣传工作，子报、子刊、子台也可分别成立编委会，接受中心编委会的领导。经委会对中心经营工作负责，公司总经理出任经委会执行主任，负责经营及产业。

党委会作为国有资产的出资者代表，行使集团公司股东会的各项权力。党委成员依法进入董事会，从而把党的领导有机纳入集团公司治理的法制轨道，有利于实现党的工作同传媒的采经营工作紧密结合，有利于党组织在传媒决策、管理、监督等重要环节上充分发挥政治优势。

（2）子体治理结构

即集团公司的企业治理结构，模式为：决策机构——董事会、执行机构——管理层、监督机构——监事会。董事会是集团公司的最高权力决策机构；执行层包括各经营层面负责人、各控股子公司总经理；监事会是监督机构。

公司法人治理结构中股东会、董事会、监事会、经理的权力、责任和利益相互明确，相互制衡，确保企业各方利益的均衡和合理目标的实现。集团公司接受传媒国有资产授权经营。

融媒体中心和集团公司实现一个党委领导，党委会作为出资方的股东会行使重大决策权，党委会的意图可以在集团公司董事会上得到体现，重大人事安排、重大经营事项，董事会要首先取得党委会的同意。

董事会是集团公司的决策机构，负责集团公司资产的经营管理，保证国有资产的增值保值。董事会聘任集团公司的经理层，党委会下派监事会，并接受国资委的指导，对集团公司的经营及国有资产的保值增值进行监督，从而构建一个完善的公司治理。

3. 制度安排

"双重治理模式"形成了较为完善的内部治理机制，解决了传媒剩余索取权和剩余控制权的配置，明确划分了党委会、纪委、董事会、监事会和经理层各自的权力、责任和利益，形成权力制衡关系，最终保证传媒制度的有效和运行。

（1）工作机制

双重主体成立后，重建融媒体中心的组织体系、干部体系、薪酬体系、制度体系、产业体系、技术体系。在干部人事制度上，有媒体实行事业性质和企业性质人员分开管理，基本工资上实行不同标准，但绩效工资同工同酬；有媒体采取老人老办法、新人新办法，新进人员全部是企业性质；也有不少单位将原事业性质人员身份保留在干部人事档案中封存，日常管理与企业性质人员相同，一并纳入企业化管理体系，薪酬实行企业化管理。几种方法各有利弊，各地可根据不同情况灵活选择，推动竞争上岗、双向选择，实现能者上、优者奖、庸者下、劣者汰，充分调动广大员工的积极性。

（2）公司治理

集团公司建立了以母子公司制为基本结构的组织形式，对下属单位的管理由原先的行政管理模式转变为以资产（产权）为纽带的产权管理模式，确保国有资产保值增值，保证了传媒集团的出资人权益。

集团公司实行授权经营，拥有传媒的法人财产权，党委会不能直接插手集团公司的具体经营业务，集团公司董事会聘任集团公司经理层，实行董事会领导下的总经理负责制，董事会和经理层行使《公司法》规定的各项权力。

集团公司董事会是公司经营发展的决策机构，董事会可以设立战略、审计、提名、薪酬与考核等专门委员会，董事只参与自己擅长领域的事务决策。专门委员会成员由董事和部门中层、专业人员组成。各专门委员会对董事会负责，各专门委员会的提案提交董事会审查决定。

国资委下派监事会监督集团公司国有资产的保值增值情况和经营情况。监事会行使监督职能。监事会的职能是负责对财务检查、董事会经理层经营活动及业务执行情况进行监督，以保证集团的各项决策和计划能得到正确的贯彻执行，防止董事会和经理层滥用职权以损害集团及其他人的利益。监事或监事会不参与集团的经营决策或经营管理活动，只起到董事会、经理人员的"检查员"的作用，董事、经理及财务负责人不得兼任监事。

传媒集团公司可下设全资公司、控股公司、参股公司，以广告、印务、发行、文化、科技、会展、网络、影视等产业为主营业务，解决了人员混杂、薪酬分配、投融资、税收、贷款等方面遇到的问题，集团公司可以通过委派财务人员的方式对子报子刊和各控股分公司进行控制。

（3）产业反哺主业

公益二类单位实行的是差额拨款，面临保障资金缺乏的难题，创收是重中之重，如果市县融媒体中心成立后，广告收入持续下滑，财政支持又难以到位，就会陷入运行困境，导致改革失败，还会影响党的舆论阵地建设。

在运行过程中，公益二类单位要有足够的收入确保人员开支和宣传经费开支，形成主业带动产业、产业反哺主业的新格局。采编宣传作为融媒体中心的主业，要着眼于传媒的政治属性，把新闻工作作为党的事业的重要部分来强调，把新闻媒体作为党和人民的喉舌来定性。同时，以主业的影响力和公信力，带动产业的发展。

经营部分作为企业，与采编形成"两分开、两加强"的机制，要统筹好内容生产和媒体经营一体化发展，形成采编、经营相互支撑的工作机制，一支经营队伍服务各个发布平台，实行全要素服务、全渠道推广、全链条运营。通过团队重组、考核导向，打通报网端，让全案营销和全媒体经营成为可能。特别是重大节点、重大项目实现营销一体化，重大市场拓展一体化，最终实现产业反哺壮大主业。

第三节　应变：20个廉政风险点如何控

党的十八大以来，以习近平同志为核心的党中央以旗帜鲜明的政治立场、坚强无畏的政治勇气、坚韧不拔的政治定力，不断加大管党治党力度，深入推进正风肃纪和反腐倡廉，取得了重大进展和显著成效。随着纪检监察的改革，纪检监察部门对主流媒体等事业单位加大了廉政防控和监管。不少媒体接受派驻监督，落实了"三重一大"监督事项报备等要求。

党的二十大指出："深化标本兼治，推进反腐败国家立法，加强新时代廉洁文化建设，教育引导广大党员、干部增强不想腐的自觉，清清白白做人、干干净净做事。"

新型主流媒体需要增强驾驭复杂局势的本领，如提升防范化解风险的能力。考验的是主流媒体"应变"的能力。

传媒廉政防控和监管主要在十八大之后，此前几乎是自由度极高的"野蛮生长"。近年来，不断有上海某网、四川某大报、云南某台的前任负责人落马，媒体深融越是往深度推进，越是要有如履薄冰的谨慎，越是要有居安思危的忧患。

市县融媒体中心担负着宣传党的路线、方针、政策的重任，要把导向管理和风险把控摆在首位，把握党风廉政建设存在的薄弱环节，建立廉政风险防控体系，破除传统媒体在历史发展中形成的体制机制弊端，以下20个风险点需要重视和把控。

一、媒体的 20 个廉政风险点

1. 政治意识中的风险点

政治风险是媒体最大的风险，包括政治意识的风险、政治纪律的风险等。表现在学习宣传贯彻习近平新时代中国特色社会主义思想存在不足；增强"四个意识"、坚定"四个自信"、做到"两个维护"不到位，政治判断力、政治领悟力、政治执行力提升不快；对意识形态领域斗争的长期性、复杂性和重要性认识不到位，强化舆论引导的能力还不强，发挥党报党台重要思想理论阵地作用还不充分。

2. 舆论引导中的风险点

舆论引导是媒体最大的使命，现实中，有媒体意识形态工作责任制落实不到位，舆论导向意识弱化、阵地意识不强；也有媒体践行以人民为中心的发展思想不牢固，没有从群众立场出发想问题、作决策、办事情，没能积极生产和构建群众喜闻乐见的产品和话语体系；在生存压力下，觉得创收是大事，其他都是虚的，表现在对党建工作流于形式、意识形态工作不重视、形式主义官僚主义问题等多个方面；也有媒体对广告内容把关不严，谋求商业利益，出现思想、理念、审美和价值取向错误，甚至政治错误，引发民族、宗教等问题。

3. "一把手"的风险点

与一般行政事业单位相比，媒体单位在项目设定、资金使用、人事任命等方面自主性更强，"一把手"对单位的工作起着统领全局的关键性作用。在现实中，个别"一把手"对制度不了解不遵守，卖人情谋私利，甚至凌驾于组织之上、班子之上，决策"一言堂"、用人"一句话"、花钱"一支笔"；也有媒体的"一把手"没有担负起单位党风廉政建设的总责使命，管好班子成员，开展经常性的党性、党风、党政纪和勤政廉政教育，督促班子成员认真执行《廉政准则》和中央及省、市提出的廉洁自律的各项规定。

4. 班子建设中的风险点

班子自身建设不强，"一岗双责"意识不浓，落实全面从严治党"两个责任"没有力度。有媒体没有认真执行民主集中制，领导班子民主生活会走过场；也有媒体的领导班子在遵守党的政治纪律、组织纪律、廉洁纪律、群众纪律、工作纪律和生活纪律上不严格；基层党建工作薄弱，落实"三重一大"决策制度不严格。对部门或下属单位管理存在薄弱环节，党内组织生活及民主生活存在走过场现象。

5. 新闻宣传中的风险点

新闻宣传中，有一些媒体违反"采编经营两分开"原则，以新闻报道形式刊发广告，做虚假新闻报道，收取费用，借采访之名搞有偿新闻；有媒体采编把关工作不严格，对采编违规的处理存在轻描淡写现象；采编人员的业务能力、政治修养、遵章守纪意识不强；还有媒体新闻报道与广告不分，新闻报道收取费用，以新闻报道形式为企业或产品做广告；也有媒体新闻报道与专栏赞助不严格区分，各种形式的赞助费不纳入财务统一管理。

6. 采访报道中的风险点

一些媒体的个别记者以新闻宣传之名吃拿卡要，以舆论监督之名敲诈勒索；利用版面（视频、音频）资源损公肥私；滥用媒体公信力，借工作之便牟取私利，成为高危地带。例如，有记者采访中向被采访人索取钱物和收受礼品；以个人名义约稿，承诺刊发稿件或版面，并个人收取稿费或其他费用；利用职务之便在通讯员的稿件上署名，以谋取稿分、稿费等；参加企业新闻发布会和开业庆典收受贿赂、红包和礼金；从事新闻工作的同时又在外兼职，利用职务之便谋私利；以公开曝光、编发内参等要挟他人，索要钱物；以其新闻工作者身份为其个人、亲朋好友和利益关系者牟取利益、办理私事。

7. 制度执行中的风险点

制度形同虚设，不及时修订、完善，未严格执行。一些制度建设偏向企业化，有的虽然建立了内部制度，但长时间不修订、不完善，导致内部制度不能完全适应内、外部形势的变化，导致出现廉政风险点。还有的故意绕开制度，不严格执行"三重一大"相关制度要求等，容易发生舞弊和腐败行为。

8. 干部使用中的风险点

干部选拔任用上，有媒体在民主推荐、考察、民主集中制、程序完整上违规操作。常会产生以下风险点：岗位竞聘中不按规定程序推荐、考察、酝酿、讨论决定任免干部；在民主推荐、民主测评、考察和选举中拉选票；私自泄露民主推荐、民主测评、考察酝酿、讨论决定干部等有关情况；在领导干部工作调动或机构变动时，不按规定程序提拔、调整干部。

9. 人力资源中的风险点

媒体在人力资源管理中，需要根据上级部门的编制数控制数量，按照招聘计划和岗位条件组织资质审查和考试、考察；组织签订劳动合同；实施员工薪酬及福利待遇日常管理。在实施过程中常会产生风险点：有媒体选拔任用存在随意性，人才流失严重，吃空饷问题及人浮于事等问题或多或少存在。也有媒体招聘人员未按程序公开招聘，违规招用工作、实习人员；未按规定保管档案，造成资料遗失、毁损；收受好处，在职工工资、职称申报、退休等事项办理中，违规为他人提供便利；利用职权擅自办理合同续聘、变更、解除，形成劳动纠纷隐患；未按规定审批程序查阅、摘抄、复制或借用人事档案；资质审查弄虚作假；考试作弊，考察失准等。

10. 财务管理中的风险点

财务管理是媒体廉政中的高危地，事业单位的媒体，在获得财政补助后，种种束缚随之而来。按照相关规定，媒体发放的发行奖、好稿费、夜班费、广告提成都可能是违规的。财务管理中的风险表现在：财务事前、事中、事后审核把关不严，存在资金支出违规；不严格执行年初财务预算，导致开支不合理或突破预算使用资金，影响工作正常运转；违反财务制度，随意、纵容违规、违纪支付，落实"收支两条线"。

11. 物业管理上的风险点

物业管理往往是媒体较为忽视的一部分，常会发生私人侵占物业资源，私自将物业资源、固定资产转借转租他人，牟取私利等现象，其风险点也会产生，比如聘请物业公司不经招标程序、物业资源登记混乱造成闲置流失、物业资源经营价格失调、日常消耗账目混乱、资产处置程序不严、物业项目建设立项随意、实施监管不力、擅自压低房屋等资源出租出售、违规处理物业资产。

12. 车辆管理上的风险点

不少媒体在车辆管理中，不严格执行相关规定购进和使用车辆；不按照车辆维修保养审批程序先批后办、维修保养车辆项目不实；不按照车辆使用管理办法统一调度、使用车辆；在车辆维修保养项目核实、验收和部件回收管理中把关不严；车辆维修保养费用上，多报、虚报用车费用，虚开发票报销。在公车的使用中，存在违规使用公车、公车私用、私车公养等现象。

13. 物资采购中的风险点

在公用物资的采购与管理上，不少媒体较为混乱，不招标、无计划、无定点、无审批、无登记、无核查，一笔糊涂账。其风险点有大宗采购不按规定招标、少购多报、以次充好、不通过正规途径或到招标定点处采购、虚开发票报销、物资入库无登记、登记要素不全、向供货方索要回扣、物资出库无审批、用途不明、无领导签字、物资保管不当，造成较大损坏、浪费。

14. 经营创收中的风险点

媒体在经营活动中，由于体制机制的因素，事业性质人员搞经营，会有制度风险，发生违反法律法规和财经纪律等行为，特别是经营创收部门在组织广告、发布广告、广告款项回收等环节中，因弄虚作假、徇私舞弊而滋生腐败现象，成为廉洁风险的高危地带。如利用定价权为亲朋好友取得不当低价，通过社会代理公司或私开广告代理公司进行转单，谋取个人利益；经营活动中收受回扣、礼品礼金、公款吃请、违规报销；以及在经营过程中，签订带病协议、违反发布流程、拖欠截流回款等。

15. 广告发布中的风险点

广告发布中，存在违反《广告法》《广告管理条例》等广告违法行为风险，谋取效益，打擦边球甚至违规违法。如对广告发布方的审查不严，广告含有违反广告管理法规和国家其他法律、法规的内容；出现无证经营或超出《广告经营许可》权限范围经营广告；发布违禁广告、虚假广告、不正当竞争广告、侵权广告，或发布广告无合法证明等违规行为；不填或少填已发广告发布单，从而寻机牟取私利；以发布软文形式，提供无偿广告宣传，从而牟取私利；实物广告操作中，提高实物兑价，虚报广告收入，获取个人收益。

16. 广告收账中的风险点

广告收账中，有广告账款回款不规范、不及时，个人账户"代收"账款，贪污、挪用广告回款；用甲单位广告溢款，为其他与甲单位没有隶属或经济往来关系的乙单位发布广告，或冲抵其广告欠款，从而寻机牟取私利；私自参与社外广告公司经营活动，利用职务之便，暗中截取报社广告资源，损害媒体利益等。

17. 票据合同中的风险点

不按规定填开票据，或虽然开票，但是不及时进账而违规违法；未按票据使用、管理的规定严格操作，致使票据保管不善、丢失、损坏等；票据失控、失真造成的财务风险；广告合同不按相关法律、法规的要求签订，有些合作没有签订合作协议，不明确双方责权利；签订合同前，不索取并核实客户的营业执照等相关证明资料，产生纠纷和损失。

18. 招投标中的风险点

在招投标中,利用所占有的商业信息或表决权,帮助或放任招投标作弊,操控招投标结果;泄露招投标信息,造成损失和严重不良影响;以及物资采购过程中,不按规定实行公开招标。

19. 投融资及基建中的风险点

投融资行为廉洁风险点是指相关部门在各类资金投放项目的决策、项目过程管理、质量管理和结果测评等环节中,容易被利诱而滋生腐败。这些风险点主要有:在资金投放决策中,利用投资审批权、采购审批权、重大资产处置权等权力,谋取个人或小团体利益;在基建管理中,放松过程管理和安全监理质量,以交换对方的好处费;在基建验收和资产验收中,以降低质量标准换取个人利益;投资管理权力不公开运作,不在党委会和社委会上研究。

20. 公务接待中的风险点

在公务接待中,有媒体没有公务或商务接待申报审批单、公函或电话记录、消费发票和消费清单等"四要件",违规接待,容易发生超标准接待、虚开发票报销、超接待范围接待、假公济私性接待。或借接待名义亲朋好友聚餐吃喝,以及向定点接待商索要回扣等现象。

二、健全责任体系,扎牢制度笼子

1. 健全责任体系,落实"两个责任"

2020年,中共中央办公厅印发了《党委(党组)落实全面从严治党主体责任规定》。这是党中央健全全面从严治党责任制度的重要举措,为落实党委(党组)全面从严治党主体责任,推动全面从严治党向纵深发展提供了重要保障。主流媒体要把党的政治建设摆在首位,把落实党风廉政建设主体责任作为重大政治任务,党委(党组)要把落实好"两个责任"作为最突出的大事、要事,要自觉肩负起党风廉政建设的政治责任,按照"一岗双责"的要求,明确党风廉政建设工作分工和目标任务。严格遵守党的政治纪律、组织纪律、廉洁纪律、群众纪律、工作纪律和生活纪律,不忘初心、继续前进。

2. 落实主体责任，关键在一把手

一把手要回归本位，把领班子、带队伍体现在日常管理监督中，通过咬耳扯袖、红脸出汗，使党员干部时时感受纪律约束。要认真执行民主集中制原则，定期组织召开领导班子民主生活会，认真检查执行党风廉政建设责任制情况，围绕领导干部廉洁从政有关规定，积极开展批评与自我批评，及时解决班子中存在的问题。要充分发挥纪检机关专责监督作用，在履行全面从严治党监督责任，监督落实重大事项请示报告、提出意见建议、监督推动党委决策落实等方面，协助党委落实全面从严治党责任。

3. 筑牢制度防线，扎牢制度笼子

做好廉政风险防控，就要全方位扎紧制度笼子，把握重点监督，拓宽监督渠道，创新监督方式，健全监督体系，强化日常监督，形成综合监管效力。制度建设一方面要建立健全管理规定，及时补充修订；另一方面，要建立多渠道、多层次的监督制约机制，发挥财务、审计、纪检等职能部门作用，从机制和体制上防范杜绝腐败现象，纪检部门定期或不定期对廉洁风险表现进行查找，及时通报、预警，经常开展形式多样的党风廉洁教育；此外，还要加强学习教育，强调遵纪守法，党纪国法是底线，是不可逾越的红线，也是触碰不得的高压线，要加强学习，积累法治知识，提升法治思维的高度和广度，严格依法办事。

三、精准排查防控廉政风险点

1. 建立排查机制

按照全员参与的要求，结合各个岗位排查的廉政风险和行使权力大小、与服务对象关系密切程度以及产生腐败可能性的大小，通过"自己找、同事帮、领导点、集中评"等途径，深入查找廉政风险点。以定期检查和不定期检查相结合的方式，对权力运行实施监控，对防控措施落实情况进行监督检查。

2. 制定防范措施

针对个人岗位廉政风险点、部门廉政风险点、制度机制风险点等可能发生腐败行为的重要环节，根据查找的岗位廉政风险点，制定切实可行的防范措施。对涉及"三重一大"事项等重要环节重点防控，逐条细化，健全完善制度缺失和漏洞，规范权力运行。

3. 实施动态监督

不断强化制度的执行力，对廉政风险进行动态监控，对可能引发腐败的苗头性问题及早进行风险预警。同时，实施廉洁风险点过错责任"双向追究制"。按照"一岗双责"要求，对廉洁风险点发生的违纪违规行为，除追究直接责任人员责任外，同时部门负责人也负领导责任。

4. 对违法违纪行为严肃查处

对廉政风险点违纪行为，要及时查处，可诫勉谈话，提出口头警告；责令作出书面检查；通报批评；取消当年评先评优和晋职资格；调离工作岗位或停职待岗培训；情节严重者给予纪律处分，直至解除劳动合同；造成经济损失的，根据情节轻重按规定比例承担经济赔偿；触犯法律的，报司法机关依法追究法律责任；对违纪人员的责任追究，由纪委和派驻组立案查处。

融中对
——市县融媒体中心全景实战 12 讲

领导为什么被处分？

吴社长：某地级市党报集团党委书记、社长
郑台长：某地级市电视总台党委书记、台长
周博士：某融媒研究中心主任
时间地点：2019 年某一天，某地级市媒体融合座谈会

这天早晨，云霞尽染，天气晴朗。会议室内，某地级市媒体融合座谈会即将召开。

吴社长推门走进会议室，带来一个"晴天霹雳"，让等着开会的几个人同时一震。吴社长告诉大家：刚刚从网上看到，邻近某市电视台牛台长在巡察中被严重警告处分。

"牛台长被处分了？"郑台长瞪大眼睛，一副难以置信的表情，"老牛是全省广电系统的名人啊，干事有魄力，业务能力强，怎么就出事了呢？"

"肯定触碰了五根高压线呗。"吴社长说。

"哪五根高压线？"郑台长追问。

"政治纪律、组织纪律、廉洁纪律、工作纪律、生活纪律，就是五根高压线，哪根都不能碰。"吴社长坐下喝了茶，缓缓说道。

"我跟牛台长有过深度交往，他自我要求还是很严的，凭我对他的了解，他触碰这五根高压线的可能性不大。"郑台长的脸上写满惋惜的表情。

吴社长叹了口气道："我们这些做媒体领导的，任何时候都要站得正、行得端，懂得明哲保身，才能确保无事啊。"

"周博士，你看啥呢？"郑台长见周博士一直闷头看手机，好奇地问。

"我刚刚查看了牛台长所在电视台的巡察反馈意见，牛台长被处分，并没有触碰五根高压线，而是踩到了五颗地雷。"

"五颗地雷？"老吴、老郑的目光都盯向了周博士。

"对。"周博士肯定地说,"这第一颗雷就是瞬发地雷,巡察反馈意见上有这么一条,电视台借台庆名义发放津贴补贴,平时还存在滥发高温补助、节日补贴,超标准发放春节福利等问题。"

"哦,这可是违反了中央八项规定精神,谁踩上了谁立即栽跟头,真是瞬发啊。"老吴、老郑对此表示认可。

"第二颗雷是绊发地雷。"周博士一边在手机上翻着资料一边解释道,"巡察反馈意见指出,电视台有记者违反职业道德准则违规收取采访对象车马费。"

"谁收车马费就处理谁,老牛又没收,与他有何关系啊?"吴社长不解地说。

"老牛尽管没收,但他作为主要领导,未制订相关规定,未采取措施禁止属下收取,造成车马费整改工作未具体落实,这不就是老牛的责任嘛。"

周博士这么一说,引起了郑台长的警觉:"问题出在下边,责任担在领导,这真是绊发式的,我得回去查查,看我们台里的记者有没有收车马费的问题。"

"那第三颗雷呢?"吴社长迫不及待地想听下去。

"第三颗地雷是触发地雷。"周博士侃侃而谈,"你们看,这家电视台曾发生新闻网遭受黑客攻击的网络安全事件,暴露出电视台网络信息安全主体责任缺位、网络信息安全应急预案缺失、网络安全等保级别亟须提升等问题,老牛有不可推卸的领导责任。"

郑台长听后惊出了一身冷汗:"哎呀,你不提,我真没想到。我们台里技术部提出提升网络等保级别,我没舍得花这个钱。"

"那你要赶紧研究,尽快统一安全标准,开展网络技术等保行动,查漏补缺,防止触发风险。"周博士建议。

"第四颗是什么雷?"吴社长问。

"第四颗雷是延时地雷。"周博士答,"老牛在电视台主政的这几年,用人不当,广告部主任挪用广告款被留置,且干部提拔没有标准,员工意见很大……"

"识人不当，就是一颗延时地雷。"周博士话还没说完，郑台长就抢着插话道，"这个广告部主任我也认识，当时觉得他待人热情，没想到是个延时风险。"

"是啊，广告经营风险点多，不仅挪用广告款违法，利用定价权为熟人取得不当低价，也违规啊。摆在我们面前的真是一个地雷阵，想想都可怕。"吴社长感叹道。

"老周，你还没说完呢。还有一颗什么雷？"郑台长问。

"第五颗是压发地雷。"周博士再次在手机上翻了翻资料说，"老牛前两年组织拍摄了一部电视剧，由于经验不足，市场预期不准，造成了巨额亏损。"

"这是正常的经营活动，这也成为问题？"郑台长不解地问。

"电视剧亏损是一方面，其中有没有谋取个人或小团体利益？另一方面，选用演员不当，有个明星在拍摄过程中，因不当言论被曝了光，引发网络舆情，导致换角色重拍。"周博士解释道。

吴社长说："我明白了，这说明老牛对意识形态管控不力，这颗地雷被压发爆炸。"

"对啊，牛台长有这么多问题，被处分也就不奇怪了。"周博士接口道，"媒体一把手不仅要自身行得正，还要学法懂规，建立廉政风险防控体系，谨防20个廉政风险点，防止踩上各种雷，只知道明哲保身是远远不够的。"

"真是这样，我们得赶紧回去排雷。"老吴、老郑意识到问题的严重性，两人顿感肩上的担子沉沉的。

第二篇

门户·夺荆州
——深融格局

《隆中对》中，荆州是一个四通八达的战略要地，进可攻、退可守，诸葛亮让刘备占荆州，就是想把这个战略要地变成应对变局、破解困局、打开新局的入口和门户。历史上，正是夺下了荆州，刘备集团才有了三分天下的战略基础。

第二篇 | 门户·夺荆州——深融格局，说的是移动互联网上也有一个"荆州"，一个集聚了南来北往用户的区域门户，市县融媒体中心需要抢占这个门户，向数字化、智能化的传播生态迈进，从单一的内容生产商向智媒体内容生态产业链转型，为新时代治国理政服务。

建设主流舆论传播新格局，要在"荆州"重建中军大帐，转型成为新的门户，实现民意能上得来、舆情能早掌握、难题能快解决，完善市县融媒体中心的三大功能，加大人才培养的力度，推进移动化、平台化、数据化、可视化。最终，构建起以内容生产分发为基础，以用户连接为核心，以多边交互为动力，开放共享、合纵连横、与区域各业态融合的门户生态圈。

第 4 讲　区域门户——主流媒体新功能

☆ 第一节"新阵地",讲的是构建主流舆论阵地。思想的田野,如果真理不去占领,就会杂草丛生,主流媒体要打通舆论引导、文明引导、舆情引导、文化引导的"最后一公里",实现"引导群众、服务群众"的功能,将正道传得开、大道传得响。

☆ 第二节"新服务",详述了主流媒体如何构建最下沉的综合服务平台,增强用户黏性。通过新闻+政务服务,当好党和政府的助手;新闻+智库服务,实现主流媒体智慧转型;新闻+舆情服务,解决客户的痛点;新闻+公共服务,对接"十四五"规划,不断汇聚起传播主流价值观的强大正能量。

☆ 第三节"新枢纽",说的是主流媒体如何服务社区、助力基层治理体系建设,做到开门办报、走好网上群众路线,做好社区信息采集传播。通过创新服务模式,来凝聚群众,进而组织群众、宣传群众、引导群众。

第一节　新阵地：打通舆论引导"最后一公里"

关于县级融媒体中心的发展，习近平总书记给其确定的使命是"引导群众、服务群众"。2018年9月，中宣部部署县级融媒体中心要重点建设"主流舆论阵地、综合服务平台、社区信息枢纽"三大功能。这不光是对县融媒体中心的要求，也是对市级融媒体中心、报业集团、广电集团等传统主流媒体的要求。

当前，舆论场中的喧嚣复杂，两个大局交织，两个百年交汇，两种意识形态交锋，需要进一步提高政治判断力、政治领悟力、政治执行力，新型主流媒体要打通舆论引导、文明引导、舆情引导、文化引导的"最后一公里"，"上连党心，下接民心"，助力党的声音直达基层，为以中国式现代化全面推进中华民族伟大复兴作出党媒人的贡献。

一、新时期舆论引导的重要性

1. 人民对美好生活的向往需要主旋律

党的十八大以来，习近平总书记在多个场合多次强调人民对美好生活的向往、强调人民幸福、强调发展成果由人民共享，形成了以人民为中心、为人民创造美好生活的重要思想。新时代人们对民主、法治、公平、正义、环境等方面的要求日益增长。但当前社会转型带来了贫富差距、就业严峻、阶层分化、医患纠纷、环境保护、利益冲突等现实问题，造成舆论场中的复杂性。

新型主流媒体要找准历史方位，以新闻专业精神承担时代赋予的使命，建好主流舆论阵地，特别是在众声喧哗的舆论场域，善于把握本质、主流和趋势，坚持热点问题冷思考、复杂问题深思考、敏感问题锐思考，善于把握时度效，深度分析，主动发声，澄清是非，更有针对性做好舆论引导工作。发挥定盘星和压舱石的作用，回应关切、追问真相、揭示本质、激浊扬清，凝聚人民群众的精神力量，推动人民美好生活的实现。

2. 舆论场中的喧嚣复杂呼唤正能量

移动互联时代，人人都是麦克风，自媒体与机构媒体、商业媒体、主流媒体的各自发声让信息来源更加广泛，自媒体具有个性化、交互性等传播优势，同主流媒体相比，更偏重信息的新鲜感、关注度和经济价值，容易扭曲新闻本身的真实性追求，造成社会舆论场混乱。很多时候，一些热点话题首先在特定圈层中发酵，隐匿传播常常成为舆论的潜流。

基层群众一般文化水平不高、辨别能力较弱，容易受到影响而盲目跟风，加上新的时期，不同思想文化间的相互激荡，个人主义、拜金主义、享乐主义都会引发道德滑坡和信仰欠缺。仇富、仇贵、仇官的暴力情绪，偏听偏信、造谣传谣的群体极端态度，冷漠佛系、玩世不恭的从众心理等具有极强的煽动性，如果对这种舆论潜流缺少预警机制与动态防控，其负面影响便将扩散，给舆论引导工作带来巨大挑战。

这些问题需要主流媒体及时发现并主动应对，主流媒体核心优势集中体现在信息的准确性、言论的导向性、内容的权威性上。要有快速反应的新闻生产机制，以客观理性的姿态第一时间出现在读者眼前，纾解公众焦虑和疑忧情绪，创新写作文风、叙事视角和表达方式，辅之以有效的传播手段，打造海内外舆论场中的网络"轻骑兵"。同时，舆情一发生，需要有权威的声音出来解读，把最真实的情况向群众公布，与群众沟通，市县级融媒体中心应该肩负起这个职责，及时准确地发声，引导舆情。

3. 意识形态领域错综复杂需要防风险

当下的网络舆论场，大量同质化、碎片化、浅表性的信息，良莠杂陈，泥沙俱下，意识形态领域面临的形势错综复杂，各种思想文化交流交融交锋更加频繁，主流媒体更要增强政治敏锐性和政治鉴别力，明辨是非，站稳立场。

在日常新闻宣传中，有媒体对错误观点回击不力甚至导向有误；热点事件报道失声、缺位，损害媒体公信力；有媒体对外传播针对性不强，国际传播效能不高，还会出现舆论场上舆情翻车的现象，需要高度重视。

尤其是要防止"低级红""高级黑"现象。"低级红",是指或有意或无意,对政策法规、中心工作简单化、片面化、庸俗化理解,用夸张手法表达"政治正确"。"高级黑",则是或含沙射影,或明褒实贬,或上纲上线,在不易察觉中攻击抹黑主流价值。

比如:典型人物报道"符号化""简单化",正面形式制造了负面议题;或过度煽情,或渲染悲情,挑战了公众的常识性认知;或过度拔高单位领导工作,典型的吹捧式宣传、引起争议的摆拍等,都是"低级红"现象。

也有在报道中把普通问题上升为政治问题,看似维护权威,实际上伤害了党和政府的形象;发生突发事件时,不及时通报处理情况,却大讲各级领导"高度重视";还有炒作代表委员"雷语",或表面上是赞美、实际上是讽刺,表面上是夸奖、实际上是攻击等,都是"高级黑"的表现。这些问题的存在,需要主流媒体有火眼金睛,进一步提高政治判断力、政治领悟力、政治执行力,营造健康舆论生态。

4. 纷繁的国际舆论格局亟待破坚冰

党的二十大指出:坚守中华文化立场,提炼展示中华文明的精神标识和文化精髓,加快构建中国话语和中国叙事体系,讲好中国故事、传播好中国声音,展现可信、可爱、可敬的中国形象。

2021年5月31日,习近平总书记在主持中共中央政治局第三十次集体学习时强调,"要深刻认识新形势下加强和改进国际传播工作的重要性和必要性,下大气力加强国际传播能力建设,形成同我国综合国力和国际地位相匹配的国际话语权,为我国改革发展稳定营造有利外部舆论环境,为推动构建人类命运共同体作出积极贡献"。

当前,世界处于调整变革的复杂局势中,对外传播领域仍存在短板,国际话语影响力与综合国力不成正比,传媒发言权同发达国家相比也不占优势。国际传播不仅是央媒的职责,也是地方媒体的职责。大量生动新闻,中国人民奋斗圆梦的故事、中国共产党治国理政的故事等都发生在基层,需要主流媒体来挖掘。市县融媒体中心要以国际流行的融媒体形式让世界更好地了解中国,把中国声音传播得更远、更强。

二、怎样扛起舆论引导的新使命

习近平总书记曾寄语新闻舆论工作者要增强政治家办报意识，在围绕中心、服务大局中找准坐标定位，牢记社会责任，不断解决好"为了谁、依靠谁、我是谁"这个根本问题。2022年中央一号文件，对县级融媒体中心提出新要求：依托新时代文明实践中心、县级融媒体中心等平台开展对象化分众化宣传教育，弘扬和践行社会主义核心价值观。各地社情、民情、舆情各不相同，信息化水平、受众认识能力、媒介融合进程也不一致。需要将海量的、差异的、分散的舆论转化为促进和谐发展、推动社会稳定、提升人民生活质量的正能量。

1. 提高站位，让主旋律更高昂

对习近平总书记重要讲话精神和中央重大决策部署，以及省、市、县委重点工作领会深、把握准，找准正面宣传的切入点。深入学习贯彻党的二十大精神，紧扣"五个牢牢把握"做好宣传。深入宣传各地各部门用党的二十大精神武装头脑、指导实践、推动工作的新思路、新举措、新成效，把坚持"政治家办报"的要求落实到舆论引导的全过程中。牢记党媒姓党的政治定位，坚持正确政治方向、价值取向、舆论导向，确保媒体深度融合发展始终沿着正确方向推进。

要坚持正面宣传为主，形成网上网下同心圆，在具体工作中，要抓住党和国家重要节庆、重大活动集中宣传契机，准确把握党中央重大决策部署，准确把握中央和各级党委的关注点，主动设置议程，快速介入、积极引导，为人民群众提供更多更好的文化和信息服务。要坚持"以人民为中心"的工作导向，积极参与舆情治理，抓紧时机，把真实情况跟公众讲清楚，打造有影响力的舆情产品，把握好时度效，发挥"中流砥柱"和"定海神针"作用。

2. 道正声远，让正能量更强大

移动互联时代，"道正声远、守正创新"是永恒不变的主题，主流媒体需要做的是去掉芜杂、道正声远，要培养对全网新闻和舆论趋势的捕捉能力，学会议题设置，用网民喜闻乐见的话语体系，打通不同场域或圈层的话语壁垒，建构主流流量的话语体系、创建年轻态的有"梗"的表达方式，让主流媒体的声音能在不同场域和不同群体中传播并起到引领作用，让新时代新思想飞入寻常百姓家。

同时，尝试更多的新玩法，积极适应移动媒体的传播规律和基层人民群众信息需求的特点，依托新技术应用，创新话语表达方式，大举"出圈"破阵，"出圈"指的是某个行业的文化和价值观脱离固有的传播群体，向着其他圈层释放影响。圈子是人们对自身价值认同和拥有归属感的重要标志，新闻宣传的影响力在圈外。只有找到新的流量突破点，在不同场域、圈层之间，找到它们的通用性，即最大公约数，有针对性地生产内容过硬、思想深刻、形态丰富的新闻产品，才能贴近群众、服务群众，有声有色地画好网上网下同心圆。

3. 严把质量，让公信力更刚劲

媒体编校质量是公信力的基础，要做好"三审三校"工作。全媒体时代的"三审三校"任务更重，一是把关时间越来越短，新媒体发布追求"快"，事前防范难度越来越大；二是审核难度越来越大，发布主体多元化、内容信息碎片化、渠道载体多样化、发布稿件海量化。加上视频、音频等新媒体产品的审核，不仅费时费力，还是个技术活；三是编校人员越来越少，传统媒体收入断崖式下滑，不少媒体减员增效实行"编校合一"，以前几个编辑围着一个版面转，现在是一个编辑疲于应付，差错很容易发生。

"三审三校"从以前几个工种，涉及如今的十几个工种，要求越来越高。下图是一张市县融媒体中心报纸和新媒体的"三审三校"职责表，媒体可以参考，要对各类媒体平台坚持一个尺度、一个标准，全面覆盖，从而完善采编流程。

"三审三校"是一项长抓不懈的工作，要按照职责表的要求，严格把关。从新闻纪律、出版标准、报道要求、阅评制度、报道禁语等方面统一标准，实行全流程管理覆盖，全方位制度建设，明确"三审三校"的工作步骤、奖罚、顺序、职责，不断增强公信力。防止过度娱乐化、标题党，损害新闻专业性；防止报道失当，产生"低级红""高级黑"问题。牢固树立差错"零容忍"理念，确保出版播出质量，从指导原则、宣传理念、版面设置、内容定

主流媒体"三审三校"岗位职责表
（纸媒及新媒体）

	平台	一审	二审	终审
编辑出版中心 — 日报	一版、二版、电讯版	日报编辑	日报值班主任	值班指挥长
	理论周刊	理论部编辑	理论部主任、日报值班主任	值班指挥长
	深度	采访部门主任、日报编辑	日报值班、帮班主任	帮班指挥长
	县（市、区）观察、其他周刊版面	行业部门主任	日报值班、帮班主任	帮班指挥长
	副刊	副刊部编辑	日报值班主任	帮班指挥长
编辑出版中心 — 晚报	白班版面	编辑	晚报帮班主任	帮班指挥长
	夜班版面	编辑	晚报值班主任	值班指挥长
	微信、微博、抖音	编辑	晚报"双微"工作室负责人	晚报主编
客户端	首页及要闻频道	编辑	值班主任	值班指挥长
	行业融媒中心频道	编辑	中心主任或融媒部主任	客户端编审总监
	学习强国平台	一审编辑	平台值班主任	分管领导
全媒体采访中心 — 视觉部/行业融媒中心、数字融媒中心	微信/视频号	编辑/记者	值班主任	值班指挥长（下午）、帮班指挥长（上午）
	新闻派单的新媒体产品	编辑	部门主任	值班指挥长（下午）、帮班指挥长（上午）
	代维的新媒体账号	编辑	部门值班主任	账号主办单位领导
中台各部门 — 行业融媒中心	转发朋友圈等未在客户端发布的新媒体产品	编辑	融媒部主任	行业融媒中心、中台部门分管领导
	自行开设运维的微信、微博等新媒体平台	编辑	融媒部主任	行业融媒中心、中台部门主任
	无新闻派单、服务经营工作的各类新媒体产品	编辑	行业融媒中心、中台部门主任	行业融媒中心、中台部门分管领导
校对		一校	二校	三校

位、编辑流程、组版规定、保障制度等方面进行细化明确。

市级融媒体中心可以设立审读中心，让一批年过50岁的传统媒体采编人员发挥所长，对新媒体平台的海量发稿进行审读，防范意识形态风险。同时，各部委办局政务新媒体发展迅速，加上商业新媒体、社会媒体、自媒体，传媒管理和内容审读把关的要求越来越高，传媒审读监测已经成为拥有庞大需求的蓝海市场，有着丰富新闻从业经验、较强把关能力的传统媒体骨干人才正好发挥先天优势。市级融媒体中心整合媒介资源、人力资源，面向第三方提供服务，让一大批资深报人尽显才能，可以在"三审三校"、新媒体发布推出之后新增监测审读、跟踪研判环节，发现问题，第一时间修正，把控意识形态安全和舆论导向的最后关口。

三、把握好舆论引导的时度效

2016年2月19日，习近平总书记在党的新闻舆论工作座谈会上指出：党的新闻舆论工作是一门科学，必须按照规律办事。时度效是检验新闻舆论工作水平的标尺。不管是主题宣传、典型宣传、成就宣传，还是突发事件报道、热点引导、舆论监督，都要从时度效着力、体现时度效要求。

1. "时"是把握好舆论引导的时机

"时"是指时机、时效，把握好"时"就是要把握舆论引导的最佳时机，在移动舆论场，时机往往瞬间即逝，上周的重点和热点，这周未必是。"时"就是要妥善打好时间战，一方面要掌握新闻报道的主动权，抓住舆论引导的最佳时机，随时公开和回应社会关切，不让舆论引导工作缺位。另一方面要遵循新闻报道的适时规律，选择舆论爆发的高峰节点进行引导。"时"的另一层含义——时势，也不容忽视。迈进新时代，国内的舆论生态正在发生重大变革，作为科学理论的传播者、崇高精神的弘扬者，新闻工作者首先必须把牢思想的旗帜、理论的指引。舆论引导要胸怀大局、把握大势、着眼大事，坚持政治家办报、办台、办新媒体，策采编播发等各环节鲜明体现正确的舆论导向，把讲政治的要求融入新闻宣传、文艺创作、媒体融合、经营管理等各领域各环节，进一步锤炼"政治三力"、培养战略眼光、提升专业水平，自觉做到"两个维护"。

2."度"是掌握好舆论引导的分寸

"度"是指尺度、程度，把握好"度"就是要讲究新闻舆论引导、价值观念传播与社会事件评价的适度。面对汹涌的网络舆情，应秉持"及时准确、公开透明、有序开放、有效管理、正确引导"的原则，在精准研判的基础上回应关切，做到客观、真实、准确，不遮掩、不隐瞒、不夸大。既要保证新闻的完整性，又要适度裁剪重复冗杂的内容，并同时追求信息宣传的全面普及。"度"的把握是舆论引导的大学问，考验着宣传工作者的水平。同时，"度"还有标准、准则的意思，要准确把握报道的高度和深度，不能把大事说小，也不能把小事说大。在树立正面典型上，不夸大其词，要平实务实、有血有肉，防止过度拔高。

在重大舆论斗争中，始终坚持正确的立场，该针锋相对、据理力争的要理直气壮；在深度报道上，不仅要深入阐释挖掘个别事实，也要从宏观上把握和反映全貌；在报道负面消息时，尽量不隐瞒真相、不夸大问题、不歪曲事实，少渲染社会事件本身，多展现党和国家正面回应的态度；在报道的层面上，要讲究手法、拿捏得当，哪些工作创新适宜在本地报道，哪些可以面向全国、全省推广，什么时候做重点报道、什么时候做常规报道，要掌握好火候。

3."效"是寻求舆论引导的效果

舆论引导最终要看效果，这个效果就是受众口碑好、社会共识强。"效"是指效果、实效，把握好"效"就是要把准舆论引导的实效质量，在实现"时"与"度"的前提下，明确公众的价值态度，创新舆论引导方式，实现新闻宣传效果的安全优质，确保取得最佳舆论引导效果。

实现"效"，要坚持以人民为中心的创作导向，确保新闻内容符合受众的需求，也能够更好地适应分众化、差异化传播趋势，具有吸引力和感染力，要站在受众的角度上来进行新闻事件的策划。传统媒体以往的官样文章，板着面孔、空喊口号，很难取得好效果，甚至适得其反。要创作出受众喜闻乐见的新闻产品，实现网上网下共享、线上线下互动，让受众爱读、爱听、爱看，产生共鸣，在潜移默化中实现传播效果最大化。

第二节　新服务：解决用户痛点的"新闻+"

媒体不仅是新闻宣传的工具，还是社会公共服务的重要组成部分。市县融媒体中心作为党媒，为读者、为人民服务，既是职责所在，也是"看家本领"。"服务群众"这一功能，是增强用户黏性的关键所在。服务功能越多，用户的黏性就越强。新型主流媒体可以从以下服务入手，来解决和服务人民群众的难点、痛点。

市县融媒体中心作为打通"最后一公里"的关键环节，是最下沉的媒体，也是最接近基层群众的通道，是中央精神下达至基层的重要载体支撑，主流媒体要切实做好"新闻+政务服务商务"这篇大文章，主动融入智慧城市、数字乡村的建设进程与整体框架中，纵向上，将媒资数据、政务数据、传播数据整合打通；横向上，与各部委办局、社会平台等各类数据打通，依靠融媒体中心统筹智慧城市、智慧广电、数据中心等信息化建设，进行应用场景输出，最终服务于党政机关、各行各业及用户群众，打造综合服务平台，为区域经济发展与社会治理注入新的动力与活力。

一、新闻+政务服务：当好党和政府的助手

2020年9月，中共中央办公厅、国务院办公厅印发《关于加快推进媒体深度融合发展的意见》指出，各级党委和政府要积极支持主流媒体参与电子政务、智慧城市等领域信息化项目建设，开发社会治理大数据，优先发布重大信息、重要政策，共同促进国家治理体系和治理能力现代化。

随着全国一体化政务服务平台运行，很多地区已基本建成"覆盖城乡、上下联动、层级清晰"的政务服务体系。新型主流媒体要牢牢把握"引导群众、服务群众"的功能定位，在相关主管部门的统一规划协调下，打破部门壁垒，创新工作机制，当好党和政府的助手。

1. 宣传服务

精准把握中央精神，精确解读国家战略，精心对应市县委部署，在愈加复杂的舆论格局中，强化主流媒体的"显政"功能和担当，与政府各部委办局合作，植入行业元素和文化基因，进行主题策划、稿件采写、新闻发布，系统讲好行业故事、全景展示行业形象、聚力升级行业品牌，将行业宣传推广不断推向高潮。

目前，广告服务、新闻服务、广播电视电影和音像服务均已列入《政府采购品目分类目录》，成为政府购买社会服务的重要品类。多年来，主流媒体在数字政务服务方面具有先天优势，应以整合数字政务服务为通路，通过技术、内容、智库等服务，助力建设一体化政务在线平台，为合作单位提供新闻宣传、信息发布、数据共享、新闻发布、政务公开、政务办理、新媒体托管、活动策划、技术研发、建言资政、服务评价等一对一精准服务。

此外，还可以为企事业单位提供内刊服务，注入国内统一刊号的稀缺资源，办好各单位的内刊，成为各单位精神和文化的高地，成为沉淀其发展历史的档案馆。

2. 发布服务

市县融媒体中心可统一运营"地方发布"类两微，建立选题策划、稿件采访、编辑发布、互动反馈等一系列运维程序，以"地方发布"类两微为龙头，代维各县市区、各镇街、部门的政务发布，最终形成以"地方发布"为龙头的政务发布矩阵。要搭建起覆盖地方全域的新闻信息平台和内容共创共治平台，在平台与用户及用户之间的交互中实现舆论引导。

同时，落实《国务院办公厅关于推进政务新媒体健康有序发展的意见》，为各政府部门开设政务号，为各部委办局的网站、App、微信、微博、抖音等提供专业的代维服务，进行日常更新和维护。

3. 政务服务

人民群众对政务服务的需求是刚性的，人人都需要办理诸如缴费、挂号、注册登记等业务，智慧政务平台天然就拥有庞大的用户群体，主流媒体要在政府支持下，搭建政务服务的平台。市县融媒体中心可以为所在区域群众提供一站式综合政务服务的互联网端口，特别是在基层电子政务和数字政府发展上，成为"最后一公里"的重要支点。

建议在党委政府的支持下，以客户端为平台，整合上线与市民服务相关的各种政务应用，打造一站式掌上市民服务平台；还可以整合政务审批方面的应用，打造一站式掌上政务服务平台；有条件的还能将与党员干部相关的移动应用，如智慧纪监、智慧党建等整合上线，打造一站式掌上党员干部服务平台。

4. 问政平台

在市县领导的支持下，与纪检委、政务中心、信访局等单位合作，打造问政服务平台。以客户端为主平台，以微信和微博为辅助流量入口，设计、开发网络问政系统和平台，建立市民网络问政机制，通过这一平台，党的政令法规在基层干部群众中传达，基层群众对政府工作的意见汇集反映，把地方所有部门、镇（乡）街道纳入"网络问政"对象，针对网民问政事项，涉及单位24小时内受理，3个工作日内办结或回复，满意率由网民打分，促进群众与党委政府的互动交流，从而推动服务型政府决策的科学化、民主化。不仅搭建了市民与政府的沟通桥梁，还可以吸引市民下载客户端。

同时，通过民意收集、建言资政，疏导群众情绪，打造百姓事网上办、24小时不下班的网上政府。构建问题线索的跟踪督办问责机制，设置网络问政回复率、满意率"排行榜"，对回复不及时、整改不到位、群众满意率不高的问政问题，及时点名通报曝光；对典型问题、群众反映强烈问题、相关部门迟迟不予解决的问题等，采取定期汇总的形式曝光，及时启动追责问责程序，以问责倒逼责任落地。

5. 新闻发布厅

建设运维当地党委、政府的发布新闻厅，集新闻发布、视频会议、多功能会议为一体，提供会务接待、新闻发布、政策解读、网络直播、新媒体传播、高端访谈、新产品发布、媒体培训等服务。市县融媒体中心运维新闻发布厅的优势是有专业的团队，包括文字、摄影、摄像、直播、美编、技术等，可以较好地承担记者邀请、通稿撰写、外宣、新媒制作、技术保障、会务运维、矩阵发布等职责。

6. 智慧党建

习近平总书记高度重视基层党建工作，强调要"创新基层党建工作的内容、形式、手段和机制"，要"充分运用信息技术改进党员教育管理"，"学会通过网络走群众路线"。市县融媒体中心可以线上搭建移动端智慧党建服务平台，实现"党建工作具体化、党建手段智慧化、党建管理制度化、党员监督常态化"，引领党建生活云端服务的新时代。

智慧党建系统包括"一个平台，两端应用，三个入口"，"一个平台"是指建立统一数据体系结构，各个系统之间数据互联互通；"两端应用"是指系统连接用户端和管理端，合理设置系统功能；"三个入口"是指移动App入口、线下大屏入口、PC端浏览器入口，实现系统应用触手可及。

同时包含几个模块：在线学习，包括党员教育、知识学习、党员知识竞赛；组织建设，包括支部信息、党员档案、党员活动、党员风采、思想汇报、入党纪念；党建新闻，包括党建思想文化建设、党员法律法规意识培养、新闻资讯互动、通知公告公示；党建管理，包括三会一课、群众走访、党费缴纳、民主评议、志愿者活动、先锋指数、党员考核等。

7. 政务培训

发挥新闻媒体的专业优势，开展新闻发言人培训，邀请国内媒介传播专家和资深媒体人举办新闻发言人培训，在新闻发布厅内设置新闻发布情景，进行模拟演练；开展舆情应对培训，为政府机关、企事业单位提供舆情方面的专业化培训，传授舆情管理、舆情风险点等专业知识，培养有效应对舆情的能力；开展公号运维培训，政务客户提供各类公号、小号的策划、编辑、运营、推广等。

8. 政务秘书

为各部委办局提供政务秘书服务，包括文案代理，从新闻稿到讲话稿，专人专题写作；为客户代制PPT，用于会议、讲座、产品推介、形象宣传、领导课件、资料照片及宣传片拍摄等。

9. 评选榜单

与各部委办局深度合作，以大数据分析为基础，全网投票互动，向社会发布包括年度好新闻、数据新闻、榜单评价、民意调查、咨询研究、鉴定评测、评估认证等应用型行业榜单，增强市民对行业的关注度。比如与网信办合作发布全域新媒体影响力排行榜，基于大数据监测，营造清朗网络空间。

10. 网站服务

为政府各部门提供网站建设、网站运营、服务器托管，以及网络安全，提供一站式服务的安全解决方案通过等保测评，全面满足不同行业等级系统的等保要求。

二、新闻+智库服务：主流媒体智慧转型

党的十八大以来，习近平总书记从坚持和发展中国特色社会主义、实现中华民族伟大复兴的高度，多次阐述加强中国特色新型智库建设的有关问题。党的十九大报告也提出"要发展新型智库"。

2018年3月，原国家新闻出版广电总局（现国家新闻出版署）印发《关于加快新闻出版行业智库建设的指导意见》，鼓励主流新闻出版单位建设媒体型智库。将媒体服务领域由单纯的信息传播向思想挖掘、战略研判、方案供给、价值传递延伸，推动主流媒体通过智慧转型，在新时代提升新的服务能力、增创新的服务价值。

媒体与智库具有相近的基因，都有引导社会舆论、客观公正权威的功能，智库通过媒体的传播优势、渠道优势扩大思想影响，加快知识成果的市场化转化；媒体需要智库的深度分析和专业研究来提升内容品质，进一步提高传播力、引导力、影响力和公信力。

媒体智库要与高校智库、社会智库形成差异化竞争，与相关部门合作，聚焦地方、行业发展需求，以调研报告、数据报告、信息参考、线下论坛为主，满足各级政府发展和治理需求。通过"媒体+高校+专家+行业"模式，打造研究团队，服务城市发展，为区域治理体系和治理能力现代化建设提供智力支持。媒体智库可提供以下几种产品：

1. 数据产品

以数据生产为核心，以智能技术为驱动，以行业标准制定为抓手，打造

数据产品，提升内容生产的品质。比如，围绕消费维权、网络游戏等一系列公众关切的话题推出大数据报告，帮助政府部门进行市场治理；联合大数据机构与高校研究团队，通过大数据分析，结合定量定性调查研究，发布经济社会发展成果的综合性指数评价体系；通过数据抓取系统，对区域内新经济公司进行实时监测，建立模型，打造企业形象数据库，可为企业提供实时声誉比照查询、网民情绪管理提示、舆情及时捕捉、公众诉求集纳分析等服务，定期一对一提供数据报告。

2. 产业服务

政府部门人手紧、项目多、招商难度大，媒体智库可精准对接政商需求，搭建政企"桥梁"，重点挖掘地方政府在产业升级方面的需求，为招商引资和产业转型提供智力支持和活动执行全案，业务可以包括招商活动、论坛、学术沙龙、宣传、培训、产业报告、资本对接会等服务。招商活动可以在一线城市举办，也可以在当地举办，邀请著名学者和标杆企业前来，形成良好的政企交流氛围。

3. 资政建言

利用媒资数据、政务数据等，为党委、人大、政府、政协提供决策咨询服务，诸如意识形态工作决策咨询、政协民生实事协商评估、自媒体发展蓝皮书、区域社会治理网格化建设调研、营商环境评测等，这些项目可发挥新闻报道与智库报告的结合优势，以深度报道、内参、研究报告等形式出品。

4. 承接课题

媒体有快速获取信息资源的区域优势，记者深耕某一行业，既可以通过采访获取第一手调研材料，也能了解政府部门的权威信息和政策导向，可以承接政府及企业的课题研究，对公共内容产品链条进行延伸，记者编辑同时也是研究员，以特色版面、报告、全媒体产品等多种形式刊发。

三、新闻＋舆情服务：解决客户的痛点

移动互联时代，舆论格局带来深刻变化。一篇自媒体报道就能点燃一个爆炸式的舆情，一夜之间形成病毒式传播。舆情成为受众对各种公共事件进

行多种情绪表达、态度和意见交错的汇总，需要及时处理和应对。

大数据、人工智能等新技术的飞速发展，舆情大数据的采集、挖掘、分析、研判已经成熟，媒体在舆情采集、研判、应对上有优势，可以结合第三方舆情监控系统，打造地方本地舆情监测中心，形成舆情监控、采集、预警、研判、应对、处置、分析、研究、修复和运用的全链条生态服务体系。

可以实时向市委、市政府提供舆情监测动态信息，进行风险评估，实现对舆情的科学预警；着眼政府和企业的形象修复，加强对正面舆论的持续引导；在政府治理、社会治理、地方维稳、民情调查、危机公关、产业安全等若干领域进行舆情应对处置。在以下几方面进行产品研发和合作：

1. 监控研判

通过互联网信息采集、文本挖掘和智能检索，提供主题事件监测、分类监测、舆情实时预警、舆情监管、统计分析，运用"智能审核＋人工审核"模式，对报网微端信息传播进行全网监测，及时研判预警，帮助政府机构、企事业单位精准、及时、全面掌握自身的互联网舆情信息。

收集、研判、整理、筛选、审核舆情信息，向上级领导汇报，在重大事件关口与敏感时间节点及时主动地向宣传部与网信办请示汇报。如遇重大突发事件、热点负面敏感事件，由舆情分析专员及时编写舆情研判专报，为各级领导及时、高效、科学、妥善处置倾向性、苗头性问题提供决策参考。

2. 应急处置

对重大突发性事件和热点敏感问题，从事件问题的性质、走势、可能出现的风险等进行深入研判，了解社会整体舆论包括传统媒体、意见领袖、网民的关注程度、范围、态度；明确事件发展的阶段和状态；与舆情主体单位保持紧密联系，加强法律研判、政治研判，确保舆情的平稳可控。

处置过程中，有针对性地提供突发舆情应对措施，协助相关政企机关单位线上线下同步，新闻发布、舆论引导与事件处理同步推进，恪守"线下解决、线上引导"的处置原则，及时化解舆情危机，处理好政府和民众、企业和客户的关系，助力涉事单位的舆情降温直至消弭。

3. 形象修复

通过对舆情大数据的全面抓取和挖掘，再通过语义分析、关联分析等进行预测，就能够找到规律，有助于寻找有效舆论突破口，精准把握热点事件的舆情演进态势，为涉事单位提供全套的形象修复实施方案，对其未来发展趋势进行研判与预测，在最短时间内恢复、重塑涉事单位的良好形象。

4. 舆情数据新闻

舆情数据新闻"用数据说话"，对舆情事件的媒体发布数量、发布时间节点、原创内容与被转载量等流量数据进行挖掘，在表现形式上以图表等方式呈现，使复杂、凌乱的数据更加通俗易懂，在数据处理的过程中重新建构了事件真相。帮助读者明确了解舆情事件的关注度、关注方向与关注者。

形成可视化的呈现，再与深入的分析文字相结合，就能让舆情事件的脉络和轨迹更清晰地呈现出来。

四、新闻+公共服务：对接"十四五"规划

在公共服务类方面，按照"新闻+"的要求，融媒体中心可以实现民生、文化、教育等公共服务采集和汇聚、策划指挥、数据分析、内容生产、综合服务、内容审核和融合发布等各种功能。

2022年初，国家发展改革委、中宣部、广电总局等21个部门联合发布《"十四五"公共服务规划》。《规划》提出全面推进基本公共服务均等化，努力扩大普惠性非基本公共服务供给，积极推进融合发展促进公共服务升级扩容，大力提升公共服务效能。将智慧广电建设纳入推进基本公共服务均等化、推动生活服务为公共服务提档升级拓展空间、系统提升公共服务效能等整体框架，充分体现了智慧广电在公共服务高质量发展中的重要作用。这对市县融媒体中心来说是一个机遇。

1. 智慧广电基础设施建设

《规划》要求：推进实施智慧广电固边工程和市级广电融合发展提升工程，推动应急广播体系建设和有线高清交互数字电视机顶盒推广普及，强化数字文化服务和流动文化服务。

2. 智慧广电创新发展

《规划》要求：壮大广播电视节目栏目、电视剧、动画片、纪录片、网络剧、短视频、网络电影等产业，打造高新视听产业基地，拓展衍生产品市场。加快电视频道高清化改造，提升超高清电视节目制播能力，推进互动视频、沉浸式视频、虚拟现实视频、云游戏等高清视频和云转播应用，改善内容消费体验。建设全媒体传播体系，推广互动式、服务式、场景式传播，丰富移动智能终端呈现形式，提升内容服务品质。

3. 智慧广电数字社会建设

《规划》要求：推进国家有线电视网络整合和5G一体化发展，提升内容服务和业务承载能力。依托广电5G网络发展5G广播电视，开通广播电视和公共安全应急服务，推动广播电视终端通、移动通、人人通。促进智慧广电参与数字社会、数字政府、数字乡村建设。完善视听全产业链发展格局，加快培育新型业态、新型消费模式。

4. 推进新技术创新应用

《规划》要求：推动数字化服务普惠应用，充分运用大数据、云计算、人工智能、物联网、区块链等新技术手段，鼓励支持新技术赋能，为人民群众提供更加智能、更加便捷、更加优质的公共服务。促进"互联网＋公共服务"发展，推动线上线下融合互动，支持高水平公共服务机构对接基层、边远和欠发达地区。促进人工智能在公共服务领域推广应用，鼓励支持数字创意、智慧就业、智慧医疗、智慧住房公积金、智慧法律服务等新业态新模式发展。促进公共服务与互联网产业深度融合发展，大力培育跨行业跨领域综合性平台和行业垂直平台。探索"区块链＋"在公共服务领域的运用。

第三节　新枢纽：建构群众离不开的渠道

2021年7月11日，中共中央、国务院印发《关于加强基层治理体系和治理能力现代化建设的意见》指出，基层治理是国家治理的基石，统筹推进乡镇（街道）和城乡社区治理，是实现国家治理体系和治理能力现代化的基础工程。

党的二十大报告也指出："要完善社会治理体系，健全共建共治共享的社会治理制度，提升社会治理效能。"

新型主流媒体三大功能的最后一个是成为"社区信息枢纽"。枢纽是指事物相互联系的中心环节，作为组织系统的枢纽，是指能在上下级或同类组织中起桥梁纽带作用。枢纽型组织一般具有较强的服务性和整合能力，能较好地联系、沟通、协调党委政府、群众以及其他组织。

建设全媒体传播体系，是推进国家治理体系和治理能力现代化的重要一环。市县融媒体中心要服务社区、助力基层治理体系和治理能力现代化建设，开门办报、走好网上群众路线，建构群众离不开的渠道。

一、助力基层治理现代化

县域基层治理现代化是国家治理现代化体系的基础，正所谓"郡县治，天下安"。基层要实现治理现代化，离不开现代传播体系建设，县级融媒体中心要跳出媒体发展媒体，建构群众离不开的渠道，全面成为当地基层治理现代化的基础平台。

1. 建构群众离不开的渠道

市县融媒体中心要围绕本地党委政府中心工作、区域发展目标、社会治理焦点等开展工作，从顶层设计的角度寻找区域基层治理现代化的落脚点，建构群众离不开的渠道。

2020年9月，《关于加快推进媒体深度融合发展的意见》提出：强化媒体与受众的连接，以开放平台吸引广大用户参与信息生产传播，生产群众更喜爱的内容，建构群众离不开的渠道。

移动互联时代的用户，都沉淀在基层社区、村落里，新型主流媒体要发挥"引导群众、服务群众"的作用，就要沉到社区，聚焦社区、关注民生、服务基层，深度连接社区居民，将最基层的用户聚焦起来，激发用户参与生产，立足媒体区域优势、发挥资源优势，以用户为核心，以数据为支撑，和人民群众建立起更加紧密的联系。

建构群众离不开的渠道,就要深耕服务与互动,构建促使用户更广泛参与内容生产的生态。社区传播是媒体传播的重要形式,构建社区信息枢纽,就要把客户端办成冒热气、沾泥土、带露珠的内容和服务平台。

2. 对接新时代文明实践中心

2018年8月24日,中共中央办公厅正式印发了《关于建设新时代文明实践中心试点工作的指导意见》。很多县级融媒体中心与新时代文明实践中心结合,把两个中心打通,做文明的引导,取得了很好的成果。

特别是2022年中央一号文件的发布。文件对县级融媒体中心、农村应急广播建设等提出了新要求:创新农村精神文明建设有效平台载体,依托新时代文明实践中心、县级融媒体中心等平台开展对象化分众化宣传教育,弘扬和践行社会主义核心价值观。

目前各地建设的文明实践中心都是线下平台,融媒体中心要做的是线上平台,可以争取党委政府支持,将新型主流媒体平台与"新时代文明实践中心云平台"相对接,把实践中心线下活动与线上平台无缝对接,线上平台集民意收集、民情调查、信息发布、民生服务、社会动员等功能于一身。把解决群众线上问题和实质问题结合起来,成为政策理论宣讲平台、文化服务平台、教育服务平台、科技与科普服务平台。

同时,打造"公益慈善""志愿者"等新时代文明实践品牌,以志愿服务为抓手,组建文明实践志愿服务队,广泛开展科学理论、党的方针政策、核心价值观、群众文化等文明宣讲活动,活跃城乡文化生活,不断提升主流媒体的传播力、影响力、引导力和公信力。打通宣传群众、教育群众、服务群众的"最后一公里"。

3. 推进基层社会治理现代化

2019年10月31日,党的十九届四中全会通过《中共中央关于坚持和完善中国特色社会主义制度、推进国家治理体系和治理能力现代化若干重大问题的决定》。《决定》明确提出,"完善党委领导、政府负责、民主协商、社会协同、公众参与、法治保障、科技支撑的社会治理体系"。从管理到治理,代表着参与主体的多元化发展，越来越多的治理主体正在构建起协同共治的新格局、中国之治的特色体系。

以往媒体功能主要是进行舆论引导、传播信息。但如今，媒体需要深入地方发展的方方面面，特别是完善坚持正确导向的舆论引导工作机制，推进基层社会治理现代化、服务人民群众等方面。

媒体要把自身发展放在推进国家治理体系和治理能力现代化的大局中，加入到社会治理中来，成为社会治理过程中的支撑系统。确保主流媒体始终引领正确导向，坚定"为党立言""凝聚共识"的政治定力，让主流舆论越来越壮大，成为党的政策主张的传播者、时代风云的记录者、社会进步的推动者、公平正义的瞭望者。

相比互联网媒体，传统媒体有更强的线下资源整合能力，与地方政府关系更为密切，要积极参与社会治理的平台建设，围绕城市大脑进行应用场景开发，实现公共资源集约化、城乡服务一体化、社会管理科技化，成为党和政府掌控网络舆情、提升治理能力的有力助手。例如，治理城市的"交通病"，让市民通过 App 了解出行、停车状况，让市民在看病问诊时通过市民城市信用分，享受先诊后付。这些应用立足于广大群众生产生活难题，构建更多智慧城市产品和产业场景，全方位布局学有所教、病有所医、老有所养的智慧生活产品，协同促进社会大治理。

二、做好社区信息采集传播

社区的信息来源多，从百姓诉求、招生求职、房产交易、电商家政，到网格监控、舆情信息、基层治理，需要汇集和发布，成为信息枢纽，关键在于做好信息的采集和传播。

1. 发挥新闻传播最大功能

城乡社区可以理解为媒介融合体，它是各种信息的载体，也是信息的发生地，社区是新闻的富矿，媒体记者践行"四力"，要沉到社区抓"活鱼"，从小人物、小切口入手，报道社会大问题。建好全媒体时代的"通联部""群工部"，就要吸引鼓励社区用户直接参与到内容生产和传播中来，这也是市县融媒体中心"接地气"的核心优势。

此外，在发布渠道上，通过客户端、公众号、微信群等，进行自助发布、采集发布等，媒体要为这些信息提供平台支撑，突出"枢纽"的本质，让信息能够汇聚进来，并且疏导到相应的出口。无论是新闻报道还是信息发布、舆论引导，融媒体中心都需要围绕用户的生活场景策划制作，认真扮演好"社区媒体"的角色，去覆盖用户生活、工作的各个方面，与用户生活中的每一个细节进行深度关联。通过整合各类社区公共服务资源，发挥新闻传播的最大功能，实现社区内沟通效果的最大化和最优化，进一步增强全方位引导群众、服务群众的能力，让融媒体中心成为群众离不开的渠道。

此外，社区信息发布还赋予了新的任务，2022年中央一号文件《中共中央国务院关于做好2022年全面推进乡村振兴重点工作的意见》正式发布。文件对县级融媒体中心、农村应急广播建设等提出了新要求：统筹推进应急管理与乡村治理资源整合，加快推进农村应急广播主动发布终端建设，指导做好人员紧急转移避险工作。这也为县级融媒体中心推进农村发布终端建设提供了机遇。

2. 全面掌握舆情动态

突发性舆情常发生在社区，在舆情发生的第一时间，社区媒体能及时掌握，并对其发展态势有准确的判断。建立起"收集、分析、处置"为一体的社区大数据信息枢纽和平台，建立起一套"互联网+"数据运营管理体系，这就要求市县融媒体中心要有较强的网络用户吸附和运营能力，把线下地理社区与线上虚拟社区结合起来，运用互联网思维，一方面全面掌握舆情动态，建立实时动态分析，掌握舆论走向；另一方面建立起集"收集、分析、决策"为一体的大数据信息枢纽，通过本地化的多元主体参与、沟通、对话，创造更多的社会共识，促进社区治理服务大数据协同化，真正实现基层治理体系和治理手段现代化。

3. 走好群众路线，倾听人民呼声

党的十八大以来，以习近平同志为核心的党中央高度重视通过互联网开展群众工作，要求各级党政机关和领导干部学会通过网络走群众路线。"党的立场，群众的报纸"是我们的传家宝，群众路线是党的生命线和根本工作路线，大兴开门办报之风，是党媒的光荣传统。

倾听人民呼声，就要下沉城乡社区，让人民利益诉求畅通表达、得到回应。在客户端开设"问政"频道，实现"发现问题在基层、解决问题在基层"，将群众诉求和意见建议直接传达到各级领导案头。还可通过"内参""建设性监督报道"等形式，建立起干部群众沟通的便捷桥梁，促进群众反映的问题得到解决，让群众意见转化为党和政府的重大决策。

特别是 2020 年以来，在新冠肺炎疫情防控中，城乡社区起到重要作用，社区媒体（频道）在核酸检测、接种疫苗、社区电商等方面加大宣传和线下服务的力度，从而在服务社区、助力基层社会治理中扮演着越来越重要的角色。

三、构建城乡社区服务体系

社区是社会的细胞，也是国家基层治理的最小单元。社区具有管理、教育、服务、安全稳定、保障等多种功能，每种功能都会衍生一系列的工作重点和服务举措。"十四五"时期，党中央、国务院将加强城乡社区服务摆在更加突出的位置，首次将城乡社区服务体系建设规划列为"十四五"时期重点专项规划之一。

1. 打造"社区云"服务平台

市县融媒体中心要将社区服务列入转型方向，打造"社区云"，在"社区云"上构建信息枢纽，提供社区服务，当好"社区管家"。争取政府支持，介入社区"新基建"，将客户端打造成本地智慧社区服务平台，同时通过智慧广电项目，介入智慧小区建设，诸如人脸识别、应急广播、小区安防系统、部署智能充电、自动洗车、智能快递柜、自助查询终端、健康小屋、电子围栏等多类智能化设备。通过"社区云"开展云上培训、远程医疗、线上营销等，建设集智慧小区设备管理平台、智慧小区物业管理系统、智慧小区门户网站于一体的智慧小区综合服务平台。

2. 创新社区服务模式

社区服务是以各种活动为载体的，活动不仅仅是营销，也是媒介，开展不同内容的活动，可以吸引不同的人群。强化了媒体、社区居民、广告主之间的黏性，由于社区活动的频次高、投入小、多点举办等特点，让主办方社区、承办方媒体、冠名方广告主都有了更高曝光率，在一定程度上也起到了放大品牌"眼球效应"的作用。

同时，通过线上线下互动，落地各种便民活动，满足了社区居民日常需求，比如，每逢节庆节点，社区都会举办文化娱乐或趣味性活动，媒体可以参与承办，记者和社区居民、社区书记打成一片，既是社区新闻的报道者，又是社区工作的好帮手；还可以举办健康义诊进社区、社区三人篮球赛、旅游大巴进社区、广场舞比赛、千叟宴、康养体验、社区邻里节等；也可以在社区举办主题论坛，如社区发展治理论坛、社区好书记评选、优秀家庭医生评选等；还可以举办金融服务进社区、名优特产进社区等商业性活动，通过"居民＋社区＋商家＋媒体"四合一落地模式，为社区居民提供衣、食、住、行、游、购、娱产品和服务，实现多赢。

3. 建设数据信息服务空间

沟通功能是传播的主要作用，沟通功能的主要意义在于增强城市社区居民的信息交互，提高社区居民的归属感。市县融媒体中心可以充分依靠社区生活场景，在政府部门的统筹下，建立大数据信息服务平台，对街道和社区信息化系统进行资源整合，虚拟社区与物理社区重叠共存，线上交往与线下交流彼此互动。比如，以社区公共服务站为单位，集中建设社区信息数据平台，通过集约经营，拓展并整合社区信息化服务渠道，为社区居民提供"一网式"综合服务。

此外，还可以在客户端开设社区频道，让所有社区全都上平台，内容由社区管理者提供和整合，频道管理人员负责审核、把关。社区里大小琐事，如节庆日活动、停水停电、社区免费活动等都在频道里发布。社区干部或社区物业人员线下活动时，可以让客户端社区频道二维码广而告之，聚拢社区居民，让社区信息覆盖到每个社区的每户居民。

穿越 2030，新型主流媒体 12 时辰

2030 年的媒体是什么样？

假如我们遇到一位来自未来的传播学者，能开启一场跨越时空、跨越维度的对话吗？

时间来到了 2030 年 4 月，清晨，沿海某市，春光乍现，鸟语花香。

古运河畔的传媒广场，市级融媒体中心坐落于 20 层的主楼里，这个总建筑面积近 10 万平方米的广场，除了一个主楼，还有大剧院、音乐厅两座附属建筑。

升起的朝阳，给大楼镀上了一层金色，新的一天开始了。

卯时，7:00——

6G 的加持下，人工智能已经广泛应用，融媒体中心的"智媒体指挥平台"已经运行，20 多个选题报到了"会议厅"，大家热烈讨论后，等待指挥长的签发。每天早晨 8:00，第一批指令准时发出，接到指令的记者迎着朝霞，带着 3D 摄像机，奔赴采访一线。

"智媒体指挥平台"通过 AI 赋能，实现了人机协作的内容生产和发布的全流程管理，包括线索搜集、热点监控、机器人写作、编辑审核、语义识别、智能标签、秒级发布、版权追踪、评价考核，带来的是内容生产和传播方式的颠覆性变革。

辰时，8:30——

大楼里已经热闹非凡。

4 楼的新闻指挥中心，主任大壮正把一早签发的采访派单归纳整理，9:00 的策划会即将召开，"全媒策划、一体采集、智能生成、多端发布"已成为常态。

5楼的技术部，首席技术官大罗正在召开程序编写团队会议，"人们总是高估了未来一到两年的变化，却低估了未来十年的变革"。会议伊始，大罗就引用了比尔·盖茨的名言，要求团队有长期主义的思想，这个团队正在编写"党媒算法4.0"的代码，将进一步提升党媒算力的适配度。目前已从算法架构、标签体系、应用场景等方面解决了"信息茧房"问题。

程序员小美紧盯屏幕，她正在梳理客户声誉监测系统的修改方案，小美约的产品经理马上就到，两人要对系统作进一步优化。

邻座的数据分析师小吴计划再给平台机器人"投喂"20万条带有情绪标签的网友评论，把声誉监测模型训练得更加聪明。这虚实相融的数字生活方式，已经创造出丰富的体验模式与变现空间。

巳时，9:00——

位于3楼的演播大厅，6个厅安排得满满当当。

两个中型直播厅，市城管局长和交通局长正通过问政栏目与市民互动。

虚拟演播厅里，三维场景与网红IP"勺嘴鹬"正在进行数字化的实时合成，由融媒体中心打造的城市代言人——虚拟宠物"勺嘴鹬"，已成为全国千万网友的数字"萌宠"。目前中心已储备了十几个数字虚拟人，正在开发支付系统，为客户端宠物幻城的上线做准备。

小型直播厅里，网红主播小萍喝完了今天的第三杯咖啡，她正准备上场，做草莓的助农直播，作为"花田工作室"的主持人，她正在谋划如何通过DAO，将这一直播带货拓展到外省，DAO已经成为内容产业新的组织和价值分配形式。

综合会议厅里，工程师小王正与各县（市、区）分会场连线，马上就要举行全市项目推进动员大会，会议覆盖了30多个分会场，各分会场将还原主会场的3D现场，让全市2000多名参会人身临其境。

新闻发布厅里，工程师小郑正在调试各个座位上的VR眼镜和MR眼镜，马上要举办的是全市现代化建设新闻发布会，包含了折线图、柱状图、排名图、词云等多种数据的3D视频就要播放，这个在线数据可视化3D平台小郑也参与了研发，可以满足多种新闻发布场景的需求。

午时，11:00——

8楼视觉中心，美编小卢已经完成了最新一期的城市图鉴手绘，新一届的马拉松即将开跑，这一期的城市夜跑图鉴将制作成数字藏品，又会成为一个极具收藏价值的爆款IP。

隔壁办公室，视频中心主任老杨再一次打开了产品矩阵和拍客建设导图，每天几十条视频的拍摄频率，有AI助手协同生产和审核，老杨和他的团队也不算太费劲。

同一楼层的产品研发中心，首席架构师大强正在完善智能交易与广告效果系统3.0版，有了这一系统，就实现了组合条件筛选、大数据抓取分析，基于用户兴趣图谱，精准投放广告，并给广告主提交效果的实时呈现。看着一单单纷至沓来的广告预订单，大强脸上乐开了花。

午时，12:00——

大楼15层的食堂里，各种菜品琳琅满目，几个大屏正在播放裸眼3D情景剧《回首1943》，讲述了1943年这家党报创刊以来的烽火岁月、奋进之路、逐梦旅程，此剧已经列入了省级文化创意产业发展扶持项目。

作为全息投影技术与超高清、沉浸式、三维声的结合，食堂里的电视早已不是以前的样子了，人工智能、互动视频、自由视角、全息成像、数据共享，多种技术的应用，电视大屏实现了现实世界和虚拟世界的紧密融合。

未时，14:30——

数字文产中心主任大辉来到与传媒中心一路之隔的海盐博物馆，海盐博览会下个月即将举行，海盐数字文博项目也将正式上线，超过500个3D建模的模型，在满足360度旋转观看下，将完全在手机端呈现。这个展会是由大辉所在的部门牵头，集合了技术团队、内容团队、视频团队、建模团队等20余人操盘，将在线上给超过百万用户带来沉浸式逛展体验。

位于6楼的音频工作室，首席评论员大劲正在录制今天的音频评论节目《言听》，马上要同步映射到元宇宙里的数字孪生平台。

同一楼层的考核办主任正在召开一个讨论会，商量如何建立数据分析师、创意师、运营师、产品经理、场景设计师等岗位的层级体系和薪酬考核。

申时，16:00——

位于12楼的"智媒体中央厨房"，编前会正在召开，17:00将有一个全市连线，各县级融媒体中心的总编辑将有10分钟的汇报。

自从市级融媒体中心建成后，一些规模较小的县区融媒体中心已经成建制划入市级融媒体中心，规模较大的尽管没有划入，也与市融组建成战略协同、技术共享、平台共用的联合体，在内容生产、矩阵发布、电子政务、智慧城市、数据库、区域治理等方面，实现了地级市与各县（市、区）的一体化融合。

"智媒体中央厨房"也是市级、县级两级政府部门互联互通的区域治理协作平台，更是全市"智慧城市运营"的"大脑"，包含了1个数据中心、1个智能化城市大脑中枢、N个公共服务平台，6G智慧屏、智慧医院、智慧交通、智慧社区等应用场景均囊括其中，极大地赋能了数智政府建设。

酉时，17:00——

位于11楼的智库研究院人头攒动，两个全市性的研讨会正在这里举办，研究院依托技术研发团队，建立了数据智库系统，通过AE、3D等技术，每年可制作发布静态、动态、交互等形式的数据可视化产品和智库报告200多件。

智库的首席研究员大姚正在查看昨天城市治理榜的相关数据，关注度稳步上升，大姚总算是松了口气。大姚习惯于边思考边挠头发，如今他的发际线也是越来越高。

内参编辑部内，内容总监老贺打了一通电话，商量召开一次数字政府及营商环境建设采访座谈会，昨天市委书记对最新一期的内参作了批示，内参部正在汇总各部门落实情况,准备再出一期后续报道。

戌时,19:30——

传媒广场附楼里,容纳 1000 人的大剧院座无虚席,市级融媒体中心主办的虚拟音乐竞演秀"VR 歌王"正在进行线下总决赛,虚拟场景体验和逼真的情景交流,让明星虚拟化身与参赛者一起燃爆二次元演唱会,VR 与综艺内容的深度融合,为市融的元宇宙娱乐产业带来了增量价值。

主楼 11 楼客户端编辑部,也是座无虚席,晚班编辑们均已到岗,开始晚新闻推送的发布,在这个围绕吃穿住行、24 小时响应的办公室里,彻夜通明已是常态。客户端囊括了全市 60 多个部门单位、2000 多项政务服务和便民服务,接入数据信息总量超过 20 亿条,实现了全市基础信息数据的互联互通。

亥时,22:00——

附楼 600 人的音乐厅里,一场接力演绎的原创话剧《红帆》还在彩排,这次的群众演员是融媒体中心新入职的年轻员工。几年前,《红帆》首演,讲述了一群年轻记者追寻革命先辈"红帆"烈士足迹的故事,以"追寻—见证—守望—传承"为叙事主线进行创作,新一代媒体人与历史同行,与岁月同歌,与时代同步。

主楼 12 楼办公室里,首席财务官大春正在加班,修改上市计划书的 PPT 第 8 稿,路演下周即将开始,大春已经连续两个月"白+黑"了,这临门一脚非常关键。

子时,23:00——

新媒体首席运营官小珊,正在数字平行世界的虚拟家园卖萌互动,小珊用产品思维亦真亦幻地运营评论区,经常引来 10 万+的围观。

报纸编辑中心也是灯火通明,纸媒的编辑们从新媒体编辑手中接过接力棒,字斟句酌,谋篇布局。移动互联网成就了碎片化传播,数据挖掘、可视化、人机交互等技术重塑了新闻生产的链条,但深度报道仍不可或缺,对真相的追问依然是纸媒的特长。全市的县（市、区）报都已停刊，转到了地市级党报上。

丑时，凌晨 2:00——

党报版面传到了市级融媒体中心的印刷厂，从"铅与火"的活字印刷到"光与电"的激光照排，再到今天的机器人制版，时代变迁、技术更迭，不变的是印刷人对岗位的坚守。

寅时，凌晨 5:00——

装满报纸的无人驾驶电动汽车，已经将报纸运送到 1000 多个发行网点。随同报纸一车送达的，还有社区团购的蔬菜，此刻，新一轮的朝阳已缓缓升起。

这，就是 12 时辰毫不停歇的新型主流媒体人，穿越到 2030 年，科技改变了未来。你，准备好了吗？

第 5 讲　融合生态——主力军挺进主战场

☆ 移动化、平台化、数据化、可视化，是构建全媒体传播体系的战术发力点。"四化"之路，是绝大多数市县融媒体中心可以通过努力实现的。媒体深融还有一个转型方向："智媒化"，短期内很多媒体难以实现，本书在第 12 讲"王者融归"中阐述。

☆ 第一节"移动化"，讲的是媒体融合的首要战略，进军主战场并非简单地将报纸内容先搬到网上，而是要以互联网思维优化资源配置，满足移动用户对即时性、多元化、碎片式、可视化的内容要求，对指挥体系、流程再造、产品形态、技术支撑、薪酬考核进行移动优先的整体重构。

☆ 第二节"平台化"，阐述了新型主流媒体的平台构建，打造参与者互惠互利、同生共存的新生态圈。平台建设可选公有云或私有云，作为主流媒体，要转型成为平台型媒体，需要打造两个平台，一是移动平台，即"客户端"；二是门户平台，即"党媒云"。

☆ 第三节"数据化"，说的是媒体融合的时代趋势，数据不再仅仅是一种能力，它已经变成一个生产要素。如果把一个融媒体中心比作人体，硬件构成骨架，内容是肌肉，技术是经脉；那么，数据就是血液，只有血液是能够造血的。

☆ 第四节"可视化"，回答了玩转视频的 9 个问题，视频的魅力不仅在于获得有价值的内容，而是参与到彼此陪伴、情感连通的场景中，创造了交流沟通的生活化情境，是传播理念和传播逻辑的重塑。

第一节　移动化：进军主战场的 8 条铁律

2022 年 8 月 31 日，中国互联网络信息中心（CNNIC）发布第 50 次《中国互联网络发展状况统计报告》，截至 2022 年 6 月，我国网民规模为 10.51 亿，较 2021 年 12 月新增网民 1919 万，互联网普及率达 74.4%，较 2021 年 12 月提升 1.4 个百分点。网民人均每周上网时长为 29.5 个小时，网民使用手机上网的比例达 99.6%。

短视频增长最为明显，截至 2022 年 6 月，我国短视频用户规模达 9.62 亿，较 2021 年 12 月增长 2805 万；即时通信用户规模达 10.27 亿，较 2021 年 12 月增长 2042 万；网络直播用户规模达 7.16 亿，较 2021 年 12 月增长 1290 万，占网民整体的 68.1%。

这些数据的背后，是移动互联网下半场面临的新机遇和新挑战，10 亿用户接入互联网，形成了全球最为庞大、生机勃勃的移动互联网用户。

数据的背后，体现的是媒体融合"移动优先"的迫切性，推进移动化进军主战场要了解以下 8 条铁律。

1. 移动优先是媒体融合的首要战略

当前，主流媒体的主要矛盾是与移动互联网上的用户失去了连接，主力军进军主战场，就要实施"移动优先"战略。

移动优先首先是实现移动化，基于移动互联网的任何介质、载体、渠道和平台，都应该成为主流媒体的主阵地。要以互联网思维优化配置资源，深化传统媒体体制机制改革，在技术的支撑下，形成集约高效的内容生产体系和全媒体传播格局；同时，推进内容生产供给侧结构性改革，扩大优质内容产能，创新内容表现形式，打造移动传播矩阵；还要走好全媒体时代群众路线，开门办报开门办媒，做好用户运营，以开放平台吸引用户参与新闻信息生产传播。

首先要建设所在区域内自主可控、传播力强的新型传播平台，这一点会在本讲第二节中阐述。同时建设各传播渠道上的发布矩阵，发布矩阵是一个新媒体传播的集群，所谓矩阵，即蜂巢形状六边形的方阵集合，每个方阵都是去中心化的中心化，它的力量来自去中心化的联合。新媒体发布矩阵是把不同内容按用户兴趣进行垂直分类后，精准传播的集群，内容发布既相似又彼此独立，形成一呼百应的传播气势。

有了平台，下一步就是聚合用户，用户数据挖掘是重中之重，通过引进先进的大数据技术，精准挖掘内容和用户的数据价值，实现标签化、结构化智能数据服务，实现内容与用户的精准连接，使用户能够充分利用其有限的碎片化时间来接受感兴趣的信息，从而形成较好的用户体验。

此外，通过自主平台上丰富的内容、服务和互动，留存用户，形成强黏性的用户社群，即圈层，实现移动优先的可持续发展。

在移动互联网下半场，特别是要运用 5G、元宇宙、虚拟现实、人工智能等新技术，积极谋划和布局未来移动传播终端，未来物联网上的每个节点和介质，都有可能成为到达各种场景用户的渠道；同时，视听形态也将成为最主要的产品和服务形态，集中在超高清 4K 和超高清 8K 的大规模应用，互动式、沉浸式、强体验视听场景将拓展到各个垂直领域、各种上下游产业中。

2. 移动优先要实现泛内容化的生态圈大融合

主流媒体同头部媒体、机构媒体、自媒体竞争，很多方面并不占优势，其核心竞争力是区域内的公信力和权威性，更容易把区域内所有优质内容聚集起来，特别是优质内容生产者聚集起来，实现更强的内容分发。

这就需要精准对接政商需求、用户需求，为当地优质 PGC 和 UGC 提供入驻、孵化、生产、运营、商务、营销等服务，让平台刊播总量达到海量级，激发日活用户依赖感。以内容聚合化、传播分发化、产品矩阵化、平台轻量化、技术集成化为特色，着力解决本地用户的刚需，形成泛内容化的生态圈。

这是主流媒体以自身的品牌、传播为本，来连接更多的社会资源和商业资源，形成与它们的大融合。内容早已不仅仅是狭义地指新闻报道，更要形成内容产业链，打造一个区域内 PGC 和 UGC 参与的开放式内容生态、多方获益的互惠型共赢生态、以交互式传播为基础的沉浸式连接生态圈。

一是产品形态要多样，产品生产要更加重视互动性、体验感、服务性、移动性、场景化。尝试更多的新玩法，尝试各种"不务正业"，冲破"次元壁"，条漫、H5、手绘、MG 动画、VR 等大举"出圈"破阵，争夺流量。在用户生产上，打破资源配置壁垒，以开放平台吸引用户参与新闻信息生产传播，精准对接政商需求，生产垂直化结构型内容产品，转型为本土最优内容产业生产商和整合服务商。

横向上，要做大做强内容业态产品，包括政务服务、广告创意、内容风控、舆情引导、数字出版、智库服务等，增强范围经济；纵向上，要做深做优产业业态产品，包括智慧城市、教育培训、会展展陈、文化创意、旅游推广等，延伸传媒产业链。

二是打造开放式的内容产业链。传统主流媒体深耕本土几十年，这是任何一家互联网平台都无法具备的优势。市县级融媒体中心以平台为抓手，打通不同行业、领域、组织间的隔阂与壁垒，放大媒体的资源集聚、整合与优化配置效能，通过多元化、跨界化经营模式，围绕主业、紧贴市场、关注民生，探索建立"新闻＋政务服务商务"的运营模式，增强自我造血机能。

可以广泛进行泛内容产业的合作，在下沉市场完成线上和线下的转换，获得价格和价值的双赢。内容产业链的构建，就要消融媒体与非媒体行业之间的边界，用内容价值去附加服务价值，用内容产业增值多元产业，从小融合走向大融合，从小循环走向大循环。做好做足"媒体＋"文章，发展"泛内容"产业，以集成经济理念提升传媒产业，打破边界整合资源，使"左手内容，右手产业"相互协同，实现社会效益和经济效益的双丰收。

三是推动 MCN 战略。主流媒体 MCN 化，本质上也是一个内容聚合战略，主流媒体联合当地优质 PGC 和 UGC，入驻各商业平台，或自身平台如各媒体客户端，为他们提供孵化、生产、运营、商务、营销等服务，帮助 PGC 或 UGC 实现内容发布、价值传播和流量变现。

主流媒体 MCN 化，是一次深层次的变革，有很多工作要做，包括平台的升级、PGC、UGC 入驻、策划创意、内容开发、技术开发、用户管理、平台资源对接、活动运营、变现合作等。这一转型让传统媒体从广告商变成运营商、从入驻者变成组局者、从中介变成管家、从传播链变成全流程。

3. 移动优先的主要打法

不少媒体在制订"移动优先"战略时，片面理解为先端后报，即内容先发客户端。一篇稿件首发客户端，然后再见报。移动优先并非简单地将报纸内容先搬到网上，而是要满足移动用户对即时性、多元化、碎片式、可视化的内容要求，指挥体系、流程再造、产品形态、技术支撑、薪酬考核缺一不可。

一是指挥体系上移动优先。要从移动端被动等稿，到主动派单，每天的策划会主动策划移动端的产品，抓好前端的策划、统筹、协调。从线索收集分发到采访、写稿、交稿、编审、签发，日常采编工作都在移动端上彻底完成，在新闻内容的采访源头就同步规划和组织移动端的采写发布传播，在第一时间获取事件现场信息，利用照片、视频等进行抢先报道，移动端率先发布。

二是资源配置上移动优先。把优质内容、先进技术、专业人才、项目资金向互联网主阵地汇集，让分散在网下的力量尽快进军网上、深入网上，做大做强网络平台，占领新兴传播阵地。特别是在行业垂直领域汇聚包括政府、企业、专家、用户等各方力量，搭建基于移动端的媒体智库，助力行业高质量发展，协同政府治理。

三是内容生产上移动优先。内容生产要更加重视互动性、体验感、服务性、移动性、场景化。同时，稿件的生产状态是实时更新的，一篇稿件从报题开始，采编相关部门、人员都可以介入，充分满足了移动化传播的实时性、交互性需求。

四是在技术、数据、用户三个方面着重发力。媒体融合是基于技术的转型，要首先解决"技术"这一媒体融合最大的短板；同时，数据驱动的智能时代正在到来，主流媒体要加强数字化的顶层设计，以数据思维指导媒体生产,构建集数据采集、存储、处理、加工、分析、出售的基础框架;此外,与用户建立连接,形成海量的用户沉淀,通过算法精准推送海量内容,建构用户离不开的渠道。

4. 移动优先要把握好方向和节奏

"移动化"不能片面地理解为吸粉引流、增加流量,大流量不等于正能量,覆盖率不等于引导力。一些媒体为了增加阅读量,一度庸俗、低俗、媚俗化,以标题党等方法吸引眼球,使媒体融合丧失灵魂、迷失方向。"移动优先"是否成功,要看传播力有没有提升,舆论引领能力有没有增加,能否更好地承担起举旗帜、聚民心、育新人、兴文化、展形象的使命任务。

要多用网民喜闻乐见的话语体系,让新时代的新思想"飞入"寻常百姓家,只有大量用户成为信息传播链上的志愿者,乐意分享,内容才有爆发和裂变的可能性。要把握好"飞入"的方向和节奏,带好"飞入"节奏、增添"飞入"形式、提升"飞入"效果。

一是带好"飞入"节奏,要学会议题设置带节奏,结合重要时间节点、重要思想理论、重要决策部署,与重大现实需求相结合,把正能量和大流量结合起来。要坚持内容为王,多了解受众感受,内容生产以用户为核心,围绕时代主题做好选题策划,在宣传党中央的战略决策、壮大主流思想舆论、与时代同行同向中敲响"定音鼓"。

二是增添"飞入"形式,要增强内容产品的创新能力,形成内容产品矩阵,满足用户对内容即时性、高品质、多元化的要求,一个全媒体产品要受到用户欢迎,要规避"假大空",要有真材实料、真情实感、真知灼见。充分重视社交媒体中不同圈层的受众诉求,增强媒体个性化、人格化引导魅力,实现垂直化、分众化传播,对不同阶层、不同年龄段、不同渠道终端的受众采取不同的方式,增加舆论引导的吸引力和感召力。面对更为年轻的受众群体,改变以往宣教式的口吻,创新年轻态的表达,扩大影响力版图,牢牢掌握意识形态工作主动权。

三是提升"飞入"效果,是要提升传播发布能力,充分运用新技术创新传播方式，形成发布矩阵，多生产交互式新闻，从"你听我说"到"交流互动"；多采用沉浸式传播，让用户"置身其中"，参与内容生产和传播；多采用可视化方式，综合运用图文、图表、动漫、音视频等多种形式，实现内容产品从可读到可视、从静态到动态、从一维到多维的升级融合。

要考虑到产品的新奇、生动、趣味，内容的生产和传播要含有情感和趣味，与用户达成"共情"。充分利用多媒体技术，推出全息化、可视化及沉浸式、交互式新闻产品，丰富传播形态、传播样式，使用户易于接受和乐于分享。

5. 移动优先要主动连接用户，而不是让用户找不到你

移动互联时代，受众（用户）大规模转场，过去相对稳定的供需关系已经破裂。新闻舆论工作本质上是群众工作，主流媒体要始终坚持一切为了群众、一切依靠群众，从群众中来、到群众中去，强化与用户的连接，充分发挥全媒体时代主流媒体在党委和政府联系群众中的桥梁纽带作用，通过生产用户更喜爱的内容，提高用户黏性，形成海量的用户沉淀，建构用户离不开的渠道。

"移动优先"的端口是手机屏，屏幕的背后是人，也就是用户，如何与他建立连接呢？

第一步是聚合用户，你的平台是否有用户注册，你的注册入口在哪里？用户平台有没有建？如何吸引用户注册？

第二步是粉丝养成，体现在用户能与媒体积极互动，用户说的话媒体一定要给予回应，与他形成社群交互关系，让他成为主流媒体的内容生产者、传播者、消费者。

第三步是精准连接，其中用户数据挖掘是重中之重，通过引进先进的大数据技术，智能分析目标信息源，精准挖掘内容和用户的数据价值，实现标签化、结构化智能数据服务，实现内容与用户的精准连接，使用户能够充分利用其有限的碎片化时间来接收感兴趣的信息，从而形成较好的用户体验。

第四步是会员服务，这就需要掌握用户各方面的数据，通过大数据为其精准画像，比如能明确几大目标用户——学生、老人、机关干部、高级白领，针对这些目标人群，就能精准向他们推送内容，设计和提供不同时空、不同场景下的服务和营销活动，并能实现碎片化付费的闭环，这就是与用户建立了连接。

6. 移动优先不能抛弃传统的党报和电视时政频道

移动优先从以报纸、电视为主体，过渡到以"端"为主体，报纸、电视的发布和新媒体发布有较大的区别，报纸以"天"为出版周期，客户端以"小时"乃至"分钟"为发布周期；报纸和电视是一对多传播，新媒体是交互式传播；报纸和电视在发布上，只要发行和播出即终止，新媒体是发布才是传播的开始；报纸在内容生产上抓"深"，新媒体抢"快"；报纸、电视在内容生产上是"我做什么菜，你吃什么菜"，而新媒体内容生产要"你点什么菜，我就做什么菜"。正因为报纸、电视等传统媒体不适应移动传播的形态，很多媒体不再重视报纸和电视的发展。

在新的融媒体架构里，报纸和电视已不再是唯一的产品，而是 N 个平台和产品线上的产品之一。报纸尽管在移动端已不再是流量最大的产品，但却是不可或缺的，特别是党报，更是舆论场上的定音鼓。党报要回归到报纸的本位，就是回归到内容上，回归到原创上，回归到深度报道和评论上，党报还承载着传媒的精神和文化，是传播场上的压舱石。

报纸、电视与客户端要相互补充，报纸主打深度报道和政务报道，是对网络热点的深加工，其稿件可来源于网络稿件的后期加工和整理。电视是当地视听娱乐的最大平台，具有垄断优势，电视集聚老年观众，随着老龄化社会的来临，在老年产业的发展上极具优势。报纸和电视虽然不会死，但其规模、影响都会缩小，变成传播体系当中的一环。

7. 移动优先要实现各平台的错位发展

市县融媒体中心的媒体融合，需要打造多个发布平台，形成报纸、广播、电视、网站、微博、微信、客户端、各平台小号等在内的全媒体发布矩阵，不同媒体在整个体系中要明确各自定位，确定各自深度融合发展的方向，"移动优先"才能落到实处。

（1）报纸：主打时政新闻和深度报道，其权威性和公信力强，是政策解读、深度调研、理论智库最适宜的发布平台。

（2）广播：频道是垄断的资源，便于在开车、运动等场景下收听，适合做直播，也便于互动，广播要主打区域生活类新闻和资讯类信息。

（3）电视：在视频新闻、视听娱乐、文产活动中有天然优势。新闻综合频道以时政视频新闻和民生视频新闻为主；娱乐频道以娱乐节目和电视剧、电影为主；生活频道以生活服务类、本土资讯、健康保健、体验式节目为主，文体活动的录播、直播是重点。

（4）网站：网站要成为区域最大的新闻资料库，它的价值在于承载量大，有利于互联网搜索引擎收录。可以将报纸、广播、电视和新媒体上的所有内容通过数字化进行互联网发布。尽管它属于传统媒体，但也是互联网的基础平台，是新闻门户、政务门户和外宣门户。网站要和客户端后台打通，编辑登录一个后台，可以完成两大平台的采编发工作。

（5）客户端：移动互联网上的主要平台，适宜做原创新闻的首发，客户端上的新闻要24小时更新，特别是突发事件，记者现场直击，相关部门新闻发布，都要第一时间把权威声音发送到市民的手机上。客户端也是视频直播和政务服务最好的平台，可转型成为新闻端+政务端+媒资端+智库端，有政府数据支持和政策资金扶持的，还可以转型成为智慧城市的入口和平台。

（6）两微矩阵：两微流量大、无技术运维成本、用户量巨大，但不是自有平台，没有用户数据，市县融媒体中心如果有报纸、电台、电视三个微信公众号，就要实现差异化、个性化运营，报纸要突出图文、时政、深度，电台主打音频节目，电视突出视频特色。微博也相应作差异化的内容发布，以民生类资讯为主。

（7）小号矩阵：入驻学习强国、人民日报、新华网、省级媒体平台，以及抖音、今日头条、快手、百家等商业平台，形成新媒体矩阵，根据各平台不同的调性，有选择地发布，在外宣上形成一呼百应的传播气势。

在发布顺序上，记者的原创稿件要发在"端"上，报纸要从"端"上取稿。形成客户端首发，两微次发，广播电视当日播放，报纸第二天出版的发布流程。

8. 移动优先的发展趋势是数字化和智能化

大数据、人工智能、云计算、人机交互等新技术呼啸而来，构成了未来传媒智能化、移动化、数据化的新生态，媒体融合的下半场就要实现媒体的数字化和智能化转型。

人工智能在海量信息与海量用户之间建立了精确、高效、一对一的连接关系，将彻底颠覆传媒业。全息媒体建立在基于大数据技术的媒资平台上，全程媒体则需要基于算法的采编发平台，全员媒体依托基于AI的用户平台，而全效媒体则要依靠基于技术应用的服务平台。"移动优先"的前景是向数字化、智能化的传播生态迈进，从单一的内容生产商，向智媒体内容生态产业链转型，为新时代治国理政服务。

"数字化"要求主流媒体通过搭建自身的数字化基础设施，强化数字化产品的生产，推动通稿变革和媒资变革，并建设自身的素材库平台，将各类媒体资料数据，进行采集、计算、存储、加工，并建立统一的数据标准加以存储，形成大数据资源层，同时可以形成版权交易。

"智能化"要求主流媒体向智媒体转型，包括图文音视的智能化内容采集发布、基于用户画像的AI精准投放、连接物联网的输出和分发、机器人写作、传感器新闻、AI看新闻、虚拟现实新闻等。特别是5G实现了人与智能设备的相互连接，万物智联、万物皆媒，可穿戴设备、无人汽车、智能家居、无限云基础设施，各种终端的交互和应用场景越来越多元，构建了一个全新的智能传播生态。

第二节 平台化：以我为主的"诺亚方舟"

党的二十大报告指出，加强全媒体传播体系建设，塑造主流舆论新格局。建设全媒体传播体系，需要做强新型主流媒体，打造新型传播平台。这个平台就是主流媒体在移动互联网上的"诺亚方舟"。2020年9月,两办《关于加快推进媒体深度融合发展的意见》中提出:打造自主可控、传播力强的新型网络传播平台。"自主"意味着在内容、算法、技术、运营等各重要环节自立自强,不受制于商业平台;"可控"则能掌握主动权;传播力强意味着拥有一定量级的用户,形成多向度交互式精准传播,有较强的议题设置带节奏的能力。

一、平台媒体是如何打造的

1. 什么是平台型媒体

所谓平台,不同行业有不同的定义,通常的理解是,一种可用作基础的能衍生其他产品的环境。早期的平台运用于计算机领域,指在系统工作中具有基础性地位的电脑应用软件,起着承载和协调系统工作的作用。平台在系统工作中的基础性地位,以及其承载、协调、提供交互空间等的核心功能,同样适用于传媒语境。

平台型媒体通常有两层含义:小平台和大平台,小平台指一家媒体的客户端,大平台则是通过媒体深融形成的媒体底层操作系统和信息交换、服务交互的枢纽,能融入国家治理体系和治理能力现代化建设的生态圈,大平台我们可以称为"党媒云"。

在媒体融合的推进过程中,不少人把渠道和平台混淆,传媒语境中的渠道,是指输送内容的通道,连接内容生产者和接收者,包括网络、终端、媒体形态等。比如报纸、广播、电视、频道、阅报栏、户外广告等,都属于渠道范畴。渠道是平台的基础设施。无形的传输信号和网络,有形的媒介工具和终端,共同构成了渠道。

平台是一个系统,它是开放的,可以整合各种资源,可以让所有的用户参与进来,其核心要义在于打造一个多方共赢互利的生态圈。比如在主流媒体的大平台上,用户生产、文案策划、界面设计、直播主持、视频制作、技术运营、客户服务等都集合在一起,出现了多兵种作战、一体化融合、整体协同外联的新模式。大平台包含了线下空间、大数据库,也包括了指挥调度中心和采编发系统，更是一套集流程再造和管理机制为一体的生产关系，聚合新闻、政务、服务、商务等多重功能。

2. 主流媒体的三个发展阶段

从媒体融合的进程上看，新型主流媒体在发展阶段上分为三个阶段：1.0发布型、2.0交互型、3.0平台型。

一是1.0发布型。着重于内容的生产和发布，音视频、H5、MG动画、手绘、长图等全媒体产品形态丰富。建成两微一端，以及新媒体传播矩阵。能够形成现象级传播，有较强的议题设置带节奏的能力。

二是2.0交互型。把内容供给和受众需求有机结合起来，用户生成内容、传播内容、消费内容，"算法"了解受众，能实现精准传播、社群营销、场景推送、沉浸式服务。并精准对接政商需求，走好网上群众路线，构建起集约高效的内容生产体系和全媒体多元化传播格局。

三是3.0平台型。这是媒体融合的高级形态，对指挥系统、组织架构、采编流程、技术体系、空间建设、内容生产、运营发布、中台支撑、盈利模式等全方位规划。把为人民群众提供的政务商务服务汇聚在一个综合平台上，融入国家治理体系和治理能力现代化建设的生态圈。

3. 公有云和私有云

主流媒体构建平台有两个选择，一是在公有云的基础上构架，二是打造自己的私有云。

公有云是指市场上现成的系统，即第三方提供商为媒体提供的共享平台及资源服务，用以存储、分析、应用数据，进行业务的运营、创新与迭代。优点是基础功能齐全，服务具有规模效应，可按需使用、按量计价，任何媒体自建成本都不可能比采用云厂商提供的公共服务价格更低。公有云的缺点是数据中台与用户中台被第三方厂商垄断，虽然系统的功能都通过了验收，但无法做到因地制宜，平台聚合、场景化应用、本地化运维等工作难度较大。

也有媒体打造私有云，自己研发创新技术，或整合各个第三方技术，为我所用。自我研发投入较大，地方媒体很少选择；整合第三方技术能控制费用，但在本地化、个性化应用上较难满足用户需要，且服务和升级有时也不及时。

二、小平台：新闻客户端向何处去

2018年，中央全面启动县级融媒体中心建设，要求集中力量打造客户端，着力提高下载量、日活率。在媒体融合的推进过程中，由于客户端自主可控，可以拿到用户核心数据，是媒体自己的"一亩三分地"。同时，客户端也是聚合功能最强大的传播载体，可以实现"新闻+政务服务商务"，帮助媒体实现主流舆论阵地、综合服务平台和社区信息枢纽的功能定位，新闻客户端也就成为大多数媒体的首选建设项。

然而，由于移动传播发生变化，新闻客户端的流量红利在逐渐消失，一项用户行为调查结果显示，九成用户每天只打开一个新闻App，且近年来流量持续向今日头条、抖音等商业化平台集中。新闻客户端想做用户增长难度很大。不少客户端号称下载过百万千万，但日活数据惨不忍睹，由于后台没有大数据和算法的支持，绝大多数App没有精准推送、没有用户行为分析系统、没有用户和客户管理系统，几年下来，大多数媒体的新闻客户端走入了死胡同。

判断一个客户端的影响力有三个指标，用户数量、用户黏性、经营收入，很多客户端新闻同质化严重、日活量极低，又无盈利模式，投入巨大收入很少。尤其是二、三线城市的新闻客户端，其新闻丰富度、话语权威性大大落后于中央及省级客户端，服务群众生活又不如商业平台。几年运营下来已无法维系，好像是鸡肋，食之无味，弃之可惜。新闻客户端向何处去？

1. 明确新的定位

在客户端建设过程中，首先要确定它的定位，定位就是定客户端的"调性"，大量研究表明，用户选择客户端，更看中的是其"调性"与自身喜好是否吻合。如果与其"调性"不匹配，用户即使下载了客户端，也会很快卸载。

对一家市县融媒体中心而言，客户端如果仅做新闻，与用户的黏性不大；

做服务，比不过互联网平台；做社交，对客户端上的大多数用户来说，不是刚需，比不上社交平台。其发展方向需要重新明确，转型成为新闻端＋政务端＋行业智库端＋媒资端＋社群服务端，如果有政府数据支持和政策资金扶持，还可以转型成为智慧城市的入口和平台。

（1）做新闻端：不能单纯地将传统媒体内容搬上去，要用情用心制作有品质、有格调的内容，增强正面宣传表现力和感染力，要加大原创新闻的首发，客户端上的新闻要 24 小时更新，编发可以不受时间、空间和条数限制，能实现系统自动抓取和更新。特别是突发事件时，记者现场直击，相关部门新闻发布，第一时间把权威声音发送到市民的手机上。

（2）做政务端：整合党政部门信息数据资源，参与智慧城市、未来社区、电子政务等建设；同时在网络问政上发力，发挥区域媒体政务枢纽作用，深化政务服务功能，这是商业平台不具备的优势。

要打通线上线下资源，打造"指尖上的政务服务中心"，比如开设"疫线求助平台"，帮助群众解决"急难愁盼"问题。要整合各部门的数据，实现媒体与交通、教育、医疗等公共服务行业的信息、数据相接，实现便民查询、便民缴费、智慧交通、智慧医疗、智慧教育、智慧城管等功能，在媒体、政府、企业等多元主体之间建立数据共享、实时互联、协同联动的智能化公共服务供给机制，让客户端成为市民与政府和各部门"随时随地"沟通的最方便、最快捷的新桥梁。

（3）做行业智库端：发挥区域媒体数据库的优势，打造成当地部委办局的私域数据库和智库。比如开通"政务号"，邀请各级部门与单位入驻，打造部门新闻专题网页，建立专属的移动文件汇编资料库。同时为各部委办局提供服务，包括代维政务公众号、建立客户端频道、共享新闻发布厅、专题片拍摄、代制 PPT、央媒小号外宣等。

（4）做媒资库：将报社、电视台几十年的历史数据进行结构化，有来源、标签、主题、人物、关键词，有正负面指数、情感指数，能够判断、可以检索，打造庞大的媒资数据库。还可以在政府支持下，打通各部门数据接口，在积累了足够的数据时，成为地方的移动大数据中心，为政府和市民提供大数据和交易平台服务，让老百姓享受智慧城市建设成果。

（5）做社群服务端：在宣传推广、文化旅游、电子商务等领域拓展产业链条，把符合地方实际和特色的、与群众日常工作生活相关的高频应用纳入其中，提高用户使用率和依附性。包括电子商务、在线教育、在线医疗、网络文化活动、本地社交等。做服务要增强交互性，着力打造互动服务产品，比如找记者栏目，实现线上沟通反映问题、线下帮助解决问题，持续考核回复率、成稿率，做到事事有回音。还可主打社群服务，打造小微博、小贴吧的粉丝社群，按兴趣爱好形成若干小社群，可以直接参与内容生产，因为同在一个城市，可以由媒体定期组织线下活动。

2. 注重内容生产

主流媒体一直坚守"内容为王"，客户端的内容不是传统的新闻，"内容"首先要符合用户需求、社交需求和传播需求。

（1）内容生产要适度迎合受众心理。要善于发掘和讲好生动鲜活故事，综合运用全媒体方式、大众化语言、可视化手段制作新闻产品，要时刻与用户交互，正所谓"评论比正文好看"，用户的反馈也是内容的一部分，情感和态度也是内容的重要的组成部分。

（2）内容生产要发挥主流媒体的强项。主流媒体的内容优势很多，长期积累的公信力、政府资源以及图文音视频资源汇聚能力，都是互联网公司、自媒体无法超越的。主流媒体擅长深度报道，可以对深度调查报道、原创报道进行可视化的同步呈现，做到"有视频、有真相"。对老百姓关心的问题、意见反映多的问题，积极关注报道，打造人人参与的舆论监督平台，倾听公众声音，引导公众讨论，推动工作改进。

（3）向用户开放内容生产。吸引本地专业媒体、行业媒体、新媒体账号、优质自媒体等外部资源入驻。推送和当下场景有关的资讯内容，实现精准化、个性化信息定制，通过在线互动的频道和功能，比如找记者频道、慢直播频道、公益栏目、相亲大会、各种线下活动的投票、抽奖等，强化客户端黏性。

3. 重视运营工作

重内容，轻运营，是传统媒体人的软肋。内容和运营是乘法关系，内容 100 分，运营 1 分，传播还是 100 分；运营做好了，得 100 分，传播就是 10000 分，起到事半功倍的效果。

对于传统媒体人而言，稿件上了大样、片子送到播出部门，任务就完成了。但对移动端的新媒体人而言，运营才刚开始，怎么与用户互动？热搜话题怎么设计？是否做一张海报在朋友圈推广？碎片化的小视频怎么制作？如何推到其他平台上去？这些都需要进一步运营推广，新媒体传播的核心是情绪传播，连发送的时机都是运营的一部分，一定要掌握好"时度效"。

运营还包括客户端的设计、优化、升级，宣传、吸粉、推广，以及整合政务资源，为市民提供一站式服务。包括广告语互动、设计虚拟的品牌人物形象、用户互动活动的开展等。

运营重在推广，可在党媒生产的爆款产品中公布二维码，通过高流量入口导入用户；可通过重大活动推广；可通过物质奖励吸引下载；要争取党委政府的支持，在关键时间点，结合政府的会议和活动线上线下推广；同时运用抽奖、投票、评选等互动手段来推广。

4. 争取政府支持

客户端的发展离不开政府支持，除了资金和下载支持外，客户端上线后，政府应不再允许用财政资金开发其他服务应用类客户端，或者让主流媒体的新闻客户端与智慧城市的客户端合并，共同打造盈利模式。

同时，政府要让政务发布、政务服务、便民服务等统一整合到党媒客户端的平台上，打造成地方"只跑一次"的移动服务平台。政府各部门的数据向党媒客户端开放，后台打通，为今后打造地方大数据中心打下基础。

三、大平台：党媒云怎么建

1. 什么是党媒云

新型主流媒体平台，是整合了用户、内容、渠道、运营及其他生产要素的一个聚合体。它是一个承载内容生产、分发，以及协调策采编发流程的线上线下生产机制和工作平台；也是一个以开放、普惠、众筹、共享为特征的，以用户为中心、传受合一、多对多交互的网络中心和枢纽站，这个平台本书统称为"党媒云"。

比如人民日报打造的"人民云"、新华社打造的"新华云"、浙报集团打造的"媒立方"、湖北广电集团打造的"长江云"、江苏广电打造的"荔枝云"等就属于区域性媒体平台，不是简单地向用户提供内容和新闻信息服务，而是立足政务资源优势，深度介入本地智慧政务、智慧城市建设，同时整合政务、商务、公益等社会系统资源，连接社会各方服务主体，形成平台、用户与社会各子系统之间的联动。自建平台更强调自主性、针对性和服务性，可以更好地整合当地的媒体资源、用户资源、内容资源、数据资源，更精准地捕捉当地用户需求。

2. 党媒云是怎样建设的

对于市县融媒体中心来说，平台的建设方式分为自建平台即私有云，接入上级云平台即公有云。其中，县级融媒体中心多为接入省级平台，地市级媒体有自建的，也有接入的。平台是从体制机制、硬件软件入手，建设运营的系统工程，各地情况不一样，党媒云的建设方式也不一样，它包括且不限于以下几个子平台，可通过分批建设的方式进行。

（1）媒体平台，含一个超级新闻客户端，能整合各种政务应用和社区移动应用，实现区域的较强覆盖；以及报纸、电视、广播、网站、新媒体矩阵等媒体或小号。

（2）用户平台，能对用户数据进行采集和分析，进行用户画像，提供个性化生产和精准分发；拥有用户管理系统、支付系统。

（3）生产平台，即全媒体采编系统，能做内容的生产和聚合，满足舆情分析、线索资源汇聚、稿件策划、采编发流程支撑、采编力量协同、全媒体内容生产、内容智能写作等各方面要求。

（4）分发平台，能基于用户数据库和内容数据库，通过算法实现精准推送；拥有渠道分发系统、场景中心、自媒体聚合系统；实现内容多渠道发布、传播效果监测反馈。

（5）服务平台，能丰富政务、商务、生活等服务功能，通过市场化运营获得价值补偿和价值增值；拥有行业定制功能，智能营销系统。

（6）媒资平台，即新型主流媒体的结构化数据库，包括了全媒体产品库、历史数据库、素材库、行业智库、智慧城市数据库等；能进行数据的采集、分析、挖掘、交换、处理等。

（7）技术平台，即以一个超级移动客户端和中央厨房为基础，依托平台实现各种技术的集成，包括数据级和数字级。数据级平台具有打通各方面数据的能力，能够进行数据分析和应用；数字级平台，为中央厨房提供各种数字化内容生产、传播、反馈、交互的技术工具，能实现 AI 智能化。

（8）管理平台，能满足 OA 系统管理、全媒体资源管理、绩效考核管理、领导决策指挥等环节的全业务需求。包括对内的采编发工作系统，含客户端和 PC 端，支持工作人员移动采编需求；对外针对各行业宣传从事者的宣传任务管理系统，含客户端和 PC 端，做到全区域宣传工作的管理。

3. 平台建设不能贪大求全，要经济实用、好用管用

《关于加快推进媒体深度融合发展的意见》出台之前，传统媒体存在一个误区，即把中央厨房作为媒体融合的标配平台和龙头工程，拼技术、拼硬件、拼投入，追求大而全。

一哄而上的中央厨房，定位为一个争取上级资金的项目，成为一个政绩工程。重建设轻运营、重项目轻改革、重资金轻团队，反而忽略了无形的管理创新和新型生产关系的构建。《意见》要求，通过流程优化、平台再造，实现各种媒介资源、生产要素有效整合，建设好自己的移动传播平台。同时提出：媒体融合的基础设施建设不能贪大求全、盲目追求豪华配置，应真正做到经济实用、好用管用。其判断标准是：能否以较高的性价比，实现让内容在最短的时间、以最快的速度、触达多个端口、形成裂变式交互传播的目的。以系统生态化、新闻智库化、内容聚合化、传播分发化、产品矩阵化、平台轻量化、技术集成化为特色，着力解决本地用户的刚需，形成区域生态圈，转型成为新的入口和门户。

第三节　数据化：数字化转型是一次破茧成蝶

党的二十大提出："加快发展数字经济，促进数字经济和实体经济深度融合，打造具有国际竞争力的数字产业集群。"为媒体参与数字经济发展指明了方向。

当前，移动互联网的上半场即将结束，取而代之的是下半场产业互联网时代。人工智能、云计算、大数据、区块链、元宇宙扑面而来，在这场产业链的巨大变革中，媒体将迎来数字化转型的新机遇。

尤其是后疫情时代，迎来一个数字发展新速度，数字化正在重构各个行业，数据、算力和算法成为新的"生产资料"。传统媒体转型成为融媒体、智媒体的过程，就是媒体拥抱数字化的过程，转变以前媒体非信息化的内容生产、传播，以及信息化孤岛运营方式，转向数字化融合，实现数字化转型。

一、数字化时代的新机遇

1. 数字时代来临

如今的时代是一个数字化时代，个人、媒体、企业、政府都刻上了数据的属性，我们既是数据的生产者，也是数据的消费者和传播者，数字化生存成为数字化时代新的生产生活方式。

"十四五"期间，数字经济将高歌猛进，新基建、国家文化数字化战略、智慧城市应用等，将给传媒业带来强大的内生动力，数据成为继土地、劳动力、资本、技术之后的第五生产要素，正在深刻改变着包括媒体在内的各行各业。如今蓬勃兴起的移动支付、网购、共享经济、电子政务等，为各类创新创业带来了非常大的机遇，如何充分利用数字化红利，成为考验媒体的新命题。

2021年4月9日，《中共中央　国务院关于构建更加完善的要素市场化配置体制机制的意见》正式对外发布，明确提出数据是一种新型生产要素，要加快培育数据要素市场。利用媒体数据资源优势建立起自己的智库、数据库、人才库、资源库，将丰富的媒体资源和行政优势迅速转化为市场优势、发展优势，一定能打造更多新的经济增长点，实现媒体融合高质量高效率的发展和进步。

2. 什么是数字化转型

所谓数字化，就是把现有的理念、行为、产品等物理世界的移动轨迹记录下来，形成大数据，实现内部业务流程、外部合作伙伴关系，以及产业链、价值链等的全部重构。

大数据，更准确地定义是对大数据的处理方式，合理地采集和分析数据是最有效的数字化转型。很多媒体实现了"数字化"，但是离"数据化"还差得很远，数据通俗地说是有标签的数字，即有来源、主题、人物、关键词，有正负面指数、情感指数，能够判断、可以检索，这样才能算是大数据，才能叫作媒资，才能加工成产品，才能独立销售。

媒体数字化转型，就是媒体在发挥自身内容生产能力，为政府、用户、社区服务时，通过"去中心化"的方式，收集积累各种媒资数据，建立一个社会公众集体维护的数据库。

同时，对掌握的数据进行精细化管理，构建强大的传播平台，建立评价体系，对沉淀下来的数据再利用、再挖掘，推动数据资源共享开放和开发应用，营造增值服务点。

如果把一个融媒体中心比作人体，硬件构成了人的骨架，内容是血肉，技术是经脉，大数据就是血液，只有血液是可以造血和输血的，主流媒体借助区块链技术，建立一体化数字版权管理体系，以及开放式公众审核与信息来源可追溯机制，从而解决媒体产品的价值变现，形成造血功能。

3. 主流媒体数字化转型的优势

大数据作为基础性战略资源，和枪杆子、笔杆子一样，是重要的执政资源，"十三五"规划纲要更是明确将大数据上升为国家战略，党管数据是必然要求。党管数据可以使政府掌握关键信息，也可依托国家机关依法行政，提高治理效率，有助于数字经济安全健康可持续发展。党管的数据，需要一个主体来运维，进行数据采集、存储、处理、利用、开放和监督，这个主体责任让党媒来承担最为合适。

党媒的第一属性是政治属性，是不以营利为目的生产准公共产品的事业单位，能够进行市场化的输血和造血。党媒进行数字化转型具有很多优势，媒体与政府的服务对象是同一批人，媒体的有效用户覆盖面广、占比大、黏性高，能敏锐地捕捉用户的需求，有效地抓取和收集用户的数据。同时，媒体与政府部门的联系非常广，既了解群众的需求，又了解政府部门在城市治理中的难点、痛点，如同桥梁，能把政府和群众很好地联结起来。媒体自身还建设和运营移动互联网终端和平台，能赋能到各类城市治理的服务端，并参与到城市大脑的场景运营中，能更好地服务市民。

媒体数字化转型可以由媒体原先的 IT 部门向 DT 部门进行转型，DT 部门要从数字化的基础设施建设、技术、运营等多方面布局，将媒体的 IT 系统过渡到数据系统。可以通过与第三方公司合作，或者参股科技公司来助力数字化转型。其中一把手是关键，管理和技术团队是核心，用项目负责制的办法，团队进行运作。

二、主流媒体的数字化建设

主流媒体的数字化改造，最早是从网站起步，后来发展到移动化、数字化。主流媒体要尽快搭建自身的数字化基础设施，建设大型数据库，能够进行大数据采集、存储、处理、利用、开放，加强数据储备、数据筛查、数据清洗等技术建设，打造主流媒体算法，实现海量内容与个性化需求的匹配分发效率，精准进行主流舆论传播。最终要在内容生产和传播过程中与营销形成交易闭环，通过数字化营销，形成内容和创收的"双循环"，为盈利模式创新打下基础。

1. 数据处理

对主流媒体而言，数字化建设首先要对内容加标签，与足够的用户标签相匹配，才能为下一步的算法和媒资库建设打下基础。这就要从供给侧改革入手，进行通稿变革和媒资变革，以前记者写稿拍照，从不写标签，如采访对象基本情况、采访关键词、同期声描述等。数字化改造，就要在发稿单上加 20 多个标签，充分挖掘数据背后的新闻价值和传播价值，给报纸端、电视端、多平台端选用，为分发精准化打下基础。同时，通稿可检索，也为版权维权带来可能。

其次对用户进行画像，通过对注册用户的注册信息及他们浏览、评论、转发等互动行为和资讯偏好的特征进行分析，并以此为基础匹配、预测未注册用户的偏好，从而提高分发的精准性，挖掘用户的价值。

2. 数字产品

主流媒体数字化转型要设计和布局数字产品生产。

（1）数字新闻产品

依托数据平台，将本地各类传媒数据打通，建成传媒资源库，简称媒资库，为客户提供文字、图片、影像等媒体资源，根据媒资库内容快速生成数据新闻，定制专业的数据新闻报告，并建立客户专属资讯 App 及网站，实现新闻数据实时共享。

（2）数据榜单

基于大数据监测，统计分析并研究发布"影响力排行榜"，推动区域党务政务新媒体和社会自媒体健康有序发展，营造清朗网络空间。

（3）数据大屏

建设 AI 智能检索与分析系统，实时监测客户在全网传播情况，帮助客户提升产品及服务的传播力和影响力。通过建设数据大屏，可视化呈现新闻专题、领导活动、网络舆情、政务热点、传播路径等数据，辅助客户决策。采用独立渲染输出，超高分辨率内容，多种屏幕布局形式，灵活切换，全面优化人机交互，进行图层、图表、地图、三维对象全面编辑管理。

（4）数据分析

发挥媒体资源库和大数据技术优势，开展全网事件分析、微博事件分析、传播效果分析、竞品分析四类大数据分析，满足政企客户多种分析需求，在纷繁复杂的信息社会精准掌握行业发展情报数据。

3. 数字产业

数据的商业价值很大，当前媒体的数据属于表层数据，大多处于闲置状态。多停留于在自有客户端添加一些政务、出行、缴费、旅行等生活场景类的应用。下一步可以把握好物联网、智能化发展机遇，依托人工智能、用户画像、推送功能、服务链接等技术，建立以"数据＋智能"为中心的精准服务模式，实现数据的变现。

其中，要强化与数字经济相关的内容产业，把握好数字化、网络化、智能化发展机遇，创造出更多的数字内容和产品。比如，一家党媒可以在当地智慧城市建设的总体架构下，和相关部门合作，建设自己的数据中心；又如，媒体可以建设自身的数据库，进行版权销售、老报纸数字产品销售、图片数据库销售。同时，强力打造线上线下的数字化营销，构建一个"社群＋直播＋线下活动＋圈层交互＋场景营销"的数字化营销系统，配以用户系统、收费系统、数据管理平台等，让媒体 App、信息发布者、广告商、客户、用户、消费者等相互关联，共处产业生态圈。

4. 数据交易

媒资是可供交易的产品，数据库要成为一个交易平台。主流媒体拥有大量视频、音频、图片、文本、图表、漫画、版面等，这些媒资都是可供交易的产品，对这些数据产品全面入库，将其进行数字化或数据化的存储与备份，进行管理。同时，也为社会上的创作者提供标签式、模块化的素材，并为供需双方提供可靠、安全、便捷的一体化交易平台。通过大数据、智能搜索、自动标签、个性化推荐等方式，由生产者上传、著录，专兼职编辑审核入库，技术人员后台运行保障。将碎片化的素材聚集、分类、审核之后在平台上呈现，供需双方交互沟通。达成交易后，平台收取管理费。

市县融媒体中心要尽快建立大数据信息资源平台，通过互联网采集、历史数据导入、接口导入、内容数据导入、移动终端用户数据导入、内容消费过程中的个人化使用数据导入等方式，将传媒集团内部资源、互联网资源、第三方资源汇聚到大数据资源中心，实现信息和数据资源的汇集及交易。

三、主流媒体媒资库建设

1. 什么是媒资库

近年来，不少党媒着手建设媒资库，每家报社或广电的编排系统里都有一个发稿库，这是不是媒资库呢？

发稿库里包括了文稿和图片音频、视频、H5、海报等全媒体产品，它不是媒资库，只是长期以来媒体在内容生产过程中积累的一切成品和素材，是数字化的资料库，还不是结构化的数据库，媒资库是数据库，它是打了各种标签的数据，包括产品的来源、主题、人物、关键词，有正负面指数、情感指数，能够判断、可以检索，这样才能算是媒资，才能加工成产品，才能独立销售，否则，只能算是档案资料。

媒资库还包括了历史数据库、素材库和智库。未来，媒体的竞争就是数据的竞争，媒资库应该成为每个市县融媒体中心的标配。

2. 为什么要建媒资库

媒资是一家媒体的核心资产。媒体长期以来刊播的内容，是一个城市最海量、最生动的"档案史"，媒体本身也在产生大量的用户数据和信息数据。以一家地市报为例，200人左右的采编团队，每天生产新闻100多条，一年就是4万多条，加上客户端上PGC和UGC每天生产的600多条资讯，一年就是20万条，如果用户每天对这些资讯互动评论，一年就是70万条。如果再通过媒资管理系统对这些资讯进行结构化处理，可以方便地检索、查询，一家报社一年就拥有100多万条有效信息，这就很有价值了。再把这家报社几十年的历史数据加进来，那就形成了一个庞大的媒资数据库，这是一家报社的核心资产。媒资库将成为媒体核心竞争力的"护城河"，是传统媒体生存下去的"金饭碗"。

此外，媒资库是接入数字政务的入口，可以助力区域城市治理。媒体对其所在城市的发展脉络、现状、优势、短板等均有持续且密切的关注和记录，涉及用户数据、机构数据、行业数据等，是一个城市宝贵的数据资料，能为城市大脑提供丰富的数据支撑。通过这一入口，新型主流媒体可以参与数字政务建设，建好数据底座、铺设数据"大路"，形成强大的数据、算法生产力，深度融入国家治理体系，满足国家治理现代化的需要。

3. 怎么建设媒资库

媒资库是一个数据库，也是一个交易平台，可以包括以下几个数据库。

（1）老报纸数据库

几十年的老报纸，成为区域内最海量、最生动的"档案史"，可按文字、图片、表格、版面及广告等内容进行细分，全部数据化，与现有数字报平台对接，形成可检索的数据库，提供历史新闻报道、图片、视频等有独家历史文献价值的资料，为各地各部门各行业铭刻最难忘的记忆，随时漫步"老时光"，建立行业"时间轴"。

不少媒体已经对老报纸进行了扫瞄，建立了历史资料库，但这还不是数据库。数据库重在结构化改造，即通过机器自动配置和人工干预审核，实现数据的有效分类。在结构化过程中，对内容作多维度、纵深化的分析处理，提取隐藏在泛内容下的深层价值，对无效、不规范、广告等信息清洗过滤。通过数据的结构化处理、增量数据分类、全部数据标签化等方式，做到报纸媒体资产的全面清点与激活，从而挖掘出数据深度应用和赢利模式，获得内容的良性循环利用。

（2）图库和视频库

打造区域最大的图片存储、展示及销售平台，通过"摄影记者＋影像图库＋摄影学会"的模式，依靠自身团队重点拍、网友团队随手拍、名家团队指向拍，打造区域最大的"图存量"和最美的"图片库"。同时，将视频入库管理，几十万条拍摄好的视频，有独立的产权，形成检索功能后，提供给用户，并通过AI快速剪辑成一个宣传片或专题片，AI对数据的挖掘与分析，实现了从内容提供商向知识服务商的转型。

（3）用户数据库

对媒资库里的数据进行传播效果分析、内容运营分析和精准推送营销，对用户数据进行流量过滤、抓取分析、后端把控、精准导流、分众投放、效果评估，汇集媒资数据和用户数据，开发应用服务，建立用户和数据之间的桥梁，进行整合、清洗、认证、管理、记录以及深入挖掘、分析，推动大数据交易流通，这就向智媒体的方向迈进了一大步。

（4）行业智库

以大数据分析为核心，推动内容生产向数据生产、智库生产转型，着力打造"智库型媒体"。打造专业化的行业分析报告、舆情分析报告、指数排行报告，研究分析城市治理、行业运营、媒体生态等发展状况，给出有针对性的意见建议，引领舆论方向。

四、参与区域数据中心建设

2020年3月4日，中央政治局常委会会议提出，进一步增加了新基建中数据中心的建设。中央目前明确提出的五项新基建均为数字类基础设施。5G背景下，大数据中心服务的场景很多，健康、教育、医疗、居家服务，都是刚需服务、高频服务。其中政务及行业数据库的建设，政府有大量的项目和资金，主流媒体可以积极参与。各地的大数据不可能都放到云端，且政务数据也不能交给商业平台，这就给融媒体中心带来了同政府和云计算服务商合作的机会。市县融媒体中心可参与大数据中心建设，包括政务数据、内容数据、用户数据的建设。本书分析解读三类数据库，供读者参考。

1. 政务数据库

政府各部委系统都会有数据统计，但是这些原始数据不能满足市场的需求，这恰恰是媒体可以有所作为的地方。媒体可以利用自身优势，参与政府部门的政务数据库建设。还可以成立数据新闻报道团队，从基础数据的采集、数据分析、寻找对数据有需求的机构等环节入手，为相关机构提供优质的基础数据服务。

通过媒体深融和技术发展，市县融媒体中心拥有强大数据处理能力后，就能实现信息采集、计算、分析和应用,通过对平台用户海量数据的收集、挖掘、研判和共享,利用人工智能信息储存、超级模仿和深度自我学习的功能,运用海量的用户数据、精准的用户画像、丰富的生活服务项目,为用户提供优质精准的公共服务,同时为党和政府科学决策提供数据支撑,实现决策科学化和治理精细化。

2. 重点工作数据库

对当地中心工作建设数据库,以小康工程数据库为例,记录反映区域全面小康社会建设的光辉历史进程。小康数据库建设上级有明确要求,市县融媒体中心可以建设。建设以小康为主要题材的数字化融媒聚合平台,并提供小康专项数据服务。着重从以下方面设计建设:

(1)数据集纳互联。综合运用大数据和云计算的先进技术,建设一个开放的小康数据"枢纽",保障各部门、各条线、各单位甚至个人,都有交流、上传有关小康数据资料的"入口"。完成数据平台、接入平台、用户中心、标签库、资产管理平台的建设,创新使用大数据的各类数据标签和数据管理工具,形成多种形式、整合管理、统一存储、安全交流的新型数据库,并保留与省级数据库的数据交换功能。

(2)数据智能分析。充分利用各类人工智能工具集,整合挖掘数据价值,建设会"协助思考"的小康数据智库。在动态采集和接受多元数据的基础上,逐步开放一系列人工智能工具集,实现数据的动态分析、跨界整合、统一处理。协助相关研究部门和学者,对小康这一命题进行深入的数据化研究,同时方便相关政府部门在数据工具的支持下,更好地推进小康工程相关工作的规划和决策。

(3)数据多维呈现。完成各类型数据上报标准制定、标准数据接口规范制定、专题模块功能、记录小康工程数据库中文版网站建设、各类型专题模板建设,实现数据资产管理平台的信息展示和宣传发布功能。利用 VR、AR 等先进的展示技术,根据小康社会建设实践的需要,不定期地推出以小康为主题的新媒体产品,让用户足不出户,就能在线感受到小康社会建设的伟大成就。使其成为反映中国新时代面貌，讲好中国故事的又一全新窗口。

3. 人大政协等数据库

近两年，人大政协的信息化工作在不断提升，中央也有明确要求建设，包括人大工作平台数字化、信息化建设，优化整合各项工作应用系统，按照"一网通办"理念，紧紧围绕履行立法、监督、决定、任免四大职能，围绕服务人民、服务代表、服务人大机关三个层面，把人大工作从线下搬到线上，推进各级人大信息系统互联互通、资源共享等。这一系统化工程中，资金投入有保障，主流媒体有较强的运作优势，可联合相关单位共同开发。建设一个综合性数据平台，成为内容聚合的窗口，实现用户无缝连接，并统一办公入口，实现数据的采集、存储、交换、管理、共享，可视化展示。

此外，在企业服务上，媒体可建设可实时检索的企业情报库；地方史上，建设结构化处理的历史档案数据；交通指挥上，建设可视化动态信息数据；医疗卫生上，汇聚健康信息用户库；产业投资上，建设行业分析动态数据库；司法法律上，建设政策法规数据库；旅游文化上，建设区域性旅游资讯库。只有分析好、使用好大数据，挖掘其背后的价值，才能满足用户的需求，实现媒体转型。

第四节　可视化：玩转视频的 9 个黄金问答

图文和视频很大的不同之处在于，文字需要后天学习和培训才能写作和理解，因此文字创作的门槛较高，且大多数人没有耐心去深度阅读一篇 3000 字以上的文章，但做一个视频几乎不需要什么门槛，看一个视频更加直观，也不需要什么理解力。因此，短视频多元的内容生产主体、形式丰富的传播形式，构建了贴近人们生活场景的交流"舆论场"，可视化成为媒体融合的重要方向。运用短视频讲好国家故事、地方故事和百姓故事，是市县融媒体中心守正创新的新课题。

主流媒体在生产发布短视频过程中，需要脑补以下 9 个问题。

1. 什么是短视频和中长视频？

短视频是指在各种新媒体平台上播放的、适合在移动状态和短时休闲状态下观看的社交小视频。一般来说短视频在 3 分钟以内，瞬间视频 15 秒，故事类短视频 1—3 分钟。

短视频要多短才合适？各个研究结果不尽相同，之前 15 秒短视频最受欢迎，它是入门级内容，只要有台手机，谁都可以拍，属于 UGC，大多来源于市井生活和突发现场，但内容粗糙，难以量产，很容易被抄袭，无法形成稳定的商业化渠道。

后来 30 秒、1 分钟，甚至更长的中长视频，内容丰富，更有看头。这类更精致的内容，需要 PGC、OGC 来生产。

超过 3 分钟的视频，我们称为中长视频，一般来说中视频时长 4 分钟左右，长视频是 5—30 分钟，即电视媒体常说的"片子"。UGC 生产视频，1 分钟以下就够了，但是对于主流媒体或专业的 PGC 视频来说，4 分钟左右才能做成一个像样的视频。

短视频不是简单地将"长"改"短"，而是传播理念和传播逻辑的重塑。"短"，并不意味着信息"少"和价值"低"，短视频相当于新闻报道中的消息，一个 10 秒甚至更短的视频，只要注入思想，传递价值，照样可以表达深刻和鲜明的观点，冲击力极大。目前短视频已成为主题宣传的重要形态，但短视频过于碎片化，信息不够完整。

如果把短视频比喻成零食，中长视频就是正餐。你可能零食的消费量很大，但正餐不可或缺。中长视频相当于深度报道，有相对稳定的时长，有利于完整叙事、传播观点，能成为经典 IP 的，只有长视频可以实现。中长视频一般横屏播放，需要专业团队制作，准入门槛高，在选题和制作上难度大，需要资金投入。但中长视频除非故事和噱头很好，否则用户的完播率会非常低。

对媒体而言，由于各视频平台的调性和传播规律不同，同一内容的视频无法一键多发，可根据信息传播需求，需长就长，需短则短，把场景、故事、观点表达完整即可。

2. 主流媒体转型短视频有何优劣势？

短视频呈爆发式增长，传播生态颠覆性转变，与主流媒体在短视频赛道上赛跑的是自媒体人，其创作者队伍庞大，内容更接地气，赛道更为细分，且态度敬业务实，专业水平不亚于主流媒体。

移动端的视频创作不需要大型装备，一个摄像头、一个手机、一个网络，就能解决问题，主流媒体之前的优势也不复存在。加上营销体系、薪酬考核与新媒体相差较大，导致主流媒体在视频赛道上的落后。

但主流媒体也有自身核心竞争力，比如其生产发布的时政视频、社会新闻视频、热点视频，具有引导力、厚重感，能引发共情共鸣效应，既是媒体融合的内在需求，更是提升舆论引导力的突破口，主流媒体发力短视频有以下优势：

一是能精准把控主题，传播核心价值观。时政报道重视第一现场；热点新闻抢抓独家素材；融媒访谈创新传播方式；媒资视频挖掘共情看点，形成内容传播上的影响力和竞争力。

二是主流媒体的核心优势是商业平台不具备的。商业平台因不具备一类新闻资质，其专业新闻信息仍需由主流媒体提供，而主流媒体也乐意借助商业平台分发原创报道，相互赋能。报社文字记者的敏感性、新闻深度采访能力、文本写作能力等都比较强，能为用户呈现出更厚实的内容和更高的内涵价值。与展现吃喝玩乐、琐碎的短视频相比，这样的视频更能满足受众深层次资讯需求。

三是主流媒体小屏带动大屏，小屏带动深度，形成"破圈"融合。主流媒体能够实现小屏引领大屏、大屏互动小屏，小屏与深度报道互动，从而让社会舆论的主旋律成为走红网络的大流量。一个视频在抖音或视频号上成为"爆款"以后，记者马上跟进，做一个延续的采访报道，把采编内容再制作成中长视频，或深度文章，在大屏和客户端同步分发，让产品形成多轮发酵的叠加效应。"大小屏"联动是有数据支撑的议程回应，它不只是简单的播出平台同步，更是主流媒体在官方舆论场和民间舆论场的一个深度互动。

四是发挥政务视频直播的核心优势，主流媒体在政务报道的基础上，通过政务直播及时、权威地现场报道，体现了移动化的现场感和互动性，与党政机关治理能力创新不谋而合，也符合主流媒体"权威政务资讯发布平台"的定位。

3. 主流媒体视频产品分哪几种？

主流媒体生产的短视频包括新闻短视频（时政新闻类）、故事短视频（社会新闻类）、图片（文字）短视频、海报视频、MG动画视频、直播、慢直播等多种形式。

新闻短视频是主流媒体的长项，常在重要活动、重要会议、重要人物讲话中拍摄；故事短视频以社会新闻为主，从人性化的角度来策划用小故事体现大情怀、用真情叙事凸显大主题，尤其是有现场、有声音的突发、灾难等新闻可以成为主流媒体发力短视频的初期的发力点；图片（文字）短视频是将图片或文字配以声音或音乐，进行动态展示的视频。

海报视频是近来出现的一种内容产品样式，先做好一张静态的背景图，以大画面、大标题、大字号以及鲜亮的色彩，构建一个海报式的背景。其中预留一个视频区域，将新闻视频嵌入其间，并保持在画面中播放，实现视频、图片、文字、声音等多种元素的有机整合。不少报社以快讯、号外等形式播出，时长一般控制在10秒以内，这样可以确保在微信圈等移动渠道中收看和传送，像图片一样发送到朋友圈，或者点对点发送。

MG动画视频，也叫"运动图形"，可以解释为会动的图形设计，由于其传播信息个性化、包容性强、趣味性强、交互性强，也成为主流媒体转型短视频的选择。MG动画视频可以将枯燥的抽象的数据形象化，易于受众理解。

不少主流媒体常用于政府工作报告、政策规定的解读，通过画面动态设计的节奏感和多变性，为受众带来轻松愉悦的观看体验。

慢直播和直播是近两年主流媒体发力的重点，慢直播是对热点区域进行24小时直播，慢直播核心不在于慢，而在于动，用户可以在慢直播间里留言、许愿、表白，看到很多话题互动，成为客户端的在线BBS。

直播则是媒介融合重要的表现形式，引发媒介生产方式的革命。主流媒体直播，以前是借助商业平台，或自有客户端平台，在大型活动、突发新闻、新闻发布会时，以鲜活内容、独家题材进行实时播出，并与用户进行及时互动，实现媒体直播的传播价值、产业价值和社会价值。

直播聚合了社会多元主体，内容也日益丰富，很多媒体试水电商直播，田间地头、城市乡村、风景名胜、虚拟时空都已成为直播场景，直播经济也已成为新型的经济形态，主流媒体要高度参与。未来，"直播+"将呈现突破时空甚至人机交互的泛在化趋势，成为连接数据、产品、用户的载体，借助物联网成为连接一切的社会互联互通的平台。

4. 视频的生产发布分哪五步？

视频的生产发布同稿件写作、图片拍摄不同，稿件和图片是作品，文字记者、摄影记者一人就能完成，而视频是产品，要有产品思维，团队合作，需要运营。视频的生产发布分为五个流程：前期创意、中期拍摄、后期剪辑、传播发布、复盘分析。

第一步前期创意。即找选题、定思路、写脚本，主要是明确主题立意、设计镜头组合、细化拍摄需求、计划投放渠道、提升传播效果。诸如视频的开头场景、中间转场、结尾升华，如何提出问题，何时给出答案，如何设置悬念，抓住观众好奇心，都需要前期创意确定。

第二步中期拍摄。大片感十足视频涉及构图、运镜、打光、拍摄分镜头、无缝转场等多项技能。拍摄中，如果有记者出镜更好，真人出镜，尤其是人格化的IP出镜，要么有好看的外表，要么有有趣的灵魂，会极大地提升点击量。

第三步后期剪辑。包括加载字幕、后期特效、配乐等，这个过程中，标题和开头 5 秒最关键，标题决定用户是否点开看，开头 5 秒决定了用户是否快速滑走。开场即高潮，用最震撼、最精美的画面在视频开始就吸引住观众。此外，千万不要小看音乐，音乐给人带来的记忆比画面更为深刻，爆款短视频最先唤醒记忆的是音乐。

第四步传播发布。社交化是视频传播的重要属性，只有不断促成二次传播，在社交链上持续发酵，才能形成融合传播。视频传播交互是根本，要研究用户的需求心理，把握其阅读兴趣点，激活人物的内在情感，让用户在观看过程中不再是一个围观者，而是参与者、发表评论、转发分享。此外，短视频是通过算法的推荐抵达用户，标签相当重要，要对短视频的简介、分类和标签进行精准的定位，这决定了触达用户的精度。

第五步复盘分析。通过数据分析，研究视频在各平台播发的效果，团队一起复盘，对选题、表现形式、拍摄手法、运营方式回头看，不断改进。诸如情绪上如何与用户共鸣、IP 栏目如何邀约头部内容生产者、累积的存量 DAU 怎么挖掘等。

5. 视频的选题怎么找？

近年来，短视频显示出内容局限和流量疲态，泛娱乐化、同质化、低俗化等问题较为常见。视频的选题十分重要，在平台上，视频是通过算法的推荐抵达用户的，标签决定了触达精度，选题决定了传播的广角。如果要让机器更精准地分发，首要的是确定好选题。特殊主角、紧跟热点、笑点、泪点、抓住现场突发、有话题槽点、正能量暖新闻等容易形成爆款的选题。

主流媒体拍摄视频，以时政新闻视频、社会新闻视频为主。选题要从党委政府的中心工作、当前热点、平台热搜、选题库、评论区中挖掘。创作者要善于寻找自己所在领域的重要时间节点，包括节假日、赛事、重大行业事件等，围绕这些特殊时间点进行拍摄创作。要关注时下的热点，热点自带话题性和争议性，更容易获得受众关注，制作热点视频一定要有独到的见解。在拍摄中，要形成故事脉络，塑造生动故事，通过共情、共鸣，提供消费者情感投射。确定选题时，要问自己几个问题：假如我是观众，我会对什么内容产生认同感和焦虑感？如何引起大家的讨论或者思考？如何吸引人的眼球，引发转发？

6. 视频的脚本如何写？

绝大多数用户看视频在意的是真实感，包括有趣，有意思，有知识，有信息量，而不是它的深度和表演。这些都要在脚本中体现，做视频，脚本是关键，它是视频的大纲，也是视频的核心，一个好的脚本直接决定了视频的质量。

专业的脚本主要有主题、画面内容、机位、摄影机运动轨迹、拍摄手法、拍摄时间、解说词、音效等，以表格的形式呈现。简单的脚本一般只要有拍摄提纲即可，即解说词+画面。解说词一般1分钟150字，以此为标准写解说词，解说词越短越难写。一段60秒的新闻短视频，解说词只讲一个核心内容，抓住一个看点。

擅长写作的文字记者还可以创作文学脚本，即基本画面以文学内容的形式描述出来，读文字也能感受到故事的感染力。

7. 竖屏视频与横屏视频有何优劣？

以前的视频都是横屏的，因为人的眼睛是水平的，决定了人的视线也是横向的，我们看到的世界是一个124°夹角的水平画面。所以电影的画面通常是16∶9或4∶3，横屏视频更接近人眼中的真实世界。它有利于"事"的呈现，能够讲述更复杂、更有深度的故事，一般中长视频以横屏形式展现。

短视频是基于手机创作的，为符合手机用户使用习惯，方便单手握持和操作，最大限度地减少翻转，与之相适应的竖屏视频应运而生。抖音、快手、微信视频号等平台都是竖屏的。竖屏改变了我们眼中的世界，由于与诸如点击、滑动之类的移动手势相吻合，竖屏视频更能增强与用户的互动性，意味着别样的用户体验，逐渐成为移动互联用户的观看习惯。

同时，竖屏视频属沉浸式观看，高而窄的视觉框凸显了镜头后的人物主体,更具对话感和亲密感,有利于"人"的呈现,我们会把注意力的焦点放在人物的表情上,仿佛就在我们面前与我们对话。

从操作上看,拍摄竖屏视频单手手持即可完成,竖版构图突出人物,更能反映冲突,给予观看者更真实的临场体验。有利于记录即时性、突发性事件,一般短视频常采用竖屏形式,但竖屏视频也有它自身的缺陷,画面中的视野是单一的,很难刻画多个主体的互动,也很难表现人与周围环境的关系。

8. 短视频的标题如何才能吸引人?

画龙点睛的标题,是引爆短视频的导火索。特别是算法会从短视频的封面、标题中提取关键信息,推荐给感兴趣的用户,因而标题会影响我们的流量,需要高度重视。

短视频的标题与纸媒、新媒体标题不同,后者强调准确、简约、传神,而短视频的标题以 25 字至 30 字为佳,能精准概括视频内容,如果研究一下腾讯新闻的短视频标题,你会发现基本上是一个模式:"事件概述 + 关键信息 + 情绪表达"。

事件概述有助于观众快速地提取视频的内容信息,关键信息可以更好地吸引观众,情绪表达则为了更深透地传情。诸如:"乌克兰吹响反攻号角?导弹从天而降砸向俄罗斯本土,消息轰动多方""上海女子晒老公封前封后对比照,帅小伙变糟老头,网友:喜提新老公!""谷爱凌现身表彰大会变团宠,与众人一起分享金牌,笑说特别高兴"等。

视频标题要善用数字,数字不仅可以用来描述速度、金额、强度,还可以用来描述程度和效果。要善用疑问句或者是反问句,层层递进感情、情绪,引导用户思考。

9. 同一条短视频能不能一键多发?

不少媒体制作视频后,喜欢一键多发,其实这种播发的效果很差,各短视频平台属性不同,不是什么视频都能发了抖音发快手,发了快手发火山。不了解平台属性盲目发布内容,只会事倍功半,发了只会给自己的小号减分。

从各平台的属性看，抖音的流量高内容属性强、音乐属性强；西瓜视频是今日头条的视频版，以 PGC 为主；火山小视频以原创 UGC 为主；快手受众下沉，奇闻逸事流量高；美拍以"美"为标签，年轻女性群体是主要用户；B 站内容属性强，知识型、专业型用户爱上，也能吸粉。

媒体融合的流程是"一次采集、多种生成、多元发布"，这不光是指图、文、视频等产品，这个流程尤其要应用到视频的生产发布中，一次采集了视频素材，要根据不同平台的调性生产不同的视频产品，多元发布，才能持续发酵，形成爆款传播。

第 5 讲
融合生态——主力军挺进主战场

亏损的晚报"芭比 Q"了吗？

王社长：沿海某地级市党报集团副社长
冯主编：沿海某地级市晚报执行主编
周博士：某融媒研究中心主任
时间：2022 年 5 月

夜色渐深，喧闹的城市寂静下来。

沿海某地级市党报集团，晚报编辑部灯火通明，编辑记者正在写稿、排版、校对，忙得不亦乐乎。

王社长和冯主编领着前来调研的周博士穿过编辑部，走进了会议室，冯主编长叹一口气："老周，这么晚把你请过来，就是帮我们拿个主意，晚报到底要不要停？"

"老冯，你别多想了，该停就停，改革就是壮士断腕嘛，快刀斩乱麻！"王社长打断了冯主编的话。

"王社长，小点声，别嚷嚷，外面都是老晚报人，你这一嚷，不是寒了大家的心嘛。"冯主编赶紧把会议室的门关得严严实实。

"我看你是屁股指挥脑袋。"王社长说道，"周博士，你给评一评，集团党委让我牵头调研晚报改革，大多数职工都认为要停办，年轻的员工还发帖说晚报'芭比 Q 了'，我当时不知道啥意思，回家问了我女儿，才知道这'芭比 Q'就是'无力回天'，我看也是。"

"王社长，我记得不错的话，晚报已经办了 30 年吧，怎么说停就停呢？"周博士接过话茬。

"晚报现在就是'四个一'：一是包袱，二是鸡肋，三是炸弹，四是衙门。"王社长一口气说下来，声声刺耳。

冯主编一听气不打一处来，反问道："老王，你也是晚报出来的人，话不可乱说，你说这'四个一'是几个意思？"

王社长喝了口水，气定神闲地问道："晚报广告连年下降，你算算，今年以来，5个月了，晚报创收有多少？"

"大概……估计……100多万元吧。"冯主编心虚地报了个数字。

王社长扳着手指头道："我给你算一下去年晚报的大账，发行收入1500万元，广告收入300多万元，合计1800万元；支出呢，印刷纸张费800万元，发行费700万元，薪酬500万元，另有办公费、出差费、水电费、房租、利息等200多万元，合计支出2200万元；实际亏损400万元，这几年，年年如此，2015年以来，累计亏损有3000万元了吧，不是包袱是什么？"

"亏损我承认，凭什么说晚报是鸡肋？"冯主编继续较真。

老王拿起当天的一份晚报，拍到桌面上说道："你让老周看看，晚报从48版减到现在的16个版面，去掉与日报同质化的报道，再去掉给客户的行业周刊，原创版面和稿件有几个？大量刊发的是记者编辑的人情稿，都成了你们的'自留地'了！"

冯主编红着脸，嘟囔道："晚报能写的记者都走了，行业新闻又划入了集团经营板块，现在都不晓得该报道什么。"

"对啊，你都说不晓得该报道什么，那读者更不知道看什么了，难怪发行的同志讲，一张张晚报送出去，很多读者看都不看直接塞进了纸篓，不是鸡肋是什么？"

"好，说鸡肋我承认，但晚报总不至于是炸弹吧？"冯主编反问道。

"整天让我提心吊胆，"王社长越说越气，"上个月出了个政治差错，上级让我写检讨；'低级红''高级黑'的报道防不胜防，每晚我都要盯着大样；早上担惊受怕，就怕9点钟来电话，这还不是炸弹？老冯你不同意停，我看是舍不得主编这个位置吧。"

"老王，话不能这么说，要不是还有点情怀，我早就不想干了，我们人数减了一半，工作加班加点，工资没涨一分，大家都很辛苦。"老冯也有点生气。

"我不否认你们的辛苦付出，但晚报40多号人，大多混成了老资格，设置了10多个部门,总编室、编辑部、要闻部、社区部、经济部、副刊部……光主任、副主任一大堆,该享受的待遇个个争,该承担的责任个个推,比衙门还像衙门,人心涣散,属于整体躺平的衙门。"

王社长不留情面,把"四个一"逐一说破,冯主编沉默了一阵,说:"老王,晚报陪伴市民走了30年,说没就没了,大家心里舍不得啊。"

"你以为我舍得吗?说句掏心窝的话,我跟你一样,也有晚报情结啊。"王社长叹了口气,"在集团党委会上,我是想方设法保晚报,可别的党委委员讲,这些年每年都有晚报停刊,比如《成都晚报》《贵阳晚报》《宜宾晚报》《遵义晚报》《广元晚报》《内江晚报》《赣州晚报》《德阳晚报》《巴中晚报》《本溪晚报》《吉安晚报》等,列了一大堆,别人能停,我们凭什么不能停,我没办法说服人家啊。"

冯主编沉闷地喝了口水,把求助的目光盯向周博士。

"这几年,移动互联网几乎要了纸媒的命,首先死去的就是晚报等都市类报纸。"周博士说道,"主力军上主战场,就要淘汰落后产能,关停并转一批受众少、影响力弱的版面、频道和账号。"

"老周,我记得你也是晚报记者出身,20多年前,我们还一起开过会。"冯主编动了感情,"晚报毕竟还是一个城市的文化符号、精神纽带。下不了手啊。"

"老冯,上级有要求,对于难以维持的各类媒体,不能打'强心针',也不做'人工呼吸'。"周博士说道,"如果停,就要周密制定方案,向互联网主阵地汇集,并妥善解决干部分流、人员安置等现实问题。"

"如果不停呢?有什么办法没?"王社长反问道。

周博士看了下王社长:"你刚才讲了停刊的'四个一',如果不想'芭比Q',我也讲讲保刊的'四个一'。一是转型,二是改革,三是迎春,四是变脸。用当下的网络新词,就是'爷青回'啊。"

"赶紧说来听听。"冯主编兴奋地说道。

"第一步转型,即壮士断腕调整发展方向,这几年晚报的转型分这几种,有减人减版的,转为周三刊或周五刊;有转为教育周刊、老年周刊、劳动者周刊的，留住一个刊号；有停出纸质版，整体转型上客户端的；也有与日报一起融合改革，仅保留一个编辑部的……各家情况不一样，路径也不一样，一样的是向死而生的勇气。"

"老王，我们有勇气向死求生，我有信心。"冯主编脸上露出了笑容，"那改革是什么呢？"

"第二步改革，即启动全面深化改革，根据确定的转型方向，重新定编定岗，减人减薪，全体干部集体起立，竞聘上岗，采编重构，经营转型，这可是华山一条路啊。"周博士正色道。

"变则生惰必死，这个是必需的。"王社长赞同道。

"第三步迎春，迎接互联网下半场的春天，从运营媒体转为运营用户，像晚报小记者、副刊作者、帮办对象、老爸老妈等群体，都是晚报重点运营的用户，突出大健康、大养老、亲子教育、慈善、助学等内容，是晚报的长项，从内容生产到产业拓展，实现全面转型。"

"是这样，纸短情长，晚报的厚重感、老读者的情感、品牌的形象，都是新媒体无法比拟的，这些都是我们的优势。"冯主编说道。

"第四步是变脸，"周博士接着说道，"晚报不再是报纸版面一张脸，它还是线上报纸、屏上报纸、端上报纸，更是音频视频、融媒产品、亲子活动、公益场景，有了这么多张面孔，晚报就能线上线下互动，把新闻+商务服务做大做强，这不就'爷青回'了吗？"

"我觉得可行，周博士，今晚我们就开个讨论会，老冯，把外面几个主任都叫来啊。"王社长兴奋地站起身来。

夜更深了，晚报会议室的灯火依然明亮。这灯火，陪伴了读者30年，可否继续服务千家万户，触摸城市心跳？

第 6 讲　人才培养——全媒人才从青铜到王者

☆ 第一节"党建引领",说的是传媒发展,必须有正确的政治方向、舆论导向、价值取向,所谓失之毫厘,谬以千里。要把"支部建在生产线"上,基层党组织架构体系要随媒体机构变化而变化,堡垒筑在融媒一线,通过创新融合党建,推动党建和业务双向赋能,在前行的路上点盏灯。

☆ 第二节"人才战略",分析了媒体人才现状,领导求才若渴,员工怀才不遇,诸多的悲欣交集都源于此。"精兵强将"从哪里来?每家媒体都要制订一个人才战略,确定人力资源的发展愿景和目标,对人才进行配置、招聘、培育、管理、文化建设、考核等,制订切合实际的系统性工作方案和实施路径。

☆ 第三节"人力资源",讲的是传媒 HR 的工作,HR 要理解和满足员工各种合理需求,这样,员工才能满足用户各种需求。媒体融合需要哪些人才?如何招到合格的人才?岗位如何设置?人才如何选拔?采编专业职务如何改革?一系列 HR 头疼的问题,本节一一解析。

☆ 第四节"超级成长",讲授一专多能的"八个全会","戏分"了全媒人才的等级。青铜级:一天能跑三个活动,写四篇稿件;白银级:不光写消息和通讯,还能写公众号和脚本;黄金级:除了写公众号,还能出镜采访;钻石级:既是抖音主播,又是 UP 主;而王者级别是:八个全会。

第一节　党建引领：在前行的路上点盏灯

党的二十大指出：落实新时代党的建设总要求，健全全面从严治党体系，全面推进党的自我净化、自我完善、自我革新、自我提高，使我们党坚守初心使命，始终成为中国特色社会主义事业的坚强领导核心。

随着媒体融合的不断深入，以党建促业务、业务强党建成为新闻媒体的共识。为此，新闻媒体要认真贯彻落实新时代党的建设总要求和新时代党的组织路线，不断把党的政治优势、组织优势转化为发展优势，让党员干部成为正能量的"发光体"，凝心聚力走好"赶考路"。

一、强化政治建设，充分发挥党组织领导核心作用

传媒业的发展，要有正确的政治方向、舆论导向、价值取向。如果发展方向出现偏差，走得越远，偏差越大。传媒业的发展方向，只能是党指引的方向。不断加强政治建设，对新闻媒体至关重要。媒体党建工作第一位是加强党组织的政治建设，强化政治引领。

1. 加强政治引领，筑牢信念之堤

新闻宣传是政治性很强的业务工作，也是业务性很强的政治工作。报纸刊登的每篇稿件、电视播出的每一个节目、新媒体的每一个产品，都涉及舆论导向、关乎意识形态。

习近平同志在《论党的宣传思想工作》中强调："要把坚持正确舆论导向贯穿新闻采集、撰写、编排、发布各个环节，落实到采写人员、编辑人员、审看人员、签发人员身上，层层把关、人人负责。"

一是把党的政治建设摆在首位。新闻媒体要坚持把学懂弄通做实习近平新时代中国特色社会主义思想作为首要任务，坚决当好"两个确立"的坚定捍卫者、忠实践行者，更加自觉地增强"四个意识"、坚定"四个自信"、做到"两个维护"，持续涵养净化媒体政治生态，引导全体党员干部坚守忠诚、

干净、担当的价值追求。

二是严明政治纪律和政治规矩。常态化开展理想信念教育、对党忠诚教育和革命传统教育，坚持把政治标准和政治要求贯穿始终，督促引导党员干部严守政治纪律和政治规矩。综合运用日常考核、年度考核等途径方法，完善党员政治素质档案，强化考察结果运用，坚决防止形式主义和官僚主义。

三是不断提高政治判断力、政治领悟力和政治执行力。新闻媒体尤其要深入学习贯彻《中共中央关于加强党的政治建设的意见》，牢记"国之大者"，始终在思想上政治上行动上同以习近平同志为核心的党中央保持高度一致；在新闻宣传工作中不断提高政治判断力、政治领悟力、政治执行力，善于从政治上观察、分析问题，明方向之正、把前进之舵；强调把讲政治、顾大局、听指挥、打硬仗的要求，深入贯彻到新闻宣传各个方面，确保党中央和上级党组织决策部署在媒体有效落地落实，确保各项工作不偏向、不缺位、不走样。

2. 突出思想建设，落实主体责任

一是强化理论学习。要时刻保持知识不足、本领不足、能力不足的恐慌感和紧迫感，强化学习工作化、工作学习化的意识，健全完善学习制度，深入学习新思想新理念。要联系实际学、持续跟进学、融会贯通学，采取党委中心组引领学、红色教育基地实践学、支部党员统一活动日集中学、青年读书会交流学、党员个人线上平台自主学等"五学"方式，不断掀起理论学习的热潮。

二是落实意识形态工作责任制。要牢牢把握正确政治方向和舆论导向，以高度的政治敏锐性、使命感和责任感，抓好意识形态工作，全面落实党管意识形态责任。强化舆情分析，定期分析研判意识形态领域情况，主动掌握党员干部思想动态，扎实开展思想道德建设和文明创建工作，广泛宣传社会主义核心价值观，坚持正面引导，营造良好的社会氛围。

三是切实履行党建主体责任。将党建工作列入年度工作计划，以上率下切实履行好党委抓党建工作的主体责任，党委成员加强对各自联系支部的监督指导，明确各党支部书记为履行党建工作"第一责任人"，形成党委统一领导、机关党委牵头抓总、各支部密切配合，一层一级、层层抓落实的党建工作格局。

3. 挖掘红色历史，讲好红色故事

"欲知大道，必先知史。"新闻媒体要深度挖掘当地的红色历史，打造叠加势能，筑牢信仰之基。

一是挖掘自身的红色历史。要征集原始史料，重新梳理报史，建设报史馆，打造沉浸式"红色课堂"，从前辈新闻人身上汲取历史养分和奋进力量。组织新入职采编人员集中学习报史，邀请离退休老同志讲解办报传统，加深他们对马克思主义新闻观理解，传承红色基因，坚定奋进新时代的信仰、信念和信心。

二是挖掘当地的红色历史。深入挖掘本地党史，赴外地寻找相关红色元素，讲好红色故事，追寻中国共产党一路披荆斩棘、矢志不渝的百年奋斗足迹，回顾中国共产党领导人民革命、建设、改革，奋进新时代的伟大成就，讲述赓续红色血脉的动人故事。

三是创新宣传形式。加大传播创新力度，通过漫绘、海报、视频、音频、条漫、H5等新媒体传播形式，让党的历史"飞入寻常百姓家"。

二、强化组织建设，夯实媒体融合发展之基

党员干部队伍建设，是党建工作的重中之重，也是业务工作的动力和源泉。要强化组织建设，筑牢堡垒，建强队伍，夯实媒体融合发展之基。

1. 织密建强基层组织体系

一是优化设置基层党组织，形成上下贯通、凝聚合力的组织体系。要从选优配强支委力量、严格组织生活、优化党员教育管理服务、规范台账管理、排查党员组织关系和档案、规范收缴党费等做起，突出基层党建强基固本作用，把基层党组织打造成新闻宣传战线上的坚强战斗堡垒，打通导向管理"最后一米"。

二是抓书记、强管理。将支部书记抓党建工作纳入年度考核，通过述职述责述廉等形式，着力强化支部书记"一岗双责"意识和支部建设第一

责任人职责，严格对支部书记的管理考核。设立"政治学习日""党员活动日""书记谈心日"，通过集体政治生日、重温入党誓词、设立党员示范岗等多种方式，及时校准"政治生物钟"。

三是系统谋划支部特色党建创建工作。从媒体党建工作和业务工作融合入手，积极创新党建品牌，探索建设"一支部一品牌一工作法"，将党建工作中的特色亮点、典型做法和成功经验进行提炼、宣传、推广，努力形成具有自身特色的党建工作法。

2. 提高党建工作规范化示范化水平

一是出台相关制度。按照组织生活标准化、考核督导标准化、党性教育标准化的要求，出台党建工作规范，制订党支部工作手册和基层党建工作"规定动作"清单，对基层党支部党建工作范围、内容、标准进行系统梳理，明确基层党建工作规范要求。

二是加大考核力度。实行一年一考核、三年一总考，谋划开展基层党支部达标创优行动，对标"五好六有"党支部创建标准，同步实施达标创优评定考核。

三是打造"三大课堂"。打造"初心课堂"，组织党员干部深入红色镇村、爱国主义教育基地聆听党史故事，组织开展"学党史·祭英烈传承红色基因"等特色党建活动；打造"实境课堂"，组织党员记者开展主题采访行动，对典型模范人物进行采访，深入宣传加快乡村振兴、践行"两山"理论、推动绿色转型等方面实践成果；打造"温馨课堂"，走进社区开展特困家庭关爱、金秋助学等活动，与"富民强村"结对单位开展特色党建共建活动，以务实举措互促互建，着力打造党建示范标杆。

3. 驰而不息涵养清廉之风

一是严肃开展党内政治生活。严格执行《关于新形势下党内政治生活的若干准则》，落实党员领导干部双重组织生活制度，发挥机关党委委员对支部组织生活会的指导督促作用，切实增强党内政治生活的政治性、时代性、原则性、战斗性。认真落实"三会一课"、民主生活会、组织生活会、民主评议党员等制度，注重内容和形式有机结合，做到每月"有主题、有主讲、有讨论、有收获"。

二是扎实开展党风廉政教育。持续开展"正风肃纪看党媒"专项行动，组织党员干部到廉政教育基地开设"廉政课堂"。起草《致党员干部暨家人的一封廉政信》，提醒党员干部及家人守好清廉之门，营造清廉家风，以忠诚干净担当的实际行动维护好党媒工作者的良好形象。大力加强廉政文化建设，通过专题讲座、反腐倡廉典型案例和警示教育等系列活动，进一步增强党媒工作者牢固树立党规党纪的意识，不断筑牢拒腐防变的思想道德防线。

三是强化监督执纪问责制度。坚决执行和落实党风廉政建设主体责任和党内监督责任，充分发挥机关纪委党内监督作用，确保媒体各项工作依法依规进行。在谁主管谁负责的原则下，形成一把手负总责、分管领导共同负责、纪检监察组织协调、部门各负其责的格局，签订《党风廉政建设责任书》，把党风廉政建设工作责任制真正落到实处。

三、创新融合党建，推动党建和业务双向赋能

党建与传媒工作，不是两条路上跑的车，不能两张皮，要注重融合发展。围绕中心、服务大局搞好宣传，是党建工作的价值所在，也是检验党建工作成果的基本标尺。坚持党建引领，也是传媒的主责主业，要实施"党建+重大主题宣传""党建+融媒素质提升"等"党建+"活动，把党建工作和新闻宣传相融合作为党建的主攻方向，做响宣传品牌，提高党建融入度，双向赋能、同频共振。

1. 凝聚改革发展力量，推动党建与业务工作深度融合

一是把"支部建在生产线"上。媒体要积极主动把党建工作植入媒体融合中去，让基层党组织架构体系随媒体机构变化而变化，让党员干部冲锋在前，积极投身于全媒体传播体系的建立，把坚强堡垒筑在融媒一线，把先锋模范作用体现在融媒一线，让党旗高高飘扬在融媒一线，凝聚改革发展力量，推动媒体党建与业务工作深度融合，推动党建工作从"抓无形"向"抓有形"转变。

二是精心策划宣传报道。将党员的思想领悟融入新闻生产，通过媒体报

道、融媒体传播齐发力，推出众多富有特色的新闻产品，为当地党员学党史、悟思想、办实事、开新局提供生动鲜活教材，为党史学习教育营造浓烈氛围。

三是践行"四力"提升使命担当。要通过策划践行"四力"的融媒主题党日活动，组织党员记者将践行"四力"课堂移到基层一线，讲好地方故事，在新闻实践中感知、传播党领导下的发展变化和广大党员先锋艰辛的奋斗历程，以实际行动锤炼党性。

2. 走好新时代群众路线，引导党员干部下基层

"上连党心、下接民心"，是党员干部的初心使命，也是党媒的职责担当。要走好新时代群众路线，认真开展为民服务工作，树立良好形象，赢得大众口碑。

一是重点打造党媒服务品牌。开展"我为群众办实事"实践活动，开办一批为民服务的名媒体、名周刊、名专栏，提高读者关注度参与度、为民服务满意度，将优化服务转化为竞争优势。

二是深入基层，做好采访报道。到一线去，倾听民声，传递党音，是党媒对每一位记者的要求。在基层，心中才会有群众；在现场，心中才会有感动；在路上，心中才会有时代。党媒记者要深入村居一线，走基层、看亮点、访民生、解民困。

三是实施党建共建，联手开展为民服务。媒体要探索"党建+部门联动"模式，充分体现优势互补，与相关单位开展党建共建活动，共同探讨新形势下加强和改进党的建设的有效方式、方法，实现"抱团式"发展，联手把党史学习教育、为民服务延伸到基层每个角落。

3. 培树典型，拓展延伸党建服务触角

一是培树典型发挥表率作用。广泛开展党支部创先争优活动，对先进党支部、优秀共产党员和优秀党务工作者进行推荐和表彰，激励和引导党员干部见贤思齐，比学赶超，争做表率；常态开设"道德讲堂"，邀请优秀党员走进课堂现身说教，让身边人讲身边事，用道德的力量感染人、影响人，用榜样的力量持续传递正能量；积极开展"四拼四比"活动，即拼斗志比干劲、拼担当比业绩、拼服务比效能、拼状态比奉献，充分发挥主观能动性，形成工作合力,为媒体高质量发展创造良好的"软环境"和强大的"硬支撑"。

二是实施党内关爱服务活动。采取"五个一"的形式,即建立一本党员"政治生日"台账、赠送一份"政治生日"礼物、重温一次入党誓词、进行一次谈心谈话、开展一次集中学习,为党员过政治生日,营造关心关爱氛围。注重人文关怀和心理疏导,完善党员干部谈心谈话、家访制度,推进家教家风建设。建立党内关爱基金,关心关爱生活困难党员。

三是拓展延伸党建服务触角。开展岗位练兵、技能竞赛和"春送政策、夏送清凉、金秋助学、冬送温暖"活动,利用三八妇女节、植树节、五一劳动节、五四青年节、七一建党节等节点,联合工会、共青团、妇联等部门,组织开展健步走、趣味运动会、拓展训练、田园采摘、厨艺大赛等群团活动,搭建交流平台,让党员职工在工作之余释放心情、调节身心,提升幸福感、获得感。

第二节 人才战略:精兵强将从哪里来

2021年9月27日,中央人才工作会议在北京召开。习近平同志出席会议并发表重要讲话,强调要坚持党管人才,深入实施新时代人才强国战略,全方位培养、引进、用好人才,加快建设世界重要人才中心和创新高地,为2035年基本实现社会主义现代化提供人才支撑,为2050年全面建成社会主义现代化强国打好人才基础。

国家战略如此,传媒也是一样,媒体的发展和强大同样依靠人才。媒体融合要做到战略引领、人才驱动,每位媒体负责人都要重视人才战略和人才管理。

一、媒体人才现状

媒体融合进入深水区,"人才荒"几乎成了所有传统媒体面临的共同困境,概括起来有"两去":一是离去,一是老去。离去的大多是骨干力量,还有对传统媒体的信心。老去的是年龄，还有传统媒体的体制机制。于是出现了两难境地——领导求才若渴，员工怀才不遇，诸多的悲欣交集都源于此。

1. 人才工作的困境

现实中，传媒人才工作面临很多困境，2022年5月16日中国记协发布《中国新闻事业发展报告（2022年）》，对比首份《中国新闻事业发展报告（2014年）》，8年期间，全国持有有效新闻记者证人员，总量从25.8万人减少到19.4万人，流失6.4万人，流失24.8%；30岁以下年轻记者从4万人下降到1.4万人，减少2.6万人，下降65%。传统主流媒体在人力资源上的困境表现在识人难、配置难、培养难、定岗难，观念僵化、机制固化、人才空心化、引导力弱化，具体有这几个方面：

一是断层形势严峻：青黄不接是现在不少传统媒体面临的窘境，老的太老，年轻的太年轻，中坚力量大多是业务部门主任，处于人到中年、上升无望、收入有限的"半躺平"状态，特别是新媒体人才严重短缺。

二是高端人才难引：高端人才对薪资待遇、成长空间、体制活力等有较高期许，大多数在体制内的传统媒体难以实现。传统媒体在高管及高管层的建设与管理上，有较大的不足，难以确保组织战略和目标实现。

三是离职现象严重：曾经的"无冕之王"，昔日光鲜的平台已经不在，收入又遭遇断崖式下滑，如果身在曹营心在汉，不但自我痛苦，更对媒体无益，退一步海阔天空，于是辞职去新媒体做了内容官，或去大企业做了舆情官，或者做自媒体内容创业。

四是转型支撑不佳：主力军向主战场挺进，阵势轰轰烈烈，实际成效不佳，"赶鸭子上架"或许能带来新媒体产品频出的短期效应，但无法长期延续。从表象看缺的是产品，实际缺的是人才。产品是显性曲线，人才是隐性曲线。决定媒体未来的不是产品，不是业务，而是人才。

五是人才体系缺乏：对人力资源没有全面的规划，很多媒体用5%的精力招聘，却用70%的精力来应对当初的招聘失误。人才培训与发展也是"大锅饭"千人一面，"人岗匹配"没有真正落地，内部竞聘、同工同酬雷声大、雨点小，学习型组织的打造一直停留在口头上。

2. 人才工作的排查

战略是面向未来"去哪里"和"如何去",用战略目标看当前的人才资源,每家媒体都要排查一下战略与现实之间存在的"资源缺口",特别是人才缺口有多大,做到五个排查:

一是排查人才结构是否完善。有没有一支具有正确新闻理念、敏感新闻眼光的新闻采编队伍,有没有一支掌握专业知识、精通技术的专业人才队伍,有没有一支具有企业经验、善于经营管理的职业经理人队伍,有没有一支具有熟练岗位技能、爱岗敬业的基层员工队伍。

二是排查人才的培养机制是否到位。是否有建立核心团队的规划,有没有计划培育一批善于打造和运营品牌媒体并赢得市场竞争的媒体企业家,有没有培养和引进名记者、名编辑、名评论员、优秀经营职业经理人的计划,有没有造就10年后堪当大任的年轻领军人物。

三是排查企业文化是否健康强势。身怀特长的年轻媒体人,有着巨大的创新激情,但在传统媒体受到冲击的现实中也心生迷茫困惑,有没有创建媒体与员工之间相互信任、长期合作、和谐共赢的关系,呵护年轻人的理想和热情,为年轻人探索有别于传统的、新的成才模式。

四是排查组织变革是否健康持续、员工收入是否逐步提高。媒体的组织结构能够保障单位在不断变化的环境中健康、持续、高速地发展。能带给员工愉快的工作、满意的收入及较高的生活水平。

五是排查媒体人力资源开发与管理的水平。员工素质如何提高,员工发展空间如何拓展,员工的专业水平、综合素质、执行力、工作热情能否适应集团发展战略。

3. 人才工作的"灵魂三问"

排查完人才战略的不足,每家媒体都要问三个问题:人从哪里来?来了怎么办?如何留住他?

一是"人从哪里来"。从哪里来,无非两种途径:一种是外部招聘,另一种是内部培育。内部培育上,不能只管"用"不管"育"。只有通过人才培育,才能让小白变高手、士兵变精兵、成强将。

二是"来了怎么办"。实现融合发展，关键在人才、核心在队伍。要建立"传帮带"机制，搭建人才梯队，治愈"后继无人"的恐慌，让"盆景"变成"风景"。十年树木，百年树人，培育和管理是一个系统工程，需要建立框架模型，培育什么群体、分为哪几个阶段、内容是什么、形式有哪些、怎么出成果，这些支条越细越明，可持续人才供应链体系越科学，越能保证人才产出的数量和质量。

三是"如何留住他"。如何留人，一般员工看待遇，高端人才看发展。如果一个媒体人在进入单位时，他的市场价值是 60 分，那么在单位待了三五年，若市场价值没有增加到 90 分，他就会有所失落。留人的路径有很多，落实到具体行动上就是在政治上充分信任、工作上大胆使用、生活上真诚关心、待遇上及时保障。

二、什么是人才战略

很多媒体也重视人才工作，有的还做了人力资源规划，定岗位、定职责、定标准、定编制、定薪酬预算、定人才供给，比以往有了长足的进步，但通览全篇规划，却不是"真正的战略"，像一篇"规划八股文"。为什么会出现这样的情况？主要是传媒一把手和 HR 缺乏系统的战略思维，不能将战略管理和人才管理统合在一起，成为战略支撑者、组织建设者和变革主导者。

1. 人才战略的定义

人才战略也叫人力资源战略，它以媒体发展战略为导向，以媒体人才队伍和人力资源管理的现状为出发点，对岗位进行核心识别，确认岗位的能力要求，分析当前人才工作的现状和不足，并以媒体内外部的人力资源供求环境为约束条件，确定媒体人力资源的发展愿景和目标，对人才进行配置、招聘、培育、管理、文化建设、考核等，并制定切合实际的系统性工作方案和实施路径。

人才战略是传媒战略的一部分，包括：人力资源开发与管理、组织设计与岗位职责、人员招聘与培训、绩效考评与薪酬管理、政策与制度框架等一系列专业体系。

人才战略的本质是立足现在，放眼未来，管理大师彼得·德鲁克的一句话：战略不是我们未来做什么，而是我们做什么才有未来。要想未来能够可持续发展，就必须站在未来做今天的布局，其中最重要的布局就是战略的布局，以及为完成战略对人才工作的规划。

2. 人才战略的重要性

人才战略是传媒战略的重要组成部分，对传媒可持续发展和长远发展起到关键性作用。一些媒体在制定了宏伟的战略之后，却发现缺乏实施战略的人才。传统媒体想要真正摆脱人才困境，不能头痛医头脚痛医脚，必须从上到下进行系统思考——从战略到业务，从业务到组织，从组织到人才培育，做好整体的顶层设计，其中最重要的是制订人才战略和人才培育体系。

人才战略凸显了人力资源和组织领导行为的引领价值，有助于直接改善集团内部环境，优化集团业务流程，具有组织文化凝聚的风向意义。要让人才发挥出最大能量，就要把资源要素与人的需求融合起来，让执行层创造性地完成上级布置的各类任务，最终促进集团总体战略的顺利实施。

人才战略既非孤立存在也非一成不变，它是媒体内外部环境变化的产物。从内部来看，媒体发展的愿景、目标、路径、机制等是决定人才战略的主要因素；从外部来看，政治、经济、社会、文化等各方面，以及城市吸引力、引才政策等，都是人才战略发生动态变化的重要因素。

制定人才战略的目的是"盘活"人力资源，人才战略充当的作用角色，既是"连接器"，更是"强引擎"，连接着外部与媒体的关系，平衡着媒体内部员工与员工、员工与集团的多重关系，为集团其他战略的实施提供人才保障，为集团未来发展提供不竭动力。

3. 人才战略要抢抓政策红利

2020年9月，中办、国办发布《关于加快推进媒体深度融合发展的意见》，对媒体人才培养等提出了相关要求。2020年11月26日，广电总局印发《关于加快推进广播电视媒体深度融合发展的意见》的通知，明确要求：落实人才激励政策，坚持德才兼备、唯才是用，拓宽选人用人渠道，打破身份等限制，建立健全全媒体人才职称制度体系，畅通广电企事业单位人才流动。

为高端人才、急需紧缺人才引进提供特殊支持、开辟绿色通道，对特殊人才给予特殊待遇。支持以有效形式吸引外部人才加入各类广电工作室。

同时，还提出：全面加强培训供给，加大培训投入预算，强化系统性技能培训，匹配不同岗位需求、支持员工转型和技能提升。综合运用线上线下培训、实操演练、比赛选拔等方式，分层分类、按需定制，提高培训效能。深入实施行业"领军人才工程"和"青年创新人才工程"，建好用好专家库，发挥高端人才引领作用，提供干事创业平台，大力培养青年业务骨干、复合型人才。鼓励与高校、科研院所等外部机构规范建立联合培养机制，壮大行业人力资源储备。

三、人才战略的编制

1. 重视顶层设计

党的二十大指出：全面建设社会主义现代化国家，必须有一支政治过硬、适应新时代要求、具备领导现代化建设能力的干部队伍。坚持党管干部原则，坚持德才兼备、以德为先、五湖四海、任人唯贤，把新时代好干部标准落到实处。树立选人用人正确导向，选拔忠诚干净担当的高素质专业化干部，选优配强各级领导班子。

人才是决定媒体生存与发展的核心要素，人才资源是媒体最重要的战略资源。媒体在谋划"十四五"发展规划中，要按照党的二十大精确编制一份《关于加强人才队伍建设的意见》，从媒体的人才战略愿景、原则、管理、培育、生态五个层次，进行顶层设计，搭建人才战略框架。

这份人才战略是媒体深融的"牛鼻子"。要坚持党管人才原则，以强化政治素质、能力建设为核心，以领军拔尖人才和业务骨干培育为重点，强化马克思主义新闻观教育，以人力资源管理体制机制创新为抓手，优化人才发展环境，加快完善培养、引进、使用、考核、激励等方面的制度体系，努力打造一支政治坚定、业务精湛、作风优良的高素质人才队伍。同时，在期权设计、员工持股、股权激励上破冰前行。

人才战略要提出愿景和目标，愿景不是简单的口号，它是初心、是价值观,更是精神内核、是行动驱动力,时刻提醒大家"要成为什么样的人"。人才战略还要有人才队伍的建设计划,比如领军人才引进计划、后备干部队伍建设计划、青年骨干扶持计划,打造一支与媒体三年发展规划相适应的具有竞争力、高质量的人才队伍。

有了目标,实施路径上就要创新人力资源管理与开发的体制机制,建立符合媒体融合发展趋势的现代化体系,这个体系可概括为既独立又关联的五个方面。

一是"招聘管理体系",拓宽招才引才渠道,把合适的人招到合适的岗位上;

二是"人才培育体系",实施导师带徒制度、全员培训计划,提升员工能力赋能集团发展;

三是"目标考评体系",加大项目扶持和考核力度,健全荣誉表彰制度,保证集团影响力,经营业绩持续稳步提高;

四是"薪酬分配体系",优化薪酬分配机制,保障员工生活激发工作积极性;

五是"人才生态体系",打造学习成长型组织,形成良好竞争氛围。

2. 实施人才培育工程

每个媒体单位,都想打造自己的"精兵强将",媒体要以提高政治能力为根本,以锐意创新创造为紧要,以增强专业本领为关键,以培养优良作风为基础,激发现有队伍潜力。

有媒体通过"培优、评优、奖优、扬优、学优"的"五优计划",加大科学育人力度。媒体主要领导任"五优计划"组长,各相关业务、职能部门负责人任组员,帮助培育对象规划发展方向、挖掘特长潜质、突破业务瓶颈,同时帮助调配资源、宣传推广,解决后顾之忧。通过一人一策,鼓励大家释放创造力,成为各自领域的"专家"型人才。

有媒体通过组建"一二类工作室"来培养人才和创作产品,先鼓励员工成立"二类工作室",明确一位主理人,成员均为兼职,包括文字、摄影、视频、动画、运营等多岗位人员,打破报网端渠道壁垒,催生全媒体作战的超级团队。"工作室"实施项目化的产品生产,多劳多得,每年对二类工作室的评优,优秀的二类工作室可晋升为一类工作室,一类工作室两年考核优秀的,可以晋升为部门副主任,中层副职必须从一类工作室负责人中选拔。

有媒体强化人才梯队建设,设立领军、首席、新秀三种人才。以领军人才为龙头,示范培养一支高端引领的拔尖采编队伍;以首席人才为支撑,带动培养一支适应融媒体要求、能力突出的骨干采编队伍;以新秀人才为储备,培养一支高素质的后备采编人才队伍。领军人才可以成立个人工作室,列席集团编委会,牵头实施重大主题报道活动,出版个人专著和召开作品研讨会可获资金支持等;首席人才可以列席本单位中层干部会议,参与策划并牵头执行重大新闻报道,设立个人专栏,举办新闻首席优秀作品评析会等;新秀人才有机会参与策划重大新闻报道,优先推荐参加与业务相关的社会活动、交流会及培训,个人作品及论文写作得到专家指导等。

3. 强化组织领导分级实施

媒体要成立人才工作领导小组,"一把手"任组长,进一步加强对人才工作的领导。明确各级工作任务,组织人事部负责人才队伍建设规划、政策、措施的具体制定,各用人单位根据自身发展目标编制人才工作计划,并组织落实。

同时,建立竞争机制、考核机制、退出机制,动态管理能进能出,完善管理办法,奖优淘劣,保持人才队伍可持续发展。在绩效考评、薪酬分配方面,坚决打破"捧铁饭碗、吃大锅饭"的旧制,严格执行"同岗同酬、多劳多得"制度。不断优化人才激励政策,强化绩效导向,体现优才优酬。

第三节 人力资源:做一个传媒 HR 很难吗

在媒体,人是最难管理的,组织人事部也是面对矛盾最多的部门,HR 要做的事,大到招聘培训、改革推进、组织构架、薪酬福利、绩效考核、职称评聘,小到面试接待、离职会谈、定岗定级、工资档案……既要了解员工接地气，又要懂专业知识会管理，内心还要十分强大，经得起领导的批评、员工的质疑、同事的误解。如何做一个合格的传媒 HR？针对以下人力资源管理中的六个难点，传媒 HR 应如何应对？

1. 新媒体岗位推陈出新，媒体融合需要哪些人才？

传统媒体的人才基本分为记者、编辑、管理人员、技术人员，媒体融合下，要招的人才种类繁多，学科跨度更大，编导、图片编辑、视频剪辑、网评员、直播、摄影师、舆情师等，都成了媒体日常工作最需要的人才。以前传媒 HR 从没听说过的，现在也都成了紧缺必备人才。媒体融合往深处推进，以下几类人才必不可少：

全媒体运营师：2020 年，人社部两次发布新职业，其中"全媒体运营师""互联网营销师"等成为就业创业的新兴业态。"全媒体运营师"负责新媒体运营工作，是媒体用户增长的负责人，以数据为导向，运营多种用户运营策略，实现客户端和其他新媒体平台的用户拉新、转化、留存，走好网上群众路线，保证客户端日活和用户黏性，形成用户广泛参与的内容生态和用户运营的良性循环。

互联网营销师：负责媒体互联网营销、用户增长、渠道推广等工作，负责区域内专家、KOL、头部自媒体的联系和合作，拥有较强的营销策划能力、沟通能力、表达能力、组织能力，拥有广泛的人脉资源，有较丰富的谈判经验、渠道推广经验、品牌公关经验。

首席内容官：媒体新闻内容生产和运营的一线负责人，负责优质内容的生产和运营，尤其是在重大主题报道和重大热点传播中，策划生产原创产品，全媒体发布和宣发。其职能和总编辑相似，但又不可以画等号，首席内容官是各平台的一线负责人，具体负责创意和组织执行。

首席创意官：能基于媒体调性，及时发现时政热点、传播爆点，洞察用户需求，通过数据分析，具备较强的策划能力、写作能力、活动组织能力，做好话题策划、选题策划、活动策划，创新内容、活动、直播等新玩法，打造爆款产品。

首席架构师：能负责产品后端系统的设计、研发和技术研究；掌握新媒体产品的方案设计、核心代码编写、优化和维护；参与系统重构和相关代码的编写；保障系统 7×24 小时运行，解决各类潜在系统技术风险；把控后端团队的技术方向，能规划后端团队技术路线的演进。

产品经理：能分析用户行为、挖掘市场需求、提出产品构想、策略及计划；会设计产品交互界面及业务逻辑流程图，编写产品原型设计及需求文档；组织产品测试，提出修改意见，提高产品用户体验；推进项目开发进度，完成产品数据统计的工作，跟踪、整理并收集产品的用户反馈，负责沟通协调产品迭代、推广、运营等事项。

PUSH 运维师：负责媒体平台 PUSH 运营，对 PUSH 文案、安全进行把控，与产品、算法团队协同，提升 PUSH 促新拉活效果。要求有较强的数据分析能力，熟练使用数据可视化图表呈现工具。

交互设计师：根据客户端运营整体要求，负责客户端界面、新媒体产品界面、活动页面等的视觉设计，以及新媒体专题活动及广告的创意和表现；负责维护和更新界面设计标准和规范，能优化视觉信息的呈现，提升用户的视觉和操作体验；有较强的审美能力、传播的敏感度。

数据分析师：负责收集、汇总、分析客户端和新媒体的各种数据，包括原创文章的阅读量、转发量、客户端用户活跃度、留存率、投票、抽奖等活动的反馈，以及新媒体产品推出的效果分析，数据分析师是客户端运营策略推广和创新的高参。

媒体的高管人才也要转型，社长转型为董事长、首席战略官；总编辑、总经理转型为首席内容运营官、首席执行官；领导者既是战略家，又是行动家，更要成为教育家，向全员传递人格风范、业务技巧以及对未来的洞察。

技术总监、财务总监或进入党委会或进入董事会。CEO（首席执行官）、COO（首席运营官）、CTO（首席技术官）、CFO（首席财务官）、CMO（首席市场官）、CHO（首席人事官）等，也要逐步配齐，以适应媒体发展的需要。

2. 人才市场良莠不齐，如何招到合格的人才？

选对人是媒体的头等大事，很多媒体用 5% 的精力招聘，却用 70% 的精力来应对当初的招聘失误。媒体发展得用人，用人的前提是招人，招人的前提，是把人看准，把对的人招进团队，把错的人拦在外面。如果人招不准，不仅会耽误眼前的事儿，还会衍生出一大堆的"次生灾害"，选对人永远比培养人更重要。

媒体的招录工作，通常是先制订招聘计划并发布信息，对应聘者进行初审，公布参加笔试的名单，根据笔试成绩确定进入面试的名单，对应聘者进行现场面试评分，确定进入体检的人员，通过阅档、考查等方式对人员进行政审，然后试用及转正。

这种标准化的程序看似公平公正，但往往存在识人不准的问题，那些成绩好而又精于面试的人，会占很大优势，而那些工作能力强、自驱力强的人才不能得到展示的机会。

好学生往往毕业于好学校，这是外界标准评价的结果，但这是一个他驱的结果，不见得是自驱的结果。只有自驱力强的人，才愿意去主动适应媒体融合带来的变化，与媒体一起成长。

一个应聘人员有没有自驱力呢？可以了解他有没有付费学习过什么知识？付费和免费所体现出来的学习的意愿，差别是非常大的。如果不是为了特定的拿证、高考这种目标，而愿意为自己的学习付费，说明他愿意为自己的能力投资，他的自我驱动力也会相对较强。

责任意识和执行力，也是媒体人必备的素养，考查应届生最重要的，是考查他的责任心。可以在面试题库里，设置那种假设的冲突性的场景，让对方来解决。比如，你和摄影记者一起去采访一个劳模，摄影记者突然病倒，第二天就要发稿，你会怎么办？通过人为地去设置一个挑战，来测试应聘人在解决具体问题、遇到挑战时的价值观排序，以及对待责任以外的工作，采取什么样的态度。

应聘人员报到后，人力资源部还要办理档案接收、劳动合同等相关入职手续，开展入职培训。试用期结束后，进行考核鉴定。表现优异，可申请转正，试用期满未达到合格标准，延期转正或辞退。

3. 如何做好岗位聘用？如何招来紧缺人才？

人力资源管理的重要工作是设置岗位和等级，随着媒体融合向深处推进，需要动态调整媒体的组织机构和岗位，对管理、采编、技术、经营、管理岗位分别划分不同的岗位等级，提供合理的晋升空间，为绩效考核和薪酬分配奠定基础。同时，编写岗位说明书，确定岗位的定位、工作职责、工作使命、关键业绩指标、能力素质以及相关工作信息。最后，按照公开、公平、竞争、择优的原则，通过双向选择、择优聘用，实现员工能力、业绩与岗位的最佳配置。

一是科学设置岗位。对媒体岗位的性质、任务、职责、重要性、贡献，以及员工承担本岗位任务应具备的资格条件等，进行系统分析，按照"科学合理、精简效能、优化结构"的原则，在建立和完善组织架构的基础上科学地设置岗位，合理配置人力资源，坚持按需设岗、竞聘上岗、按岗聘用、合同管理。

二是划分岗位等级。对采编岗位、管理岗位、运营岗位、技术岗位分别划分不同的岗位等级；根据任职人员的资历和业绩差异，对每个岗位等级再划分不同的岗位档级，形成岗位价值等级矩阵。给员工提供合理的晋升空间，同时为绩效考核和薪酬分配奠定基础。

三是确定岗位职责和考核目标。设计并编写岗位说明书，对有关岗位在组织中的定位、工作职责、工作使命、关键业绩指标、能力素质以及相关工作信息进行书面描述。

四是岗位聘用。按照公开、公平、竞争、择优的原则，以实际能力与业绩为导向，通过双向选择、择优聘用，实现能力、业绩与岗位的最佳配置。

一家媒体，其紧缺人才不可能立马招聘到，或立即培养出来，要把控好用人的节奏，用多种方式招来关键人才，为我所用，换取发展空间，用发展空间换来人才成长。紧缺人才往往分四种类型，即特种兵、近卫军、子弟兵、参谋长。

特种兵是用来突破当下技术或新媒体瓶颈的创新型人才，媒体一时半会儿很难培养出来，也没有必要花时间培养，重金招聘直接攻坚；近卫军是有特殊技能的维持型人才，特种兵拿下山头后，交给原来的骨干团队，迅速跟进，维持业绩；子弟兵是未来可用的创新型维持型人才，媒体内部可以慢慢培养，选子弟兵的标准不是看他现有的能力，而是看可塑性；参谋长是解决媒体核心问题，如战略规划、资本运营等的外聘型人才，没有必要招进来，可以聘请为顾问，作为外脑，保持长期合作。

4. 人力资源管理如何破除制度性障碍？

由于体制内人员年龄偏大，很多媒体的新媒体岗位均招聘编制外人员，一线业务骨干大多是编制外员工。两种性质的员工在同一岗位上，受事业单位身份的限制，矛盾较为突出。

以薪酬制度为例，不少地方对编制内的采编播管人员予以财政保障，档案工资较高，形成编制内员工论资排辈、不求有功但求无过，单位进行绩效考核的空间极其有限。同时，编制外人员工资标准低，又要自行解决工资收入，造成同工不同酬，容易导致编外人才心态失衡，缺乏向心力和凝聚力，甚至劣币驱逐良币现象。此外，不少涉及专家人才、荣誉奖项等推荐评比中，都会强调人员身份，优秀的编制外员工无法被推荐，挫伤了事业心和归属感。

2020年9月，中办、国办发布《关于加快推进媒体深度融合发展的意见》，对媒体人力资源改革提出了相关要求。2020年11月26日，广电总局印发《关于加快推进广播电视媒体深度融合发展的意见》的通知，明确要求：健全成就、机会、报酬三位一体的激励机制。支持建立首席制、领衔制等岗位聘用制度，拓宽各类人才发展通道。落实中央有关事业单位改革政策，支持广播电视企事业单位建立符合政策精神和行业特点的薪酬分配制度和人才管理制度。支持建立全员岗位聘用制度，实行定岗定责、同工同酬、能上能下、能进能出，强化轮岗交流、双向选择机制，优化队伍结构。实行分类绩效考核，与评先选优、职称晋级等挂钩，多劳多得、优劳多得、奖优罚劣、奖勤罚懒。鼓励实施高层次人才工资分配激励、科研成果转化奖励。坚持业绩导向，向一线岗位倾斜，拉开二次分配差距。支持广播电视企业实行股权、期权、分红等中长期激励，激发内生活力。

体制性的障碍，需要上级党委和政府大力支持，以及编办、人社、组织、财政等部门的支持，允许媒体摆脱旧有管理模式，真正落实企业化管理，打破企事业体制性壁垒，进行严格而平等的绩效考核。不以人员的身份定岗，而是以人员的能力和特长上岗，实现同工同酬。将原有在编人员的工资体系作为档案工资，除做五险一金缴纳基数外，在办理调动或退休时再使用。

在人员考核上，引入现代企业管理模式，如绩效管理、目标管理、KPI考核等企业化考核办法，量化各部门业绩指标，建立并完善与媒体实际相适应的人事管理制度。允许媒体用发展的方式解决遗留问题，比如提前退休政策、事业人员在下属企业任职、编外人才选拔等方面给予支持。

5. 如何做好人才选拔与考核？

成才不问编制、奖励只看贡献。畅通人员入口与出口，使全体员工感觉到既有多路径的晋升通道，又有优胜劣汰的危机感。一家媒体，领导班子最好有各种知识背景的人，有做新闻的、懂财务的、懂技术的、做过市场销售的、组织人事部门出身的等，这样的多元化管理团队，才能科学决策。记者、编辑管理媒体的时代已经过去。

做好人才的选拔与晋升。一是重新定义人才考量的标准和维度。改变以前以学历、职称等标准来评价人才的方式，以媒体融合的标准来考察人才、界定人才。二是为人才创造事业的平台，提供有吸引力的多元化工作岗位，让每个员工特别是骨干员工都能找到适合自己的工作岗位，个人价值得到提升。三是激发创新活力的机制，以实绩论英雄，谁能挑起最重的担子，谁就能有更大的舞台，薪酬分配向创新创优的人才倾斜，举办项目创新大会、内容创意大会，让活力新人、杰出员工崭露头角。四是建立能上能下、宽容包容机制，让能者上、庸者下、劣者汰，为担当者担当、负责者负责，形成敢闯敢试、勇于探索、宽容失败的浓厚氛围。

2017年1月16日，中组部、中宣部颁发了《宣传思想文化系统事业单位领导人员管理暂行办法》。提出在人员管理上，坚持党管宣传、党管干部、党管人才，坚持德才兼备、以德为先，坚持依法依规办事，坚持从严管理监督与激励关怀相结合。有以下几个规定：

在任期目标责任上，实行任期目标责任制，涵盖领导班子各项职责，体现政治方向和宣传导向、作品产品的生产和服务、科学管理和改革创新、队伍建设和党的建设等内容，领导班子任期目标，应当充分听取职工代表大会或者职工代表等方面的意见，由单位领导班子集体研究，报经主管机关（部门）批准或者备案，并在单位内公布。

在考核评价上，实行平时考核、年度考核和任期考核。把政治方向考核放在首位，强化意识形态阵地管理责任，突出党建工作实效，注重社会效益和业绩导向，避免简单片面地唯票房、唯收视收听率、唯发行量、唯点击率。坚持党建工作与业务工作同步考核，实行抓党建述职评议考核制度。

在收入分配上，结合考核情况合理确定绩效工资水平，使其收入与履职情况和事业发展相联系，与本单位职工的平均收入和社会同行业收入保持合理水平。

同时，建立容错纠错机制，宽容领导人员在工作中特别是改革创新中的失误，营造鼓励探索、支持创新的氛围，旗帜鲜明地为敢于担当者担当，为敢于负责者负责。正确对待犯错误的领导人员，不得混淆错误性质或者夸大错误程度作出不适当的处理，不得利用其所犯错误泄私愤、打击报复。

6. 采编专业职务如何改革？

媒体是人才汇聚的行业，一家媒体的领导职务有限，如果大量优秀的人才都向行政岗位上发展，势必会造成千军万马过不了独木桥，还会造成人际关系的复杂，很多传统媒体提拔干部之时，就是人民来信满天飞之际。

媒体融合要破除"官本位"思想，让优秀的人才回归新闻专业，产生较强的职业归属感，鼓励业务能力强的采编人员安心从事内容生产，而不是"写而优则仕"。同时，引导部分已担任行政管理职务的优秀采编人员回归并扎根采编一线。要实现这一目标，就要推进采编专业职务改革，在机构整合、薪酬制度等方面综合配套。

在职级设置上，除了首席记者、首席编辑外，还要设置首席创意官、首席技术官、首席数据官、首席运营官等专业职位，下设一级、二级、三级等相应序列，为一线人员建立一条长期、稳步、可预期的晋升通道。首席岗位两年一竞聘，一年一考评，通过个人申报、部门推荐、业绩展示、全员票决等评审流程，首席年薪可高于中层正职，可与单位副职相当；一级序列可与中层正职相当，在进修培训、职称评定、荣誉推荐上都能享有优先权。首席岗位可赋予较大的业务权限，如选题策划权、业务立项权、团队组建权、专栏开设权、资源统筹权等。

采编专业职务改革是一个系统工程，需要顶层设计，在机构重组、干部调整、考核办法、管理细则上制订配套方案。这项改革触及了不同群体的既有利益，会伴随着怀疑和阻力，要上下沟通酝酿，充分听取各方意见，获得团队的共识。

第四节　超级成长：全媒人才的"八个全会"

人才队伍建设是一项长期而艰巨的工作，2020年，两办《关于加快推进媒体深度融合发展的意见》要求"大力培养全媒体人才"，从人才选拔、优化结构、释放活力多个方面，打造"一专多能"的全媒体人才队伍。

什么是"一专多能"？拿记者来说，写稿的时候，视角敏锐、文笔细腻，10万+少不了；做全案活动策划时，既能创意又能执行；拍视频，能写脚本和方案，还能做视频编导；镜头前摇身一变，又成为出镜记者。融媒体时代的记者，已不再是拿着采访本和录音笔了，采、写、录、编、出镜、剪辑……要"一条龙"全部拿下。

有媒体"戏分"了"一专多能"的等级，青铜级：一天能跑三个活动，写四篇稿件；白银级：不光写消息和通讯，还能写公众号和脚本，阅读量屡达10万+；黄金级：除了写公众号，还能出镜采访；钻石级：既是抖音主播，又是UP主，还能带货；而王者级别是：八个全会。这八个全会是：会过关、会选题、会采访、会写作、会起标、会做号、会避雷、会出镜。

现实中，"八个全会"的记者凤毛麟角。相反，人员年龄偏大，知识层次偏低，没有互联网思维，是传统媒体的普遍状况，加上标配的工资吸聚不到高端人才，体制障碍不能打破编内和编外人员的身份差别，青铜到王者，需要花大力炼成。

"八个全会"是一种理想化的状态，是对全媒体人才的素质期许，一位记者能会其中 3 至 4 个就很不错了，但一个采编团队，比如一个工作室、一个项目团队，则需要"八个全会"。需要在单兵特长作战的基础上，进行团队整体协作，朝着"八个全会"方向发展，形成战斗合力。

1. 会过关

全媒体人才要过政治关、学习关、思维关。政治关即胸怀理想信念，树立远大志向，心怀"国之大者"，能看清政治属性和传播属性的辩证关系，用心用情用功做党和人民的喉舌。有政治判断力、政治领悟力、政治执行力。

学习关指有较强的自驱力，学习新知识的能力强，能够对标对表，知道自身的不足，向书本学、前辈学、日拱一卒、见贤思齐，方能事有精进、人有成长。

思维关是指用什么样的视角观察、发现、思考和表述新闻。要有大局思维，自觉站在党和国家、党委政府的工作全局中观察和分析问题，防止就事论事，看问题不够全面、不够立体，只见树木不见森林，不被一些现象和问题带偏节奏；要有逻辑思维，能分析新闻事件的前因后果、相互关系，能条理清晰地对材料进行归纳、提炼；要有互联网思维，诸如用户至上、体验为王、口碑营销、产品运营、大数据、颠覆式创新等，互联网思维是一种观念、一种方法论，能够很好地指导我们的工作。

2. 会选题

移动互联时代，人人都是自媒体，网上信息鱼龙混杂。学会议题设置带节奏是全媒体人才的基本功，这就要求记者有对全网新闻和舆论趋势的捕捉能力，抓住用户的热点、泪点和痛点，找到引发用户的情感共鸣的选题，用心用情制作有品质、有格调的内容，打造群众喜爱、刷屏热传的作品。

找选题，就是找价值，需要记者有上接天气、下接地气的能力，有政治高度、宏观视野，能通晓党委、政府的中心工作，善于在基层发现（提出）问题、剖析问题。各级政府部门网站中，会发现有价值的选题，一些单位的经验交流往往也具有新闻价值，相关单位的工作简讯、工作总结、部门出台的政策等，都蕴藏了很多新闻素材，记者要善于发现，有较强的敏感度，不但能发现，还能提出解决问题的建设性路径。

找选题是一次头脑风暴，需要团队协作，个人与部门、采访与编辑、前方与后方、采编一线与终审人员要紧密配合，考验的是团队的政治与专业智慧，对时势的敏锐观察与分析。

找选题更是找时机，要善于寻找自己所在领域的重要时间节点，包括节假日、赛事、重大行业事件等，围绕这些特殊时间点创作。要把握好时度效，有的新闻不到火候，发早了，可能给社会添乱；有的新闻发晚了，会成马后炮，失去传播价值，时机成就好的选题。

3. 会采访

随着 5G 技术发展成熟，云采访、云录制、云访谈等线上内容采集方式将成为常态。以前记者采访是接到线索—深入现场—采访写作—邮件发稿。融媒体时代的云采访，是一种全新的采访写作方式，智能监控热点—机器辅助搜集—深入现场追踪—手机采访制作—报道异地多发—效果全网监控。尤其是能用手机进行视频采访拍摄，新闻全时段、多形态、多角度呈现，让传播走向智能化、场景化和沉浸化。

习近平总书记对宣传思想战线提出了"增强脚力、眼力、脑力、笔力"的"四力"要求，要做到这些，让新闻报道"沾泥土""冒热气""带露珠"，就要到现场"抓活鱼"。云采访并非不去现场，而是要学会用高科技的手段"抓活鱼"，让新情况、新事物、新问题、新经验，像新鲜的活鱼一样，呈现给读者。

融媒体时代"抓活鱼"，"鱼塘"由机器发现，"鱼饵"由智能监控，"鱼竿"更是高科技的手机，但现场还是要记者前往，要想抓到活鱼，必须到有水的地方，只有深入现场第一线，抓住每一个细节，抓住关键人物的关键动作和语言，只有置身新闻中，细心观察，才能有更真切的感受，采访中写出的稿件才能吸引读者。

要培养良好的采访习惯和社交能力，记者就是社会活动家，采访前要广泛收集相关背景资料、熟悉被采访对象的基本情况，有针对性地拟好采访提纲。采访时要从容不迫、头脑清晰，让采访对象打开"话匣子"，把握采访节奏，捕捉有价值的信息。

4. 会写作

写作是记者的基本功，全媒体记者会写作，是指会写多个体裁的稿件，如公众号快讯、视频脚本、消息、通讯、公众号文章等。由于各个体裁的稿件标准不一，对记者的写作要求也不一致，一般而言，传统媒体的文章，要求底蕴深厚、权威客观、逻辑严密；新媒体文章则要求活泼高效、互动化的语言；公众号文章的开头则要精心规划，开头就像电影的前5分钟，精彩与否，基本决定了你会不会把这个电影看完。视频脚本的写作对主题、画面内容、机位、摄影机运动轨迹、拍摄手法、拍摄时间、解说词、音效等都要明确。

对主流媒体而言，融媒体时代的写作，要"站着说，说人话"，"站着说"是指不管说什么，都要高举理想信念的旗帜，不能为了吸粉引流而迷失方向，要增强舆论引领的能力，承担起举旗帜、聚民心、育新人、兴文化、展形象的使命任务。"说人话"是指要写有温度、有深度、有人情味的稿件，实事求是、态度坦诚，不避热点难点痛点，不搞长篇大论、不做官样文章、不能官话连篇。要多用网民喜闻乐见的话语体系，多说能共情、接地气、有温度的心里话、贴心话、家常话。把"我认为你应该看的内容"变为"网民想要看的内容"，让新时代的新思想飞入寻常百姓家，打造群众喜爱、刷屏热传的作品。

5. 会起标

标题是新媒体作品的灵魂，好的标题才能吸引用户点进。报纸的标题分肩标、主标、副标、引标等；新媒体的标题往往是一行标，所谓事越大、字越少。

新媒体标题首要是准确、清晰、恰当、有意境，不做标题党；其次要简约、动听、易记、易传、有悬念、有趣；最后是传神，传神是为了更深透地传情和传声。主流媒体要向"标题党"说不，"标题党"指标题不能准确表述文章中心意图或重点，而是靠无中生有、夸大其词、断章取义、偷换概念等手段，骗取用户点击的现象。

6. 会做号

融媒体时代，不少媒体都开设运维各平台的小号，形成发布矩阵，各平台有特定的用户，调性也不相同，媒体小号在各平台的文章要符合平台的特点。比如：学习强国平台要多发布伟大中国梦的文章，人民日报小号可发布重大时政新闻，新华网小号适合深度报道，微博适宜发布温暖勇敢的短文，微信可以刊发正能量的新闻，知乎大多是智慧有趣的文章，QQ空间是青春美好的调性，网易云音乐大多是文艺青年聚集地。

小号的运维要牢记一条底线，就是要旗帜鲜明坚持正确的政治方向、舆论导向、价值取向，熟悉方针政策、用词规范、传播正能量；要把握好时度效，有好的策划，刊发受众关心的内容；有规范的文案、精心设计的版式、良好互动，用好表情包、投票、留言；要精心制作标题，认真校对文字，选好头图、改写精彩的提要，图片、视频、链接千万不能有差错。

做号还要学会运营，能吸粉，会推广，并经营好评论区，以平等的姿态和语态与公众对话，利用评论区来对事件进行及时的补充跟进，通过置顶等方式放大正面声音。

7. 会避雷

移动互联时代，人人都是麦克风，网上信息鱼龙混杂，谣言产生后，借助发达的社交媒体以放射性的方式传播，稍有疏忽，"低级红""高级黑"的报道就会酿成大事故。

主流媒体要学会直面热点、解剖难点、不回避问题、不避重就轻，在互联网海量信息中聚拢眼球。坚持正确的舆论导向，积极弘扬社会主义核心价值观，保持媒体公信力。在原生态的舆论场中寻找同理心，发出理性声音、产生共情共鸣。

要多把镜头对准基层，少聚焦领导干部，少采写歌功颂德、粉饰太平、花言巧语的文章，学会公布真相、辟除谣言、解疑释惑、凝聚共识，明辨是非曲直，决不吞吞吐吐，让用户清晰知道我们在说什么、想干什么。以更高的站位、更宽的视野，配合党委政府推进舆情管理和民意表达。

防止对政策法规、中心工作简单化、片面化、庸俗化理解，防止典型人物报道"符号化",有意识地夸大事实,过度煽情,渲染悲情,挑战了公众的常识性认知。特别是主流新闻媒体在面对舆论对当地政府的质疑时,应该以何种姿态和视角带节奏?对媒体是极大的考验,主流新闻媒体一旦宣传引导失当,很可能会引发次生舆情。而舆论监督的文章也要恰到好处,做到"帮忙不添乱",既需要高超的政治智慧,又需要高超的业务能力。

8. 会出镜

融媒体时代,短视频是流量的风口,记者要学会出镜,出镜记者是记者中的"战斗机",要敢于尝试,打通形象关、语言关、肢体关、交流关、逻辑关。

形象关即记者出镜的形象管理,不能素面朝天,不修边幅,也不能过于时尚化、个性化,要有记者的职业化形象,干练、利索、中性、成熟;语言关即传统记者出镜学会说话,不能说书面化的语言、文绉绉的长句子,也不能背稿子,尽量口语化表达;肢体关即出镜记者的肢体语言,眼神要有交流感,表情不能呆板,要有适当的手势,步伐要轻快、稳健;交流关即出镜记者的出镜交流感,要始终对着镜头说话,用语言和动作提示观众,出镜记者是代替观众亲临现场,要满足观众的好奇心;逻辑关即讲究时间逻辑、空间逻辑、顺序逻辑,理清顺序、层次、重点。

直播也是出镜的重要方面,记者直播,优势是可信赖的形象,从重大活动的直播,到记者直播带货助农,"直播+"聚合了公益、电商、教育、旅游等多元要素,能更加多元地嵌入百姓生活与社会发展。

全媒人才不等于全能人才,媒体必须统筹好"全能"与"专业"的关系,鼓励编辑记者练就"十八般武艺"。同时,创新人才引进机制、培养管理机制、评价激励机制等,充分调动人才工作热情,培养记者在垂直化、细分化、个性化内容生产领域发挥专长。在以下三个方面加大全媒人才的培养力度。

一是做好人力资源的规划。按媒体深融的要求设置部门和岗位、编制职责和目标、划分岗位序列与等级。让专家型记者唱好主角、带好团队,具备更强策划生产能力,调度整合更多资源,生产更优、更多、更精的融媒产品。同时,创新"M+P"双通道成长体系,全面落实KPI考核系统,制订科学的薪酬体系，将个人成长、工作成就感、良好的职业预期和培训等与考核挂钩。此外，在期权设计、员工持股、股权激励上破冰前行。

二是创新方式培养全媒人才。加大人才的培养力度，为记者配备全媒体"记者包"等设备，开展如 H5 制作与应用技能、视频剪辑制作、微信编辑与运营、视频直播技能、产品经理入门等培训。

成立融媒体工作室是一个比较好的方法，工作室集文字、摄影、技术、运营等各方面的人才。在垂直化、细分化、个性化内容生产领域产生独特优势。不断输出带有专属标签的专业内容产品，让用户成为粉丝，最终形成自带粉丝流量的 IP。融媒体工作室可采取"三跨"+"五支持"机制，"三跨"即允许记者编辑跨部门、跨媒体、跨专业自由组织成为小规模的战斗突击队，"五支持"是媒体负责提供资金、推广、技术、运营、经营等后台方面的支持。

三是双向努力学习成长。全媒人才除了高学历、有气质、下得了乡、卖得了萌、有底蕴、能输出，更重要的是个人能吃得了苦。媒体和个人共同发力，培养大批有广泛号召力的主流"网红"，打通传统媒体和新媒体人才使用通道，推动名记者、名编辑、名评论员、名主持人上网上屏施展拳脚，办栏目，出"爆款"，拉粉丝，成为一呼万应的"网红"。同时，要推动内容团队转型为"内容+技术"新团队，让采编人员掌握简单的操作技术，比如编辑、记者要学会简单的音视频剪辑、制图、排版工具的使用，智库研究员要学会数据清洗、处理、可视化等工具的使用。未来，还要掌握人工智能、数据挖掘、全息投影、可穿戴设备等前沿技术，促进技术人才和内容人才融合发展、协同共进。

迷茫的"十字路口",辞职还是留守?

褚社长:某地级市党报集团党委书记、社长
小卫:某地级市党报集团编辑
小蒋:某地级市党报集团记者
周博士:某融媒研究中心主任
时间地点:2020年12月,社长办公室

  这一天冬至,室外浓雾弥漫,社长办公室内,褚社长和周博士正在商讨媒体融合的改革方案,这时传来了敲门声。

  "请进。"褚社长话音刚落,小卫和小蒋走了进来。

  "社长,您找我们?"两人看了社长一眼,耷拉着脑袋不敢说话。

  "小卫,听说你昨天参加了公务员招录面试,是吗?"褚社长直直地盯着小卫。

  "嗯,嗯,是参加了,因为怕考不上,没敢告诉您。"小卫眼神躲闪。

  "你这回是第4次参加公务员考试了吧?我就想不通,你进报社也10年了,大家都认可你,你也做到了首席编辑,为什么总是想离开呢?"

  小卫慢慢抬起头:"褚社长,感谢您的培养啊,我也不想考,可家里一直催着,您知道的,我一直是企业编制,这也是我最后搏一次。"

  "企业编制又怎么啦?"褚社长气不打一处来,"我一直高看你,这不,我们正在研究,启动改革,准备实行同工同酬呢。"

  "还有小蒋,你什么情况,你可是事业编,名校优生特招进来的。"褚社长红着脸说,"怎么也想辞职呢?"

  小蒋不再躲闪:"褚社长,恕我直言,我学的是新媒体营销,冲着无冕之王的头衔才来的,在广告部干了一年,发现不是这么回事。"

  小蒋继续说:"一是在社会上没地位,到处求人做广告;二是在我们单位,

不干活的和我拿的工资一样,我又写软文又拍照,还要做公众号,实在是身心疲惫,想换一个生活方式啊。"

"你才来一年,多干点事才会有进步,这点委屈都受不了吗?"褚社长转向周博士,"你看看,你看看,说走就走,外面的世界很精彩吗?"

"小蒋,你准备去哪里啊?"周博士起了兴趣。

"一家新媒体平台,做内容总监。"小蒋有点小得意。

"小蒋啊,体制内和体制外完全是两个世界。"周博士开门见山,"民营公司薪酬虽然很高,考核却非常严格,你不一定习惯。"

"还有小卫,尽管你是企业编,可单位给你的舞台很大啊,"周博士直言不讳,"你也适合这个舞台,如果离开了平台,你也不会有成就的。"

"对啊,你们再考虑考虑。"褚社长脸色稍稍温和了些,"我和周博士正在商量改革方案,改天我们再好好聊下。"

看两人走后,褚社长两眼茫然:"这两个年轻人,都是名校毕业,我视同己出,准备重点培养,太让我失望了。"

"社长,你要了解他们离职的原因,是钱没给到位,还是心里受了委屈?"周博士喝了一口茶,接着说,"当然,我们的体制障碍也留不住人,如果不打破编内和编外人员的晋升通道和薪酬待遇,还是会有人打退堂鼓。"

"但这些孩子的想法也太简单了。"褚社长点头称是,"体制内不是地狱,在里面至少有个保障;体制外也不是天堂,优胜劣汰,那痛苦和煎熬多得去了。"

"是啊。"周博士接过话茬,"名校毕业生确实才华横溢,但又恃才傲物,指点江山、激扬文字固然潇洒,但踏踏实实地工作更为重要,还没有作任何贡献,就这山望着那山高,终究只会怀才不遇。"

"老周,一个员工离职,会引起3个员工产生离职的想法,这队伍越来越不好带啊。"褚社长抛出话题,"怎么才能减少离职呢?"

"建议把员工从招聘到任用的各个环节进行一次梳理。"周博士说道,"招聘时,有没有充分介绍单位,以免产生巨大的心理落差;入职时,有没有考虑新人的心理需要,让他感到被尊重;上岗时,有没有人岗适配,体现他的价值；工作中，部门主任是关键，有没有尽力培养新人，传授好的文化；还有，关键是薪酬，干多干少一个样，只会是劣币驱逐良币。"

"是啊，不同的中层干部带出的员工可不一样啊，有的激情四射，有的抱怨漫天。"褚社长说道，"可眼下，这两个孩子我怎么留住呢？"

"这不，我们这次做的改革方案，就是 14 个一体化的深融方案。"周博士欣然说道，"涉及岗位设置、人才培养、薪酬激励、团队文化、员工发展等各个方面，激活队伍活力，畅通晋升通道。成才不问编制，奖励只看贡献，只有锐意改革，才能解决问题。"

"好啊。"褚社长下定了决心，"这次改革不管困难有多大，壮士断腕也要推进到位。"

第三篇

革新·占益州——赋能发展

小智治事，大智治制。《隆中对》中，诸葛亮让刘备占益州内修政理，是因为当一个集团或行业处于困境的时候，矛盾就会成倍地释放和暴露，需要在体制机制上动大手术，用改革的确定性应对发展的不确定性。

历史也是这样演绎的，公元214年刘备攻入成都，立即内修政理，论功行赏、加快变法，很快将益州建成稳固的根据地。同时，外结孙权、西和诸戎、南抚夷越，与周边的大佬合作，做好战略上进攻的准备。

第三篇｜革新·占益州——赋能发展，分析了传统媒体最大的风险，不是改革创新，而是"躺平"不作为，以改革有风险为由，做"温水里的青蛙"，导致未来的风险剧增。媒体深融是一场不容回避的自我革命，走传统媒体"修修补补"的老路已毫无前途，必须谋求整体转型。需要组织再造、流程再造、薪酬再造，更需要政府支持、资本助力、技术支撑，实现由局部探索、分步突围到系统集成、全面深改。

媒体融合的下半场，是脱胎换骨的深化改革，要彻底摒弃惯性思维、路径依赖，打破一切阻碍深融发展的坛坛罐罐，以顶层设计的谋略、向死而生的勇气、二次创业的决心、大破大立的举措，对媒体深融进行颠覆式重构。

第 7 讲　全面深改——体制机制迈向深水区

☆ 第一节"深化改革",很多人谈到传统媒体的困境,都会归结为"体制问题",他们往往心照不宣,一副无力回天的无奈样。体制问题如何解决?走传统媒体"修修补补"的老路已毫无前途,媒体深融是一项复杂的系统工程,不仅是策采编发的单向突破,更是媒体各领域、各层次的深化改革和系统推进。全面深改有七个步骤,改革路上要做好五个研判。

☆ 第二节"组织再造",传统媒体之前科层制构架,早已不适应移动互联网的要求。本节介绍的"三三制"组织架构,是一体化背景下新型主流媒体组织再造,构建了去中心化的扁平网状结构,采取了柔性化授权的"倒三角"形式,实现了事业产业一体两翼的发展机制。本节有一张"三三制"组织架构图,内涵十分丰富,可以细品,拿来即用。

☆ 第三节"流程重构",流程是为推进某项工作而建立的一个整体性工作框架。本节介绍了媒体融合"策采编发营馈存"的流程,实现了前端新闻协同、经营协同、指挥策划协同,中端记者调度、现场采访、产品生产、平台发稿一体,后端编辑发布、运营变现、互动反馈、留存销售齐全。所有环节一体贯穿,把"人""组织""事""产品"四个元素串联一体。本节也有多张图解,同样值得细品。

第一节　深化改革：七个步骤与五个研判

习近平同志指出，"变革创新是推动人类社会向前发展的根本动力。谁排斥变革，谁拒绝创新，谁就会落后于时代，谁就会被历史淘汰"。他对新闻舆论工作创新提出具体要求：党的新闻舆论工作必须创新理念、内容、体裁、形式、方法、手段、业态、体制、机制，增强针对性和实效性。要达到习近平总书记提出的要求，必须推进全面深化改革。

按照系统工程的研究框架，本书前6讲对新型主流媒体顶层设计、战略规划、治理结构、深融格局、发展方向、人才培养等进行了阐述。本讲开始解读媒体融合的深化改革，从哪些方面入手？如何推进？怎样防范风险？

一、滚石上山的全面深改

1. 全面深改的意义

全面深化改革，改的是体制和机制，这一过程中，传统媒体各个部门既得利益和员工问题的复杂性，往往使媒体高层优柔寡断、患得患失，很多传统媒体就此陷入"不改等死，改了找死"的困境，这就需要传统媒体的高层有全面深化改革的决心和魄力。

2020年9月，中办、国办发布《关于加快推进媒体深度融合发展的意见》，对媒体融合的体制机制改革提出了相关要求。2020年11月，广电总局印发《关于加快推进广播电视媒体深度融合发展的意见》的通知，提出：以全媒体思维重塑广电媒体组织架构，以全媒体产品和服务为核心，以互联网为主阵地，优化生产传播各环节，整合采编制作力量，构建集约高效的新型采编制作播发流程，建立全媒体指挥调度体系。用好项目制、工作室、产品事业部等各种内容生产组织和运营方式，实行灵活运行机制，赋予必要的人财物使用支配等自主权，打造自有优质网生内容、网红队伍和社交圈，形成个性化品牌集群,具备条件的可以全资或控股形式公司化运营。这两份《意见》对整个行业的深化改革起到了"压舱石"的作用。

改革是动力之源、活力之源。全面深改是一次顶层设计,是解放思想、解决突出问题、加快建成新型主流媒体的宏大布局,是激发斗志、提高员工待遇、与时俱进推动高质量发展的一次重大部署,也是推进媒体"十四五"发展的战略规划。

全面深化改革不只是改名字、换牌子,而是一次全方位、大力度、深层次的重大变革,是一场系统性、整体性、重构性的变革,最关键的是更新理念观念、明晰职能职责、提升运营质效,集中各方力量着力破解制约媒体高质量发展的突出问题,实现滚石上山、凤凰涅槃。

2. 全面深改的要求

习近平同志在《关于〈中共中央关于全面深化改革若干重大问题的决定〉的说明》中指出:"全面深化改革是一项复杂的系统工程,需要加强顶层设计和整体谋划,加强各项改革关联性、系统性、可行性研究。"

与以往的增量改革不同,传统媒体面临的是系统性创伤,这是一场存量改革,矛盾和问题交织、错综复杂,涉及各方面利益的调整。不伤筋动骨、不做基因改变的媒体融合是假融合,传统媒体需要向死而生,以壮士断腕的勇气重新调整利益格局,剥离"负资产",进行一场"自我革命",主力军走向主战场。

全面深化改革必须以习近平新闻舆论思想为指导,从顶层设计的高度,对党报融合转型进行整体谋划。是一次全方位、大力度、深层次的改革,是一场系统性、整体性、重构性的顶层设计,必须处理好"统"和"分"、局部和全局、当前和长远、"大"和"小"的关系。

传统媒体在体制内生存了几十年,已经形成了庞大的机构、复杂的体系,改革意味着资源的重组、组织的重构、流程的再造、利益格局的调整,难度肯定很大,要考虑到员工的利益,不让一个人下岗,但也不能让一个人混日子,坚决杜绝干与不干一个样、干多干少一个样。

3. 全面深改的推进

一分部署，九分落实。全面深化改革，每一个媒体人都不能置身事外。在这样一个船到中流浪更急、人到半山路更陡的时候，绝不能故步自封，绝不能有丝毫犹豫不决，必须正视历史积累的问题和矛盾，看清自身发展的差距和不足，不畏前进中的风险和挑战，统一思想、步调一致，以抓铁有痕、踏石留印的意志和不获全胜决不收兵的决心，重整行装、振奋精神再出发。

推行过程中，一把手要有壮士断腕的决心和魄力，因为涉及全体人员既得利益的重大调整，压力和阻力很大，没有一往无前的决心，很可能半途而废。同时，更需要中层干部有较强的责任心、奉献精神和专业能力。根据规划，编制路线图、时间表、任务书，力争1至2年内推进到位。

改革伴随着不小的风险，如果还以原来的评估指标对相关负责人进行考核，会导致传统媒体观望、却步，以不作为代替不犯错。全面深化改革需要建立包容性的机制，给予一定的市场培育期。《关于加快推进广播电视媒体深度融合发展的意见》中提出建立容错纠错的机制，起到了"定心丸"作用。

二、全面深改七个步骤

深化改革是摆在传统媒体人面前的第一要务。就一家传媒集团而言，要统一全体干部职工的思想，将改革的精神、改革的方案宣传到每一名员工，要明确改革的步骤，制订路线图和时间表，动员全体干部职工积极参与到改革中来，把改革和创新凝聚成事业发展的强大力量。

1. 成立领导小组和工作组

全面深化改革领导小组由媒体一把手担任组长，成员包括各个部门的负责人，领导小组负责发展方向、重大决策、初步框架、方案审定等。工作组可以由副职按分工范围担任各工作组组长，工作组的成员包括各职能部室人员。党委靠前指挥，统筹推进；中层同心同德，实干担当；员工义无反顾，迎考赶考。

2. 充分调研，形成方案

召开务虚会，充分听取员工建议，让全体员工想清楚四个问题：当前的困难有哪些？愿景是什么（确定做什么，不做什么）？有什么资源实现（确定核心竞争力）？怎么实现（打法）？在讨论中统一思想。

同时，分条线调研媒体融合、采编工作、广告经营、规范管理、组织架构、薪酬考核等，确定调研课题，由党委班子领导牵头开展各项调研。可赴先进媒体考察学习，请专家指导，向上级相关部门沟通汇报。并召开专题会议，研究各方面改革发展意见，根据上级要求和媒体发展实际，几上几下拿出综合改革方案的征求意见稿，领导班子分头宣讲方案，充分征求和听取员工意见，在修改完善后定稿。

改革方案包括了指导思想、总体目标、基本原则，对组织架构和机构重新设置、职能重新明确、人员重新组合，并明确岗位设置、绩效考核、要素配置、竞聘规则、工作室申报等政策和方案。

3. 取得上级部门的同意和支持

向市委市政府（县委县政府）主要领导、宣传部长汇报思路，取得支持。同时向纪委、组织部、财政局、人社局、编办等汇报沟通。在取得一致意见后，将综合改革方案形成汇报文件，呈报市委（县委）有关领导，主要包括目标愿景、体制机制改革设想、希望争取的支持等，在市委（县委）深化改革领导小组会议研究通过后，着手推进。

4. 出台配套方案，召开动员大会

总体方案经市里通过后，就要出台配套方案，包括按战略和组织构架设置部门和岗位、编制职责和目标、划分岗位序列与等级、确定岗位人员数量，各部门的KPI指标、薪酬考核方案，以及改革的推进程序和竞聘方案。方案完善解读后，召开动员大会，统一思想，免去所有中层干部职务，全体卧倒，重新竞聘上岗。动员大会可以请市纪委派驻组、市委组织部、市委宣传部相关领导到场指导，确保改革积极、稳妥、有序推进。

5. 启动竞聘流程，双向选择、择优聘用

动员大会后，启动竞聘流程，双向选择，按照公开、公平、竞争、择优的原则，择优聘用。通过公开报名、资格审查、竞聘答辩、民主测评等流程，实现员工能力、业绩与岗位的最佳配置。

在岗位竞聘顺序上，第一批是承担经营指标的部门负责人竞争上岗，第二批是新闻采编部门负责人和中台岗位竞争上岗，第三批是党群管理部门负责人竞争上岗，第四批是所有部门副职岗位竞争及双选上岗（含首席），第五批是工作室负责人竞聘上岗，第六批是部门员工双向选择上岗。

6. 妥善处理未上岗人员

对于未上岗员工，要结清经营账目、完成工作交接，参加单位安排的业务技能培训，事业性质人员重新双选上岗，二次双选未能上岗者，由单位按照有关规定予以解聘，符合内部退养条件的作内部退养处理。企业性质人员重新培训双选上岗，仍未上岗者，按照《劳动合同法》规定，解除劳动关系，按规定予以经济补偿。

7. 保障、考核和修正

团队成立后，扶上马还要送一程，给团队配置资源、资金保障，出台相关政策，包括项目孵化方案、实施推进方案等。对改革的效果和不足进行综合评判，进行动态调整。

三、改革路上的五个研判

媒体融合是一场刀刃向内的革命，推进过程中有较大的风险，会遇到困难、挫折，要付出相当的成本和代价，失败的案例很多，需要提前对改革全过程做一个评估和研判，做好预案，打一个主动仗。

研判一：有没有提高政治站位

改革的方案制订和推进过程中，要评估一下，对习近平新时代中国特色社会主义思想的精髓要义是否深刻领悟，有没有摆脱与新时代不相符合的思维定式和路径依赖。

要将习近平新时代中国特色社会主义思想与媒体融合工作有机结合，在推进改革过程中，要深刻感悟"两个确立"的决定性意义，深刻感悟党坚持把马克思主义同中国具体实际相结合、同中华优秀传统文化相结合的非凡历程，坚定信仰信念信心，增强"四个意识"、坚定"四个自信"、做到"两个维护"，进一步提升政治判断力、政治领悟力、政治执行力。

同时，对意识形态领域斗争的长期性、复杂性和重要性认识到位，强化舆论引导的能力，应对意识形态领域出现的新情况、新变化。认真贯彻落实《中国共产党宣传工作条例》，推动媒体融合改革创新。积极构建网上网下一体、内宣外宣联动的主流舆论格局，让主旋律有高频率，正能量有大流量。

研判二：有没有半途而废的风险

新型主流媒体建设是一项长期工程，要经过2至3年的不断改革和创新，其中对半途而废的风险要做好研判。比如领导人更换，媒体融合是层层上报、批准推动的改革，其中有三位领导是改革的关键人物，市委书记、宣传部部长和媒体一把手，他们三人是改革的重要推手，如果中途易帅，就会出现思想认识上的不统一、改革措施上的不到位、支持政策上的不一致。

此外，收入上如果难以为继，也会影响改革的实施。在改革推行后，如果一年内经营不但没大幅上涨，反而难以为继，说明改革不成功。收入不稳，人心不稳，员工会直接质疑改革的成效，影响后续改革的推行。

研判三：有没有以人民为中心

全面深改，人员是最大的难题。裁下来的老同志如何安置？公益事业单位如何推行企业化绩效？技术人员如何与市场平均薪酬接轨？编外人员如何同工同酬？因岗选人如何与互联网思维下的因人设岗相结合？去中心化下员工如何自主管理？……新的问题层出不穷，一旦处理不善，小问题也会牵涉一把手大量精力。下了岗的员工，不妥善安置好，会以各种方式阻挠改革的推进，在社会上造成不良影响。

全面深改，要践行以人民为中心的发展思想，尊重群众意见，为员工办实事解难题。要加强员工权益保护，实现员工与单位共同发展。要从群众立场出发想问题、作决策、办事情，重大方案要经职工代表大会表决同意。

研判四：有没有违规打"擦边球"

媒体作为事业单位，在获得财政补助后，种种束缚随之而来。不少媒体为调动员工积极性，经常打"擦边球"，以绩效为名发放提成，按照相关规定，媒体发放的发行奖、好稿费、夜班费、广告提成都可能是违规的，现实中，一些媒体负责人因此受到处分。

在全面深改中一定要严格遵守相关法律法规，不碰红线，不打"擦边球"。比如，在采编经营两分开上，不能形式上分，实质上合；在薪酬考核上，不能一方面实现了同工同酬，另一方面又存在用工不规范、薪酬总量超标准；在实物管理、组稿费发放、招投标、增量绩效等方面是否合规，有没有政策或文件支持，是否存在跑冒滴漏等违规现象。

要建立健全舆论引导和廉洁风险防控体系，破除报业在历史发展中形成的治理难题和体制机制弊端。把改革成果转化为制度优势、把制度优势转化为治理效能，推进传媒治理现代化。

研判五：有没有做好内部管控

内部管控旨在合理保证融媒体宣传经营管理合法合规，保证导向正确、资产安全，增强风险防范能力，全面提升管理水平和风险防范能力，对宣传要求、经营目标、产品生产、投融资、安全生产、财务管理等规范完善，实现融媒体中心高质量发展。

一是要对媒体的内部风险进行评估。风险评估由目标设定、风险识别、风险分析和风险应对构成。发现风险后，要建立内控制度，及时修订和完善各项内控制度。同时培育以风险防范、规范运营和执行力建设为核心内容的管理文化，使之成为所有员工的共识和自觉行动。

二是加强内部监督。根据内部控制制度，对相关活动进行控制和监督，发现内部控制缺陷，及时加以整改，包括：授权审批控制、会计系统控制、财产保护控制、预算控制、运营分析控制、绩效考评控制等。要加强审计保障、建立内部审计制度保障、组织保障、评价保障，为单位风险管理保驾护航。

三是培育单位文化。形成具有本单位特点的文化，明确愿景、使命、理念、精神、价值观、文化机制、榜样力量等文化内容，并将文化融入日常工作中、融入每一位员工心中，形成强大的凝聚力和战斗力，有效支撑融媒体中心和谐、可持续发展。

第二节 组织再造：重新洗牌的"三三制"模式

全面深化改革中，组织再造是核心，每一次技术革命，都会带来与之相匹配的先进的组织变革，以往传统媒体的组织生态是科层制结构，纵向上有等级森严的层级，明确不同的权利义务，横向上严格界定不同部门、岗位的工作职责，互不交叉，严重制约沟通效率，割裂了媒体融合的产业链和采编流程。移动互联时代，外部环境发生了巨大变化，需要以用户为导向，构建一体化的全媒体生产传播链条，打造开放、创新、协同、融合的组织新生态。

一、传统媒体组织构架的弊端

长期以来，传统媒体以事业单位定位，其组织形态是科层制结构，具有高度行政化的色彩，形成命令—服从式的单向上下级组织关系。行政控制和官场色彩产生了高昂的管理成本，最终造成组织人浮于事、缺乏活力、决策效率低下、创新能力不足。有以下不足：

1. 高度行政化的色彩

传统媒体管理上注重层级划分，每一个层级须向上级汇报，重视原则和专职专责，能力大小并不重要，关键在于是否服从上级工作安排，做事要有固定的程序，根据上级与管理者的行政指挥和指令完成工作，这种组织层级已完全不适应移动互联时代快速变化的外部环境。特别是随着层级的增加，人员的创新能力和市场反应能力，会在层层传递的"官化"机制中被逐渐稀释。为此，减少管理层次、增加管理幅度，实现扁平化管理，成为媒体融合过程中对组织架构进行调整的主要方向。

一些市县融媒体中心成立后，虽然挂了融媒体中心的牌，但还是按原来的人员和机构，以行政化的方式，各做各的事，地方财政针对融媒体中心的保障，还是按照原来的机构，分块拨付，"换汤不换药"。报纸、广播、电视、新媒体，几批人互不往来，连经营都分几支队伍，完全没有达到一体化融合的要求。

2. 科层制结构的弊端

传统主流媒体长期以来采取科层制的组织结构，在纵向上构建管理层级，在横向上设置职能部门。这种以"直线职能制"为代表的金字塔式，纵向上以制度化、法规化构建管理层级；横向上任命各级部门负责人，按块设置相应的职能部门，分别从事块状业务。

较为典型的是，传统媒体的融合，仍旧存在按媒体类型划分业务部门的现象：传统媒体一个部门，新媒体一个部门，两套人马各玩各的，各自执行一条采编发流程。很多传媒集团还有某领导专门分管新媒体、专设只做新媒体的中心，完全没有实现各种媒介资源、各种生产要素的有效整合，也没能实现传统媒体和新兴媒体迭代发展、融合质变，放大一体效能。

由于科层制结构纵向上不同层级有着明确的权利义务，横向上严格界定不同部门、岗位的工作职责。造成组织结构庞大、管理层级太多、各部门沟通不畅，效率太低。移动互联时代，媒体生产的产品越来越多，专业性也越来越强，管理者的能力和精力是有限的，管理事务日趋增长，必然要分权，提升管理幅度。

3. 割裂了媒体融合的产品线和采编流程

在大众传播时代，传统媒体占据内容与渠道的垄断优势，内容生产相对单一，面临的外部环境也相对固定，各层级媒体间相互区隔，各类媒体都有相对稳定的受众群体。在此背景下，采取金字塔式的组织结构，有助于内容生产的规范化管理和安全播出，保证新闻与节目的正向舆论效果，减少问题的发生，同时还能生成规模经济效应。

移动互联时代，金字塔式组织结构固有的层级过多、沟通效率低下、部门利益冲突等问题逐渐暴露出来。特别是组织构架没有围绕采编流程和产品生产线设置，难以形成团队网状合作关系，无法应对快速变化的用户需求，割裂了产品线和采编流程，导致受众流失，进而影响其舆论引导和社会效益的实现。

比如全息化、可视化及沉浸式、交互式新闻产品要求高，需要各种类型的人才合作，金字塔式组织构架围绕部门职能建立，不是围绕产品生产流程来建立，造成生产链的割裂，团队不能获得有效授权。需要对内设机构进行更加精准有效的条状划分，并明确具体职责，充分体现扁平化管理的高效性。

二、基于媒体深融的"三三制"组织构架

移动互联网带来的去中心化、开放和分享，要求以用户为中心，构建内外部互联互通、资源协调共享的平台型组织，向扁平化、网络化、虚拟化和柔性化方向发展。能够快速协同，又能划小创新单位和核算单元，培养全员创新意识。2020年，两办《关于加快推进媒体深度融合发展的意见》要求，通过深化体制机制改革，构建新型采编流程，建立适应全媒体生产传播的一体化组织架构。本书设计的"三三制"组织架构，就是为按照这一要求，构建的"纵向扁平、横向网状、前台分立、中台联结、后台统合"的新型组织架构体系。

1. 第一个三 | 三层架构：上层+中层+底层

上层架构上，为保证内容生产的规范化管理和发布安全，保证舆论导向，仍采取科层制的结构，设立党政办、编委办、纪检监察室、人力资源部等行管部门。

中下层架构上，取消原有的内部割裂的组织架构模式，打破职能上条块分割的边界，不再限定哪个部室做报纸，哪个部室做新媒体。而是以采编流程和产品线为基础，以协同合作为联系纽带，以满足用户需求为最终目标，将文字、视频、图片、产品、运营、创意、经营等人员组合到一个事业部或中心。按照扁平化管理的要求，细分用户市场，垂直化设置部门，组成网络化的事业部。

底层架构上，成立工作室，采取阿米巴模式，几人组成跨部门、跨媒体的柔性团队，集文字、摄影、技术、运营等各方面的人才于一体。在垂直化、细分化、个性化的内容生产领域产生独特优势。不断输出带有专属标签的内容产品，打造自带粉丝流量的 IP 网红记者。如下图所示：

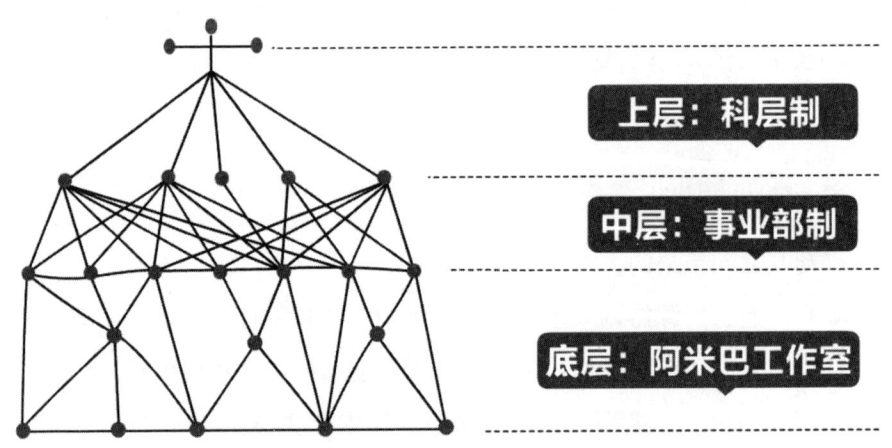

媒体融合三层组织架构图

2. 第二个三 ｜ 三台设计：前台 + 中台 + 后台

以往，传统媒体根本没有前台、中台、后台的概念，各个部门是眉毛胡子一把抓。媒体深融下的组织构架要根据流程科学设置前台、中台、后台。

前台，由灵活、敏锐的内容采写和用户营销事业部构成，被赋予更多的资源调动权和协调权。

中台，服务前台和后台，为前台提供产品、数据等支撑，为后台考核管理提供依据。主要围绕新技术应用、新产品研发、新运营开拓等方面，依靠内容生产、技术创新、运营开拓完成裂变式成长。由技术中台、数据中台、运营中台支撑，提供智能媒资、视音频处理、资源管理、媒体大数据、创意策划等服务，以灵活快速的变化，应对前台的需求，避免重复建设。

后台，则由报业集团编辑、行管等部门提供发布体系、管理赋能、资源配给、品牌助力、文化感召，并实现有效的管控。

前台、中台、后台的工作职责和薪酬考核完全不同，单就考核而言，或利润考核，或工分考核，或成本考核，或满意度考核，需要针对不同部门的性质，制订不同的薪酬方案。

3. 第三个三｜三驾马车：内容＋技术＋运营

如果说拉动GDP增长的"三驾马车"是投资、消费和出口，那么在媒体深融中，需要内容、技术和运营这"三驾马车"，三支队伍打天下。其中，内容是最核心的，它是采编发核心业务团队，技术团队包括了技术研发、产品设计、数据分析等人员，运营则包含策划、线下执行、营销、推广等人员，三支队伍形成协同高效的工作格局。这三方面人才在组织构架中要相互支撑、相互融合，最好各占三分之一的比重。

三支队伍组成的团队，最好形成泛合伙人的形态，泛合伙人的特点是没有固定的组织，有点像体育运动队，要去打世界杯就临时组队，找最好的球员组织起来，打完了就解散。团队中没有行政级别中的下级服从上级、少数服从多数的传统模式，每个人都能成为领导者，团队中的产品经理负责团队的业务，在内容生产、技术赋能、产品运营、流量变现等方面发挥领导作用。

泛合伙人的组织特点是有明确的时间节点、有明确的目标和角色，业绩由市场和用户评价，组织更倾向于分工协作，更加平等、平滑。在合作的过程中团队的心态也都很简单，每位成员主动工作，快速响应用户需求，每个人都是自己的CEO。如果再配以激励机制，就能较好地激发员工的潜能，让员工在创造用户价值的同时实现自我价值。

三、一体化背景下新型主流媒体组织再造

在媒体深融一体化的背景下，按照"三三制"组织架构模式，一家市县融媒体中心的组织构架需要颠覆式重构，形成一体化背景下的新型组织构架，如下图所示：

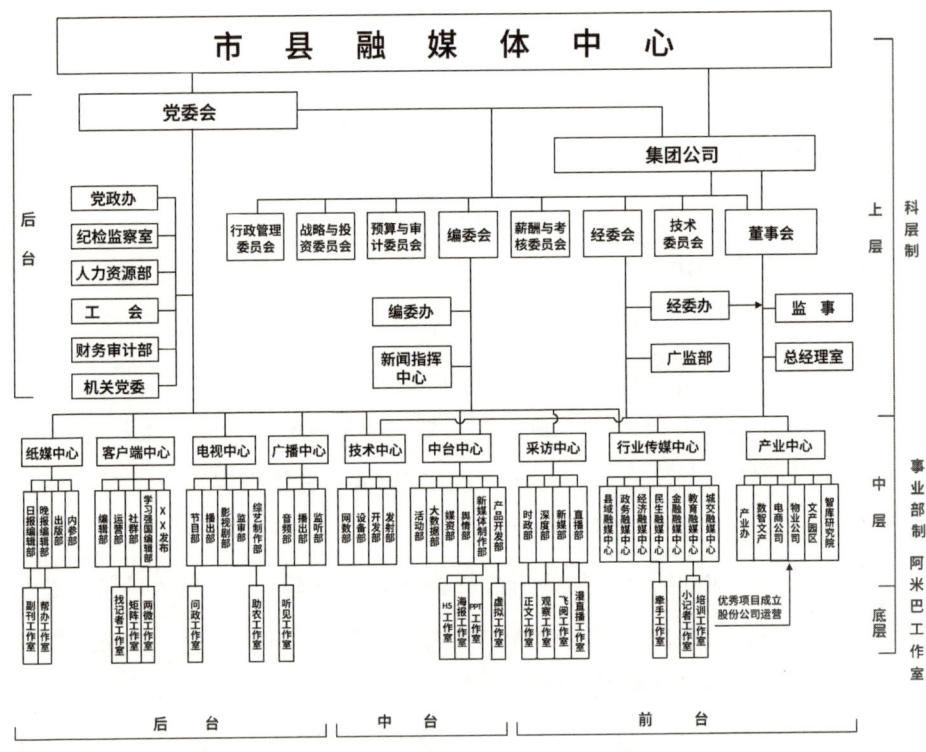

市县融媒体中心"三三制"组织架构图

对于未成立融媒体中心的主流媒体，也要建立适应全媒体生产传播的一体化组织架构，对长期以来形成的科层制、条块式的组织架构进行重构，形成一体化背景下的新型组织构架，如下图所示：

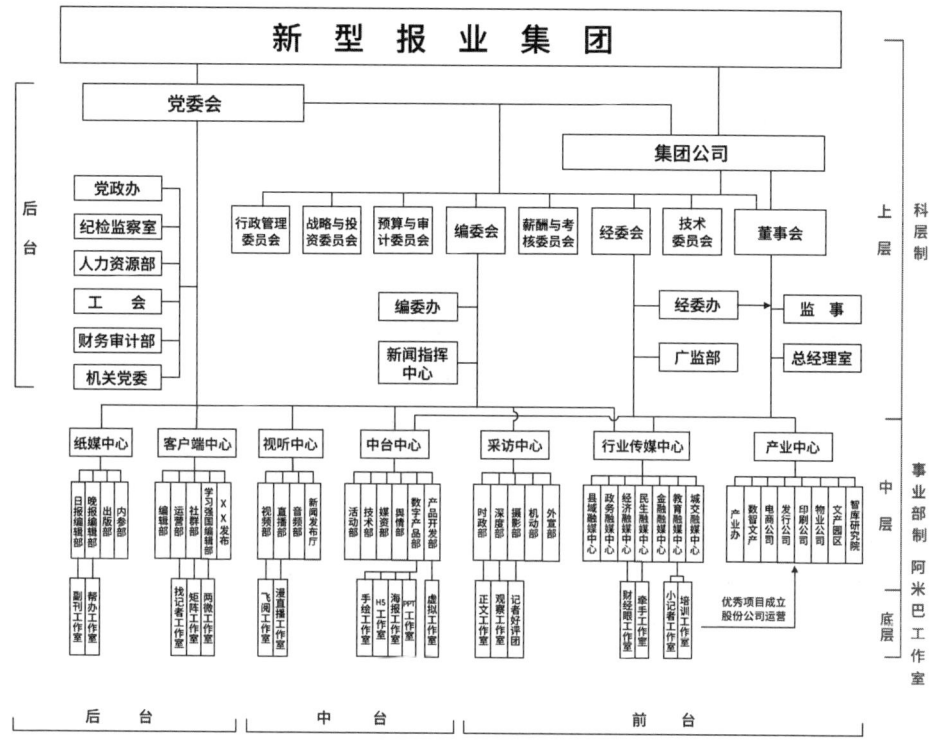

新型报业集团"三三制"组织架构图

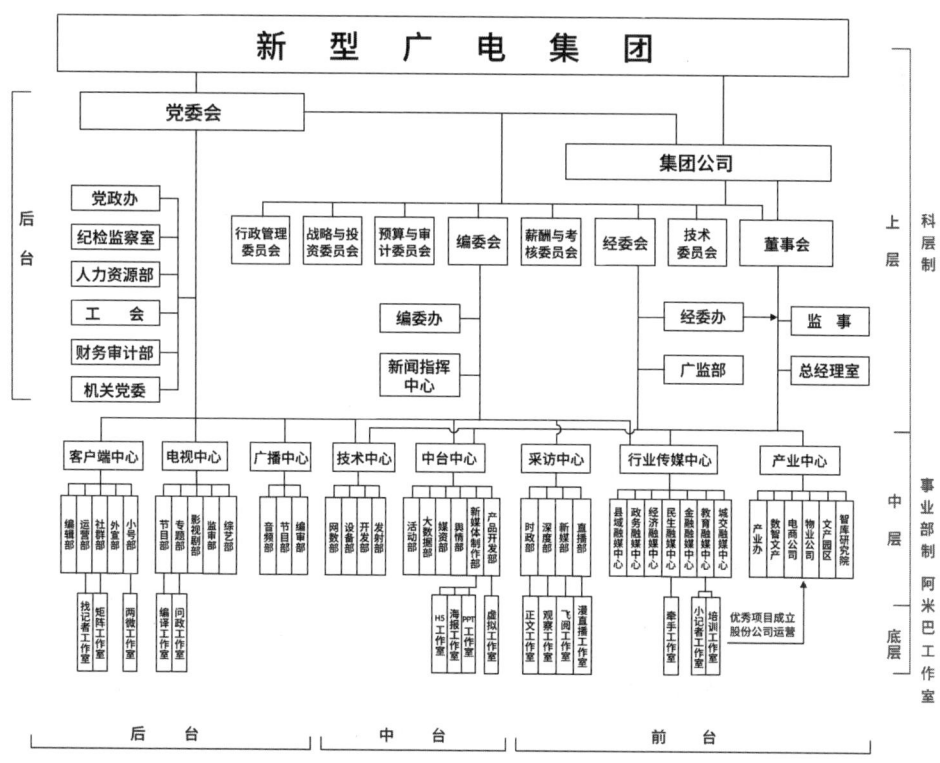

新型广电集团"三三制"组织构架图

在这三张组织结构图上，新型主流媒体实现了新媒体与传统媒体的一体化机构设置；从科层制树状结构向互联时代去中心化的网状结构转变；在管理方式上，从集权化管控的"正三角"向柔性化授权的"倒三角"转变；从内容生产经营的割裂，向事业产业一体两翼的方向发展。

1. 实现了新媒体与传统媒体一体化机构设置

之前媒体融合，往往很难打破新媒体和传统媒体相互独立的组织形态，一般采取在新媒体部门逐步增加采访人员，造成事实上的两套体系并行运作，与中央要求的相差很远。

上图的组织架构，按媒体深融要求，建立适应全媒体生产传播发布运营的一体化组织架构，不再按照媒介类型设立部门和岗位，而应以内容产品与服务用户为导向，按照不同产品线的业务流程和要素进行重构。

特别是建好全媒体指挥调度机构并充分发挥其作用，整合分散在传统业务部门和新媒体业务部门的采编力量，分层级构建新型采编发网络，建立适应全媒体生产传播的一体化组织架构，让一支队伍服务多个平台，一个平台上有多支队伍。

在融合岗位设置上，也撤销了新媒体部，设立了产品开发部、社群运营部门、UGC 部门等中台部门，大兴"开门办报""开门办台"之风，强化媒体与受众的连接，以开放平台吸引广大用户参与信息生产传播。同时，树立大数据思维，成立大数据部、媒资部、智库研究院等新型业务拓展部门，提供能解决用户痛点的城市生活服务链、商务服务链，以智慧城市服务商的角色，造福本地群众，改善城市运营能力。

2. 构建了去中心化的扁平网状结构

移动互联时代，最重要的特征就是去中心化、去权威化，实行组织小微化、开放、互动、分享。上图的组织构架，探索"科层制＋扁平化事业部制＋工作室"的总体架构。

上层仍为科层制模式，在党建引领、舆论引导上加强管控，同时削减了管理层级，缩短了决策半径；中层从"部门制""频道制"向"中心制"转变，建立起一体化的内容生产主体、多渠道多平台发布形式，加快融合制播体系的建设；底层采取阿米巴模式，以采编栏目制、经营项目制的方式组建"内容+技术+运营"的团队，以灵活、敏锐的小团队互相协同，充当节点，形成网状连接，被赋予更多的资源调动权和协调权。以栏目或项目为中心，提高了人力资源利用的灵活性，由于关键人员能为各个团队共用，人才缺乏问题得到减轻。

采编栏目制，即由团队申报采编栏目，一批年龄、文化、爱好相同的人员，自由组合到一个团队，有记者、编辑、运营、技术人员，从事全媒体的内容生产、发布、运营，完成上级部署的各项目标考核，实现了生产要素的柔性组合。

经营项目制，即就某个经营项目，以市场和用户为中心，让团队自由组合，独立经营，独立核算，成为一个个的利润中心，每个项目独立经营，独立核算，形成内部创业模式，培养全员经营意识。

3. 采取了柔性化授权的"倒三角"形式

传统的组织机构是正三角金字塔式管理模式，金字塔顶是决策中心，员工在最下面，这种组织模式具有很强的刚性，对岗位职责、工作流程界定严格，是集权化的管控模式。

移动互联时代，决策主动权已经从组织转向了用户，要求真正授权给最了解用户、最了解市场的人，柔性化授权的"倒三角"模式，让前台面对一线，让工作室直接面对用户，并自主决策和执行。管理者成为后台，变为资源提供者，帮助前台实现目标，后台只抓战略方向、舆论引导、发布体系、资源配给、品牌助力、文化影响等事项。

前台、中台、后台的分工，也是按照移动互联时代的要求，采取去中心化的扁平网状结构，中台为前台以及UGC服务，逐步形成"中心+工作室+MCN"的内容生产新机制，以市场化手段自下而上、以点带面加快资源整合、流程优化、运营模式升级。

4. 实现了事业产业一体两翼的发展机制

这一组织构架，按照法人治理结构的要求，成立集团公司，实行两分开两加强，按照现代企业制度的要求进行管理。对不涉及意识形态的内容产品、创意、经营等方面，组建垂直化的行业传媒中心，依托主流媒体强大的优质内容生产能力、融合传播能力、社会资源整合能力，以用户为中心，为广大群众提供全方位的行业服务，打造具有广泛影响力的传播平台、品牌活动平台、产业众创平台、高端智库平台、公益服务平台，做深做细做强行业报道，构建涵盖报、网、端、微、屏"五位一体"的全媒体传播矩阵，增强行业内新闻舆论的话语权和主动权。

行业传媒中心实行集团公司与党媒集团双向管理，中心内部实行采编经营两分开，采编工作和人员由党媒集团管理，经营工作由集团公司管理，实现采编经营的互联互通互助。

对于运营较好的经营项目，在形成盈利模式后，可成立股份制公司运营。2020年9月，两办文件《关于加快推进媒体深度融合发展的意见》中指出：吸引社会力量参与媒体融合项目的技术研发和市场开拓。创新媒体投融资政策，鼓励符合条件的媒体企业上市融资。支持主流媒体控股或参股互联网企业、科技企业。媒体要充分运用好这些政策。

5. 强化了媒体融合的指挥调度和整体协调

以往，传统媒体各单元各自作战、自行其是，上图组织构架进一步强化新闻指挥的统筹协调能力，健全完善应对重大突发事件的应急宣传机制，建立健全集团对各平台的新闻指挥协同与联合作战体系。

特别是在时政报道上进行融媒体一体化运作，打破了过去时政、摄影、摄像、新媒编发等跨部门运作的体制壁垒，畅通了运行机制，实现时政报道全媒体"策划采集"深度整合，由采访中心一体化运作，进一步强化了围绕党委政府中心工作、服务大局的能力，提升时政融媒体报道的时度效。

第三节　流程重构：决胜"策采编发营馈存"

推进媒体融合发展是一项系统工程，流程重构是媒体深融的决战环节，在组织构架再造后，流程设计就要打破部门壁垒、畅通运行机制，增强新闻指挥能力，融通采编发各环节，建立健全融媒体协同与联合作战的体系。

如果说媒体融合的上半场，是在原有传播链、价值链基础之上的内容策采编发改造；下半场则是整体性、结构性的深改，需要打造主流媒体的全域全网融合整合能力，流程重构需要从"策采编发"升级到"策采编发营馈存"，实现媒体深融的颠覆式重构。

一、日渐重要的流程重构

1. 什么是流程

所谓流程，就是组织完成一项工作的程序。包括完成工作的顺序、过程、职责、结果、价值等要素。战略、组织、目标、流程共同构建完成一项工作的基本框架。

流程重构就是从组织战略出发，以用户和客户需求为目标，对一项工作的完成顺序重新规划和变革，建立一个整体的工作框架，包括流程组织机构、流程管理责任、流程监控与评审、运行绩效等。一般来说，流程重构有三种类型：

一是对流程进行颠覆式重构，使其在形式、内容、执行等方面有全新的突破，比如媒体融合的采编流程需要颠覆式重构；

二是对流程各个任务之间的关系进行重新组织，在次序、侧重点、衔接关系等方面有创新重组，比如媒体广告发布、活动推进等需要创新重组；

三是流程基本不变，但执行流程的部门或人员进行调整，比如媒体的数据分析、舆情监督等工作，需要整合部门或设立专门部门来负责。

移动互联时代，新闻生产和发布的网络化、数字化，倒逼我们的生产流程和管理流程也必须网络化和数字化。特别是疫情之下，居家办公，在工作流程上要实现云编、云剪、云会议、云储存、云办公、云直播，把工作都放到云端，这些方面都是流程重构的重点内容。

2. 流程重构的步骤

流程重构是一项系统性较强的工作，在实施过程中有相对固定的步骤。

一是发现现有流程存在的问题。当一个流程在组织中运行相对较长时间后，受行为惯性和人员心理等方面的影响，管理者很难意识到存在的问题。

要深入细致地对业务流程进行分析和诊断。包括与组织战略的不合理之处，流程的规模分析、范围分析、费用成本分析、占用时间分析、对组织整体绩效的影响等。

二是多方征求意见、对标先进单位，设计出新的流程。特别要注重流程的衔接，地点、时间的协调，权责的对应等。新的流程方案可采用图形、表格、文字等方式诠释，便于员工理解领会。

三是试点后推广。当颠覆型的流程变革较大时，为避免大规模实施新流程的风险，可选择一些子流程进行试点，试点的子流程要具有典型性，对绩效要改进明显，成功概率要高，涉及的管理变革不要太复杂，并组织有关人员进行培训，尽可能多地跨越部门和组织。试点流程实施后，组织需要对试点的成果和流程团队的反馈进行评估，经过总结不断完善试点。最终将优化后的新流程逐步引入全面实施阶段。

3. 流程重构的保障

流程重构是一次顶层设计，在新流程确定后，需要体制机制保障，特别是媒体融合的流程重构后，其配套措施要跟上，有平台、有空间、有制度、有会议、有执行，并在内容采编发系统、传播效果监测反馈、版权系统等有技术支撑，把"人""组织""事""产品"四个元素串联一体，形成一套完整的集指挥、控制、采写、发布于一体的采编流程系统。

一是体制机制保障。组织构架要按照新流程设置岗位，明确岗位职责和人数，明确各部门在新流程下的 KPI 指标，完成情况与薪酬考核挂钩。

二是规章制度保障。制定与流程重构方案相配套的业务规范，形成系统性业务流程重构方案。包括《新闻宣传审核工作职责》《三审三校岗位职责》《突发事件新闻报道应急机制》《采编工作周例会制度》《每日采前会、编前会制度》《采编规范》等，与流程相对应，提升集团媒体平台的传播力和影响力。

三是工作机制保障。工作机制是保障流程实施的基础，以采编流程为例，要明确指挥长、值班主任、编辑在"中央厨房"全天值守办公，运用大屏相关场景实时监测全网线索舆情，辅助选题策划、编审发稿、查看传播效果。

每日上午和下午各召开采前会和编前会，重点讨论原创选题、舆情线索，统筹调度全集团采编资源，实现一次采集、多种生成、多元发布。

四是人员保障。新流程需要新人才，以媒体融合的流程重构为例，要强化产品经理角色，围绕爆款产品的打造，由产品经理牵头，理顺策划、设计、开发、传播的生产链条；要加强运营人员的培养，向各平台、部门派驻运营专员，参与新闻产品从策划到分发的全流程，实现用户和阅读率的增加；要向各部门派驻兼职人力总监和专员，做好岗位管理、人才优化、业务培训等工作，通过在线数据的考核，倒逼采编部门适应流程的重构。

二、"策采编发营馈存"流程重构

采编营流程重构是媒体融合的一项重要变革，传统媒体与新媒体的生产发布传播，在流程上有天壤之别：报纸以天为出版周期，新媒体以分钟为发布周期；报纸送到读者手中传播流程即结束，新媒体上网发布时传播流程才刚开始；报纸一对一灌输式传播，新媒体一对多交互式传播；报纸传播的是图文作品，新媒体传播的是多元化产品；报纸出版量有限，新媒体无限量发布。

这就要求媒体按深融的要求，对内容采编营的指挥系统、生产发布流程、管理机制等进行重新设计，形成协调联动、融通共享、集约高效、全媒体传播和运营的工作机制。打造一套完整的指挥、调控、采编、发布、运营、考核合一的采编运行系统和流程。包含策划会、周例会、线上报题系统、线索发现、舆情监控、新闻策划、采编决策、人员指挥、编前会、内容的发布与交互、手机端发布审核系统、传播效果分析、媒资管理、产品运营推广等。

采编营流程重构，各媒体主要是围绕媒体融合采编运营工作的顺序、职责、权限重新设计。本书按"策采编发营馈存"7个流程设计，实现了前端新闻协同、经营协同、指挥策划协同，中端记者调度、现场采访、产品生产、平台发稿一体，后端编辑发布、运营变现、互动反馈、留存销售齐全，所有环节一体贯穿如下图所示。

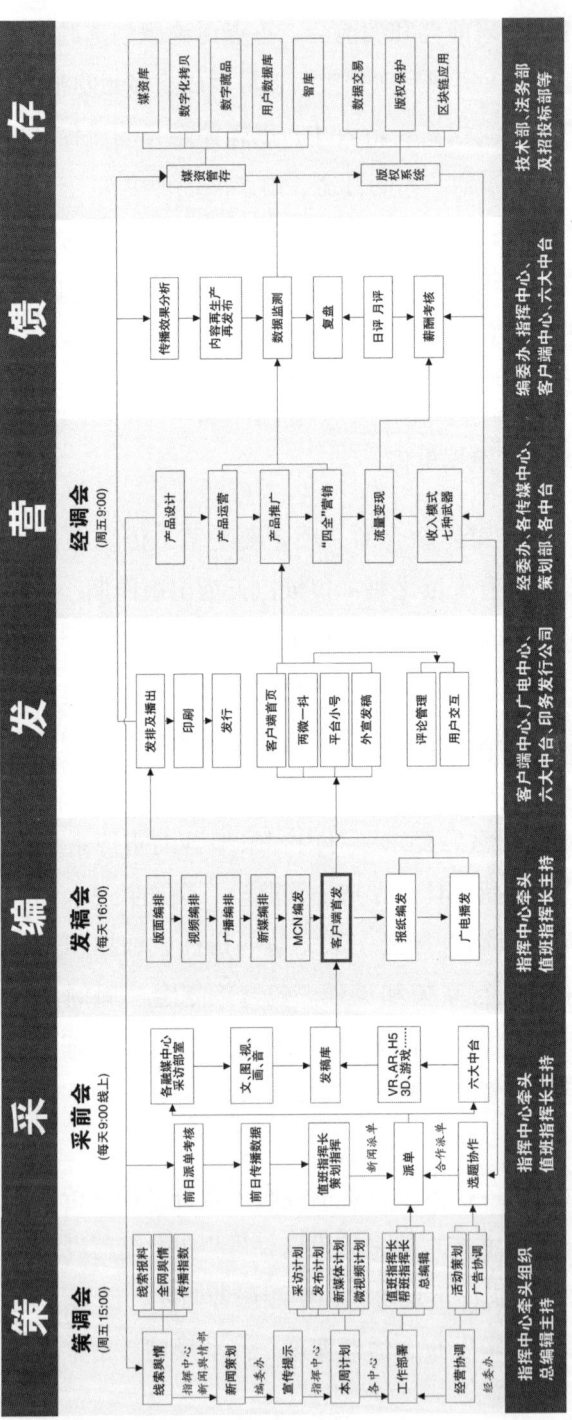

媒体融合采编营流程图

1. 策

"策",即媒体的策调工作,对全媒体生产发布进行一体化的策划调度。包含了议题设置、选题策划、线索发现、舆情研判、新闻指挥、记者调度等工作,媒体各部门每周五将下周拟采写的选题上报,每周五下午召开一次集团策调会,研究确定选题。对海量内容数据进行智能聚合分析,提供每日实时新闻热点、舆情、政策新规、历史上的今天等新闻线索,并根据信源、关键词等设置灵活的自定义监控,辅助采编人员发掘新闻线索。

同时,在每天的采前会上,由各部门上报当天新闻选题,这些选题包括:指令型报道,即上级部门下派的主要领导会议和活动采访;策划性报道,即上周策划会确定的报道;爆料性报道,即由"找记者"栏目市民爆料的新闻,以及通讯员提供的线索;UGC 报道,即用户提供的内容线索,包括论坛、博客、朋友圈、抖单上 UGC 的分享。

全媒体指挥调度是"策"的重要工作,每周策调会上,还要通报本周传播数据、他媒亮点策划、编校质量和全媒体产品评等结果、上级宣传要求,对下周新闻策划选题布置落实,各发布平台提出产品要求,经委办汇报各行业传媒中心需要提请研究协调的事项。最后由指挥长和总编辑对下周工作作总体布置。

2. 采

"采",是指全媒体产品的采集和生产,要坚持内容为王,不断深化内容生产供给侧改革,变"报、台、网、微、端"各搞一摊,变为"一体策划、一次采集、复合生成、全媒共享、多端发布",以产品形态上的融合生产,实现传播效应最大化。每一个生产单元都融媒体化,面向报纸、广电、新媒体三个端口进行融媒体内容生产,并增强内容产品的创新能力,生产图、文、视频、一图读懂、H5 等全媒体产品,形成内容产品矩阵。

媒体内容采集,强化的是内容生产的创意、策动、制作、生产、数据共享的功能,记者、编辑、审稿人员的工作都汇集到同一个平台上,这是一个从线索收集、分发到采访、写稿、交稿、编审、签发,都集中在移动端上的平台，建立起了记者编辑 24 小时随时随地工作的机制，除了具备指挥、采写、发稿、审核的功能外，还有可回溯、全流程留痕安全性保障。

内容采集生产由每天上午的采前会进行调度，包括各部门报题、派单、策划、发布等，由值班指挥长主持召开。上午的采前会着重研究客户端和新媒体平台的产品生产和发布，可采取或线下或线上的方式召开，随时根据新闻线索确定报道重点、报道发布平台、确定指派记者数量等，实现报网采编无缝衔接、24 小时全天候生产。

3. 编

"编"，是指对内容产品进行编辑和再生产，包括视频剪辑、起标题、三审三校等工作。由值班指挥中心牵头对新闻素材做出价值判断和去向判断，并在审稿后第一时间签批至各媒体，保证一件新闻产品的复次、多介质、全方位传播。

内容产品不管是报纸的稿件还是新媒体稿件，都必须进入采编平台的原料池——稿库，各平台编辑可自由调用，进行内容的再加工，以导向把关为核心，完成三审三校的流程，进行发布。在采编平台中，经过编辑的加工处理并留下完整、清晰的记录后，才能在端口对外发布。好的稿件进入客户端首页稿库，申请上首页。

编辑流程中，会剪辑和会起标题是小编新的能力，标题是新媒体作品的灵魂，好的标题才能吸引用户点进。而短视频是媒体融合盘活全局的"棋眼"，短视频活，则客户端活，客户端活，则融合发展满盘皆活。市县融媒体中心要将大屏端的广电传统优势有效转化成小屏端的崭新动能。

4. 发

"发"，即内容的传播发布，形成全媒体发布矩阵，扩大影响力版图。通过内容相关数据和用户数据形成用户阅读兴趣画像、时序传播画像和媒体影响力画像等，向互动式、服务式、场景式、精准式传播转变，增加用户的参与感、提升用户的满意度、增加用户黏性。

融媒体发布遵循 24 小时全天候发布机制，大平台逐级发布、传播，满足不同受众的多元信息诉求。坚持移动优先原则，新闻产品发布顺序是客户端首发，然后是广播连线，其次是两微一抖等新媒体矩阵，再往后是网站、电视，最后报纸第二天发布。

在发布形式上，首波"快点"传播，以新媒产品先声夺人，吸引全网瞩目；第二波"深点"传播，以深度报道激发万众共鸣；第三波"外点"传播，用全网外宣引发万众关注；第四波"集点"传播，用网端专题、新品报纸，形成集合留存……第 N 波"延点"传播，以后续报道、延伸阅读，镌刻万众印记。

5. 营

"营"是指运营和经营，传统媒体"二次售卖"的盈利模式终结后，"新闻＋政务服务商务"的运营模式在流程再造中要形成一体化的闭环。内容生产发布后，就要从客户需求出发，进行产品的调研、策划、执行、宣传、结案，从设计、拍摄、制作到生产，从多维度宣传到融媒体呈现，从单一的内容生产跨界到产品系统，进行融合营销的整合传播服务。

通过每周五上午的经调会，将下周的运营和经营工作进行策划调度，需要与采编协调联动的，由周五下午的策调会统一安排。通过产品设计、产品运营、产品推广，进行全媒体、全要素、全案、全流程的"四全"传播营销，流量变现，形成内容系统、产品系统、传播系统这三大系统与收入系统的连接，最终形成收入模型的"七种武器"。

6. 馈

"馈"，即内容发布的交互和反馈，报道发布后，各项数据如阅读量、评论内容、收听收视率等，第一时间在内容管理系统上反馈给指挥中心，指挥中心从阅读、互动、转载三个维度计算原创稿件传播力指数。

"馈"还包括了交互式再生产再发布，已发布的稿件在效果评估之后又会重新进入策划环节，形成闭环，实现了从线性到环状的改变，对于重点策划，采编人员可以通过热点新闻、舆情地图、事件分析等模型，了解相关稿件在不同渠道的用户情感走向、声量、观点、网络舆情动态，确定是否需要继续做后续报道、深度报道，调整报道方向。并为绩效考核提供明确的数据指标。

同时，进一步加大舆情分析和报道的总结复盘，大数据的智能分析加上人工分析生成的舆情和复盘报告，给采编部门带来了更加一目了然的内容和建议；传播数据要及时提供给采编人员，作为绩效考核的依据。

7. 存

"存"，即媒资的管理和存售。全媒体产品生产发布后，就要进行数字化拷贝留存在媒资库，媒资库包括全媒体发稿库，含音频、视频、H5、海报等全媒体产品，还包括了历史数据库、素材库和智库。它不是数字化的发稿库，而是结构化的数据库，即有来源、标签、主题、人物、关键词，有正负面指数、情感指数，能够判断、可以检索，这样才能算是媒资，才能加工成产品，才能独立销售，否则，只能算是档案资料。对媒资库里的数据进行传播效果分析、内容运营分析和精准推送营销，这构建了新的盈利模式。

媒资库还可以进行版权销售，主流媒体拥有大量视频、音频、图片、文本、图表、漫画、版面等，这些媒资都是可供交易的产品，对这些数据产品全面入库，将其进行数字化或数据化的存储与备份，进行管理。同时，也为社会上的创作者提供标签式、模块化的素材，并为供需双方提供可靠、安全、便捷的一体化交易平台。

三、业务流程重构

流程重构涉及媒体集团各方面的工作，除了采编流程外，其他工作流程和业务流程也需要作进一步优化。

媒体融合转型，传统媒体的业务往多元和跨界上发展，各项业务均要重新设计流程，以业务工作或项目为中心，以时间为节点，多部门、多岗位、多人员、多环节配合，在流程上排序、系统化推进、层层把控、步步为营，并按时序进度严格考核。本书以四项业务为例，重新设计流程，供媒体参考。

1. 线下活动流程

媒体转型中，举办线下活动是主流媒体的核心优势。主流媒体线上线下相结合，聚焦于社群，直接下场，通过直播方式，连接自己的经营性产品，构建一个"社群＋直播＋线下活动＋圈层交互＋场景营销"的营销系统，以前瞻的市场调度力、完美的策划推广力、优秀的线下执行力，帮助客户成为行业中的佼佼者。

在线下活动中，流程管理很重要，包括活动目的、创意主题、时间、各类人员如何参与，意外情况的处理及反馈、活动预算方案及效果预估，线下的执行方案、页面设计、活动推广、Q&A客服文档等，一般而言分为以下五大方面、25项重点工作，见下图。

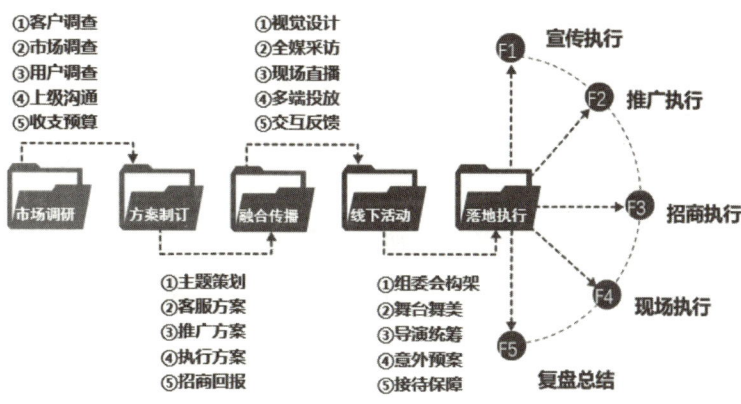

主流媒体O2O活动业务流程图

2. 线下展陈流程

线下展陈也是主流媒体涉及较广泛的业务，通过主题策划、文案服务、招投标、创新设计、现场布展、展陈宣传等流程的重构（见下图），主流媒体在承接各类重大主题的红色展陈馆策展上，有较大的优势，可为客户提供全套方案、形象包装、落地执行。

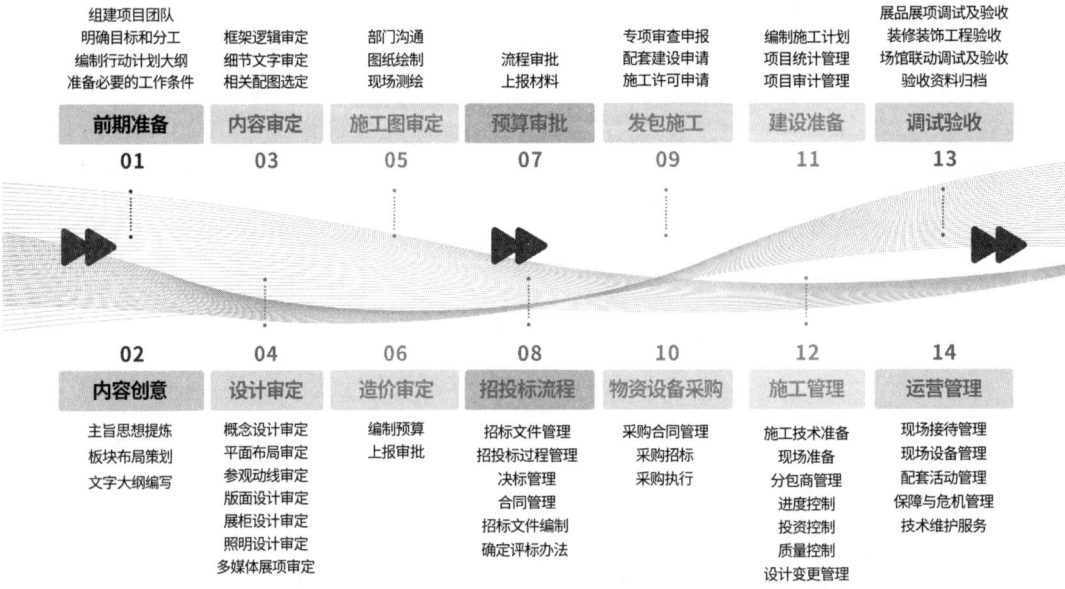

主流媒体展陈业务流程图

3. 文产活动流程

主流媒体经常举办线下文产活动，借力党和国家发展文化产业的东风，弘扬主旋律，传递正能量，唱响媒体跨界文化产业的最强音。举办文产活动是一项系统工程，涉及主题策划、宣传推广、艺人统筹、舞美设计、舞台搭建、灯光音响、视频制作、文案撰稿、设备选择、现场摄像等一系列协调工作。

中国报业融媒研究中心在线下文产活动的举办中，结合30多场活动的实践，制定了一套完整的工作流程，以文案形式固化下来，包括策划文案、应急预案、规章制度、流程图、操作手册等不同层次的文案（如下图所示）。让文产活动的每一个环节、每一项内容和细节，都有章可循、有人可控，细节无懈可击。

4. 广告经营流程

广告经营是传媒集团的主要经营业务，由于广告经营的复杂性，在是否合规、价格、行业划分、折扣、活动开展等方面如界定不合理，会产生风险，

第 7 讲
全面深改——体制机制迈向深水区

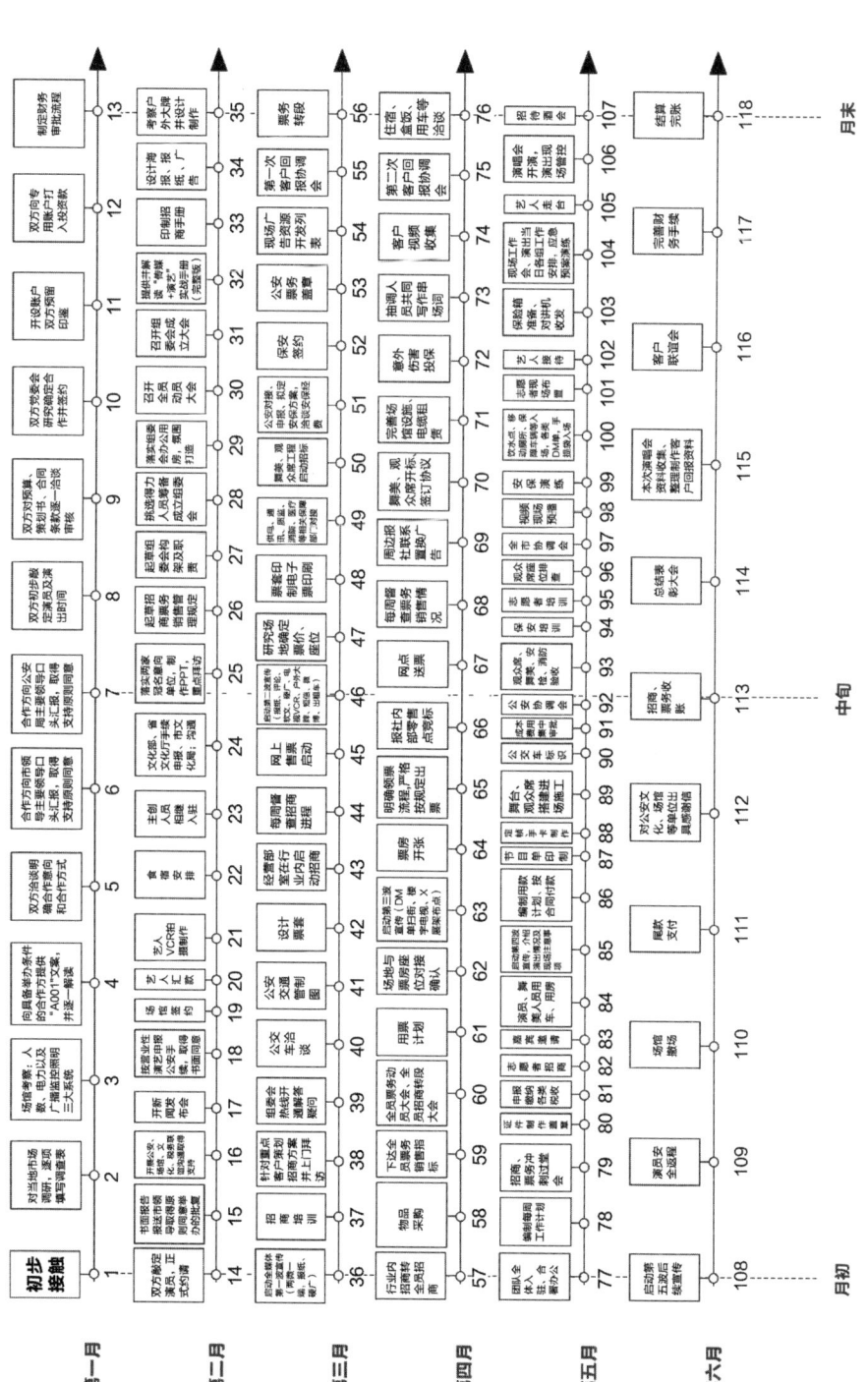

且影响以后的绩效考核。广告经营流程是一家媒体的重点业务流程，其经营管理也要科学和精细化。以下是一家传媒集团广告经营管理的流程图：

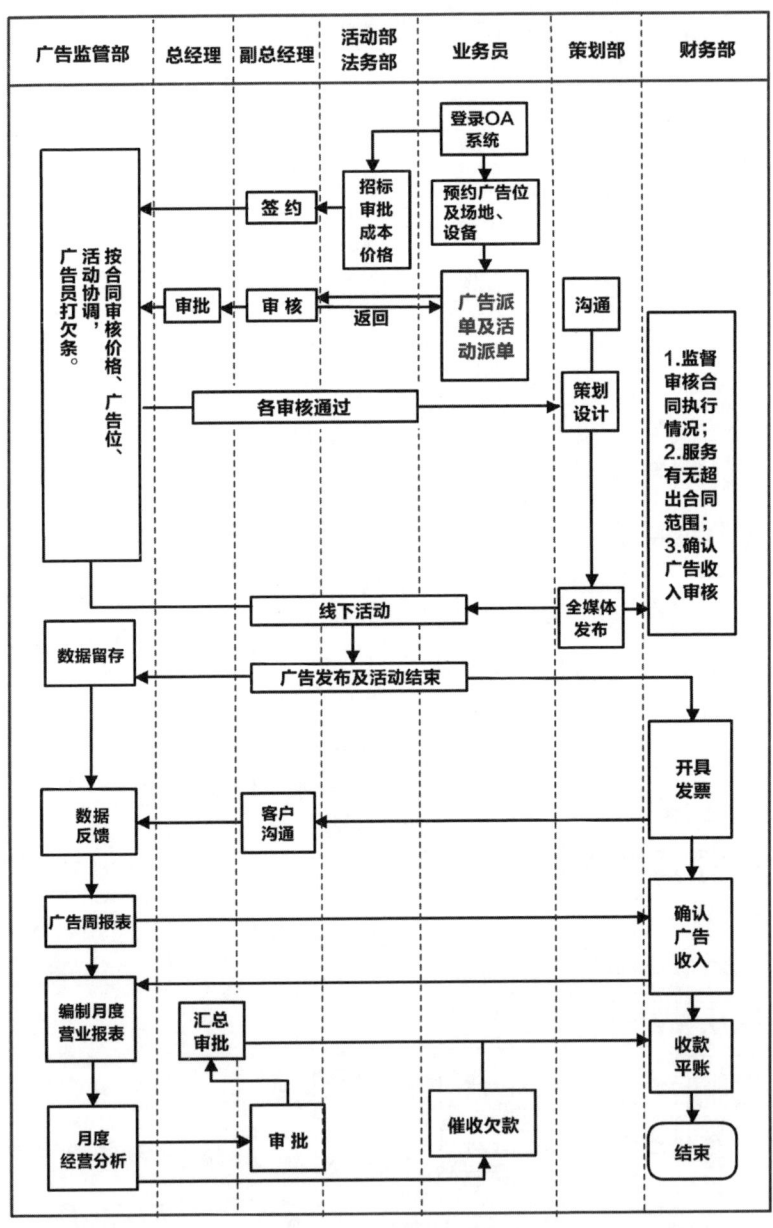

主流媒体经营管理流程图

经营管理流程是指为了控制风险、降低成本、提高工作效率、提高反应速度，最终提高客户满意度和经济效益的流程。经营管理首先要建立管理标准，完善管理制度，通过精简程序性无效工作，提高沟通效率，从而使媒体的经营体系有效地运行起来，以适应媒体内外部环境的变化，确保员工"按正确的方式做事"。

办公室里的争吵声

沈社长：某地级市报社党委书记、社长
韩主任：某地级市报社办公室主任
周博士：某融媒研究中心主任
时间地点：2021年6月，某地级市报社社长办公室

  进入梅雨季节，天气变得闷热潮湿。

  这天上午，周博士应邀到某地级市报社调研，沈社长热情地把他领进会议室，刚落座不久，就听到走廊上传来争吵声。

  一个小伙子情绪激动地吼道："老子写稿到深夜从不算加班，迟到一次就扣老子5分，你这考勤完全就是扯淡。"

  "小李，你才多大？别一口一个老子。"一个沙哑的声音劝解，"扣你的这5分是开会缺席，又不是上班打卡。"

  "我不管你是开会还是打卡，老子在一线白天采访，晚上写稿，周六还要加班，请问这'白+黑''5+2'，你怎么不加分？"小伙子越说越气，"我现在就去找社长，让他评评理。"

  见外面争吵激烈，沈社长赶紧关上门："不好意思，周博士，让你见笑了，这办公室主任门口，每天都很热闹呢。"

  "理解理解，现在的媒体，哪家不是一堆矛盾？"周博士笑了笑，"员工压力大，焦虑之下，过激言行也很正常。"

  "现在还是真难啊，省级媒体财大气粗，县级融媒财政包养，最难的就是我们地市级，属于爹不疼娘不爱的类型啊。"沈社长大倒苦水，"这两年受疫情影响，经营滑坡，现金流快断了，二百多号人的工资发不出，职工经常到办公室吵闹，我急得像热锅上的蚂蚁哩。"

  "那你想过什么对策没？"

"想啦，全员考核、全员经营啊。"沈社长说道，"这不，才实施了半年，就吵上门来了。还有全员经营，每个人都下了一点指标，主要是想增加大家支持经营的意识，这不，才有一点好转，就有人民来信写到省里，说采编经营两不分。唉，都活不下去了，还谈什么分和合哩。"

"哎，老沈，你这说法可不对。"周博士说道，"采编经营两分开是上级要求，一定要遵守。但两分开的同时，还要两加强，如果工资都发不出，还有什么舆论引领能力呢？"

"是啊，老周，你说怎么办吧。"

"这么多年来，媒体的改革无非是两种形式，一种是自上而下式，比如上级要求新闻单位采编经营两分开；一种是自下而上式，属媒体自主创新，比如每家新闻单位在改革中都试图给记者下经营指标。稳妥的做法是上下协同式改革。"

"什么是上下协同式？"

"既要遵守上级的规定，不触底线；又要创新改革举措，解决自身问题。比如我们这次为贵报准备的改革方案，就是上下协同式。其实，上和下的终极目标是一致的，都希望主流媒体能做大做强，主要看媒体的理解能力了。"

"有点意思，那具体怎么做呢？"沈社长有点迫不急待。

"我在一家报社做过一个改革方案，它原来有一个采访中心，一个广告中心，即一个采编部门，一个经营部门。"周博士缓缓说道，"改革中，把这两个中心都撤销了，另按行业条线成立了五大传媒中心，每个传媒中心分融媒部和运营部，运营部还是原广告中心的人员，原采访中心的部分人员则分到融媒部去。"

"那又怎样呢？"

"广告指标下给运营部啊，融媒部人员没有指标，两分开了吧。但是，"周博士话题一转，"传媒中心实行的是一体化考核，中心有一个虚拟账户，广告到账和成本工资支出都在这个账户里。"

"这个可真是绝绝子。"沈社长顿时来了兴趣。

"每月月底，虚拟账户里的现金余额大于中心两个部门所有人员应发工资的 10 倍时，报社才给这个传媒中心发放薪酬。"周博士揭开了其中奥秘，"这不，广告不到账，融媒部人员就拿不到工资，他能不支持经营工作吗？"

"这可真是好点子。"沈社长一拍大腿，站了起来。

"关键还要有配套措施，融媒部人员主要负责条口的新闻采访和全媒体产品的文案写作，你还得成立中台部门，像技术、视频、H5、直播、条漫等，都由中台部门生产，来支撑五大传媒中心。"周博士继续说道，"这就是组织架构重新洗牌的三三制模式。"

"那我们抓紧改！"

"改革是一个系统工程。"周博士说道，"没有两年时间推不到位，广告经营也是个系统工程，单靠百十个经营人员是干不成的，需要组织匹配、领导力匹配、平台匹配、营销匹配、制度匹配……靠的是一体化深融啊！"

正说着，办公室韩主任推门进来："不好意思啊，吵到你们了吧，才把小李打发走，这每天的工作是乱如麻啊。"

"老韩，你这大内总管也不容易。"周博士说道，"媒体里文人多，文人喜欢发牢骚，得意时恃才傲物，失意时又牢骚满腹。"

"是啊，这个小李，最喜欢钻牛角尖。"韩主任气呼呼地说道。

"他是员工，他能发火。老韩，你是主任，要放下身段，多跟他们交心，换位思考，行管部门既要严管更要送暖。"周博士说道，"很多报社不重视工会和妇联，其实工会和妇联工作非常重要，每周搞个小活动，每月搞个大活动，寒暑假搞职工子女托管班。都能顺人心，理人气，有利于报社严格管理。"

"看来，深化改革的确是个系统工程。"沈社长说道，"我这几天也去找工会主席和妇联主席谈谈心，深化改革工会和妇联的职能也要做大幅度调整。"

第8讲 评估考核——用好奖惩的指挥棒

☆ 第一节"考评",是判断一家新型主流媒体的建设成效,长期以来,传统媒体评估体系缺失,已经成为影响其发展的主要障碍。判断一家主流媒体是否成功,有三重价值标准:政治价值、社会价值和市场价值。政治价值,体现在舆论引导力是否提升;社会价值,体现在内容传播力是否提升;市场价值,体现在媒体的竞争力是否提升,能否被市场接受,只有被市场接受能赢利的媒体,才具有可持续发展的能力。

☆ 第二节"考绩",是建立一套薪酬考核的体系,"指挥棒"指向哪里,员工的努力方向就会聚焦到哪里。"考什么"决定了"干什么","怎么评"左右着"怎么干"。本节用一张框架图,直观描绘了薪酬考核"4+4体系",一图读懂在4个一体化考核下,如何实现4个闭环。即全岗位一体化覆盖、全结构一体化引导、全模型一体化考核、全流程一体化推进,从而实现"三台协作"闭环、"两分双考"闭环、"性量共定"闭环、"考核应用"闭环。

☆ 第三节"考心",考的是媒体"心聚"员工的能力,背后是媒体的企业文化和职场环境。它是媒体的目标导向和价值取向的外在表现,就像一个磁场,看不见、摸不着,却可以深刻地感受到,能决定我们走多远。但现实是,拥有天然文化属性的传统媒体,很多却没了"文化"。

第一节　考评：新型主流媒体评估指标

"考评"，是判断一家新型主流媒体的建设成效，长期以来，传统媒体评估体系缺失，已经成为影响其发展的主要障碍。由于没有科学的考核目标、考核指标、考核方法、考核激励，除了宣传考核严格外，其他方面如资产、经营、发展的考核都不明确，造成不少媒体缺乏发展动力，得过且过，当一天和尚撞一天钟。

2020 年 9 月，中办、国办发布《关于加快推进媒体深度融合发展的意见》，对媒体融合的考核等提出了相关要求。2020 年 11 月，广电总局印发《关于加快推进广播电视媒体深度融合发展的意见》，也明确要求：把推进深度融合发展成效纳入广电机构领导班子和个人考核体系，与年终考核、双先评选、领军人才评选等挂钩。还提出：把媒体融合发展作为"一把手"工程，班子成员全员参与、协同配合。坚持台账式督察，指导监督与正向激励结合，增强发现问题、解决问题的实效。

结合这两份文件精神，参考《江苏省县级融媒体中心高质量发展综合评估办法（试行）》等文件要求，本书设计梳理了主流媒体高质量发展的指标体系，包括 10 个大项指标、若干个小项指标。尝试建立一套导向正确、标准客观、科学专业的综合评估体系。对新型主流媒体的舆论引领、移动传播、融合生产、综合服务、平台建设、安全管理等工作，明确了具体要求。

最终，判断一家主流媒体是否成功，有三重价值标准：政治价值、社会价值和市场价值。政治价值，体现在舆论引导力是否提升，让党的声音传得更深、更远；社会价值，体现在内容传播力是否提升，让社会主义核心价值观占领移动舆论场；市场价值，体现在媒体的竞争力是否提升，能否被市场所接受，只有被市场接受能赢利的媒体，才具有可持续发展的能力。

1. 宣传导向指标

（1）新闻舆论导向。能够坚持正确政治方向，坚持党性原则，坚持马克思主义新闻观，坚持正确的舆论导向，坚持正面宣传为主，落实意识形态工作主体责任，与中央和省、市、县委保持高度统一。全年不出现重大政治性差错、意识形态安全重大问题。

（2）重大主题宣传。能够围绕贯彻落实市（县）委、市（县）政府中心工作和各项重大决策部署，加大新闻策划，创新方法手段，宣传党的理论和路线方针政策，宣传市（县）委、市（县）政府重大工作部署，以及经济社会发展成就、先进典型和精神内涵。

（3）舆情引导和把控。把握好舆论引导的时、度、效，积极稳妥做好突发事件报道和热点问题引导，通过议题设置，回应社会关切，开展有建设性的舆论监督报道，有效地引导舆论。无有偿新闻、新闻敲诈行为。

2. 内容生产指标

（1）内容评价。生产出版的内容未超越办报宗旨、业务范围，未刊播禁载内容，原创稿件占60%以上；刊播的报道、评论客观公正，无"低俗、媚俗、庸俗"报道，未集中刊发负面新闻；刊载内容真实，未刊发未经核实的信息或妄测编撰虚假信息，未刊载有偿新闻；广告、形象宣传与新闻相区分，无"标题党"现象。

（2）新媒体生产。坚持"移动优先"，加快推动内容生产向移动端转移。考核新媒体产品数量占比指标，新媒体稿件数占比＝终审入库新媒体稿件数÷总稿件数×100%，高于40%；常态化使用党媒云采编系统，使用率＝常态化使用采编人员数÷系统注册采编人员总数×100%，高于70%。

（3）精品生产。融媒体精品生产获得中国新闻奖、省新闻奖、全国县级融媒体中心优秀作品双月赛等新闻类权威奖项。

（4）三审三校。对报刊、广播电视和互联网发布渠道的发布前、发布后内容进行审核，落实总编辑负责制和"三审三校"制度，配备网络视听节目内容审核员，强化导向管理，确保网络意识形态安全。所有发布平台"三审三校"稿件占比数不少于95%，报纸差错率在万分之二以内。

3. 传播发布指标

（1）发布矩阵。考核新媒体平台建设情况，建有"两微一端"全媒体传播矩阵、建有户外视频播报、办有一级独立域名的新闻网站、出版网络版多媒体数字报。建设运维学习强国本地平台，"学习强国"全国平台及省级平台年度用稿量情况，在同级媒体中位居前列；在人民日报、新华网等央媒开设小号，在微信公众号、视频号、微博、抖音、今日头条等第三方商业平台开设小号。

（2）App 传播效果。评估新闻 App 的下载率，下载率＝下载量÷县（市、区）常住人口（第七次全国人口普查数据）×100%；评估新闻 App 用户覆盖率，用户覆盖率＝实际注册用户数÷县（市、区）常住人口×100%；评估新闻 App 的日均使用率，日均使用率＝日均使用用户数÷县（市、区）常住人口×100%。App 的用户注册数达到当地人口的 30% 以上，日活量不低于注册数的 15%。

（3）移动账号传播效果。对媒体注册的微信公众号、微博官方账号、视频号、抖音官方账号、今日头条官方账号，对其在看数、点赞数、原创作品量、阅读量、转发量、评论量等综合加权评分，在同级媒体中位居前列。

（4）外宣指标。加大对外宣传工作，讲好本地故事，在中央级报纸、央视、省报、省台等全媒体平台能发布一定数量的产品。报纸、广电、新媒体能在海外出版、传播或新闻作品能被海外媒体转载。

4. 党建廉政指标

（1）党的领导。落实党的建设主体责任，确立党建是第一职责、首位任务、最大政绩；严格执行组织纪律、干部选任条例等制度；加强基层党组织、群团组织、党员队伍建设，团队文化建设和思想政治工作成效明显。

（2）制度执行。坚持执行"三会一课"、民主评议党员等制度，认真贯彻党章和新形势下党内政治生活若干准则，严明政治纪律和政治规矩，完善和落实民主集中制各项制度，"三重一大"事项集体讨论决定，议事规则制定和执行到位。

（3）党风廉政。认真执行中央八项规定和实施细则精神，落实党风廉政建设主体责任，加强干部职工队伍的教育、监督和管理，抓早抓小，解决好"四风"方面存在的突出问题，切实把纪律和规矩挺在前面，形成监督约束常态化。

（4）遵纪守法。严守法律法规和新闻管理制度，严守政治纪律和政治规矩，认真执行各项新闻管理制度和宣传纪律。没有违反法律法规的人和事发生。

5. 改革创新指标

（1）组织构架。建立了适应全媒体生产传播的一体化组织架构，全媒体指挥调度中心发挥作用，建立技术研发、产品设计、数据分析、品牌推广、数据库、MCN等部门或岗位。

（2）采编流程。按移动互联网规律，重构内容生产传播流程，不断优化全媒体内容管理系统、传播效果监测反馈系统，报、台、网、端、微、视协同联动，形成集约高效的内容生产体系和全媒体传播链条。

（3）绩效考核。深化人事制度改革，完善聘用制度、岗位管理制度，实现定岗定责、同工同酬，建立以移动优先、融合生产业绩为导向的全媒体绩效考核体系。

6. 管理规范指标

（1）管理制度。完善内部管理规章制度，重大决策及风险控制程序规范严格，无重大决策失误。内部管理、宣传导向管理、经济运行管理等制度健全，有党委会议事规划、新闻出版（制播）、指挥协调制度，有阅评、审读制度，有新闻采访、责任编辑、出版大纲制度，有审稿、校对（三审三校）、广告发布审查、财务管理等制度。

（2）会议制度。定期召开集团党委会、编委会、经委会、周例会、策划会、指挥协调会、工作推进会、每日策调会、每日编前会、党群工作例会等，对集团各项工作进行布置、项目化落实、目标化考评。

（3）安全管理。落实网络意识形态工作责任制，构建全流程、全平台"人防＋技防"安全管理体系；健全安全生产的内控制度和管理流程，安全保障工作到位，无重大安全责任事故；履行保密工作责任制，落实相关制度，无失密泄密事件发生；本地系统网络安全保护较好，落实网络安全等级保护制度，对重要核心数据、关键信息设备加强安全保护；本地播出、发布系统及其他系统网络安全保护等级大于等于二级。

（4）社会责任。坚持社会效益放在首位，关注社会民生，热心公益事业，积极组织社会服务活动，增强用户凝聚力。

7. 媒体服务指标

（1）政务服务情况。评估当地政务服务事项有没有嵌入媒体平台中，包括App、公众号、网站等平台，嵌入率＝政务服务事项嵌入数÷政务服务清单事项总数×100%，嵌入率不低于60%，政务服务清单包括：党建服务、公安事项办理、公积金查询、社保查询、企业信用信息查询、婚姻登记、福利救助、法律援助、政务预约办理、工商税务环保服务、政务信息公开（政务服务办事流程、组织机构、联系方式等信息公示）等。

（2）公共服务情况。评估当地公共服务事项有没有嵌入媒体平台中，包括App、公众号、网站等平台，嵌入率＝公共服务事项嵌入数÷公共服务清单事项总数×100%，嵌入率不低于60%，公共服务清单包括：医院在线挂号、新冠疫苗接种预约、求职就业、不动产服务、水电气费缴纳、公交线路查询、便民设施（公厕、停车场、公共自行车网点）查询、实时路况信息查询、自助移车服务、文体场馆和旅游景点展示和导览、新生入学登记、中高考成绩查询、学区查询等。

（3）新时代文明实践服务。评估新时代文明实践服务项目有没有嵌入媒体平台中，包括专项数据库、文明实践组织体系查询、文明实践服务地图、志愿者及志愿服务组织报名、志愿服务培训报名、文明知识学习、文明行为监督、文明行为积分、爱心捐赠等。

（4）数据库及其他服务。全面建设小康数据库、老报纸数据库、图片库、媒资库，服务各部门及单位知识竞赛、在线培训考核、民生调查业务、活动报名、投票评比、在线抽奖、奖品发放、电子商城、在线支付、客服交流等。

8. 队伍建设指标

（1）班子建设。对照党的全面领导的要求，党组织领导班子坚强有力。加强领导班子建设，把更多熟悉新媒体的中青年优秀人才充实到关键岗位。班子成员副高职称以上达60%以上，报社负责人（含副职）《岗位培训合格证书》持有率达 60%（含）以上。

（2）队伍建设。贯彻执行干部选拔任用有关规定，坚持好干部标准，坚持正确用人导向；加强新闻舆论工作队伍建设；优化人才队伍专业结构，将人才配置向移动端倾斜，激发全媒体队伍活力。骨干人才获评长江韬奋奖、省人才培养工程等人才类权威奖项。

（3）人才工作。注重人才培养和人才引进工作，打造"一专多能"的全媒体人才队伍，全媒体采编人员占比 50% 以上，全媒体采编人员中本科以上学历人员占 80% 以上。常态化举办媒体融合全员业务培训，有固定的员工培训支出费用开支。

9. 经营发展指标

（1）营业总收入。创新"新闻＋政务服务商务"运营模式，加快广告及产业发展。年度营收持续上升，主营业务贡献率逐年提高。地方财政收入在 10 亿元以内的县级融媒体中心，每年营收 300 万到 500 万元；财政收入每增加 10 亿元，创收增加 300 万到 500 万元。

（2）利润和纳税。利润总额占经营总收入比例在同类媒体中分段排名靠前；上缴国库的税款总额占经营总收入比例在同类媒体中分段排名，在同级媒体中位居前列。

（3）成本控制。严格控制"三公"经费，年度采编费用使用控制在预算内。

（4）广告经营。采编与经营"两分开"，广告宣传导向正确，内容健康向上，未发布虚假违法广告，每月正常刊登公益广告。

10. 其他发展指标

（1）党委政府支持。当地党委政府对市县级融媒体中心高质量发展的统筹指导和支持较大，包括市（县）委常委会研究中心发展事项、党政主要负责同志专题调研情况、出台加强人才队伍、绩效改革、产业经营、财政支持等方面专门政策，以人员经费、项目补助、引导资金、政府购买等形式，对融媒体中心建设予以资金支持。获中央、省、市专项经费资助。

（2）创新示范引领。深度融合发展走在前列，高质量建设经验在全国、全省推广，受到中宣部、中央网信办、国家广电总局等部门领导和省领导书面批示，获评全国广电媒体融合先导单位、典型案例、成长项目，获评国家新闻出版署中国报业深度融合发展创新案例，以及全省县级融媒体中心建设优秀案例、全省报业深度融合发展优秀案例，每年有多批次全国同行前来学习考察。融合、经营、管理等方面工作在党委政府、新闻出版主管部门及行业协会组织的评选推荐中排名靠前。

（3）业务许可情况。有报纸出版许可证、互联网出版许可证、互联网新闻信息服务许可证、网络传播视听节目许可证，移动传播平台依法依规开展全媒体传播。

以上十大指标，各媒体可对照做一个自我评估，知道差距在哪里，如何在改革中补齐短板。依据这些评估指标，对自身的高质量发展作出评估，并对单位内部各部门的 KPI 指标进行细化考核，结合薪酬改革，建立与业绩、贡献、任期、岗位相匹配的绩效考核机制。

第二节　考绩：薪酬考核的"4+4体系"

"考绩"，是建立一套薪酬考核的体系，"指挥棒"指向哪里，员工的努力方向就会聚焦到哪里。"考什么"决定了"干什么"，"怎么评"左右着"怎么干"。媒体融合推进过程中，薪酬考核是块硬骨头，因为涉及每个人的切身利益，导致矛盾重重，在考核方案制订中，更是目标不明、方法不清、路子不对。

2020年9月，两办在《关于加快推进媒体深度融合发展的意见》中指出：研究设计科学合理的绩效考核体系，推动建立符合行业特点的薪酬分配制度。给新型主流媒体的薪酬考核提出新的要求。

第 8 讲
评估考核——用好奖惩的指挥棒

一、刻不容缓的传媒薪酬考核

1. 薪酬考核的要求

传媒薪酬考核即媒体为实现政治效益、社会效益、经济效益，保证战略目标的实现，对媒体各部门、子公司、各级负责人、全体员工的绩效进行考核，并依据考核结果发放薪酬的管理工作。

薪酬考核需要员工共同参与制订，形成激励和惩戒机制，在绩效辅导沟通、绩效考核评价、绩效结果应用、绩效目标提升上形成闭环，让全体员工在媒体融合的过程中感受到利益关联，与时俱进跟上媒体融合的步伐，组织和个人同步成长，形成"多赢"局面。

在考核流程上，考核方案经全员讨论通过后，通过大数据抓取和平台管理系统的统计，形成全员考核分值。然后按部门进行分级考核，集团对部门主任进行指标完成情况的考核；部主任在每位员工分值基础上进行部门目标完成情况的加减分考核，每个人对自己的岗位目标完成情况一目了然。考核频率上，每月考核一次，考核结果反馈给被考核人，有异议的，可以申诉，重新评估。

2. 传媒薪酬考核存在的问题

（1）绩效体系难建立，干多干少一个样

长期以来，传统媒体的绩效评价不成体系，评价模式与指标单一，存在"六无"现象，即无量化、无标准、无数据、无差距、无反馈、无考勤，没有实现定岗定量、同工同酬、各尽所能、按劳分配。员工忙闲不均、人浮于事，干多干少一个样、干好干坏一个样。如果考核总是不去"得罪"不干活的人，那就一定会"得罪"干活的人，最终传统媒体会成为人人不干活的养老院。

特别是传统主流媒体，干活的都是没有编制的聘用人员，不干活的都是有体制依赖的事业编，造成了干的不如看的，看的不如捣蛋的。作为事业单位，上有针对事业单位的工资政策要遵守，不能违规；下有各种性质的人员，无法做到同工同酬、按劳分配。既要应对好组织部、人社局、财政局、编制办公室等上级部门的各类检查，又要激发所有员工的内生动力，采取双轨制管理，可谓两难。

（2）目标管理难追踪，岗位之间不平衡

传统媒体与新媒体渠道的生产机制、传播机制有着很大不同，不同平台、产品的考核评价没有工作量标准，不同平台上生产的产品要求不同、花费时间不同，无法进行统一的量化衡量，难以形成一体化的目标管理体系。很多媒体往往只考核采编和经营部门，采取计件制和指标制的考核方法，对行管后勤部门没有有效的考核手段，也没有实行严格的定员定岗和量化综合管理考核的分配办法，干活靠自觉，反而让干事的人伤了心。

日常工作中，每位员工生产的产品不一样，每个人也都认为自己是最辛苦的，自己的"工分"标准是最低的，造成诸多矛盾。同时，媒体融合一些新的岗位，也没有形成有效的考核方法，制约了员工的创新积极性。

加上媒体数据库还非常滞后，没有大数据来支撑全面的考核和评价，造成不少媒体考核只重视流量、不重视质量，衡量一款客户端只能看下载量，衡量一则短视频只看打开率、完成率，衡量一篇推文只看点击率、转发数，而对产品社会效益等方面的评价没有涉及。

（3）考核结果难应用，执行过程不科学

一些媒体制订实施了薪酬方案，但执行过程中没有大数据系统和管理平台支撑，仅靠人工统计，很不科学，致使考核流于形式。考核的结果仅用于调薪和发放工分，没有建立人、岗、绩相匹配的考核机制。

此外，传统媒体普遍存在"同工不同酬"的现象，虽然大家做着同样的工作，但在工资、福利上还有较大差距。而另一个群体——中层干部，也是最难考核的，也最需要调动积极性，对于他们的考核，应与原有薪酬体系脱钩，建立与贡献、业绩、岗位、任期相匹配的绩效考核机制。不能只看发稿数量，而应该更加侧重于部门管理、人才梯队建设、新闻选题策划、传帮带、部门优秀作品产出等指标。

3. 薪酬考核的原则

（1）全媒覆盖，一体考核

移动互联时代的传媒薪酬考核，要坚持战略导向，实现一体发展的绩效评价和考核体系，实行全媒体产品全覆盖考核、全员考核、一体化考核。在全员性、精细化、数据化、定性定量相结合的基础上，体现绩效挂钩、质效挂钩，以薪酬考核为导向，调动各方人才的积极性、创造性，推动主力军全面挺进主战场。

（2）健全体系，形成闭环

一个科学完整的绩效考核体系涵盖了计划、实施、评价、反馈与应用五个环节，科学合理的绩效指标体系应明确具体、可衡量、可达成。绩效的制定与战略目标要相适应，绩效实施与评价能有效衔接，绩效反馈能较好地应用，使薪酬与岗位价值和业绩紧密结合，激励职工作出更大的贡献。

（3）同工同酬，正向激励

严格执行国家政策的基础上，同工同酬，按劳取酬，分类分岗设定员工基本薪酬，绩效薪酬向一线贡献大、业绩佳、富有开拓力、辛苦程度高的员工倾斜，让优秀人才有成就、有地位、有待遇。鼓励创新创优，体现移动优先、多劳多得、优稿优得，多生产好产品。建立以岗位职责和岗位价值为导向的激励机制，打破部门大锅饭，鼓励竞争、兼顾公平。动态设置岗位工资和绩效工资，设计多路径的薪酬通道，使不同岗位职工有同等的晋升机会。

（4）预算管理，沟通反馈

充分考虑同行业和竞争对手的薪酬水平，实行全面预算管理，在事业单位薪酬总量控制的前提下，实行绩效考核和工资总额调控，以核定的年度工资预算数作为工资总额基数，并与各考核主体单位经营实绩适度挂钩。做好绩效增减幅度与员工薪酬增减幅度之间的平衡，并及时准确地进行考核结果的反馈，建立有效的绩效考核反馈系统帮助员工接受考核结果，提高员工工作热情。

二、薪酬考核的"4+4体系"

在以上原则和要求下，中国报业融媒研究中心开发了主流媒体薪酬考核"4+4体系"，即在4个一体化考核下，实现4个闭环。4个一体化考核是指：全岗位一体化覆盖、全结构一体化引导、全模型一体化考核、全流程一体化

推进。4个闭环是指:"三台协作"闭环、"两分双考"闭环、"性量共定"闭环、"考核应用"闭环。如下图所示:

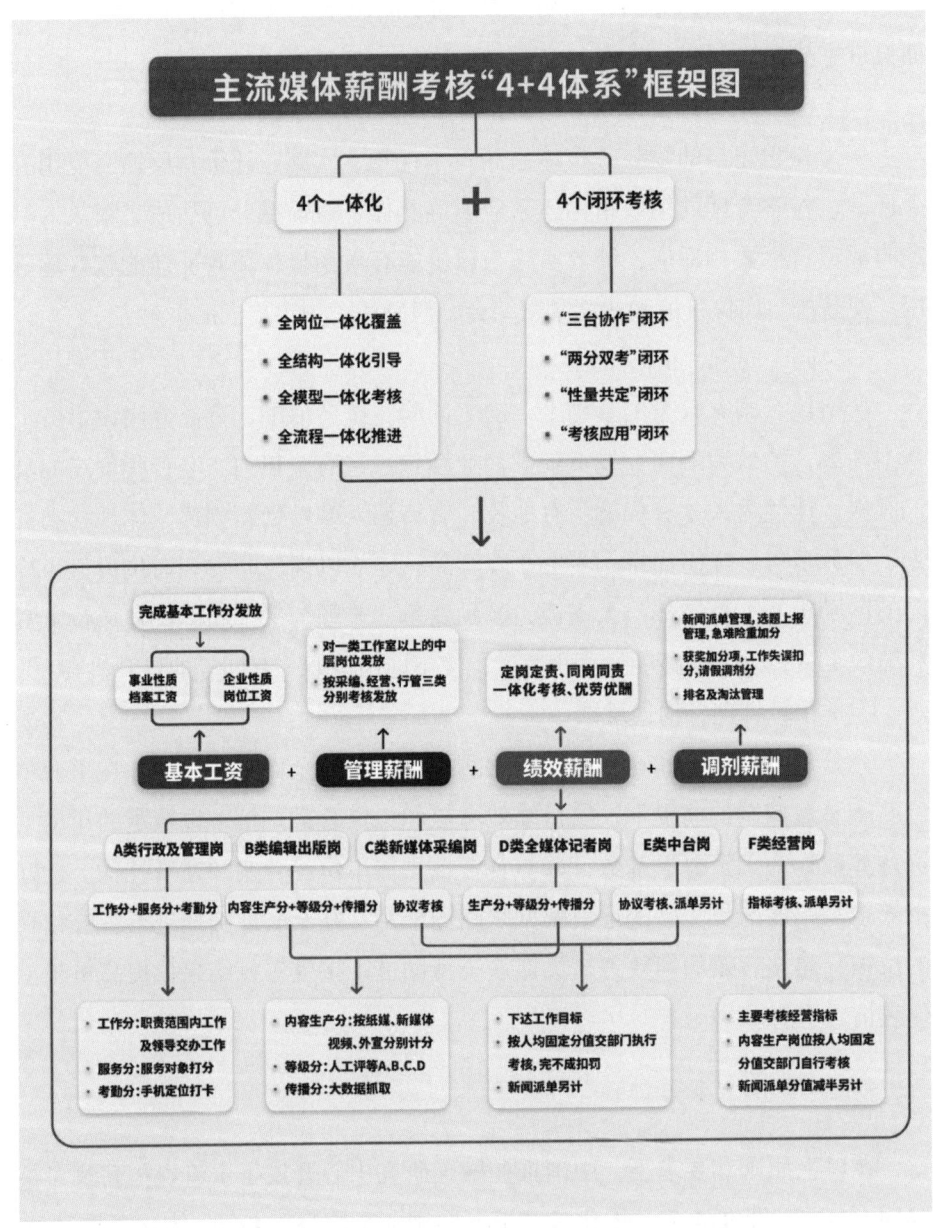

主流媒体薪酬考核"4+4体系"框架图

1. 全岗位一体化覆盖

移动互联时代的薪酬考核重在建立全渠道一体化覆盖的考核体系，打破传统媒体与新媒体的藩篱，实现全员考核全覆盖。将采编、经营、管理、技术、运营等各岗位纳入一个考核体系中，考核内容包括 App、网站、纸媒、广电、两微、各平台小号、项目、考勤等各个方面，建立统一的产品标准体系和管理体系。

之前，不少传统媒体只考核采编人员，对行政管理人员不作考核，会挫伤采编人员的积极性。同时，新型主流媒体的工种越来越细，不但要考核记者编辑，数据分析师、创意师、运营师、产品经理、场景设计师等众多岗位都需要一体化考核，对于新型主流媒体而言，需要颠覆式重构。

各平台、各岗位的考核目标落实 KPI、OKR 等考核方法，把战略目标分解为可操作的工作目标，量化各部门业绩指标，引入现代企业管理模式，制订与考核结果相对应的薪酬体系。

2. 全结构一体化引导

薪酬改革的一个重要目的是实现同工同酬，打破编内和编外人员的晋升通道和薪酬待遇，根据各个岗位的不同性质和工作要求，实现工作业绩与薪酬的挂钩，并将个人成长、工作成就感、良好的职业预期和培训等与考核挂钩。

这就要实现结果导向的绩效考核机制，以保证员工的高执行力，实行一体化的薪酬结构，包括：基本工资、管理薪酬、绩效薪酬、调剂薪酬。

基本工资即档案工资，体现身份不同、待遇不同，各单位可根据情况定，或全部进档案，不再发放；或为减少矛盾仍全额发放，事业性质员工按档案工资发放，企业性质员工按公司规定发放；也可以减半发放，适度体现差别；还可以实行"老人老办法，新人新政策"，对于融改前的事业编人员，保留现行的事业编基本工资不变，融改后进入的事业编人员，一律按企业编工资结构发放基本工资，将事业编身份工资保留进档案。

管理薪酬体现岗位层级管理，分为 1—18 级，不同级别工资不同，岗位聘用上不分编制，唯才是举，无论是事业或企业性质，同职同酬。岗位职级设定可同时推进采编专业职务序列改革，为采编、技术、运营人员设计晋升双通道，既可提拔为行政管理干部，也可留在一线竞聘首席，成为业内专家，其中首席职位的岗位工资可等同于单位副职。

绩效指标应与战略保持一致，是对组织战略目标分解落实到具体流程目标的量化。绩效薪酬按照前台、中台、后台进行区分，分为行政管理、编辑出版、新媒采编、全媒记者、中台、经营、其他等几类，按照前台、中台、后台的工作职责，各部门或利润考核，或工分考核，或成本考核，或满意度考核，均制订不同的绩效方案。坚决打破部门大锅饭，薪酬向辛苦多、贡献大、业绩佳、富有开拓力的一线员工倾斜。体现"同岗同责、同工同酬、优劳优酬"原则。

调剂薪酬主要对员工执行单位制度情况进行考核奖惩，获得各类表彰后给予的奖励，以及发放的年终奖金，这类资金通常是在比上年增收的经营额中，按一定比例提取，增长多则额度大。

3. 全模型一体化考核

绩效薪酬是对员工工作完成情况和质量的考核，不同岗位建立不同的考核模型，其中涉及工作量的多少，极易产生矛盾。因此，各个岗位的考核模型必须坚持统一原则、统一标准，实现全模型一体化评判。

行管岗位的模型是：工作完成分 + 服务质量分 + 考勤分。其中，工作完成分是根据部门月度重要任务、周工作任务、派单任务完成情况，由分管领导考核主任，主任考核员工；服务质量分是前台和中台人员为行管部门打分，在考核平台无记名背靠背打分；考勤分是手机定位打卡，考勤系统自动考核。对行管岗位的考核主要是控成本，行管岗位职数原则上只减不增，且人工成本与整体经营收入挂钩。

采编岗位的模型是：内容生产分 + 等级分 + 传播分。其中，内容生产分是将集团生产的所有全媒体产品细分为100多种，将App、微博、微信、抖音、报纸等都纳入考核范畴，按照生产难易程度和耗时耗力的程度给予不同的分值，各个渠道的编采人员工作成果的累加得分；等级分是内容产品的质量分，评委对每类体裁稿件在系统平台上匿名投票，分为A、B、C、D四个等次，分别加减分；传播分是按照传播力指数和成长性评价指标，对新媒体产品进行绩效考评，根据阅读量排名由前到后的顺序匹配加权分。

经营岗位的模型是：内容生产分（减半计分）+经营绩效提成+各种到账考核。各经营部门均开设虚拟账户，账户到账余额大于部门所有人员应发薪酬总额的10倍时，方可发放薪酬，年终按指标完成情况进行总考核，指标未完成的，按完成比例发放。对经营岗位的考核主要是收入指标和现金流按时序进度到账。当经营绩效出现增长时，在行业传媒中心内部，经营部门要提取一定比例金额直接奖励采编部门，用于调动采编人员工作积极性。

4. 全流程一体化推进

考核流程一体化是指考核工作流程更科学、考核手段更多样、制度规定更周全、考核形式更细致、计算方法更科学。对内容生产、发布、数据返回、内容申报、内容评分、数据分析等实施平台系统全流程管理。

结合媒体各部门的考核目标或管理目标，对采编工作内容进行量化考核，打造数据考核管理平台和OA系统，在手机端和PC端同时操作，建立传播力指标和可持续发展指标体系，通过大数据抓取，定性定量相结合，对员工绩效薪酬采取量化、积分方式，直观化展示，体现公平公正的原则。

考核平台实现模块化、定制化、个性化，后台可对媒体部门名和员工名进行名称设定和调整，可实时反馈，进展跟踪，便于沟通协调，即时评价。能对数据进行分析，稿件、产品分类整理，按部门、员工归类，按平台分别采集数据，有来源，有分值，统计阅读量、转载量等信息。并进行过程监控，提升管理效能。

在4个一体化的基础上，对薪酬考核中的几处难点，比如前台中台后台的矛盾、采编经营的隔阂、定性与定量、考核结果等，要重点突破，形成4个闭环：

1."三台协作"闭环

在组织结构的改革中，要将各部门逐一定性为前台、中台、后台，后台考核前台指标，前台考核中台产品，前台中台为后台打分，形成"三台互评"的局面。同时，要防止"三台"分裂，互不往来，还要打通"三台"，鼓励

"三台"的团队协同，联合作战，跨部门、跨岗位、跨工种合作，多劳多得，优劳优酬，个人绩效与团队业绩挂钩。可按项目给予相关的绩效工分，要根据团队完成项目的优劣情况，统一将分值打包交团队自行分配，形成"三台协作"的闭环。

2. "两分双考"闭环

在实现采编、经营两分开情况下，实行双考核，形成"两分双考"闭环，统筹好内容生产和媒体经营一体化发展，对各部门分别设置宣传指标和经营指标，制订与考核结果相对应的薪酬体系。比如经营绩效的增长部分，可提取一定比例奖励采编部门。采编所需的业务经费由集团公司每月从经营收入中按一定比例划拨，采编人员工资与公司的收入挂钩。还可以在行业传媒中心内部开设虚拟账户，采编人员的工资收入均在账户里开支。

3. "性量共定"闭环

绩效管理需要有量化数据来作为考核的基础，同时也要实行专家的定性。即大数据定量、评委定性，形成"性量共定"闭环，以数据为依据，减少人为干预，以公信力为导向，防止一味追求阅读量。新型主流媒体生产的产品越来越多，在各类产品的工作量评估上，要统一评等标准，考核引领性、产品质量、发稿量、编稿量、传播量等多方面，进行定量与定性相结合的综合考核。比如通过大数据抓取，自动采集相关传播数据，大大节省了手工上报的工作量，并由系统自动统计考核结果，生成报表供考核参考。

4. "考核应用"闭环

绩效考核的目的不是衡量过去，而是促进未来改进，通过定期、客观分析当前绩效值与目标值的差距，持续优化各部门的工作。考核的结果不仅与收入挂钩，还与个人成长、工作成就感、良好的职业预期和培训等挂钩。每季按七种岗位排出绩效前十排行榜、融媒前十排行榜，年终优秀员工的评选奖励、贡献突出部门奖励、干部考核提拔，都与量化的考核数据挂钩。此外，不能把得到的考核结果作为绩效管理的终点，要提出流程整改的意见，进一步提高员工的执行力和部门的工作效率。

三、如何实施和推进薪酬改革

薪酬改革涉及每个人切身利益，一旦处理不善，小问题也会牵涉一把手大量精力。媒体要高度重视，成立改革领导小组，主要领导亲任组长，成员由各相关职能部室负责人组成，并外请专家团队指导，量身定制考核平台。在改革推进过程中，要以人为本、抓住核心、化繁为简、统一架构，分类考量、分层布局、分步推进，让绩效考核实现可操作、可持续、可追溯，一般而言，可采取以下几个步骤：

1. 调研存在问题及发展前景

对当前媒体薪酬存在的问题进行调研，可采取全员问卷、班子访谈、绩效考核人员面谈等方式调查员工的薪酬满意度。包括对薪酬水平、结构、福利、支付方式、职业生涯规划、工作环境等的满意度。同时，调查市场同等媒体的薪酬水平，以及单位发展前景和资金情况。通过调研，发现问题、诊断原因，收集基础信息并提供分析基础。

2. 确定组织架构和岗位职责

根据集团战略规划，通过研讨会、汇报会、座谈会等形式，了解情况，撰写方案。构建组织构架总体框架，做好人力资源的配置，包括分析资源状况、设置部门和岗位、编制职责和目标、划分岗位序列与等级、确定部门人数。科学设计各部门工作分析和编制部门三定表、编制工作岗位描述书、设定各部门关键绩效指标，建立媒体关键工作岗位胜任力模型。

3. 编制一体化的绩效考核方案

在上述工作的基础上，编制绩效考核方案，设计薪酬结构，建立合理的薪酬分配模型，薪酬考核"4+4"体系的总体方案包括10多个章4万余字，含总则、基本工资考核、岗位工资系数及考核、绩效薪酬设置及考核、内容生产分考核、等级分及传播分考核、奖惩考核办法、机构及流程、系统建设、操作培训、附件等。考核方案要经历几上几下的沟通过程，上报组织部、宣传部、人社局备案。在试行一年后，再作调整改进。

4. 系统招标建设

薪酬考核需要建设一个管理平台，能对人员进行岗位信息管理，能对接 OA 系统或钉钉系统。要建立各类岗位的考核模型，能进行大数据分析，通过平台自动搜集各部门的 KPI 指标，以及各类产品的传播效果数据，统计所有人员的工作量和工作效果。并依据集团制度，制订考勤、服务考核、好稿评选的流程，可以评分管理。并能按照人员性质，分部门，标签化分类，给予管理员、评分员和一般用户的相关权限。最终提供出统计报表，将目标管理和绩效考核相结合，建立全方位的任务和岗位责任考核体系。

5. 培训及配套制度

分层级对中心主任、部主任、全体员工进行培训，全员熟悉平台的操作使用，并制订相关配套制度，包括：《新闻指挥中心主要工作流程》《策划和派单管理流程》《产品评等评优细则》《经营到账管理规定》《采编专业职务序列改革方案》等。

第三节　考心：文化和精神决定我们走多远

"考心"，考的是媒体"心聚"员工的能力，背后是媒体的企业文化和职场环境。新型主流媒体建设是一项任重道远的长期工作，需要全体员工凝心聚力，团结一心，劲儿往一处使。媒体融合最终是观念的融合、人的融合，文化是一家媒体的灵魂和软实力，为融合发展提供强有力的思想、理念、精神和作风保障，是传媒集团核心竞争力，文化和精神决定了我们能走多远。

一、必不可少的传媒企业文化

1. 何为传媒企业文化

传媒集团担负着引导舆论的使命，其企业文化的塑造尤其重要。传媒企业文化即传媒集团以社会主义核心价值观为统领，是在实现组织目标的过程中形成和建立起来的，全体成员共同认可并遵循的共同意识、价值观念、职业道德、行为规范和准则的总和，是传媒集团内在特质和精神的集中体现。

企业文化包括好几个层次，第一个层次是文化内涵，即"使命、愿景、价值观"，"使命"是"你要干什么事"，"愿景"是"未来你会变成什么样"，"价值观"是"坚持什么样的价值取向"；第二个层次是制度总和，制度在组织凝聚力上起着不可或缺的作用，制度的内涵被员工接受并自觉遵守，制度就变成了文化；第三个层次是作风建设，体现在担当、创新、执行力、善于沟通与合作等方面。

2. 传统媒体企业文化的缺陷

长期以来，传统媒体对企业文化建设不重视，大多处于放任自流阶段，既无团建，也不树典型，员工对单位的使命、愿景更不清楚。有些单位还形成了一些消极、怠惰的非主流文化。

一是文人相轻，没有合作精神

没有完美的个人，只有完美的团队。不少媒体缺少"胜则举杯相庆，败则拼死相救"的文化，记者看不起编辑，采编看不惯经营，经营看不惯管理。团队之间缺少沟通，容易产生隔膜，相互之间专找对方的不足，看不到对方的优点，自己不干事，还喜欢评价干事的。

二是事不关己，没有责任意识

在剧烈复杂的转型期，前进的路上难免会遇到挫败，压力之下，很多媒体人以消极的心态应对考验和困局，不会重整行装再出发。态度决定了成就的高度，传统媒体人责任意识欠缺，大事做不了，小事不愿做，结果一事无成。媒体人需要激情，激情是一种执着，为了写出好作品，闻鸡起舞，风雨无阻，没有责任心，就不会有激情，更不会有奉献精神和团队意识。

三是观望守成，有一颗玻璃心

传统媒体近年来的困境，让很多媒体人陷入悲观情绪，不擅于控制情绪，无休无止地抱怨，徒增情绪负累。他们得意时恃才傲物，失意时又牢骚满腹，时而妄自菲薄，时而妄自尊大。苟且维持、观望守成的大有人在，他们像温水里的青蛙，感受不到外界的变化，他们经不住批评，做错了事会找各种理由推卸责任，被领导批评，仿佛受了天底下最大的委屈。竞聘下岗，不从自身找原因，把怨气发到领导和同事身上。

3. 传媒企业文化的作用

传媒的竞争在很多方面都可以归结为文化力的竞争，先进的企业文化发挥着以共同愿景激励人、以管理制度规范人、以先进思想武装人的互动和激励作用，是传媒集团的软实力和核心竞争力，其作用表现在以下方面。

一是坚守职业理想，树立良好形象

优秀的企业文化非常准确地向社会传达该传媒企业的价值观、行为准则，并将其核心价值观结合在传媒企业向社会提供的传媒服务和产品中，树立该传媒企业的良好形象。以健康文化熏陶人、以优秀文化培育人，有利于建设一支适应集团发展需要的人才队伍，形成强烈的使命感、持久的驱动力，自觉自愿地激励自我、发挥潜能、创新创造，增强新闻从业者的向心力、凝聚力、战斗力。

二是增强传媒企业的凝聚力

传媒企业文化一旦形成，该企业文化的核心价值观、行为准则就会对企业的员工行为形成影响。企业的核心价值观和伦理准则时时刻刻约束并规范着员工的一言一行。先进的传媒企业文化强调理想信念建设，强调价值观建设，强调远大理想、集团战略和个人价值的有机统一，能使员工产生积极工作的热情和奋勇争先精神，增强员工对职责使命、共同目标的认同感，从而提高组织的运营效率，增加员工的团队认同感和荣誉感，促进媒体的进一步发展。

三是提升传媒治理能力，加快转型发展

治理的根本在于制度机制的提升，企业文化在制度上的刚性激励约束，能使员工行为制度化、规范化、程序化，文化具有黏合力，一旦得到员工认同，就能从各个方面把员工聚合起来，从而产生一种强大的向心力和凝聚力。媒体融合转型实质上是传统媒体在思维、观念、方式、模式、体制、能力等方面的全方位革新，其艰难状况、复杂程度前所未有，更加需要充分发挥企业文化的导向、凝聚、约束、激励作用，用一种无形的力量，形成一种价值观念、行为准则、道德规范，使员工产生心理共鸣，促进集团融合转型目标的顺利实现。

二、主流媒体需要培育什么文化

1. 理想与信念文化

主流媒体要以优秀的新闻作品鼓舞人，坚持理想和信念必然成为主流媒体企业文化建设的核心。要引导全体员工筑牢信仰之基、补足精神之钙、把稳思想之舵，形成一种献身事业的价值追求。始终保持人民情怀，爱岗敬业，培育扶正祛邪的新风正气，记录伟大时代，唱响主旋律，汇聚正能量。

理想与信念教育，体现在围绕中心、服务大局，把主流声音传播提高到新水平上；体现在与时代同频共振，为时代放歌，唱响主旋律上；体现在以人民为中心，深化拓展"走转改"活动，多创作有思想、有温度、有品质的新闻作品上；也体现在维护党和人民的利益，勇于坚持真理、匡扶正义、激浊扬清上。

采编人员要培养敏感的政治判断能力，不忘初心、牢记使命，坚定政治立场，具备相应的政治理论功底和把准政治方向的意识和能力，加深对党的路线、方针、政策的理解和把握。培养良好的职业素养，拥有积极向上的职业追求。

2. 变革与创新文化

新闻宣传工作有鲜明的时代性，善于创新、做到常做常新，是其发展壮大、保持强大生命力的关键。创新创业、试错迭代是互联网媒体和数字化转型能够成功的不二法门，在移动互联时代，不创新即倒退。

对媒体而言，创新讲的是采取新的方法、新的实践，解决传统媒体如何扩大影响力的问题。媒体要有强烈的危机意识，敢于挑战自我，推行全面深化改革，善于打破今天的平衡，不断进行创新与变革。广大员工要怀揣创业梦想，只有真正跳进大海，才能学会游泳。创新创业的文化氛围能够吸引更多的优秀人才加入，也能形成更为良性的干事创业氛围。

要宽容在创新中出现的失误，做好为改革付出必要成本的准备，2017

年,中央组织部、中央宣传部联合印发《宣传思想文化系统事业单位领导人员管理暂行办法》,就提出宽容传媒单位领导人改革中的失误,鼓励探索、支持创新。

3. 学习与团结文化

媒体的竞争是人才的竞争,人才的竞争本质上是学习能力的竞争,看其是否具有"学习力"。"学习力"是一个人能够快速获取知识并让它产生价值的能力。采编人员应掌握多方面的知识,具备宽博的知识储备,学政治、学法律、学业务,掌握多渠道多载体获取知识的方式方法,对某一领域和行业进行深度钻研,向学者型专家方向发展。做到"博、思、悟","博"就是要博学,博览群书、博采众长,善于变大家的智慧为自己的智慧;"思"就是要把学习和思考结合起来,在实践中善于思考;"悟"就是要善于总结、善于分析、善于悟出规律。

市县融媒体中心合到一起,聚到一个屋檐下,上了一条船以后,就要同心同德同甘共苦,倡导一种爱企如家的共同理念。培养年轻活跃、崇尚创新、团结协作的企业文化。加强团队间的合作,讲大局、讲团结、讲奉献,人与人和谐相处,遇到矛盾时,以肺腑之言真诚沟通,共同协商解决问题的办法。

4. 执行与效率文化

对媒体而言,没有执行力,就没有战斗力。该办的事要坚决办,决不能拖;能办的事要马上办,决不能等;难办的事要想办法办,决不能放。从根本上提升执行力,需要克服主观和客观上的诸多障碍,更需要强化责任意识。只有具备强烈的责任意识,才能在任务面前不推诿、在困难面前不绕道,真正做到平常时候看得出、关键时候站得出、危险关头豁得出。

新媒体强调一个快,移动互联时代,传播的本质就是创造更快的速度、更高的效率。对媒体而言,速度与效率至关重要,营造一种健康向上的内部工作氛围,积极乐观、诚信务实、善于协调、彬彬有礼,团队组织活力四射。同时,在工作执行上,要做到作风过硬,思想作风要实事求是,公道正派;工作作风高效、务实,拼搏进取;生活作风严肃端正,健康向上。

三、传媒企业文化建设路径

1. 提炼企业文化内涵

媒体要形成自我有特色的企业文化，就要提炼一个内涵，即文化理念、企业精神和核心价值。与单位的职责、使命、基因、历史相关，这是一家媒体的核心竞争力。

上海报业集团确立"道正声远"的文化内涵，于2015年通过全集团征选后推出，2021年又做了完整诠释：上报之"道"，"正"也，这个"道"，是"政道"，坚持党管媒体原则，坚持"政治家办报"；也是"大道"，遵循新闻传播规律和新兴媒体发展规律，坚定走融合发展之路。"道正"，即上报人旗帜鲜明坚持正确的政治方向、舆论导向、价值取向，在媒体深度融合发展的征途上不断探索创新。上报之"声"，"远"也，这个"声"，是"声量"，壮大主流思想舆论的传播力、影响力；也是"声誉"，展现新闻工作者对职业精神的追求。"声远"，即上报人继承前辈光荣传统，彰显主流媒体责任与使命，创新表达方式，讲好中国故事，传播时代强音。

《中国青年报》的核心价值观是："追求公平、公正、公开的新闻理想；不唯上，不唯下，只唯实的大报气质；铁肩担道义、经时济世的家国情怀；勤于探索，引领风气的先锋意识和崇尚民主、尊重个性的团队精神。"

封面传媒多年积淀形成了"信念坚定、敢于创新、永争第一"的企业精神，始终保持了"简单、奋斗、快乐"的铁军文化。这些精神内核和价值观，不仅通过刚性的基本制度、规范来传递，也通过团建活动、文化载体等柔性的方式来浸润，外化于行，内化于心，凝聚成为简单的文化、创新的文化、奋斗的文化。

2022年7月，《南方都市报》也发布了全新的使命愿景：智媒领跑者，价值传承者。看似简单的10个字，内涵却十分丰富，对于"智媒"，南都人的理解是智慧传播、智慧大脑、智慧生态、智媒路径、智慧运营，做中国一流智库媒体；对于"价值"，就是要传承主流价值观，弘扬优秀传统文化。

2. 夯实制度文化的基础

制度是人们共同遵守的行为准则。治理体系的建设和治理能力的提升要靠制度，制度文化更是企业文化的基础。一家媒体要健全各方面的制度，除了常规的管理制度汇编成册外，还要根据媒体融合的特点，进行制度的升级，包括系统推进内容的制度建设，推进技术的制度升级，并建立科学规范的考核评价体系和企业文化工作绩效评价制度，完善评选奖惩制度。同时，还要编制《企业文化手册》《员工手册》《视觉识别系统》等文化建设的杂志书籍，提高社会形象，传播媒体价值观，提升员工的认同感、归属感和责任感，从而建立起企业文化建设的长效管理机制。

制度的生命力在于执行，制度建设要"以人为本"，在员工中深入开展尊崇制度、遵守制度、维护制度、运用制度的教育活动；切忌把制度当作一种摆设，避免制度沦为"稻草人"，树立制度至上、制度面前人人平等的理念。制度文化为传媒治理体系建设提供了有效保障，干部员工创新创造的热情受到制度的激励与保护，管理效率得到提升，事业产业在合法合规的轨道上运行。

3. 打造过硬的工作作风

工作作风直接关系新闻宣传的效果和水平。要把作风建设体现在担当上，各级干部要守土有责、守土尽责，始终把谋大局、促改革、抓发展的能力和定力作为勇于担当的重要内容，把党的理论、路线、方针、政策和各项工作落到实处作为善于担当的评价标准，解决个别干部只想揽权、不想担责，只做表态、不做表率，只想出彩、不想出力，在困难与挑战面前不作为、慢作为、选择性作为等问题，让干部员工始终保持精神奋发向上、作风雷厉风行、工作履职尽责的状态。

要把作风建设体现在抓落实上，以抓落实来检验干部员工的能力素质、党性修养和精神状态，确保每项工作有人抓、有人管、能落实、衔接好。把目标任务变成实实在在的工作项目，每个项目都有方案、有要求、有人抓，强调"三行"作风：有令必行、身体力行、雷厉风行。有令必行就是政令畅通，一个声音喊到底；雷厉风行就是面对困难不抱怨、不埋怨，布置了立即落实；身体力行就是干部率先垂范，冲锋在前。有任务抢着干、有困难努力干、有要求比着干，培育"特别讲大局、特别讲付出、特别讲实干、特别讲纪律"的优良作风。

4. 营造生机勃勃的职场环境

媒体的生存发展关键在人，媒体的融合最终是人的融合，需要营造一种让人内心安全、工作适度紧张、场景生机勃勃的职场环境。形成广纳群贤、人尽其才、能上能下、充满活力的用人生态。在职场生态上，坚持以人为本、以文化人，注重员工全面发展，创造一种识辨人才、培养人才、尊重人才、珍惜人才的职场生态，让广大员工在岗位晋升、能力提升、荣誉激励等方面的获得感不断增强，幸福指数持续提升。

形式多样的文体活动是营造生机勃勃的职场环境的重要途径，文体活动也是培养团队协作精神、增强集团凝聚力和向心力、打造核心竞争力的重要载体，通过举办文艺会演、运动会、歌咏比赛、员工摄影展、登山比赛等，让员工在速度、激情与汗水中体会到团队的力量、协作、包容以及信任，有效激发员工的团队意识和拼搏精神，提高员工队伍的凝聚力和亲和力。

评选表彰先进典型也是一个组织精神力量和先进文化的体现和象征，先进人物示范引领作用，激励了广大干部员工，汇聚起集团改革发展的强大正能量。对先进人物实施精神、物质双激励，让先进人物得到应有回报，让学先进、追先进成为一种行动自觉，从而鼓励广大员工不断创造新的业绩，形成生机勃勃的职场环境。

我的健康谁做主？

杨台长：某地级市广电总台党委书记、台长
朱主任：某地级市广电总台组织人事部主任
小秦：某地级市广电总台活动策划部主任
周博士：某融媒研究中心主任
时间地点：2022年5月的一天，台长办公室

蓝天白云，花红柳绿。市广电总台的融合改革方案已到收官阶段，杨台长、朱主任、周博士正在作最后的讨论修改。

"台长，不好了！出大事了！"策划部主任小秦慌慌张张地闯了进来。

"怎么啦？"杨台长赶紧问小秦，"别急，别急，有话慢慢说。"

"我们部的大壮，在家里突发心脏病，已经住院了。"小秦急匆匆地说道，"他的家人说，昨天晚上大壮回到家后，就感到胸闷气短，一直辗转反侧难以入睡。今天上午本来计划去县里采访的，可是还没走出家门就倒下了……"

"他现在情况怎样？"杨台长着急地问道。

"经过紧急抢救，人已经苏醒，病情也已经基本稳定。"

"那就好。朱主任，你通知分管台长先去，有啥情况立刻向我汇报。"杨台长转过身来，对周博士苦笑了下，"这两年，我们台生病住院的是前赴后继啊，有脑溢血的，有忧郁症的，还有几个癌症……"

"媒体人健康恶化，现在是普遍现象。"周博士告诉杨台长，就在前几日，上海一名90后女记者，也是突发心脏病，未及时救治不幸去世；2022年初，央视著名主持人赵赫，因病与世长辞，央视名嘴李咏和罗京也系患癌去世；2021年底，河南一家晚报主编出差途中因病殉职，年仅50岁；早几年，合肥一家晚报总编辑因病逝世，才41岁；广州一家晨报的总编辑突发脑干出血离世，江苏一家电视台新媒体中心主任心梗病逝，两人都还只有49岁；还有

第 8 讲
评估考核——用好奖惩的指挥棒

一家快报副总编患抑郁症自杀,年仅 35 岁……媒体人这个群体,外表光鲜亮丽,但背后的煎熬也只有他们自己知道。

"本该年富力强的年纪,生命却戛然而止,真的让人扼腕叹息。"杨台长转头望向窗外,一只乌鸦鸟缩着头,蹲伏在香樟树的枝丫上。

"健康频频出问题,主要原因是工作强度高、工作压力大。"周博士分析道,媒体人一直被列为高危行业的亚健康人群,心血管病和癌症在媒体人中发病率较高。此前有一份《中国媒体人健康问卷调查》显示,肠胃病、高血压、糖尿病都是普遍病症。

"是的呢,我跟大壮同一批进台。"一直默不作声的小秦插话说道,"9 年了,工作节奏快,饮食没规律,基本是'盒饭一族''全年无休',常常熬夜、长年吸烟。"

"去年患肺癌去世的大强,也是你们一批的吧。"杨台长接过话茬,"电视上看到的记者,十八般武艺样样精通,能说会写,每天有用不完的精力。其实,镜头的背后,是无数日夜的连轴转,超负荷的压力、亚健康的状态,时间一长,健康能不出问题?"

"我以为,出现这种状况,跟媒体当前困境有关。"朱主任说道,"单位不景气,往日的光环全无,收入越来越低,压力越来越大,你看我,才 40 岁,头发就没了,短平快的高强度劳动下,记者成为量化计件下的数字劳工,登上了最易脱发的职业排行榜。"

"是啊。"周博士补充道,"极度疲劳、缺乏睡眠、三餐不规律、久坐不动、无暇运动……都是健康杀手,大家要培养健康的生活和工作方式。"

"那怎么做呢?"小秦着急地问道。

"很简单啊,不熬夜、多运动、少加班。"周博士看了看杨台长,笑道,"台长的责任很大啊。"

"我责无旁贷。"杨台长接过话茬,"从今天起,我要下个死命令,全台员工要提高工作效率,尽量少加班,作息有规律,食堂要办好,有空多运动,过健康的生活,包括我自己。"

"台长,你自己先把烟戒掉吧。"朱主任笑道,"今晚也别让我加班改方案了！"

"唉，有时候想法很美好，现实很残酷。"杨台长犹豫地说道，"这个融合方案，宣传部部长下周就要听汇报，今天不加班行吗？"

"加班可以啊。"周博士笑道，"但加班费要给足，更要关心采编播人员的生活和生存状态。"

"那当然，体检、休假、运动会，一个都不能少，还有什么比健康更重要呢？"杨台长提高了音量，"这次融合改革，就要改革人事制度，打破身份限制，多劳多得、向一线倾斜。同时也明确了工会在职工健康管理上的职责，我们的健康我们做主。"

室内，融合方案又在热烈讨论中。窗外，香樟树上的那只乌鸫鸟已经悄然飞走。

第 9 讲　三驾马车——媒体深融的弯道超越

☆ 如果说拉动 GDP 增长的"三驾马车"是投资、消费和出口，那么媒体深融中，政府支持、资本运营、技术赋能，就是弯道超越的"三驾马车"。对于绝大多数缺少政府支持、技术落后、资金不足的传统媒体而言，这"三驾马车"是推进媒体深融的最大驱动力。

☆ 第一节"政府支持"，讲的是向上级领导要什么？资金、项目还是政策？财政给媒体资金，目的是推动融合改革，培养造血机能，媒体总不能一直咬着"奶嘴"过日子吧。其实，政府对媒体最大的扶持不是钱，而是政策支持、改革推动、资源配置、牌照获取、项目倾斜等，授之以鱼，不如授之以渔。

☆ 第二节"资本运营"，说的是媒体融合钱从哪里来？资本运营能帮助媒体连接上下游资源，除了融资金，还能融资源、融产业、融人脉，可以采取股权投融资、债权投融资、基金投融、上市融资、项目合作、战略重组、并购等多种形式，扭转当前媒体缺钱的困境。

☆ 第三节"技术赋能"，分析了一种鸿沟，叫文科和理科，传统媒体人大多是文科生，而技术通常是理科生在干，诸多分歧就此产生，如果一群"理工牛"对你弹琴，文科的领导们能否步调一致、异曲同工？技术是传统媒体最大的短板，技术也是推动媒体融合的鬼斧神工。媒体需要哪些技术支撑？如何推动技术工作？本节均一一阐述。

第一节　政府支持：向上级领导要什么

媒体融合需要巨额资金投入，且投入周期长、回报较低，靠媒体自身力量难以可持续发展，政府支持是主流媒体顺利转型的有力保障。

谈到争取支持，很多媒体第一反应就是要钱，比如要工资、要财政购买宣传服务的经费、要各类资金补助。有些地方财政宽裕，政府补得起，但是大多数地方的媒体，却没那么好运气，政府也没有钱。况且，政府有钱，也不可能把媒体终身养起来，财政支持，目的是推动改革，增加造血功能，媒体终归要有"断奶"的那一天。

向政府单纯要钱，是"躺平"的不作为，媒体更多的是要政策、要资源、要项目。媒体融合是一个系统工程，需要争取政府一体化的扶持，从资金支持、资源配置、财税支持、改革推动，到成立集团公司、划拨用地改商住、牌照获取、税收优惠，还可以争取项目，如党建平台、媒资库、智慧城市等，都可以用一体化的思维来争取。这样才能增加媒体的竞争力和造血能力，实现自我可持续发展。

一、抓住政策的红利

传统媒体长期以来享受诸多政策优惠和扶持，包括牌照获取、税收优惠、资源获取等，政府出台引导性政策和措施，可以明确媒体融合转型的方向，特别是移动新媒体属于新生事物，既不能让其野蛮生长，也不能扼杀其创新的主动性，需要宏观规划引导、行业规范监管。

自 2014 年媒体融合上升至国家战略以来，党和国家出台了多个文件，推动和规范媒体融合发展，本书第 2 讲第一节已详细阐述，其支持媒体融合发展、支持媒体转型的项目很多，各级媒体要深入研究，抓住政策红利，本讲摘取部分政策作解读。

1.《关于推进政务新媒体健康有序发展的意见》

2018年12月，国务院办公厅出台《关于推进政务新媒体健康有序发展的意见》（国办发〔2018〕123号），明确了建设政务新媒体的指导思想、工作目标和基本原则，并明确了各部门工作职责。明确指出，一些政务新媒体还存在功能定位不清晰、信息发布不严谨、建设运维不规范、监督管理不到位等突出问题，对政府形象和公信力造成不良影响。可通过购买服务等方式委托相关机构具体承担政务新媒体日常运维工作。

这就为主流媒体提供了机遇，由于各地政务新媒体有不少是委托社会公司运营，普遍存在专职管理人员缺少、专业新闻素养缺乏的问题，甚至存在违背宣传规律、"低级红""高级黑"等现象，很难做到正确导向、需求引领、互联融合、守正创新。主流媒体拥有训练有素的专职全媒体采编审核团队，有《互联网新闻信息服务许可证》，有新闻发布的资质，能较好地承担这一职责。特别是有些省市已明确要求，政务新媒体要交有互联网新闻传播资质的单位代维，给主流媒体带来巨大商机。

主流媒体在代维政务新媒体过程中，要组建代维团队，明确审核主体、审核流程，严把政治关、法律关、政策关、保密关、文字关。同时配置报、网、端、微、视采编资源，集策采编发为一体，后台数据共享，实现统一发声、集群发布、矩阵传播，并通过建设IDC机房，对网络进行安全等级保护测评，确保网络安全有序运营。

在代维服务费的支付中，市县财政部门可将之前分散到各单位的新媒体维护经费，统一支付给主流媒体。主流媒体也可借此在客户端上建设"政务新媒体平台"，在代维政务新媒体过程中，提供增值服务，包括：开设部门频道、提供直播服务，制作一图读懂、H5、MG动画等新媒体产品。

2.《文化体制改革中经营性文化事业单位转制为企业的规定》

2018年12月25日，国务院办公厅印发《文化体制改革中经营性文化事业单位转制为企业的规定》和《进一步支持文化企业发展的规定》两个文件，对媒体有较大的指导性。

文件规定，经营性文化事业单位转制为企业，要依法登记为有限责任公司或股份有限公司，加快构建有文化特色的现代企业制度，坚持正确导向和经营方向，坚持国有资本主导地位，积极稳妥推进混合所有制改革，形成有效制衡的公司法人治理结构和灵活高效的市场化经营机制，推动企业做强做优做大。

公司党委（党组）领导班子成员依法定程序，以双向进入、交叉任职的方式进入董事会、经理层、内设监事会，党委（党组）书记同时任董事长（执行董事）、为公司法定代表人，党员总经理一般担任党委（党组）副书记，专职副书记一般进入董事会。党委（党组）发挥领导作用，把方向、管大局、保落实，依照规定研究讨论涉及内容导向管理的重大事项及公司运营与发展的重大决策、重要人事任免、重大项目安排、大额度资金使用等事项，并作为董事会、经理层决策的前置程序。建立健全决策合法性审查机制，充分发挥法律顾问、公司律师的作用，促进依法经营、依法管理。

从事内容创作生产传播的公司，设立总编辑或艺术总监等专门岗位，设董事会的，须设立编辑委员会或艺术委员会等专门委员会，为董事会有关内容导向管理的重大事项提供决策咨询。

文件指出，建立健全党委和政府监管国有文化资产的管理机构，完善党委和政府监管有机结合、宣传部门有效主导的管理模式，实现管人管事管资产管导向相统一，推动党政部门与其所属的文化企业进一步理顺关系，推动主管主办制度与出资人制度相衔接。

推进国有文化资本授权经营，形成国有文化资本流动重组、布局调整的有效平台，优化资源配置，推动国有文化企业增强实力、活力、抗风险能力，更好地发挥控制力、影响力。并建立健全文化企业国有资本经营预算制度，通过国有资本金注入，优化国有资本配置，发挥国有资本引导作用，推进国有文化企业兼并重组、转型升级，促进文化产业布局优化。

转制后执行企业收入分配制度。按照国家有关规定实行工资总额预算管理，由国有文化企业自主编制，按规定履行内部决策程序后，报有关部门核准或备案后执行。

经营性文化事业单位转制为企业后，五年内免征企业所得税。2018 年 12

月 31 日之前已完成转制的企业，自 2019 年 1 月 1 日起可继续免征五年企业所得税。党报、党刊将其发行、印刷业务及相应的经营性资产剥离组建的文化企业，所取得的党报、党刊发行收入和印刷收入免征增值税。

3.《关于电影等行业税费支持政策的公告》

2020 年 5 月 13 日，财政部、国家税务总局发布《关于电影等行业税费支持政策的公告》：自 2020 年 1 月 1 日至 2020 年 12 月 31 日，免征文化事业建设费；公告发布之日前，已征的按照本公告规定应予免征的税费，可抵减纳税人和缴费人以后月份应缴纳的税费或予以退还。

对媒体而言，这一政策带来很多利好，媒体从事广告业务，营业税改增值税后，再征收营业额 3% 的文化事业建设费，普遍感到负担较重。2019 年 4 月 3 日，国务院常务会议也曾作出决定：从 7 月 1 日起，至 2024 年底，对中央所属企事业单位减半征收文化事业建设费，并授权各省（区、市）在 50% 幅度内对地方企事业单位和个人减征此项收费。这项决定对减轻媒体广告业务负担具有重大意义。文化事业建设费的免征将为媒体节省几十万至几百万元的费用。

4.《关于加快推进媒体深度融合发展的意见》

2020 年 9 月，中办国办印发《关于加快推进媒体深度融合发展的意见》，提出加强组织领导，形成政策保障体系。

文件规定，媒体深度融合发展，各级党委（党组）主要负责同志要亲自抓、负总责，发挥财政资金引导带动作用，通过现有资金渠道支持媒体融合发展，支持重点项目建设和运营。发展改革、科技、工信部门要加大支持力度。加强机构编制、绩效工资、社会保险、人才队伍方面的政策保障，支持主流媒体参与电子政务、智慧城市等领域信息化项目建设等。

5. 非公有资本不得从事新闻采编播发业务

2022 年 3 月，国家发展改革委正式发布的《市场准入负面清单（2022 年版）》中，再次明确涉及新闻采编业务的相关政策，即非公有资本不得从事新闻采编播发业务；非公有资本不得投资设立和经营新闻机构，包括但不限于通讯社、报刊出版单位、广播电视播出机构、广播电视站以及互联网新闻信息采编发布服务机构等；非公有资本不得经营新闻机构的版面、频率、频道、栏目、公众账号等；非公有资本不得从事涉及政治、经济、军事、外交，重大社会、文化、科技、卫生、教育、体育以及其他关系政治方向、舆论导向和价值取向等活动、事件的实况直播业务；非公有资本不得引进境外主体发布的新闻；非公有资本不得举办新闻舆论领域论坛峰会和评奖评选活动。

市场准入负面清单制度，是指国务院以清单方式明确列出在中国境内禁止和限制投资经营的行业、领域、业务等，各级政府依法采取相应管理措施的一系列制度安排。

《意见》的出台，无疑可以提升主流媒体的竞争力和影响力，给主流媒体提供前所未有的新发展与新空间。竞争对手少了，发展空间大了，版权谈判容易了，只要主流媒体坚持内容为王，通过媒体深融，占领网上主阵地，再加持政策红利，就可以大大增强移动互联网的增值效应。

6.《关于推进实施国家文化数字化战略的意见》

2022年5月，中办、国办印发《关于推进实施国家文化数字化战略的意见》，明确提出，夯实文化数字化基础设施，依托现有有线电视网络设施，广电5G网络和互联互通平台，形成国家文化专网。到"十四五"末，基本建成文化数字化基础设施和服务平台，形成线上线下融合互动、立体覆盖的文化服务供给体系。到2035年，建成物理分布、逻辑关联、快速链接、高效搜索、全面共享、重点集成的国家文化大数据体系，中华文化全景呈现，中华文化数字化成果全民共享。

这对于正处于发展瓶颈的有线电视网络和广电5G网络，以及各地融媒体中心而言，显然是重大的发展机遇。媒体本身拥有文化资源的新闻数据，具备强大的采集能力和当地文化资源的梳理能力，可以整合关联文字、音频、视频等不同形态的文化资源数据，关联文化数据源和文化实体，提取具有历史传承价值的本区域中华文化元素、符号和标识，丰富中华民族文化基因的当代表达，全景式呈现中华文化。同时，市县融媒体中心具备融合"大屏"和"小屏"的能力，可大力发展线上线下一体化、在线在场相结合的数字化文化新体验。在文化数据采集、加工、交易、分发、呈现等领域，转型成为新型文化企业，引领文化产业数字化建设方向。

7.《关于扩大阶段性缓缴社会保险费政策实施范围等问题的通知》

2022年5月31日，人社部等四部门发布《关于扩大阶段性缓缴社会保险费政策实施范围等问题的通知》，将广播、电视、电影和录音制作业等17个其他特困行业纳入阶段性缓缴养老、失业、工伤保险费政策实施范围。

广电行业重装备、重投入，正处在融合转型、体系重构的吃力爬坡阶段，受疫情的冲击，广告收入锐减，财务空前窘迫，生存压力巨大。没有主流媒体的发展壮大，就不可能有舆论阵地的持续巩固，政府对广电行业的纾困政策，体现了中央和地方党委政府对广电行业的重视和关心。

不光是广电行业，各地报业也很困难，大多数报社已无法通过广告经营维持生存，新媒体创收还处在探索期，流量变现成为最大的痛点。在这个艰难时期，各地党委政府应深入调研，摸清发展面临的关键问题和主要矛盾，主流媒体作为国家政权舆论宣传机器，给予新闻宣传基本经费保障是必需的，避免长期"带病"运行。

二、争取一体化的政府支持

1. 资金支持

政府对传媒的资金支持包括：国有资本金、公益一类事业单位编制内员工的工资（俗称人头经费）、政府采购宣传的经费、财政专项扶持资金、财政包干的党报发行费、政府贴息贷款、商业贷款利息补助、技术专项改造资金、各部委办局专项宣传资金等。这些资金媒体都可以争取。

政府资金支持大部分是工资支出，如果媒体是公益一类事业单位，财政可拨款支付编制内员工的工资，在一些经济不发达地区，不少媒体都在争取这一类型的财政供养，尽管有了财政拨款，吃饭不成问题了，但却造成员工"捧铁饭碗、吃大锅饭"，干多干少、干好干坏一个样，当一天和尚撞一天钟。媒体深融最终要走向市场，与各路新媒体竞争，让用户满意，新的供养体系只会严重削弱媒体深融的主动性和创造力。财政供养绝不能成为主流媒体的主要收入模式，也不能成为主流媒体的主要造血机制，更不能形成新的供养体系。

加上疫情的影响，各地财政吃紧，政府资金支持的力度会大幅缩减，天上没有掉下的馅饼，各地政府不会也不能直接拨付资金给媒体，没有项目和人才、不走招投标流程、宣传上上级不满意，政府的资金支持也很难得到。

2. 政府采购宣传服务

争取政府采购宣传服务是主流媒体的重要收入来源，在很多媒体的收入中占比达 60% 以上，在国务院公布的《关于政府向社会力量购买服务的指导意见》中指出，政府可通过单一来源采购方式购买宣传服务，实现媒体的创收。

这一类经费包括两类，一是财政直接拨款，即经政府常务会研究、人大批准，在完成市委市政府直接布置的宣传任务后，由财政局直接拨给媒体的宣传经费；二是通过各部委办局拨款，即媒体与各部委办局签订合作协议，完成各单位的宣传任务后，由各部委办局向财政申请经费，转付给媒体。

在政府采购宣传经费中，传统媒体上的宣传份额在不断缩小，很多单位不再需要在报纸和电视上宣传，新的宣传方式、新的平台发稿，各种新的需求如舆情应对、新闻发布、智库支持等在不断提升。各媒体要整合成立政务传媒中心，在提升导向把控能力、内容生产能力、活动执行能力、技术运营能力的基础上，开拓多种方式。包括代维政府新媒体账号、共享新闻发布厅、代制 PPT、专题片拍摄等。

在政府采购宣传服务中，各媒体需要创新服务形式，以盐阜大众报报业集团"政务服务 123"全媒体全案服务为例，就是基于供给侧改革的"新闻＋政务"的运营模式创新，其借助内生式的供给侧改革，增加内容产品的供给和服务，更好满足政务客户的需要。营造全时传播、全面覆盖、全程在线、全效触达的融合传播环境，助力各条战线在主流舆论场发出最强音，被国家新闻出版署评为 2021 年度中国报业深度融合发展创新案例。

"政务服务 123"共有 30 种产品矩阵、近 500 种投放组合，优化了经营流程和合作模式，形成全要素服务、全渠道推广、全链条运营的全案服务。同时，形成"分析市场需求—策划创意风暴—全媒体营销全案—全网分发传播—线下活动执行—数据反馈留存"的全流程体系。

3. 支持媒体改革的政策

对传统媒体最大的扶持，不是钱，而是帮助推动改革，充分激发内部活力。部分融合转型到位、创新能力强的党媒，充分借助体制性优势和品牌优势，在数字经济、线下活动、政务服务上发力。陷入困境的是等待财政包养的党媒，以及没能转型到位的都市报、晚报、广电频道，停刊减版将成为常态。

本书在第 2 讲第四节中，专门谈到《加快媒体深度融合发展的改革方略》，这是一家传媒集团推进媒体深度融合改革的纲领性文件，也是向上级党委争取政策的汇报版，需要得到上级领导的支持，上报市委（县委）深化改革领导小组，经会议研究通过后下发，它是一家媒体深化改革的"压舱石"。同时，政府还要健全行业法律法规体系，优化行业发展的法治环境，促进媒体的规范发展。

4. 牌照支持

牌照发放是政府对主流媒体的资源支持，有不少主流媒体还存在牌照不全的现象，特别是视听资质牌照和互联网牌照申请滞后，影响了媒体融合的进度。网信、文化、广电等管理部门要尽快颁发、补发互联网新闻信息服务许可证、互联网出版服务许可证、广播电视节目制作经营许可证、IPTV 全国内容服务牌照和集成播控牌照、信息网络传播视听节目许可证、网络文化经营许可证、增值电信业务经营（ICP）许可证、互联网电视集成服务牌照等，使主流媒体拥有齐备的进军移动互联网的基本条件和能力，还能给媒体带来持续的收入，更好推进深度融合发展。

5. 支持媒体成立集团公司

成立集团公司需要当地党委、政府从机构设置、资本金投入、班子配备等多个方面的支持。组建传媒集团公司，将原媒体的经营性资产和业务整体划入集团公司，与媒体并列运行，可以称为"双格局"体制。很好地将采编和经营两分开，实行事企分开，互融互补，共同推动媒体深度融合和市场化运营工作，形成事业与产业比翼齐飞的发展格局。

集团公司成立后,围绕事业产业两手抓、两加强,建立了事业企业双轨设置、一体运行的体制机制,有效突破传统体制机制的束缚。媒体与公司班子相对独立,不再是原来的两块牌子一套班子的组织构架,媒体强调事业属性,承担公益性出版重任,不再从事与经营相关的业务,将相关平台交公司运营;公司则以国企体制机制运行,承担投融资行为,做大做强国有资本,并为媒体提供经费保障。

6. 其他专项支持

中央出台《关于推动传统媒体和新兴媒体融合发展的指导意见》后,许多地方党委、政府纷纷出台相关办法,对媒体融合予以专项资金、财政保障、政策等支持。

上海市委宣传部制定了《上海市主流媒体发展新媒体专项资金实施方法》,从2014年开始每年安排5000万元专项资金对新媒体项目进行重点扶持;广东省委省政府对《南方日报》、《羊城晚报》、广东广播电视台给予每年总计1.5亿元财政扶持;广州市财政局印发《关于支持党报媒体发展资金的通知》,对《广州日报》予以3.5亿元专项资金支持;深圳市决定连续六年,每年给予深圳报业集团1亿元财政资助;绍兴市委市政府大力扶持绍兴融媒体中心建设,市政府通过固定资产置换方式解决了新建的绍兴传媒中心大楼14.5亿元建设资金,从2020年起,绍兴市政府还设立了每年3000万元的媒体融合专项资金,通过购买服务和专项补助的形式支持市级媒体融合;2016年12月,河北省委办公厅、河北省政府办公厅联合下发《关于加强对各级新闻媒体财政支持的通知》,要求各级党委、政府加大对新闻媒体特别是党报党刊、广播电视台、重点网站和新媒体建设的财政保障力度。

同时,支持媒体利用自身优势融资,包括资产融资、债权融资、股权融资等,扶持符合条件的媒体企业上市融资,支持主流媒体控股或参股互联网企业、科技企业,参与特殊管理股份制度试点;支持媒体集团发起成立产业基金,向国有资本、社会资本开放;支持媒体吸引社会力量参与融合项目的技术研发和市场开拓。

非税收入返还也是很多融媒体中心争取的政策,为了鼓励融媒体中心创收，不少市县制定了非税收入的返还政策，将融媒体中心创收的收入以一定比例甚至全额返还，用于员工激励和硬件建设。还有市县将体制内的资源如政府户外广告运营权、民生公共服务业务、政府大型活动、政府数字化工程等交融媒体中心运作。

三、争取政府项目扶持

近年来，承接政府项目已成为融合转型较为成功媒体的主要收入来源。本书第4讲第二节专门讲述了主流媒体可运作的政务、舆情、智库等服务项目，各地媒体要围绕党委政府的中心工作，培养人才承接项目。

党和政府出台的新政策，布局的新产业，也会向主流媒体倾斜。比如，2020年12月召开的中央经济工作会议，强调大力发展数字经济，加大新型基础设施投资力度。2022年5月，中办、国办印发《关于推进实施国家文化数字化战略的意见》，也提出将非密数据资源利用尽可能提供给主流媒体。在数据库项目建设上，本书在第5讲第三节中已作详细阐述。在围绕新闻宣传主业主职上，融媒体中心可以在新闻宣传类任务、舆情监测业务、大型活动举办、智慧城市建设等方面，发挥专业力量，争取项目，本节分析解读部分具体项目供参考。

1. 智慧城市运维项目

智慧城市已进入全面建设期，参与主体不断增多，投资规模不断扩大。智慧城市产业覆盖面广，与众多行业存在交叉关系，链条长、带动性强。主流媒体之前已有参与，要以本地化生活服务、政务服务为基础，围绕居民日常生活工作全生态链，运用App、大数据、移动支付等数字化手段，争取智慧城市的运维项目，打通城市神经网络，实现弯道超车。未来，主流媒体能否转型成为智慧城市运营商，将是判断深度融合成功与否的重要评判标准。

2. 政务媒体平台

依托内容生产和传播能力，主流媒体可在客户端开通"政务媒体号"——邀请各地各级部门与单位入驻，打造各部门专属的资讯网页，建立专属的移动文件汇编资料库，以及政务服务平台。同时建立行业运营社群，如政法新闻群、医疗新闻群，开展线上线下活动，同时向学习强国、各央媒小号等平台推送外宣稿件等。

3. 外宣工作平台

面向区域宣传部门及新闻单位，打造基于手机端的外宣分析及发布平台，搭建链条式的"厨房"架构，形成从选题策划、记者补充采写到编辑再加工的全新工作流程。

筛选适合于外宣传播的稿件，进行传播议题重新设置，进行再加工，使之成为适合市外受众阅读的产品。并综合运用文字、图片、视频、直播等形式，点对点发布到外宣平台和小号上。同时建设外宣数据库，打造对外供稿中心，吸引国内外媒体聚焦本地，最后形成传播追踪、效果反馈。与市（县）委宣传部外宣处联手，建立对外传播、报送工作机制，提供外宣工作分析，分季度将外宣稿件汇编成册。

4. 舆情闭环处置平台

采集网上舆情大数据，及时发现并预警网上负面情绪，建立网民诉求有效闭环解决的平台和机制。按照"上报舆情问题—主管单位指派解决—责任单位整改—媒体采访疏解—每月考核评价"的工作流程，线上线下联动，切实做好曝光问题的协调交办、跟踪督查、销号管理、效果评价等快速响应，做到条条有回音、件件有着落，形成问题整改闭环机制。切实发挥新闻监督在推动重大任务落实、遏制重大事故方面的作用。

5. 政务文件校对平台

为机关、企事业单位、学校、金融等提供内部文件、外宣文稿、网站消息的智能校对服务。提供基于场景的职务信息审核、查重辨识等支持；监测并修正用户的拼写、语法、知识和格式错误；针对部门领导人讲话、会议方针政策、标语或口号引用一致性、不规范性进行检查；对常见字词错误、敏感词进行校对；对形近字、音近字和错别字、标点符号、成语、异形词、地名等校对；支持知识库更新配置、敏感词管理、用户和权限管理。

6. 正能量稿池

正能量稿池以全区域政务新媒体数据为基础，包括区域内所有媒体及各部委办局官网、数字报、微信、微博等相关媒体。收集这些媒体发布的所有稿件，建立全文索引并入库，支持对数据的正文、标题、图片、地域、媒体、来源等关键词进行检索。在基础数据结构化的基础上，对数据进行语义分析和深度挖掘，同时基于高效的全文检索技术和算法，实现各种大数据应用，建设成具有正能量稿件池特有的数据中心。实现数据统一管理、共享资源、降低运营成本、挖掘数据价值、给稿件生产提供数据支撑；所有的原创稿件汇聚至数据中心，由数据中心统一分发至全市各新闻发布平台，并支撑多种大数据产品的应用。

除了上述项目外，媒体在精准扶贫、美丽乡村、应急减灾、公众健康、基础教育、健康养老、知识产权保护、维护金融秩序等诸多方面都可以找到项目。

项目资金的争取和运作是一项政策性、专业性很强的工作，媒体要成立专门的部门、组建专业的团队运作。要深入研究国家和省市政策，抓住政府的需求，抓住政策与营收的契合点，科学立项，项目资金的申请有规范的运作流程，从项目立项、向上沟通、方案撰写、预算审批、项目招标，到预算执行、推进检查、项目验收、总结上报、档案保存，都有专门的规定和流程，一步都不能松懈和出错，否则资金就不能拨付到位，同时影响下一年度的财政拨付。

同时，要严格按照招投标流程运作，制定科学、合理、可行、量化的项目实施方案，对项目建设的进度、质量、效果等进行评价考核。不少媒体申请到项目资金，但缺乏人才，无法运作成功，最终被财政收回，很是可惜。

第二节　资本运营：媒体融合钱从哪里来

2020年9月，中办、国办印发《关于加快推进媒体深度融合发展的意见》，要求创新媒体投融资政策，鼓励符合条件的媒体企业上市融资。并要求各级党委和政府充分发挥财政资金引导带动作用，支持媒体深度融合发展。

传统主流媒体资本运营开始破冰。

长期以来，传统媒体采取的是自我积累式的内生增长方式，加上专业人才的缺乏、体制机制的制约，媒体不懂也不擅长资本运作。媒体融合是长期的、需要大笔资金投入的工程，需要钱，钱从哪里来？资本运营作为媒体深融的催化剂，能够以少量的自有资金撬动更多的社会资本和国有资本，撬动体制机制的创新，倒逼媒体转型和改革，让传统媒体驶上转型发展的快车道。

一、资本运营概述

移动互联网的迅猛发展，带来了信息传播载体和信息传播格局的多元化，极大地冲击了传统媒体，生存空间越发狭小。传统主流媒体收入下降，媒体融合运营成本居高不下，采编发平台的建设、服务器的投入、人力成本的上涨、运营维护经费的增加、印务和发行费用不断上涨……不少媒体只能勉强维持正常运转，更有甚者举债度日，资本运营被提到了重要位置。

1. 什么是资本运营

资本运营，又称资本运作，是指对媒体所拥有的一切有形与无形的存量资产，包括固定资产、内容资产、数据资产、品牌资产、版权、牌照、资源等，通过流动、裂变、组合、优化配置等各种方式，进行一体化运营，吸引投资，以最大限度地实现价值增值。

资本运营，是近年来被广泛认同的推进媒体融合发展的新路径，媒体通过寻找自身核心价值，整合现有资源，增强影响力，吸引国有资本或社会资本投入，采取股权投融资、债权投融资、基金投融、上市融资、项目合作、战略重组、并购等多种形式合作，建立全方位、多层次的资产管理与投融资体系，扭转媒体发展困境，巩固壮大党的新闻舆论阵地。

资本也是把双刃剑，媒体需有效控制资本可能带来的风险，及时实施监督，不能发生资本控制舆论的现象。同时，要合理控制资产负债率与产权比率的关系，防止资本盲目扩张，控制财务风险。

2. 资本运营的重要性

传统媒体自身拥有丰富的资源和资产，这些资源和资产如果不加以应用，就会成为沉睡资本。传统主流媒体大量有形和无形资产，都是可以用来运作的。资本能够极大地缩短传媒产品和服务的成长期，更好地抓住新机遇和新市场，催化优质产品和企业快速成长。

资本市场的资源和运营手段促使传媒产业尽快实现市场化和规模化经营，也是实现传媒产业价值链的重要途径。有效的资本运营，可以帮助媒体连接上下游资源，融资本，最终是融资源、融产业、融人脉，实现从"管资产"向"管资本"的价值转变，使传统媒体迅速做强做大，实现内容、用户的价值变现。

此外，资本可以倒逼媒体进行体制机制改革，完善公司治理结构和现代企业制度，让管理更加规范。资本的钱不会让媒体白拿，其考核更加严格，也倒逼媒体按市场规律、互联网思维运作，有利于解放思想，增强责任意识。

3. 资本运营的基础条件

主流媒体具有核心竞争力，其内容和数据产品是资本市场上的硬通货，如果形成较为明晰的商业模式，在资本市场就具有较强的竞争力，媒体构建成熟高效的全媒体资本运营体系要具备四个基础。

一是战略基础，媒体要制订资本运营战略规划，通过资产融资、债权融资、股权融资、项目融资、并购重组、资产管理、基金扶持等，获得资金支持，其中会涉及大量资产剥离、人员身份转换，较为复杂，需要专业知识和顶层设计，并配备专业的团队运作。

二是制度基础，资本运营要对媒体传统的体制机制进行改革，成立集团公司、投融资公司，完善传媒集团法人治理结构和现代企业制度，对运营较好的项目，要形成明晰的商业模式，成立合资公司运营，更好地参与市场竞争。

三是产业基础，媒体要积极获取全媒体产业所必需的资源，运作有竞争力的产业项目，链接更多的创新战略伙伴，发挥自有资金杠杆优势，吸引、撬动更多社会资本和战略合作伙伴共同参与、共担风险，助力前沿产业拓展，促进内部创新创业、产融结合，完善产业布局。

四是政策基础，需要政府的大力支持，无论是资产融资、债权融资、股权融资，还是项目运作、并购重组、基金扶持，都需要政府各部门的大力支持。尤其是在财政资金的支持下，媒体可以发起成立产业基金，向国有资本、社会资本开放，实现之后的几轮融资。

二、资本运营有哪些方式

媒体资本运营有多种方式，国有资本金投入、财政专项扶持资金、政府贴息贷款、部委厅局专项资金、技术专项改造资金、政府捐赠补贴资金、银行贷款、金融租赁、上市等都是主流媒体可以争取的经济来源。

2020年11月，广电总局印发《关于加快推进广播电视媒体深度融合发展的意见》。提出：鼓励通过合资合作、兼并重组、利用多层次资本市场融资上市等打造形成一批拥有知名品牌、主业突出、核心能力强的新型广电企业。创新完善多渠道投融资机制，支持广电机构控股或参股互联网企业、科技企业，推动媒体融合项目技术研发、市场开拓与金融资本、社会资源有效对接。支持符合条件的广电企业混合所有制改革，积极稳妥开展跨所有制并购重组。为广电行业资本运营指明了方向。

1. 上市

传媒企业上市能够直接打通融资通道，不仅能够融到充足的资金，还能倒逼传统媒体完善公司治理结构。根据采编与经营"两分开"政策，传媒公司上市均是把采编业务以外的经营性资产分拆后打包上市。

由于行业的特殊性，不少传媒集团采取了借壳上市的方式。目前，传媒上市公司主要有人民网、新华网、华闻传媒、粤传媒、浙数文化、新华传媒、华媒控股、博瑞传播以及在香港上市的北青传媒等。上市后的传媒公司，如果没有做好顶层设计、完善治理结构，也会面临诸多问题，如公司内部治理结构不完善、股权结构不合理、外部体制和法律体系不健全、负债率高、资金流动性差等，导致业绩多数不高。

由于内容属性和政策监管特性，当前，传媒公司上市审批较难，也无法复制早些年国家和省级媒体上市的成功案例，通过IPO实现资本运营的可能性不大。同时，在资本市场实施注册制以及媒体经营业务乏力的双重背景下，媒体"借壳上市"可行性也不大，但可积极争取改制成文化企业上市。2018年12月，国务院办公厅出台《进一步支持文化企业发展的规定》指出：通过公司制改建实现投资主体多元化的文化企业，符合条件的可申请上市。鼓励符合条件的已上市文化企业通过公开增发、定向增发等再融资方式进行并购和重组。

2. 新三板、中小企业板、创业板、科创板融资

《进一步支持文化企业发展的规定》指出：鼓励符合条件的文化企业进入中小企业板、创业板、新三板、科创板等融资。媒体也可利用这一政策红利积极运作。

新三板挂牌严格来说并不是上市，新三板即全国中小企业股份转让系统，是经国务院批准设立的全国性证券交易场所，简称全国股份转让系统。定位于非上市股份公司股票公开转让和发行融资的市场平台，为公司提供股票交易、发行融资、并购重组等相关服务。

目前，在新三板挂牌的传媒公司，有舜网传媒、东方网、中山传媒、中原传媒、甬派传媒等，新三板挂牌虽然流动性和融资能力远远不如上市公司，但可以借股份制改革规范公司治理，能够学习和更好地理解资本市场的运作，并能对公司科学定价，实力较强的挂牌公司还可以通过做市场来提高流动性并获得较高的融资。例如2017年，东方网以3.5元/股的价格发行1.4亿股，成功募资4.9亿元，募集资金主要用于客户端创新开发及东方头条研发、智慧社区等主营业务。

此外，主流媒体还可以进入中小企业板、创业板、科创板融资。2021年5月，成功在深交所创业板首发上市的川网传媒，为地方传媒集团新媒体资产上市提供了示范。川网传媒是四川省地方网络媒体，前身为成立于2009年12月的四川新闻网站，目前旗下主要有四川新闻网、四川发布、四川手机报等新媒体平台。

3. 股权投融资

主流媒体可将运营良好、有盈利模式的经营项目剥离出来，成立公司，引进投资者。媒体的核心竞争力是内容产品和数据媒资，主流媒体要以技术为支撑，开发垂直化、IP 化的内容产品，培植新的产业增长点，这些增长点拥有媒体的核心竞争力，有清晰的商业模式，具备了溢价和变现能力。此时，可以将项目剥离出来，成立公司运营，建立规范的法人治理结构，完善现代企业制度。有条件的还可以推进混合所有制改革，改善公司的股权结构和运营模式，留住团队中真正的优秀人才，作为新兴上市主体培育，形成灵活高效的市场化经营机制，推动企业做强做优做大。

以 SMG 为例，旗下幻维数码原本是一家纯国资企业，近年来实施员工持股改革，引入战略投资者，成为 SMG 控股、团队持股、外部投资者入股的混合所有制企业。2020 年，幻维数码召开股份公司成立大会，正式改制为股份制公司，没有事业编制员工，业务运营完全独立，成为很多头部卫视和网络视频平台的重要合作伙伴，展现出了强劲的市场活力。

主流媒体还可跨行业合并和兼并，从行业外得到资源。也可通过资产融资、债权融资、股权融资，引进战略投资人，对传媒公司进行重组、并购。比如澎湃、封面、界面等，通过这一方法获得了大量投资资金。2022 年 8 月，上海文化产业发展投资基金独家出资 4 亿元，对澎湃新闻运营主体——上海东方报业有限公司增资入股。增资完成后，上文投成为第二大股东，上海报业集团仍为澎湃新闻控股股东。至此，澎湃新闻 B 轮融资正式完成，股东单位增至 8 家。引进市场化运作的基金，对澎湃新闻进一步深化改革具有深远意义。

此外，媒体也能对外投资，获得投资收益。2020 年 9 月，中办、国办印发《关于加快推进媒体深度融合发展的意见》指出，支持主流媒体控股或参股互联网企业、科技企业。支持主流媒体参与特殊管理股制度试点。

《进一步支持文化企业发展的规定》也指出：鼓励有条件的文化企业利用资本市场发展壮大，推动资产证券化，鼓励文化企业充分利用金融资源，投资开发战略性、先导性文化项目。媒体可利用这一政策红利投资运作。

4. 基金投融资

《进一步支持文化企业发展的规定》指出：鼓励国有文化产业投资基金作为文化产业的战略投资者，对重点领域的文化企业进行股权投资。创新基金投资模式,更好地发挥各类文化产业投资基金的引导和杠杆作用,推动文化企业跨地区、跨行业、跨所有制兼并重组,切实维护国家文化安全。

近两年,全国各地成立了产业基金,各央媒、省级媒体还和专项文化产业基金共同成立融媒体专项扶持基金。媒体利用产业基金来撬动资本市场,既能联合政府的投资平台,又能拉动社会资本力量,通过资本杠杆,撬动更大资本,不但能获得投资,还能通过成立基金,获取丰厚的投资回报。

2020年11月18日,中国文化产业投资母基金成立,基金由中宣部和财政部共同发起设立,目标规模500亿元,主投新闻信息服务、媒体融合发展、数字化文化新业态等文化产业核心领域。

2021年3月27日,总规模100亿元的广东省首支媒体融合投资基金——广东南方媒体融合发展投资基金在广州成立。

2021年9月26日,央视融媒体产业投资基金由中央广播电视总台所属中国国际电视总公司,以及中国电信、中国文化产业投资母基金等26家企业共同发起设立,总规模100亿元,首期规模37亿元。基金主要扶持新媒体、新业态,全方位推进效益提升。

此外,江苏凤凰出版集团、浙报集团、上海报业集团等都成立了相应的基金,支持媒体融合发展。引入基金后,考核较严格,传统媒体要合理使用好、有效利用好这些基金,作为媒体融合发展的重要外部力量。

5. 其他投融资

《进一步支持文化企业发展的规定》中指出,针对文化企业的特点,研究制定知识产权、文化品牌等无形资产的评估、质押、登记、托管、投资、流转和变现等办法,完善无形资产和收益权抵(质)押权登记公示制度,鼓励金融机构积极开展金融产品和服务方式创新。同时,探索建立符合文化企业特点的公共信用综合评价制度。加强对文化企业的分类监管,鼓励各类担保机构对文化企业提供融资担保,通过再担保、联合担保以及担保与保险相结合等方式分散风险。这些政策,媒体均可参照执行。

此外,在风险可控下,主流媒体可进一步尝试知识产权质押融资、供应链融资、并购融资、订单融资等贷款业务,金融企业也可加大对传媒企业的有效信贷投入，或开发文化消费信贷产品，获得资金投入。

《进一步支持文化企业发展的规定》还指出：鼓励符合条件的文化企业通过发行企业债券、公司债券、非金融企业债务融资工具等方式扩大融资，鼓励以商标权、专利权等无形资产和项目未来收益权提供质押担保以及第三方公司提供增信措施等形式，提高文化企业的融资能力，实现融资渠道多元化。

三、资本运营需要财务总监

1. 媒体财务人员的分类

提到媒体财务人员，首先想到的是会计，有着精准的数据记录、专业的会计知识、管理和把控能力。一般而言，媒体财务人员可分三个层次：

一是财务会计，作为"管理者"而存在，算好"1+1=2"，守好每一分账务收支，主要负责记账、交税、核算、资产管理；

二是总会计师，有着"艺术家"的魅力，也称首席财务官，掌握"1+1=11"的方法，主要负责财务分析、资金管理、全面预算、税务筹划和绩效考核；

三是财务总监，有着"魔术师"的魔法，可称为财务战略官，掌握"1+1=王"的技巧，主要负责媒体的财务战略、资本运作、风险规避、重大决策、估值融资与并购上市等。合格的财务总监，是一个资本操盘手，一个风险把控官，不但要有专业能力、前瞻能力，还要有战略分析和规避风险的能力。

2. 资本运营需要财务总监

财务总监是媒体当下最稀缺的人才，从债权融资、募集资金到股权融资、IPO上市，这些都需要财务总监来操盘。

传媒集团大多为事业单位，下属诸多国有企业，体制机制比较复杂，工作中稍有疏漏，就会存在违规违纪的可能。需要财务总监对内进行风险的把控，建立合理有效的内部控制制度来进行规范、监管和防范，保护集团的经营人员不犯错误，避免违规现象的发生。同时，财务总监还要及时了解集团面临的风险和机会，对集团的未来作出合理的规划，并合理评估决策可能带来的结果。

3. 如何招到称职的财务总监

传媒和一般企业最大的区别就是对政治效益和社会效益的追求，财务总监绝对不能把盈利作为首要目标，政治效益、社会效益、经济效益都要重视。财务总监不但是一个业务能力强、操盘技能高的专家，还要有较高的政治领悟力，有较强的社会责任感。同时，传媒运行的会计法则和一般的企业单位不一样，资本运作是遵循市场环境下企业的生存法则。在遵循事业单位会计法则的同时，让事业单位出身的财务总监也懂资本运营，就有相当的难度，这也是很难招到称职的财务总监的原因。

财务总监要招到并留下，就要提高其薪酬待遇，支付财务总监与市场等价的薪酬。对资金短缺的媒体来说，这还是有点难度的。对财务总监来说，同样面临抉择，事业性质媒体若无力支付与市场等价的薪酬，就会将财务总监划入媒体所属的企业单位，拿企业的高薪酬，财务总监就需要放弃事业单位的身份，这也是一个两难的选择。

除了提高薪酬待遇，还可以提高政治待遇，财务总监或能成为党委成员，或进入董事会，从政治上提高其地位和话语权，体现对人才的尊重。

第三节 技术赋能：文科生和理科生的联手

媒体融合是一个以技术为前提的传播革命，传统媒体还没有完全掌握新媒体和全媒体时，融媒体来了；还没有真正理解融媒体时，智媒体来了；还没有搞懂智媒体时，元宇宙又来了。媒体形态的突飞猛进，无一不是科技发展的结果。

传统媒体人大多是文科生，而技术通常是理科生在干，诸多分歧就此产生，尤其是媒体领导人大都是文科生，如果一群"理工牛"对领导弹琴，能否步调一致、异曲同工呢？文科生和理科生，无论是在观念、思维，还是工作路径上，都有很大的区别，文科生的领导不一定要会技术，比如能写代码，但是一定要懂技术，比如知道代码能实现什么。此外，由于传统媒体资金、人才不足，造成技术成为媒体融合最大的短板。

2020年9月，中办、国办印发《关于加快推进媒体深度融合发展的意见》，要求以先进技术为引领，保持对新技术的敏感性，推动关键核心技术自主创新，给主流媒体提出新的要求。

一、主流媒体面临的技术瓶颈

依托技术打造的平台，是内容生产和传播的底层构架。媒体融合中，海量的内容和海量的用户相匹配，是通过技术来运作的。大数据、人工智能、区块链，成为媒体融合的重要技术支撑，是一家媒体在深融上能良性发展的基础，而技术一直被"卡了脖子"，成为发展的瓶颈。

1. 技术支撑"表"融"里"不融

从PC端向移动端，主流媒体一路冲杀过来，在移动互联时代走到了一个陌生地带。媒体融合伊始，传统媒体只是借助技术对内容生产机械式助力，没能将新技术介入原生内容的生产，再运用新技术连接用户尤其是精准用户，存在"两张皮"现象，"表"融"里"不融。

随着媒体融合的推进，传统媒体不知道怎样运用基于爬虫软件的数据分析，进行信息搜索；不知道怎样通过技术加持让音视频朝着超高清、低延时、沉浸式和强交互方向发展；不知道怎样运用基于地理位置服务（LBS）的技术平台，进行精准推送；也不知道怎样运用基于知识图谱的用户画像技术，把区域用户变成媒体的强用户；更不知道通过智能技术诸如智能写作、智能机器拆条、自动字幕等，提高内容生产的工作效率。

未来，以虚拟现实、人工智能和元宇宙理念为代表的智媒技术，正处于史无前例的蓬勃发展期。这些方面，传统媒体也只能亦步亦趋，不少媒体把技术当成对外撑门面的"花瓶"，名义上各种技术都有，表面有声有色，但实质上，没有发挥应有的作用，甚至建好后就束之高阁。

2. 技术人才缺乏，招不到也留不住

传统媒体领导班子大多是采编人员出身，受观念的影响，不懂技术也不重视技术，把技术人才当成网络管理人员、电脑维修人员，对技术的重要性认识不足。加上传统媒体收入锐减，工资待遇与市场脱节，招不到也留不住技术人才，造成技术人才严重短缺。

一是进口不畅，技术专业的毕业生不愿意到传统媒体工作，媒体也不愿意以优厚的待遇引进高端人才；二是受体制的制约，加上考核机制不科学，技术人员的薪酬与市场严重脱节，大锅饭的薪酬，只要不犯错就拿死工资，让技术人员承担的工作、作出的贡献与薪酬待遇不匹配；三是技术人员的晋升渠道窄，内部培训机制也不健全，职称评定晋升也不如采编岗位完善，造成技术研发人才普遍缺乏。

3. 技术应用水土不服

先进技术成为媒体深度融合的第一驱动力。但传统媒体支撑媒体融合发展的关键技术，主要依靠"服务外包"完成，缺乏自己的新媒体技术人才和研发团队，容易被别人"卡了脖子"。大多数传统媒体要么按上级要求，采用中央及省级媒体的云平台，要么自我集成第三方公司的各类应用，这两种选择往往"吃不下"又没得选，造成消化不良。

中央级和省级平台适合的技术平台，地市级和县级也无法复制，简单地拿来即用，造成技术选型一旦失误，会形成巨大浪费并贻误战机。而第三方提供的技术，难以实现主导和迭代，加之经费紧张，投入了也无法即刻得到回报，实质上没有发挥应有的作用。

特别是新技术应用需要巨额投入，投入能否产生效益需要时间验证，这个过程需要不断试错改错，短期内很难带来回报，这使得原本就面临着收入下滑的传统媒体，首要任务是保工资，拿不出足够的资金"冒险"研发技术。特别是大数据、人工智能、区块链等新技术，无法在主流媒体中广泛应用。

二、媒体融合需要哪些技术支撑

随着 5G、大数据、云计算、人工智能、区块链、物联网的应用兴起，移

动互联网的感知、存储、传输、计算等核心能力全面提升。全时在线、沉浸体验、万物皆媒，传播新生态已经诞生，新技术重构了移动互联网的传播新格局。

对市县融媒体中心而言，首先要搭建技术平台，从基础服务、应用服务、媒体矩阵等多个层级建构，内含各个生产、传播环节的功能模块。核心是要整合沉淀用户数据、媒资数据，使其成为媒体的核心资产。

媒体融合推进以来，市县融媒体中心的技术平台建设方案一般采用媒体云服务或自建私有云，两种方案各有利弊。

采用媒体云服务的，主要是采用央媒、省媒或技术公司的云服务方案，优点是基础功能齐全，服务具有规模效应，免维护和免升级，可按需使用、按量计价，立竿见影，短时间投入较少。

但媒体云服务也有四点担忧：一是媒体数据与用户资源可能被媒体云建设方汇聚和垄断；二是云系统的功能只能满足基本泛化使用，缺乏本地化定制；三是本地大规模数据，如视频、图片、版面等原始素材等，不适合上云，上云之后成本过高；四是媒体云服务一般采用年费制，媒体技术应用惯性较强，采编人员一旦熟悉某平台将长期依赖，年费价格和技术服务方向具有不确定性。比如，有些省级媒体的云平台年运维费用过高，服务不稳定，场景化应用、本地化运维等工作难度较大。

也有媒体打造私有云，比如各地媒体的"党媒云"，大部分为整合多家第三方技术，为我所用。费用较低，能控制成本，但本地化、个性化维护上要依托自身技术团队，媒体的技术能力要强。此外，技术升级主要靠第三方技术团队，存在服务不及时等问题。一家市县融媒体中心需要哪些技术支撑呢？按照媒体融合策、采、编、发、营、馈、存的采编流程，每个环节都需要相应的技术。

1. 策

策，是指议题设置、选题策划、线索发现、舆情监测、指挥调度，这一阶段的技术平台，包括新闻策划支持系统、选题流程管理系统、新闻线索的汇集和筛选、采访全员调度和全程监控等，包括线索发现、热点头条、排行榜单、新闻素材、事件深度分析，能提供对选题的上报、审核、管理的全流程支持。

其技术支撑主要包括：通过爬虫和去重技术对信息进行快速搜集，支持分类检索查询，发布跟踪与反馈；利用数据挖掘和语义分析等技术，对全网数据进行抓取和整合；对全网新闻信息趋势捕捉，进行热度更新；对汇聚线索溯源，对抓取的信息进行智能分析，进行议程设置；对特定人、特定议题、特定场景动态跟踪，对舆论热点潜在趋势、具体问题实时研判，通过扩散速度和广度的监测，做到舆情实时监控；通过数据分析、智能辅助、人机协作、智能化生产、指挥协调，帮助媒体生产更有价值、时效性更强的内容；为中央厨房提供各种数字化内容生产、传播、反馈、交互的技术工具；满足 OA 系统管理、全媒体资源管理、绩效考核、领导决策指挥等环节的全业务需求。

2. 采

采，是指全媒体产品的采集和生产，包括机器人写稿、自动翻译、智能审核、远程发稿等，在技术上能实现自动化图文音视内容重构，要运用 AI 制作系统赋能内容生产和传播发布。

硬件配备上，为一线记者统一配备智能手机、自拍杆、迷你单反、osmo 云台稳定器、无线话筒等新媒体设备，为视频团队配备无人机、可穿戴设备等智能硬件。支持文字、图片、音频、视频等不同类型外采资源的采集或导入。

远程发稿上，能为记者和编辑提供手机端移动采集、编辑、直播、审核、任务协同工具。具备文稿发布、图集发布、全媒体直播管理、素材回传、直播推流、移动审稿、个人稿库、消息通知、通讯录、即时沟通、审稿通知、任务中心等功能。

写稿过程中，利用大数据智能分析工具作为技术支撑，实现大数据综合创作，为记者编辑提供新闻采编辅助，实现一体化新闻生产模式。技术上能实现主题延展，为记者提供参考素材，进行智能辅助创作；根据不同情感色彩及文风，对素材进行预处理；写稿过程中，结合痕迹版本、敏感词、校对等功能，保证内容质量。实现智能监控热点—机器辅助搜集—深入现场追踪—手机采访制作—报道异地多发—效果全网监控。

3. 编

编，是指对内容产品的编辑，包括稿件编排、标题制作、视频剪辑、机器新闻编辑、新闻内容可视化编辑、内容智能编校审核、内容智能辅助创作等。

稿件编排除了之前的报纸方正排版系统、电视非线性编发系统外，融媒体新闻编辑需要新的技术支撑。包括：视频剪辑与生成辅助创作，根据创作好的文本，全网采集素材，从自建媒资中筛选合适素材，生成基础视频材料；新闻内容可视化，依靠大数据平台基础，借助可视化模型技术，形成时间线、数据地图、交互性图表、气泡图、人物关系图等多种多维数据的呈现方式。

新技术还包括虚拟主播新闻，通过人脸特征提取、人脸重构、情感迁移等多项前沿技术，形成"AI合成主播"，随时、不间断地进行新闻播报；智能风控系统，对文字及视频的内容智能审核、风险控制，除了传统的文字审核外，人工智能技术对图像、语音识别进行内容安全控制；纸媒有"声"化，通过智能硬件设备及集成在系统中的语音助手，以语音交互的方式，生产新闻产品等。

4. 发

发，即内容的传播发布，通过一体式发布系统和实时调用、异步消息、共享数据库等多种方式，实现新闻内容的共享与传递，通过多模板适配发布引擎，实现多渠道多终端的统一发布管理。需要采集整理用户偏好数据，建立用户行为数据采集系统，根据用户偏好实施精准传播。

在技术支撑上，主要是加强算法的研究和应用，通过对用户数据的全面挖掘和算法优化，进行需求匹配和个性化推荐。特别是用好人工智能三大要素，即数据、算法和计算能力，一些先行的中央和省级媒体，均提出"党媒算法"的技术能力。

算法是指数学和计算机科学中，为解决特定问题而进行的计算、数据处理和自动推理等。精准分发推送，是目前算法最为擅长和应用最广的领域，解决信息超载问题效果明显。

媒体所运用的算法，是指通过广泛抓取各种内容源生产的内容聚合资讯，再借助大数据的用户画像分析以及标签化等手段，向用户推送符合其兴趣或需求偏好的特定信息，且通过不断的机器学习或算法改进，深化对用户的洞察，持续提升分发的精准性。

5. 营

营，即媒体的运营和经营，在"新闻＋政务服务商务"的运营模式中，需要从用户、资源、平台三个层面去提升。内容和用户数据库的构建必不可少，将内容、用户、数据、政企资源等精准对接，最大限度地开发利用，海量数据赋能闭环运营。

其技术支撑包括用户精准画像的技术能力，可标记用户属性与行为，包括用户行为标签与分析系统、用户平台与智能分发系统，能对用户数据进行采集和分析，能进行用户画像，提供个性化生产和精准分发；依托 AI 中台在 App、小程序的政务服务中，完善数据共享、统一认证、无人干预自动审批、智能申报等功能；打造社群管理系统、资金管理系统、支付系统等。未来，同时具备连接物联网的输出发布能力。

主流媒体要以用户为中心定制智能化、垂直化、精准化和互动式的服务，利用平台的开放性，增强用户黏性，留住用户，构建高频政务服务，开发后续的服务与商务，通过本书归纳的收入模式的"七种武器"，创造与实现价值，获得商务收益，增强自我造血能力。

6. 馈

馈，即内容发布后的交互和反馈，报道发布后，通过构建影响力分析模型、海量互联网指标数据，计算并获得传播力指数，包括阅读量、点赞量、评论内容、收听收看率。

互联网传播的互动化特征，为受众反馈提供了便利的渠道，算法技术可以通过综合用户的身份信息、社交关系、移动的位置等背景数据，对不同新闻信息的评论、转发、收藏、阅读直至打开频次、停留时间等多种线上行为进行分析，从整体上分析把握受众对某一新闻信息传播的反应与喜好，更加精准地了解受众的关注重点、接受程度和情感倾向，从而对新闻信息传播效果进行全面准确的评估，随时调整新闻产品的内容侧重、产品形态、传播方式等。

其技术支撑包括传播路径追踪、可追溯热点新闻事件扩散轨迹、周期热点排行、可用指数的逻辑、可量化的方式，对内容的传播进行监测，对内容的影响力进行评估；支持实时采集用户行为数据、用户访问流量数据；支持问卷、投票、报名等互动形式，支持对评论内容进行管理，具备评论审核、回复、敏感词过滤等功能；能对新闻报道进行总结复盘，通过大数据的智能分析加上人工分析生成的舆情和复盘报告，给采编部门带来更加一目了然的内容和建议。

7. 存

存，即媒资的管理和存售。以大数据和云计算为前提、矩阵能力为条件，建设云端数据库或本地化部署数据库，包括建设各种结构化数据库，通过"去中心化"的方式和共识算法，在发挥自身内容专业生产能力的同时，集体建设维护一个数据库，如全媒体产品库、历史数据库、素材库、行业智库、智慧城市数据库等；能实现数据的采集、分析、标签、挖掘、交换、处理、交易等。

其中，媒体版权系统建设是重要一环，包括对原创稿件进行标记，全网检索，大数据传播追踪，电子取证，解决传统媒体现有版权保护中存在的确权难、发现难、取证难、诉讼难、授权难等诸多问题。

媒体未来还要加大区块链技术在这一环节的应用，在版权保护领域，区块链将更好地实现全网自动监测追踪、自动取证、直通司法、在线授权等功能，全方位推动内容版权保护。区块链自我主权身份确认将涉及付费、身份验证、版税以及数字广告等领域；同时，区块链还能重构传媒激励机制，其分布式分类账功能正在改变内容管理和消费方式的激励结构，将权益从互联网巨头向创作者、传播者转移。

三、如何推动技术工作

2019 年 1 月 15 日，县级融媒体中心建设的基础性技术文件《县级融媒体中心省级技术平台规范要求》《县级融媒体中心建设规范》正式发布，这是中央相关部门进一步推动县级融媒体中心建设的重大举措，为县级融媒体中心建设的技术支撑举旗定向。

2022年9月8日，国家广播电视总局组织相关单位编制《市级融媒体中心总体技术规范》《市级融媒体中心数据规范》《市级融媒体中心接口规范》《市级融媒体中心网络安全防护基本要求》《市级融媒体中心技术合规性评估方法》等5项行业标准，通过全国广播电影电视标准化技术委员会审查，报批稿网上公示。

从实践上看，这些规范不仅仅是技术方面的，更实用的是，在业务层面也为市县级融媒体中心建设提供了权威指导和实施地图，各级媒体可根据自身情况参考实施，分步实施，在技术工作的推进上做到以下几点。

1. 制订技术发展战略

传统媒体不能就技术论技术，要在理念、组织、机制、流程、投入上全面改革和重构，技术发展战略是摆在一把手面前的重大课题，需要对宏观目标的规划和微观需求的把握。既要重视白皮书，又不唯白皮书，考量的是技术是否适合自身媒体的实际。

以硬件建设为例，媒体融合涉及大量数据采集和落地，对服务器计算能力有庞大的需求，包括云计算的数据构架、桌面系统的配备等，都需要整体考虑，统一规划，通过改善机房的运行环境、优化服务器数量、优化资源配置等手段，避免按照传统单个项目设计导致重复建设和资源浪费。

特别是对广大三、四线城市的媒体而言，技术投入的资金有限，在可行的技术构架下，既要及时跟踪技术前沿，确保技术适合管用、安全可靠、适度前瞻；又要根据本地实际、结合自身需要规划好本地区、本单位媒体深度融合的技术研发与应用。通过务实的技术合作方案来实现技术的本地化部署和云服务联动，加快全媒体传播体系的建设，达到小投入大产出的效果。

2. 技术发展的可持续

传媒的技术发展经历三个阶段：第一阶段，技术部门侧重计算机设备管理，并提供业务系统支撑；第二阶段，技术成为内容采编发的重要支撑，技术作为引擎，为内容生产和传播赋能，驱动媒体融合深化发展；第三阶段，技术在媒体的智能化和大数据建设中发挥重要作用。

在这三个发展阶段中，媒体的技术推进重点各不相同，但在技术选型上，一开始就不能错。一些媒体没有顶层设计，没有充分考虑整体性、实用性、延续性、可扩展性。各个阶段建立的各个系统相互独立、数据隔离，容易造成信息孤岛，烟囱式的架构花费了巨大人力、财力，最后却沦为摆设。同时，还要进一步防范技术风险，注重数据的安全性，避免对技术的过度依赖，防止算法凌驾于主流价值之上。

3. 形成技术合作生态

技术研发上，中央和省级媒体投入较大，可组建高效管用的技术团队，以人工智能、区块链等为代表的颠覆性技术，提高运用和管理的能力，避免一味追求最新、最尖端，做到为我所用、于我有利、由我来管，牢牢把握战略主动权。中央及省级媒体对下技术推广和合作建议采取公益性方式，不能像以往那样，有较高的合作资金门槛。

地市级和县级媒体很难建立起自身的技术研发体系，也没办法按市场薪酬标准聘用技术总监。建议紧盯技术前沿，主要通过与上级媒体技术合作，以及汇聚第三方技术的方式，以部分使用媒体云服务的方式，弥补技术短板，实现应用软件的本地化部署。技术升级不能照搬央媒、省媒的技术方案，陷入毕其功于一役的技术投入误区，要警惕招投标过程中的路径依赖。同时要具备较好的技术应用和运维能力，可以在本区域内开拓技术服务，同自身的资源相对接。

传统媒体与技术厂商合作，由于软件是基于不同架构、不同标准搭建的，技术平台往往难以有效连接，易造成数据孤岛或技术孤岛，极大制约媒体机构融合发展的进程，要有较好的应对举措。

4. 加快人才培养

传统媒体技术人员短缺，媒体融合是一个长期的工作，需要配置稳定的技术开发和维护团队，要加大人才的培养，提高薪酬待遇，吸引高端人才加盟。设置新的高管岗位，诸如 CTO（首席技术官）、CDO（首席开发官）、

CAO（首席算法官）、CMO（首席产品官）等，让最紧缺的技术人才享有较高的政治待遇。领导班子中间，最好要有有技术背景的领导，媒体行业是一个被技术迭代裹挟着的行业，决策的人中，懂技术的领导非常关键。

同时，要提升媒体领导和采编人员的技术认知。制定信息技术应用能力培训课程，让媒体人深入了解新技术，用好技术手段，熟练掌握各平台的操作，发挥平台效能。技术人员则发挥好"桥梁"作用，提高集团员工技术素养，不断深化新技术在内容生产中的应用。

5. 完善工作机制

在日常工作中，主流媒体要建立常态化的技术工作机构，完善工作机制。要成立在党委会领导下的技术委员会，作为日常技术工作决策议事机构，主要是制定媒体技术战略，统筹规划产品需求和研发，确定技术路径和软件硬件选择，对技术序列人员进行管理，对技术发展和投资方案等决策和论证，审核具体技术立项报告。

技术委员会的成员包括部分党委委员、部分编委，以及跟技术工作相关的部门负责同志，总编辑要定位为首席技术内容官，总经理就是首席技术营销官。产品技术中心作为技术委员会下设的部门，负责媒体技术研发、产品规划、系统架构搭建等工作，推动所有员工关心、掌握、应用新技术，植入技术的灵魂和基因。

在工作机制上，针对每个项目和产品，技术团队不应只是项目启动后的执行者，而是全程参与者，有些还要在论证决策阶段起重要作用。技术人员可全程参与采编策划和新闻生产，每天参加采编联动会、策划会，深入内容生产。组建技术和采编人员共同参加的融媒体工作室，形成以内容生产为中心，打造"内容＋技术"的合作生态，构建起全新的传播格局。

融中对
——市县融媒体中心全景实战 12 讲

资本运营的脱困魔术，你看懂了吗？

许社长：某地级市报业集团党委书记、社长
何主任：某地级市报业集团财务部主任
周博士：某融媒研究中心主任
时间地点：2018 年 11 月底，社长办公室

这一天，冬日阴霾，许社长和何主任坐在办公室里，一根接一根地抽烟。

这一年广告大幅下滑，集团亏损 2500 万元，年底关账，如果财务报表做不出利润，报业集团就要被银行下降信用等级。

许社长黑着脸，盯着何主任："我不管你用什么方法，你必须把账面做成盈利。今天我又把周博士请来了，给我们出出主意。"

何主任一脸为难，嘴里嘟囔着："社长，我总不能做假账吧，我这是对你负责啊。"

"你别说对我负责，下降了信用等级，明年的银行贷款就不会再批，现金流断了，你这是对我负责？还是对事业的不负责？"许社长很不高兴。

更让许社长头疼的是，下个月银行 5000 万元贷款要到期，需要过桥资金还贷，再续贷。集团明年的报纸发行款有 5000 多万元，即将到账，可以过桥，但如果下降了信用等级，银行收回 5000 万元后，不再续贷，这发行费可就整没了，不但报纸出不了，员工工资也发不上，这可要出大事啊。

何主任扭头看了看周博士："周博士，你倒是说话啊。今天社长把你请来，就是想让你出主意的。"

"这个，这个，"周博士挠着头，说道，"我也没啥好办法，不过，前几年我在清华大学的 MBA 培训班上，听清华会计系主任讲过一个商业公司的案例，也许可以借鉴一试。"

"赶紧说来听听。"许社长有点迫不及待。

第 9 讲
三驾马车——媒体深融的弯道超越

"报社不是有一座办公楼吗?"

"是的,报社就剩这一个固定资产啰,大概值个 2000 万元。"

"把办公楼估值 5000 万元,同银行谈好,去抵押还 5000 万元的贷款。"周博士抛出了想法。

"你以为银行是你家开的?"何主任不以为然,"银行肯定不答应啊,一来这房子不值 5000 万元,二来哪有固定资产还银行贷款的?"

"是的呢,周博士,我们都急成这样了,你还有心开玩笑。"许社长也不高兴。

"两位别急,听我把话说完。"周博士接着说道,"咱们贷款的银行不是地方银行吗,是法人企业,有操作空间的。我们可以跟他们谈,先把 2000 万元房产估值成 5000 万,还 5000 万元贷款,过几天,我们再用 5000 万元发行款把房产买回来。要是他们担心,我们可以把发行款先存在他们那儿,让他们先冻结。"

"哎,有点意思,"何主任脸上出现笑容,"用发行款再把抵债给银行的房子买回来,银行就会同意,我们也还了贷款。"

许社长一脸茫然:"这个又有什么作用呢?"

"奥妙就藏在这办公楼里,"周博士和盘托出了计划,"办公楼的交易分为两次,第一次交易,先把 2000 万房产估值成 5000 万元,用发行款冻结担保,抵偿给银行还 5000 万元的贷款;第二次交易,用 5000 万元的发行款购买了原来价值 2000 万元的房子,房产的账面价值就增加 3000 万元。"

"我明白了。"何主任恍然大悟,"房产的账面价值增加 3000 万元,我就能把亏损的 2500 万元变成盈利 500 万元。"

"哦,这么神奇?"许社长大喜,"这不是一箭双雕吗?"

"是啊,"周博士接着说道,"利润是在损益表上显示,买卖是在资产负债表上反映,5000 万元买 2000 万元的房,是赔本的,但资产负债表上房子就增值到 5000 万元,而损益表只受出售资产的影响,不会受购买资产的影响,扣掉亏损的 2500 万元,依然盈利 500 万元。"

"原来是这样,"许社长高兴之余又有点担心,"这,不是在做假账吧?"

"不是，"何主任接过话茬，"从目前的操作看，我们没有违反会计准则。"

"更神奇的还在后面。"周博士拍了拍何主任的肩膀，"现在，办公楼已值5000万元，再用它作为抵押，从银行续贷5000万元，这不，发行款又回来了吗？"

"哈哈，"许社长大喜过望，"这可真是一箭三雕啊！"

第四篇

出征·兴汉室——转型之战

《隆中对》中，诸葛亮为刘备北伐设计了两条出征路线：一路率荆州之军以向宛洛，一路率益州之众出于秦川。两路出征后，诸葛亮描绘了"王者荣归"的前景："百姓孰敢不箪食壶浆，以迎将军者乎？"

第四篇｜出征·兴汉室——转型之战，讲的是主流媒体"王者融归"的出征路线，也要在两个方向上发力——盈利模式和融合经营，其前景就是迈向智媒体，占领元宇宙的主阵地。这个过程中，还要应对好新冠病毒等"黑天鹅"的冲击。

出征路上能走多远，取决于盈利能力，未来10年媒体会迎来最为艰巨的挑战，不但要"活下去"，还要实现可持续发展。市场能不能接受你的产品，客户有没有认可媒体的价值，用户会不会为你的服务付费……这些都需要通过盈利模式重构来实现。同时，还要布局泛媒体产业，设计"四全营销"的新打法，在转型路上凤凰涅槃。否则，只能捧着金饭碗去讨饭。

过去未去，未来已来。传统媒体还没有真正理解融媒体时，智媒体来了；还没有真正理解智媒体时，元宇宙又来了。在充满高度不确定的未来，唯一确定的就是不确定，面向未来的新秩序，我们既要仰望星空，又要脚踏实地，只有躬身入局，才能永立潮头。

第10讲　盈利模式——流量是如何变现的

☆ 第一节"排兵",是一门大学问。主流媒体如果一味地守着形象宣传、版面广告、报纸发行、频道硬广,恐怕会举步维艰。媒体创收单靠几十个经营人员是干不成的,它是一个系统工程,需要组织匹配、领导力匹配、平台匹配、营销匹配、制度匹配,需要一体化经营的顶层设计,需要班子团结、中层推进、员工得益。

☆ 第二节"布阵",讲的是媒体创收的阵法,即媒体的盈利模式,广义的盈利模式是指媒体依托关键资源,重构业务系统,设计、生产、运营市场需要的产品,解决用户痛点,为媒体创造价值。这个价值包括政治价值、社会价值、用户价值、市场价值。狭义的盈利模式是指媒体赚钱的方法,如何把流量和公信力变现。本节有一张盈利模式10要素模型图,概括了媒体创收的顶层设计和底层逻辑,千变万化出多种收入模型,建议细细品读,好好收藏。

☆ 第三节"攻防",讲的是如何将盈利模式的阵法应用到实战中,媒体创收需要精良的"武器",本节借助古龙笔下"七种武器"的神奇,解读媒体收入模式的"七种武器"。本节剖解了3个案例,对其中的盈利模式、营销方法、收入模型进行解析,拿来即用。案例解析,是本书横跨学界和业界的特色,即使你不太明白传媒盈利模式的理论阐述,或不同意本书的观点,也能从这些案例的解剖轨迹中获得启发,激发创新的思考。

第一节　排兵：媒体创收是个系统工程

世纪疫情冲击下，百年变局加速演进，外部环境更趋复杂严峻和不确定。在此背景下，内容产业走向十字路口，一方面传统媒体爆款频出，一方面流量难以变现，投入无法回报。2022年6月，广电行业首次享受"特困行业"扶持政策，有工资发不出的，有连年亏损的，经营哀鸿一片，由于没有盈利模式，导致造血能力大幅下降。

中央和省级媒体拥有丰富资源和资产、有中央和省级财政支持、有人才团队支撑，创收问题不大。但对绝大多数地市级和县级媒体而言，媒体创收是个大难题，经营排出什么样的战斗队列，不但关系到媒体融合能否成功，更关系到传媒主体能否活下去，舆论引领能否高质高效，这可是个需要顶层设计的系统工程。

一、媒体患上"困难综合征"

传统媒体大多有较重的历史包袱，疫情冲击之下，商业广告停滞，线下业务受阻，媒体广告收入锐减。加上房地产风光不再，各地财政紧缩，宣传经费下滑，导致财务状况空前窘迫，生存压力和发展压力倍增。困境之下，破局不易，不要先想赢，首先要不亏，活下去才是重点。

1. 收入断崖下滑

据《2021—2022年中国传媒产业发展报告》统计，从2011年报业到达巅峰状态到现在，报业广告收入已经走过整整10年的下跌之路，2021年的广告收入约为2011年的1/15。电视行业广告收入受到整体环境影响较大，省市级电视台的广告收入下滑严重。

互联网商业平台的降维打击，让传统媒体雪上加霜。商业移动端给广告业提供了颠覆式的平台，广告又帮助互联网将巨大的流量快速变现，4G网络与智能手机催生了移动端丰富多元的内容世界，内容社区、社交媒体、长短视频、直播带货，加速了广告行业的更迭。

传统媒体在这一过程中，没能抓住互联网广告带来的机会，在动荡与变化中，折射出自身存在已久的沉疴与痼疾。同时，随着媒体深融的推进，两极分化的趋势更为明显，高歌猛进的是部分创新能力强的党媒，陷入困境的是等待财政包养的媒体，依然还守着形象宣传、版面售卖、报纸发行、会展活动。尽管主流传媒家家都有新媒体，但离开政策支持，能盈利的仍旧屈指可数。由于日活率不高，用户数据不明，新媒体收入占比较低，广告价值更无从说起，"活下去"成为它们最大的诉求。

2. 经营套路陈旧

传统媒体的经营模式，之前被称为"二次售卖"，即报社生产新闻，出钱投资，添置印刷设备，招聘记者编辑，出版报纸，将报纸卖给读者，这是一次售卖；发行量扩大了，再将读者的注意力卖给广告商，吸引客户来做广告，这是二次售卖。发行收入和广告收入，扣除报社的投入和相关费用，还有盈利，报纸就能够生存和发展，这就是传统媒体"二次售卖"的盈利模式，即售卖读者的注意力来获得收入。

移动互联网下，读者和观众不再看报、看电视，传统媒体和受众失去连接，"二次售卖"的盈利模式崩溃。但传统媒体人的思维还停留在以前的黄金时代，大多数主流媒体的经营部门仍然"顽强坚守"在拉广告、拉协办、拉活动等陈旧的经营套路上；有的在刷脸求广告，靠关系拉赞助；有的依靠发行提价，谋求财政包养；有的只会用无冕之王的说教思维，向客户索取，不能提供回报。

3. 效果无法测评

传统媒体广告投放无法做到细分化、精准化、小众化、圈层化，广告的点击率、展现量、曝光率等数据不足，无法满足对广告效果的测评要求，广告主投放广告后，需要媒体提供转化率、送达率、成单率等多维度数据，供广告主决策，这些数据传统媒体几乎没有，广告主不知道究竟是什么人在看，也不知道有没有转化，更没有抵达用户的数据，广告投入有一大半是浪费掉的。同时，传统媒体广告投放千人成本较高、投放方式也有局限，造成创收陷入困境。

而市场也普遍接受了新媒体广告传播服务，越来越多的广告主愿意通过微信、快手、抖音等新媒体传播平台建立与消费者的隔空表达方式。这些平台在广告投放后，会显示有多少人看了广告，有多少人下载了，他们向广告主收的费用都是按照精确的用户数据和下载量来确定的，广告主的每一笔投入，都不是冤枉钱，会有明明白白的数字"账单"。

二、媒体创收是个系统工程

媒体创收单靠几十个经营人员是干不成的，它是一个系统工程，需要组织匹配、领导力匹配、平台匹配、营销匹配、制度匹配，需要进行一体化经营的顶层设计，需要班子团结、中层推进、员工得益。

1. 一体化的顶层设计

媒体创收需要顶层设计，只有体制机制松绑，创收的生产力才能释放。传统媒体也有核心优势，主流媒体公信力、权威声音引导力、内容生产影响力，加上牌照和资源的加持，是媒体创收的核心竞争力。

在顶层设计中，要统筹好内容生产和媒体经营的一体化发展，形成采编、经营相互支撑的工作机制，一支经营队伍服务各个发布平台，一个经营平台上有多种人才配置，实行全要素服务、全渠道推广、全链条运营。同时，用互联网思维深化改革，打破固有利益格局进行体系再造，包括内容生产与经营的组织架构、流程再造，重构传媒盈利模式，在采编经营两分开、两加强的前提下，两支队伍紧密结合，通过团队重组、考核导向、流程整合，实现内容生产支撑下的全案营销和全媒体经营。特别是统筹传媒经营资源，避免内部恶性竞争不良消耗，重大节点、重大项目实现内容生产和营销一体化，重大市场拓展一体化。

2. 一体化的领导机制

确保采编、经营的统一领导。集团一把手实行党委书记、社长和董事长一肩挑；编辑委员会总编辑和传媒集团公司总经理都担任党委副书记，针对不同业务，行使不同职权，确保正确的舆论导向和经营活动高质量开展、国有资产的保值增值。

党委会主要是政治方向的把关，行使舆论导向权、重要人事权、重大项目决策权，党委会否决的，不能进入公司决策和执行的程序，在大方向上通过了，才能进入集团公司进行技术经济执行等层面的论证，走公司法人的决策流程。党委把方向、管大局、保落实，主要行使否决权、建议权和监督权，保证了党委领导作用落到实处。

同时建立采编、经营联动的协调机制，在流程再造中，通过每周召开的经调会、策调会，每天召开的采前会、编前会协调采编、经营的矛盾，不定期召开业务情况通气会，负责采编业务和经营业务的分管领导参加，及时通报采编和经营的情况或问题。成立由采编和经营人员共同组成的运营委员会，从组织上确保联动的机制，从而在采编与经营之间形成一种默契的互动效应，使采编和经营之间在最大限度上形成合力。

3. 既分又统的组织构架

不少市县融媒体中心的内部机构，还是分设报纸部、广播部、电视部、新媒体部，不仅传统媒体与新兴媒体处于割裂状态，报纸与广电也是占地为牢，互相不通。延伸到经营部门，更是各守各的山头，不同媒介的广告经营，是由融合前不同媒体的不同团队分头负责，割裂了媒体的经营链条，导致经营越做越小。

本书设计的"三三制"组织构架，在顶层设计实现了采编、经营既分又统的目标，行业传媒中心作为媒体内设的宣传经营部门，不再是以往的广告部，而是按照扁平化管理的要求，细分行业市场，垂直化设置的部门，它负责本区域一个行业的全媒体宣传和经营，中心内部设融媒部和运营部，采编、经营两分开，融媒部人员不得从事经营工作，运营部负责中心所有媒体形态的经营工作。

行业传媒中心将文字、视频、图片、产品、运营、创意、经营等人员组合到一起，对中心同时设置宣传和经营目标。媒体中台部门围绕新技术应用、新产品研发生产、新运营开拓等方面，为行业传媒中心提供支撑，包括提供智能媒资、视音频处理、资源管理、媒体大数据、创意策划等服务，中台自身也有经营指标，促进双方深度合作，共同开拓市场。

行业传媒中心和中台下设各栏目工作室，采取阿米巴模式，几人组成跨部门、跨媒体的柔性团队，集文字、摄影、技术、运营等各方面的人才于一体。在垂直化、细分化、个性化的内容生产领域产生独特优势。不断输出带有专属标签的内容产品，同时完成经营指标。

4. 综合考核的薪酬体系

在绩效考核上，要把战略目标分解为可操作的工作目标，对各部门分别设置宣传指标和经营指标，把舆论引导能力和可持续发展能力同时作为事业和企业的双重评判标准，制订与考核结果相对应的薪酬体系。

要区别员工不同类型，制订从业人员综合考核的体系，按照公平、协调、平衡和激励的原则，最大限度地体现采编、经营和行政人员之间分配的合理性和激励性。比如，经营绩效的增长部分，可提取一定比例奖励采编部门。采编所需的业务经费由集团公司每月从经营收入中按一定比例划拨给报社，采编人员工资与公司的收入挂钩。在行业传媒中心内部采取采编、经营两分开，为各中心开设虚拟账户，采编人员的工资收入均在账户里开支。同时，采编人员、技术人员为客户策划生产的内容产品，同样拿工分，调动全体人员的积极性，通过考核激励机制为客户爆款产品的生产、经营提供保障。

5. 减本增效的创收手段

一体化的经营需要各方面的人才，绝大多数媒体都有这种现象，当地政府有大批项目要做，但媒体却无能力承接，这些项目包括文创产业、乡村振兴、智慧城市等，有些媒体连新媒体代维业务都没法大规模承接，其原因是人才缺失。媒体如果还局限于招聘新闻、中文专业毕业生，没能大批量引入软件工程、视觉传达、经济管理、市场营销等方面的人才，只能捧着金饭碗去讨饭。

未来3—5年，主流媒体要节约开支，把钱花在刀刃上，做好预算管理和考核。要逐步降低人力成本、活动及产品成本。可用合刊、休刊等方法减少出版频次；对于一些投入产出低、美誉度较差、长期没有创新点的节目或项目立即叫停；行政、后勤等部门要严控支出；严格执行固定资产采购招标，降低采购成本；同时实现媒体管理数字化，节约时间成本和人力成本。

在创收方法上，媒体还需要重构盈利模式、设计产品矩阵、创新融合营销、跨界多元产业，这些内容本书在下面的章节分别阐述。

三、推动"两分开"与"两加强"

《中国新闻工作者职业道德准则》中明确规定：严格执行新闻报道与经营活动"两分开"的规定，不以新闻报道形式做任何广告性质的宣传，编辑记者不得从事创收等经营性活动。国家出台的《报纸出版管理规定》《新闻记者证管理办法》《报刊记者站管理办法》等，也规定新闻单位不得向采编部门下达经营创收任务，记者、编辑不得从事广告和其他经营活动。

由于媒体广告收入大幅下滑，一些新闻单位迫于生存压力，给记者编辑下经营指标，更有媒体提出全员经营搞创收。特别是公益二类传媒涉足经营，普遍存在采编、经营"两分开"不彻底的现象。近年来，国家新闻出版署时常会开出行政处罚书，对相关新闻单位未严格管理新闻记者和经营人员，借新闻采访工作从事经营活动的行为进行处罚。在新闻单位的巡察（视）整改中，完善和遵守采编、经营"两分开"制度成为普遍的要求。

1. 采编、经营如何"两分开"

采编、经营"两分开"，有利于媒体聚焦主业，更好地履行社会责任。其一，组织机构要分开，采编事业机构与集团公司企业机构分开，各自分设，各负其责。其二，人员岗位要分开，采编和经营明确各自岗位职责，经营岗位的人员注销记者证。其三，业务流程要分开，进一步规范采编工作流程和广告经营业务流程。其四，财务和考核要分开，在财务上按事业单位媒体、企业集团两个会计体系核算，形成两份独立财务报表，同时在薪酬考核上分别制订绩效方案，采编人员不能领取广告绩效。

媒体经营部门在任何时候、任何情况下，都不能指挥、左右、影响新闻编辑部门，不能把媒体这一本应服务大众的新闻传播、舆论监督利器当成牟取个人或是小团体利益的私器，新闻采编部门将新闻报道作为工作的重心，独立于商业利益，集中精力聚焦新闻主业，不能出现有偿新闻、有偿不闻等失范现象，不断提高新闻舆论工作的质量和水平。

采编、经营"两分开"，有利于防范商业因素对采编机制的侵蚀，保证真实、客观、公正，让采编人员保持正确的舆论导向和独立的采编原则。回归新闻本质，确保新闻媒体站在客观公正的立场上开展新闻舆论工作，不断增强传播力、引导力、影响力、公信力。

2. "两分开"的同时，还要"两加强"

采编、经营"两分开"，不能简单地割裂采编和经营的关系，造成采编和经营的对立。如果策划、采访、编辑、运营人员相互不通，各媒体平台相互不通，报纸、广播、电视、新闻网、App等各种媒体介质多头管理、各自为战，就会在媒体创收上形成"你是你，我是我"的局面。媒体融合能走多远，取决于融媒体经营能力，市场有没有接受你的产品，有没有认可媒体的价值，用户有没有心甘情愿地主动为你的服务和产品付费。

简单的采编、经营"两分开"，会导致两个系统难以协调运作。采编是事业性质，经营是企业性质，事业和企业有着本质不同的产权制度、治理方式，很难做到组织决策的集中统一。并导致传媒集团内产业链的割裂，如同一个拥有经营权的法人无法自主设计自己的产品。没有采编支撑、用户协同的经营如同空中楼阁，难以成为优良资产，也无法拥有可持续发展的核心竞争力。

在"两分开"的同时，还要"两加强"。宣传是生命线，经营也是生命线。没有采编，经营必将成为无源之水、无本之木；没有经营，采编也没有保障，难以为继。媒体融合需要大量投入，媒体在实现"社会效益"基础上，还要创造出"经济效益"，经营活动是媒体运营的重要组成部分，也是新闻媒体生存发展、不断壮大的重要支撑。高水平的媒体经营不仅能保证媒体生存下来，还能为媒体融合的推进提供强有力的保障，媒体融合过不了"创收转型关"，就过不了高质量发展的"媒体融合关"。

3. 如何做到"两分开""两加强"

2020年9月，中办、国办印发《关于加快推进媒体深度融合发展的意见》,明确提出建立"新闻+政务服务商务"的运营模式,国家从宏观层面明确了媒体发展路径,对各级媒体而言,就要在坚持采编、经营"两分开"前提下,统筹好内容生产和媒体经营一体化发展,形成采编、经营相互支撑的工作机制,为客户解决传播和营销痛点,既确保新闻媒体履行职责使命,又实现了传媒在激烈竞争态势下的利润与效率。

在体制机制上,事业单位的媒体履行党媒的新闻宣传和舆论引导职能。传媒集团公司则按照现代企业制度要求,做好广告和产业经营,并对下属二级子公司下达经营指标和分配政策。日常经营业务和经营管理由集团公司决策实施,重大改革措施、重大投资、重大经营决策由集团党委前置研究。

同时,统筹好内容生产和媒体经营一体化发展,制定科学有效的绩效考核管理办法,分工不分家,"两分开"强调的是分工,"两加强"强调的是不分家,从而形成采编、经营相互支撑的工作机制,有效地调动采编和经营人员的积极性,一支经营队伍服务各个发布平台,实行全要素服务、全渠道推广、全链条运营。形成采编和经营奋斗目标一致、工作步调一致、薪酬奖惩一致,达到采编和产业协调发展、两翼齐飞的良好局面。

第二节 布阵:新型主流媒体盈利模式10要素

如果说互联网上半场是一场"平台圈粉运动",那么互联网下半场将面临"流量变现之战",在这场战役中,媒体创收的"阵法",即盈利模式重构成为重中之重。

传统媒体之前"二次售卖"的盈利模式早已崩溃,很多媒体感到了竞争加剧、流量萎缩、利润减少、人才流失的红海困局。未来3—5年,各地财政紧缩,媒体的日子更为艰难,有媒体可能衰亡,有媒体还会辉煌,其差别就在于,在完成了媒体融合的任务后,是否进行了盈利模式重构。

2020年9月,中办、国办印发《关于加快推进媒体深度融合发展的意见》，提出：围绕主业、紧贴市场、关注民生，探索建立"新闻＋政务服务商务"的运营模式，增强自我造血机能。为传统主流媒体盈利模式创新指明了方向。

一、盈利模式的沉疴与创新

疫情之下，很多主流媒体依靠财政购买服务或财政输血维持生存，这种输血模式无法参与市场竞争，无法鼓励创新，无法对员工进行激励，更难以实现可持续发展。未来，如果找不到市场化造血的盈利模式，经营不能反哺主业，新型主流媒体的蓝图就无法实现。从这一角度而言，传统主流媒体的盈利模式研究已成为当务之急。

1. 什么是传媒盈利模式

管理大师彼得·德鲁克曾经说过：当今企业之间的竞争，不是产品的竞争，而是商业模式的竞争。

传媒商业模式，简言之，就是媒体的价值创造及一整套的经营逻辑，包含了价值模式、品牌模式、产品模式、资本模式、盈利模式等。传媒商业模式是一个系统工程，需要顶层设计和底层创新。

相对于商业模式，盈利模式则单纯一点，即媒体获取价值的方法，广义的盈利模式，是指媒体依托关键资源，重构业务系统，设计、生产、运营市场需要的产品，解决用户痛点，为媒体创造价值，这个价值包括政治价值、社会价值、用户价值、市场价值。狭义的盈利模式是指媒体赚钱的方法，如何把流量和公信力变现。

由于主流媒体的特殊性，盈利模式不同于一般的企业，更为复杂和独特。重构传媒盈利模式，不仅要重新设计其构成要素，而且要保证新的盈利模式能够获得四重价值：政治价值、社会价值、用户价值、市场价值。政治价值体现在舆论导向的正确和引导力的提升上；社会价值体现在对社会主义核心价值观的传播上；用户价值指媒体如何满足用户的需求，带来流量的提升；市场价值则是媒体的流量变现能力。对媒体而言，政治价值往往是最重要的，一失皆无。

第10讲
盈利模式——流量是如何变现的

2. 传统媒体盈利模式的沉疴

长期以来，传统媒体采取的是"二次售卖"的盈利模式，曾经带来20世纪"工业化时代"传统媒体的辉煌，到了"互联网时代"，突然间传统媒体发现：游戏规则改变了，原来的赚钱方法不适用了，原来的资产也没有价值了。

"二次售卖"的盈利模式实质上是缘于工业化时代成熟的产品销售模式，为传统媒体建立起了牢不可破的护城河。报纸和电视靠独特的地位和采编专业团队，完成新闻生产后，吸引读者和观众的注意力，通过发行费和收视费，将新闻卖给读者和观众，取得收入，完成"一次售卖"。然后再将读者注意力卖给广告商，刊发广告取得收入，形成"二次售卖"，实现闭环。如下图所示：

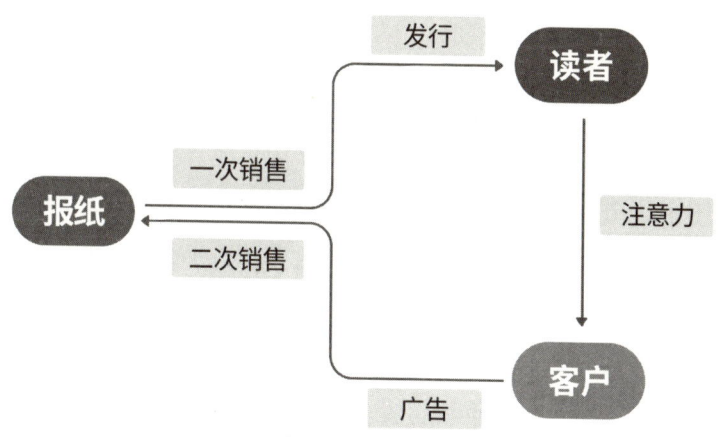

传统媒体盈利模式"二次售卖"闭环图

随着智能手机的普及，人们不看报纸和电视，传统媒体失去了和受众的连接，入口价值急剧下降，流量换广告越来越难，加上一对多的传播方式，大规模的内容复制，不再适应用户的个性需求，广告主投入的广告费有一半浪费了，"模糊、昂贵、低效"成为传统媒体广告的代名词，造成传统媒体广告断崖式下滑。

移动互联时代的盈利模式是通过极致的产品、免费的服务来获取用户的，通过提高用户的黏性，沉淀用户后，再嫁接盈利点。移动互联网的这种免费模式，影响了传统媒体的报纸发行和收视费收取，造成部分报纸的发行收入甚至远远低于纸张印刷等直接成本，更无法支付巨额的人工成本，造成"二次售卖"的盈利模式崩溃，传媒盈利模式需要重构。

3. 移动互联时代的创新

移动互联网带来的不是简单的移动化、智能化、信息化、数字化，也不是单纯地将线下盈利模式转移到线上，而是整个盈利逻辑的改变。移动互联网去中心化特征，大众经济变成了圈层经济、小众经济，私人定制、个性消费、C2M（消费者对工厂）的商业模式成为主流，广而告之的营销方式已不能适应市场，这意味着盈利模式的价值创造与获取方式都发生了本质变化。

一是如何用互联网的思维创新。互联网思维中的"获客思维""流量思维""转化思维""用户思维"均可指导盈利模式创新，实现流量转化的观念转变。比如用户至上，指导媒体如何为用户提供有价值的服务，和用户永远保持连接；比如体验为王，指导媒体如何让用户体会意外收获，超出他预期的感受，让用户产生交易之外情感上的认同；比如前端免费，后项收费，让免费不仅成为一种战术，更为媒体后期的收费创造平台和入口；比如"去中心化、互动性、一对一"，以及平台营销、场景营销、O2O营销等，都是传统媒体新的营销方法。

二是如何与用户、客户重新连接。媒体融合实际上是个"连接"的过程，我们说传统媒体之所以日薄西山，就是和用户失去了连接。媒体首先要与用户重新连接，能沉淀用户，激活用户价值，与用户深度交互，策划更多与用户生活垂直领域相关的内容选题，借助互联网的传播速度和影响范围迅速聚拢大量用户，内容和运营同频共振；其次要与客户重新连接，借助用户和内容的海量数据，将众多用户的个体价值变为群体价值，为客户服务，吸引广告主投放。这两个连接做得好，创收能力就能变强，广告主对主流媒体的价值就能认同，媒体的影响力就能变现。

三是如何实现广告个性化定制。传统媒体针对同质化用户，生产标准化的产品——报纸，满足"千人一面"的需求，无法做到细分化、精准化、小众化、圈层化，造成广告收入下滑。数字化时代打开了一个"以用户为中心"的模式，数据成为核心资产，数字化让资源聚合变得更加容易。通过对用户动态数据的积累，对媒资的数据化重构，媒体可以更容易地整合其他产品与服务，精准地满足每一个客户便利性、多样化、及时性的需求，个性化定制和推送广告成为主流。

四是如何实现广告的精准投放。移动互联网下半场，大数据技术收集用户的行为痕迹及消费兴趣，人工智能为用户画像，算法进行海量内容和海量用户的需求匹配和个性化推荐。技术的赋能应用，实现了广告的精准投放，形成营销和带货的能力，完成创收的闭环。此时，主流媒体就成为集内容生产、聚合信息、分发产品、精准推送、沉淀用户、版权交易、服务客户等功能为一体的互联网平台，构建了一个内外融通的生态圈。

二、传媒盈利模式如何重构

1. 分析媒体的关键资源

关键资源是一个行业的"护城河"，移动互联时代传统媒体尽管失去了很多优势，但其核心竞争力和核心资源仍然存在，媒体要分析这些核心资源，比如主流媒体公信力、权威声音引导力、内容生产影响力、全网发布传播力等都是主流媒体的核心竞争力，而品牌、资源、人脉都是媒体的核心资源。

每家媒体都要分析什么能力是最关键的，什么资源能转化为盈利能力。有组织地放弃没用的资源，包括陈旧的资产、项目、固定的流程、惯例等。围绕关键资源重新设计业务系统，设计收入模型。

2. 重新设计业务系统

移动互联网摧毁了传统媒体的业务体系，过去传统媒体只要做好内容就可以卖广告，但移动互联网割裂了传统媒体与用户的连接，媒体要围绕关键资源重新设计业务系统。比如：收入来自哪里？成本结构怎样？盈利多少？产品是什么？谁来买你的产品？买家的用户画像是什么？通过什么渠道买？

从哪里变现？

这就要分析媒体的关键资源，分析媒体产品和项目的核心竞争力是什么，能解决用户什么痛点，并确定项目和产品的愿景、定位、故事、形象等，实现6个重构。

一是用户重构：明确媒体服务的对象，为用户画像，形成垂直内容的圈层式生产，通过裂变式交互传播，累积用户，精准推送，服务客户。

二是目标客户重构：赚谁的钱？通过大数据分析，找出与客户服务对象有交集的用户，形成圈层，线上线下互通，通过产品、服务、活动等，将这部分用户的注意力卖给客户，在客户取得收入的同时，媒体也赚到客户的收入。

三是产品重构：卖什么赚钱？将内容升级为产品，着重解决用户痛点，创新产品表现形式，提升产品传播效果。

四是传播重构：互联网上半场，新闻的分发是内容＋渠道，内容一家独大，一对多单向传输；互联网下半场，新闻的分发是依托平台，进行互动式的双向传输，渠道演变成了平台，用户成了新闻的生产者、消费者、分享者。需要融合PGC和UGC，以全新的AI内容生产和分发，占领主阵地。

五是品牌重构：工业化时代的品牌设计是自上而下的，媒体通过内容生产、公益活动、品牌包装、形象设计，将理念传播给受众，形成媒体品牌形象；移动互联时代，品牌是和用户一起共创的、共同设计的，品牌即关系，也是媒体公信力的外在表现。

六是营销重构：数字化时代，大数据是数字营销的基础与前提。重构内容营销、原生广告、社群营销、场景营销、直播营销、智能营销，成为盈利模式的重要支撑。

3. 重构收入模型

盈利模式的关键是收入模型，通过"赋能、转化、变现"三个关键词来实现收入。

赋能，是一个网红词汇，即给某个主体赋予更大的能力和能量，移动互联时代能给媒体创收赋能的要素，有公信力、内容、资源、营销等；转化，即媒体将用户转化、资源转化、流量转化；变现，即将媒体获得的流量变现，实现收入的增长。

所谓流量，原指一定时间内浏览某网站或某公众号的用户数量及用户停留时间。后来泛指智能终端在互联网上产生的数据量。移动互联网下半场，流量已演变为互联网产业的底层逻辑与核心要素，成为平台生存和发展的"制胜法宝"。

主流媒体以内容和服务来赋能，吸引受众注意力，在海量化、碎片化的信息时代，受众的注意力是最稀缺的资源，只有获得受众注意，才能将流量转化，吸引广告投入。

转化就是将受众注意力即流量转化，将媒体流量转为广告商的流量，让广告商发展私域流量池和粉丝建立稳定的联系，将粉丝转换为购买力。

变现，即转化后的流量获得的收入，广告商实现商业变现的同时，媒体也实现流量变现。互联网商业的本质是注意力经济，代表着用户注意力的流量，已经成为互联网平台收入的来源。

通过分析媒体的关键资源、重新设计业务系统、重构收入模型，我们就能勾勒出一张媒体盈利模式的画布，在这张画布上，新型主流媒体盈利模式10个要素相互关联，共同形成创收的闭环。

三、新型主流媒体盈利模式10要素

新型主流媒体盈利模式是一个整体的业务系统，需要组织构架、流程和薪酬体系的全新布局，需要资本、人才、技术、渠道、品牌、服务、影响力等资源集聚，需要传媒内部和外部各个部门协同作战。

这个业务系统可分为4个子系统，分别是：内容系统、产品系统、传播系统、收入系统。基于这4个系统维度，构成了新型主流媒体盈利模式的10个要素，即关键资源、价值引领、内容生产、收入与成本、产业链、产品矩阵、渠道（平台）、政府、用户、客户。这10个要素构成了盈利模式的各个组成部分，并相互关联，形成闭环。如下图所示：

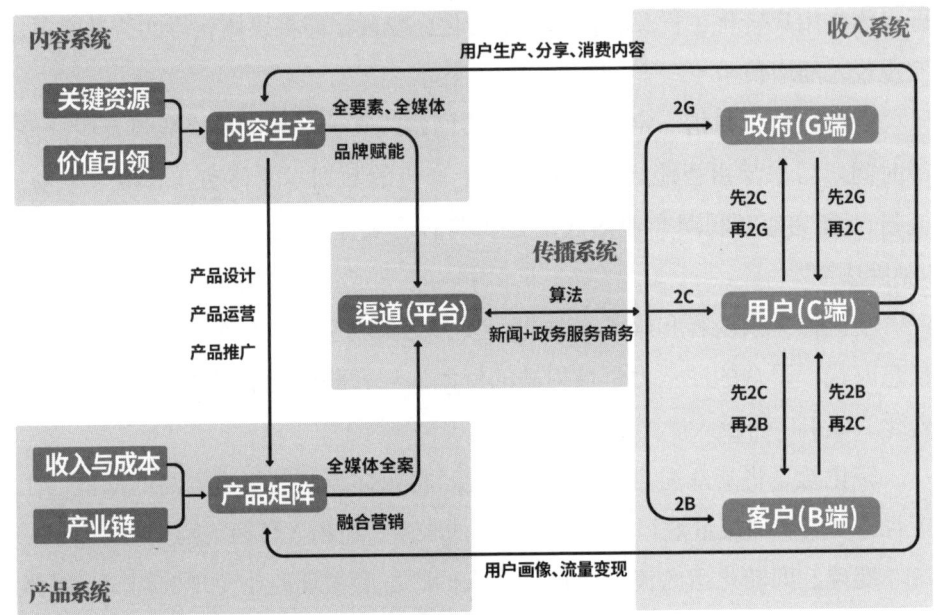

新型主流媒体盈利模式 10 要素模型图

1. 内容系统

媒体的盈利各有不同的服务节点,但它们的起点都是从内容生产开始的,内容系统是盈利模式的基础。

要素 1:关键资源

即媒体的核心竞争力和核心资源,主流媒体的公信力、权威声音的引导力、内容生产的影响力、全网发布的传播力等都是主流媒体的核心竞争力,主流媒体在洞悉热点、资源整合和传播渠道方面具有得天独厚的优势,而品牌、资源、人脉都是媒体的核心资源。

要素 2:价值引领

即媒体的舆论引导能力,如何传播社会主义核心价值观,如何建构媒体价值,承担起举旗帜、聚民心、育新人、兴文化、展形象的使命任务,以及为创造价值而进行的资源配置和制度安排。

要素 3:内容生产

优质的新闻内容和专业的生产能力是主流媒体无可替代的竞争力,通过全要素生产、全媒体生产，为用户提供服务。一些新的生产方式诸如 UGC、PGC、PUGC 等逐渐兴起。在媒体融合的推进中，内容生产能力升级为全媒体全案的产品生产能力，包括从客户需求出发，进行调研、策划、执行、宣传、结案，从设计、拍摄、制作到生产，从多维度宣传到融媒体呈现，从单一的内容生产跨界到产品系统，进行融合营销的整合传播服务。

2. 产品系统

盈利模式的核心是产品，通过产品才能为用户创造价值。在这一过程中，要核算产品的收入和成本，设计产业链的扩展，以及采取何种营销策略，包括传媒对用户和客户进行营销的各种途径，如市场策略、销售策略、分销渠道等。

要素 4：收入与成本

盈利模式就是一场收入与成本费用之间的博弈，媒体是一个高投入、高人力成本开支的行业，包括设备投入、现场采编、创作撰稿、编辑播出、印刷出版、推广发行等一系列成本开支，一家中等规模的媒体一年的成本在 1 亿元左右。媒体要增强收入与成本意识，对开发的产品或产业进行核算，对各项成本开支进行预算，找到产品或产业的盈利点。

要素 5：产业链

围绕传媒的内容产业，同上下游合作商合作，将产业链延伸，在内容、经营、执行三个方面进行重构，主要参与相关产业的四个环节：创意、内容、传播、分销。在横向上以内容产业、智慧城市、直播电商、会展展陈、文化创意、旅游推广等产业的合作与开拓，延伸报业产业链；在纵向上加强内容分发、政务服务、创意广告、舆情分析、数字出版、智库服务等新内容业态的合作与开拓，增强范围经济效应。

要素 6：产品矩阵

对产品重新设计开发，形成产品矩阵，在技术的支撑下，大到一种媒介，小到一个栏目、一条视频，都能被设计为产品。媒体要选择有刚需、属高频、有现金流、能延长内容产业链的产品，同客户需求挂钩，通过跨界产品矩阵融入人们的生活方式。有了产品矩阵，通过全媒体、全要素、全案、全流程的"四全"营销，借助平台，进行产品推广，取得收入。

3. 传播系统

传播连接了媒体与用户，主流媒体通过自身的内容生产、传播发布，让信息有效触达用户，引领舆论，对目标用户产生影响，传播能力也是盈利模式创新的根本能力。

要素 7：渠道（平台）

渠道是传媒生存的基础设施，在算法的支撑下，媒体在一对一交互式传播中重新与用户连接，对内容和产品进行分发。对渠道的掌握与控制，是媒体盈利的根本所在。在媒体融合的过程中，媒体将渠道升级为平台，用户入驻，成为平台的一员。

渠道和平台通过"新闻＋政务服务商务"的运营模式，与收入系统连接，围绕政府、用户、客户探索创收方法。"新闻＋政务服务商务"运营模式有着丰富的内涵，核心在"新闻"，好的内容永远是"硬通货"。要义在"＋"，在"新闻"的统领下做加法，以"＋政务"赋能政府治理，追求政治价值；"＋服务"助推社会治理，追求社会价值；"＋商务"介入行业营销，追求商业价值。在加法中，完成内容系统、产品系统、传播系统这三大系统与收入系统的连接，最终形成收入模型。

4. 收入系统

盈利模式的临门一脚是收入模型，即媒体的收入来自哪里？谁来买你的产品？买家的用户画像是什么？盈利点在哪里？之前媒体收入大多是流量变现，基于流量带来商业广告，现在也在向直播带货、版权售卖、生活服务、广告植入、品牌定制、会员增值等方向转型。

要素 8：用户

这是媒体 2C 端的业务，包括内容付费、MCN＋直播带货、内容＋电商等各种收入模式，在健康、教育、医疗等方面，为市民提供数字生活、社区服务。主流媒体不仅要关注用户数量的增长，更要注重用户沉淀，激活用户资源的价值。

要素 9：政府

这是媒体 2G 端的业务，政府不但是媒体的监管方，也是媒体最大的客

第 10 讲
盈利模式——流量是如何变现的

户,主流媒体在做好新闻宣传的前提下,通过形象宣传、新闻发布、党建、问政、智库、政务公开、政务办理、新媒体托管、政府活动、舆情等服务,取得收入。同时,深度参与政府治理,通过以政务服务为核心的各项垂直应用,渗透到各类便民惠民服务中,以吸引和聚集用户。

其收入模型可以是:先2C再2G,或先2G再2C。先2C再2G,即通过全媒体内容引流,先2C沉淀用户,再2G服务甲方,取得后项收入;先2G再2C,即先2G争取资金建设项目,拿到政府的第一单收入,然后再2C,服务市民,争取用户的第二单收入。可以在数字经济、媒资交易、图片库、数据榜单、可视化、网站技术、数据中心等方面布局,取得收入。

要素10:客户

这是媒体2B端的业务,客户也是媒体的商业用户,以前的广告主。对客户的服务,在移动互联网下,有了很大的改变,搜索广告、社交广告、电商广告、信息流广告、视频广告等已经成为互联网广告的基本形式,正是这些以流量转化为导向的广告形式,启动了巨大的长尾用户。流量成为广告效果最直接、最客观、最真实的评估依据,媒体对客户的服务已从单纯的内容生产,转变为打通内容产业链上下游、帮助客户实现收入的综合变现平台。

其收入模型可以是:先2C再2B,或先2B再2C。先2C再2B,即媒体把自己的用户(C)变为客户(B)的用户,先前项免费,2C吸引用户,再2B后项运营,通过价值引领、融媒传播、社群营销、场景连接、多点盈利、线下活动等方式,让客户(B)产生收益,媒体收取客户的广告费;先2B再2C,即媒体先服务客户,通过活动全案、评选、讲座、培训、社群服务等,集聚客户的用户,再2C提供服务,实现客户的销售增长,自身也取得连带收入。

在对客户的服务中,媒体可以提供广告宣传、形象修复、舆情、公关、宣传片、代维、审核风控。线上线下互动成为对客户服务的主流,将媒体的公信力和内容赋能,提高垂直细分社群的内容触达率,通过介入客户的社群活动,实现用户转化,最终通过线下活动设计盈利点,带来收入。

比如会展，是媒体同客户合作最常见的线下活动，车展、房展、交易会、展销会等，媒体借助自身影响力和用户规模，联合商家举办，拉长经营链条，提高盈利水平。论坛和赛事活动也可利用商家提供的赞助、冠名、宣传推广费用实现盈利。

新型主流媒体盈利模式10要素，是相互关联、环环相扣的，盈利模式10要素模型图，概括了媒体创收的顶层设计和底层逻辑，千变万化出多种收入模型。政府、用户、客户通过分享、消费、再生产内容，以及通过流量变现，实现产品的购买，最终完成盈利模式的闭环。

第三节　攻防：图解收入模式的"七种武器"

上一节阐述了盈利模式的10个要素通过各种组合，构建"新闻+政务服务商务"的运营模式，实现了媒体盈利模式的闭环。本节用几张图解剖媒体创收的"攻防"案例，读懂收入模式的"七种武器"。

一、收入模式的"七种武器"

《七种武器》是著名武侠小说家古龙的代表作，七个主人公，七段迥然不同的故事，七种精妙绝伦的武器，在主人公手里出神入化，聚集它们的能量，毕其功于一役，便能称霸江湖。

媒体创收的攻防也需要精良的"武器"，本节借助古龙笔下"七种武器"的神奇，解读媒体收入模式的"七种武器"，如下图所示：

第一种武器【一通定音鼓】：服务中心势如虎——政务通

这是2G政务服务模式，通过形象宣传、新闻发布、党建、问政、智库、代维、政府活动、舆情等取得收入。

第二种武器【一根绣花针】：密密缝合情意真——服务秀

这是2C生活服务模式，在健康、教育、医疗等方面，为市民提供数字生活、社区服务。

第10讲
盈利模式——流量是如何变现的

主流媒体收入模式"七种武器"

```
                    主流媒体收入模式"七种武器"
    ┌───────┬───────┬───────┬───────┬───────┬───────┬───────┐
  一通      一根     一支     一枚     一道     一对     一把
  定音鼓    绣花针   穿云箭   孔雀翎   霸王枪   多情环   长生剑
    │        │        │        │        │        │        │
   2G       2C       2B    2C2G/2C2B   O2O   2G/2B/2C  2G2C/2B2C
    │        │        │        │        │        │        │
  政务通   服务秀   商务控    内容云   线下拼   产业链   数字流
    │        │        │        │        │        │        │
 服务中心  密密缝合  万语千言  娓娓故事  气如长虹  鲜活生动  数据汇流
 势如虎   情意真    融媒现   叙真心   力铿锵   双循环   云中见
    │        │        │        │        │        │        │
 形象宣传、 健康、教  广告宣传、全媒体内  活动全案、联合外部  先2G或2B,
 新闻发布、育、医疗  形象修复、容引流,先 评选、讲  资源,打造 争取资金
 党建、问  等方面,为 舆情、公关、2C沉淀用户,座、培训、 内容和产业 建设项目,
 政、智库、 市民提供  宣传片、代 再2G和2B, 社群服务、 的双循环, 然后再2C,
 代维、政府 数字生活、维、审核风 服务甲方, 社区服务  开拓文化  服务G和B。
 活动、舆情。社区服务。 控。     取得后项  线上线下  产业、展陈 在数字经
                            收入。    方式,让公 业、出版业、济、媒资交
                                    信力变现。 版权业、网 易、图片库、
                                              络安全、直 数据榜单、
                                              播电商等。 可视化、网
                                                       站技术、数
                                                       据中心等方
                                                       面取得收入。
```

主流媒体收入模式"七种武器"架构图

第三种武器【一支穿云箭】：万语千言融媒现——商务控

这是 2B 商务服务模式，为客户提供广告宣传、形象修复、舆情、公关、宣传片、代维、审核风控等服务。

第四种武器【一枚孔雀翎】：娓娓故事叙真心——内容云

这是 2C2G 或 2C2B 模式，全媒体内容引流，先 2C 沉淀用户，再 2G 和 2B，服务甲方，取得后项收入。

第五种武器【一道霸王枪】：气如长虹力铿锵——线下拼

这是 O2O 模式，通过活动全案、评选、讲座、培训、社群服务、社区服务等线上线下方式，让公信力变现。

第六种武器【一对多情环】：鲜活生动双循环——产业链

这是 2G 或 2B 或 2C 模式，联合外部资源，打造内容和产业的双循环，开拓文化产业、展陈业、出版业、版权业、网络安全、直播电商等。

第七种武器【一把长生剑】：数据汇流云中见——数字流

这是 2G2C 或 2B2C 模式，先 2G 或 2B，争取资金建设项目，然后再 2C，服务 G 和 B。在数字经济、媒资交易、图片库、数据榜单、可视化、网站技术、数据中心等方面取得收入。

这"七种武器"是术,有的媒体能够复制,有的媒体没法落地,需要平台、体制、机制、人才、文化、基因的支撑,是一个系统工程,本讲第一节已作了阐述。没有经营上一体化的顶层设计和全面深改,"七种武器"只是一通绣花拳。

管理学上有一个经典语句:"没有最好的模式,只有最适合的模式。"相同的"拳谱",同一个师傅,不同的人习练,不同的地方运用,也有高下之分。收入模式并无优劣之分,一些媒体赚钱的模式,换了一家单位,可能水土不服,其原因是不同单位的制度、机制、文化、人才、执行力均不一样,收入模式也不是灵丹妙药,但其基本逻辑和实现路径是可以复制的,下面用3个案例来具体剖析。

这些案例都是作者操盘并带来巨大收益的。通过3个案例的收入模式解析,揭示其内在逻辑,总结规律,给媒体今后的经营工作带来启示。案例解析,是本书横跨学界和业界的特色,即使你不太明白传媒盈利模式的理论阐述,或不同意本书的观点,也能从这些案例的解剖轨迹中获得启发,激发创新的思考。

二、案例:跨界思维下的产业链延伸

1. 盈利模式:产业跨界 + 多方赋能

传统媒体广告业已成为夕阳行业,主流媒体要想赢得明天,不能只留在已知空间,在充满血腥竞争的红海中厮杀;而要通过产业转型,跨界蓝海,占领更大范围的影响力版图。

移动互联网打破了行业和产业的界限,主流媒体跨界文化产业,即整合了传媒的公信力资源、人脉资源、新闻资源、客户资源、团队资源、品牌资源,也整合了文化市场的明星和网红资源、粉丝资源、创意资源,通过叠加融合,实现传媒举办文化产业的溢价效应。这一模型深度挖掘文化产业的商业价值,打造文化 IP 产业生态圈,让内容产品植入多元文化娱乐形态,实现其商业价值的开发。媒体跨界文化产业,从经济学的角度而言,产生的是范围经济。

2. 案例简介：传媒 + 文产 + 公益

党的十八大报告提出通过发展新型文化业态，提高文化产业规模化、集约化、专业化水平，将文化产业发展成为国民经济支柱性产业。此后，使文化产业发展的政策不断出台，营造出强大的势场。

党的十九大报告提出，发展文化产业要创新生产经营机制，培育新型文化业态。党的十九大报告还指出，我国社会主要矛盾已经转化为人民日益增长的美好生活需要和不平衡不充分的发展之间的矛盾。人民在生活水平达到小康后会加大精神文化的追求，文化产品的娱乐减压功能给快节奏高压力的现代人提供了一种宣泄渠道，维护了身心世界的平衡。

党的二十大报告提出，健全现代文化产业体系和市场体系，实施重大文化产业项目带动战略。

建设社会主义文化强国，要把满足人民群众日益增长的精神文化需求作为根本目的，主流媒体跨界文化产业，用市场化的方式运作文化产业项目，既满足了当地人民群众的文化消费需求，又能培育新的文化业态，在文化与经营、文化的事业与产业、文化产品的生产与社会需求的互动中实现双赢和多赢。

同时，主流媒体具备深厚的文娱内容策划和制作能力，与演唱会、音乐节、舞台剧等文娱庆典相结合，培育线上演播数字艺术、沉浸式体验新业态，既能促进商业发展，丰富活动体验，又能激发大众参与热情，彰显年轻时尚态度。

近年来，盐阜大众报通过"传媒 + 文产 + 公益"的模式，跨界文化产业，举办演唱会、音乐节、歌迷见面会、电影首映式、舞台剧、旗袍会、摄影展、国学论坛等活动，不但提高了垂直细分社群的内容触达率，还催生了产业的长尾效应。2014 年，盐阜大众报牵头成立的中国报业文化产业联盟，借力党和国家发展文化产业的东风，以新锐的经营理念、强大的营销体系、高效的流程管理、崭新的盈利模式，成功运作了 40 多场大型演唱会和舞台剧，先后和沈阳晚报社、南阳日报社、开封日报社、唐山劳动日报社、宿迁日报社等联合举办亚洲巨星演唱会，成为当地规模最大、阵容最强、影响力最大的室外演唱会，谱写了各地文化产业发展的灿烂篇章，唱响了报业跨界文化产业的最强音，荣获了中国杰出营销奖。其盈利模型如下图所示：

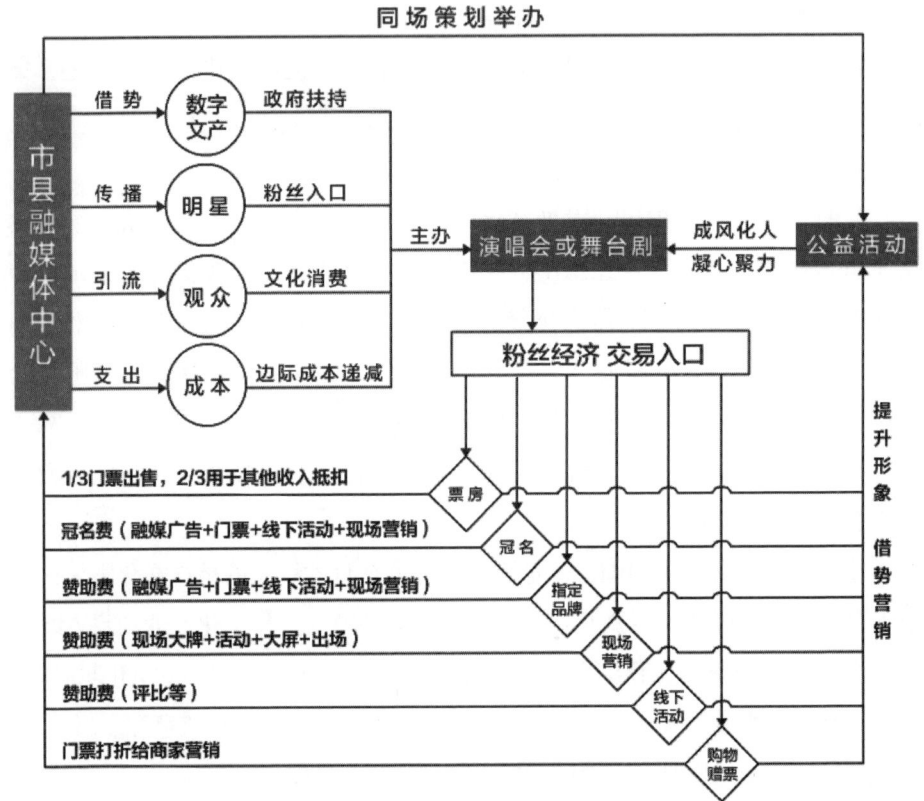

主流媒体"产业跨界＋多方赋能"盈利模型图

3. 收入模式解析

第一步：产业链延伸　多方赋能

以前，传统媒体只是内容生产方，传媒跨界文化产业，在产业链上向上游或下游延伸，整合各项价值活动，获得新的价值。"传媒＋文产＋公益"跨界文化产业的核心是重构产业链，在多产业的合理分工和协同配合基础上，建立文化品牌、发挥粉丝效应、实现内容开发、推动线下执行。特别是其公益属性，承载着价值取向和舆论导向，传承中华文化的深厚内涵和社会主义核心价值观。

在这一模式中，媒体主要参与四个环节——创意、内容、传播、分销，推动多方合作和文化产业集群发展，获得多方赋能。首先，借势文化产业发展的东风，有多项政府扶持；其次，借助明星或网红的IP，打造粉丝经济的新入口；再次，将观众和用户相互引流，实现流量变现；最后，产生了范围经济，在长尾市场中取得多点产业营收。

传媒举办文化产业，相比于其他主办单位，具有无可复制的传播力，纸媒、App、视频、新媒体矩阵、户外……实现了全媒体、全覆盖，从举办前的新闻预热、新媒体交互传播，到举办现场的广告大牌、视频播放、产品展示、企业负责人登台致辞、颁奖盛典、主持人答谢、与明星互动表演、观众方阵，再到结束后的新闻报道、演播室访谈、线上传播，能够让正能量宣传更强劲、品牌传播更广泛。

第二步：文产平台　交易入口

"传媒+文产+公益"建立的是"平台+"模式，首先是做一个文化产业的平台，传媒作为有着浓厚文化基因的生力军，发展文化产业，上接"天气"，顺应了大势，下接"地气"，满足了群众对美好生活的追求，既不趋利媚俗，又不远离市场；既与市委市政府的中心工作、重大节庆、重大活动结合，又书写文艺为人民服务的精彩篇章，唱响正能量。

其次做好交易平台，吸聚海量用户，通过圈层营销，挖掘市场潜在需求，在产业链上延伸，做闭环服务。平台型商业模式的基础是大规模的用户量，这就要求以满足用户需求为导向，产品更加重视用户体验和解决痛点，打造一个多方共赢互利的生态圈。

第三步：公益活动　成风化人

传媒只有以人民群众喜闻乐见的方式，弘扬社会主义核心价值观，才能全面落实习近平总书记提出的新闻舆论工作职责和使命"48字方针"，实现"成风化人、凝心聚力"的作用。一场成功的文化产业活动，会带来多重收益，可以策划好人颁奖典礼、城市歌曲征集、城市元素推广、文化创意大赛、城市文化宣传等活动，提升地域影响力和城市形象，以先声夺人、美声引人、高声过人的方式推广正能量，在直接经济价值背后更隐藏着弥足珍贵的精神财富。

大型演唱会或音乐节对一个城市来说，也是一次很好地向外界展示城市形象和旅游资源的机会。加上媒体的策划，增强了市民对城市的认同感、归属感、责任感，从而激发起市民促进社会和谐、建设美好家园的热情。

第四步：共赢互利　多点营收

"传媒＋文产＋公益"除了卖门票、卖广告外，还卖明星、卖品牌、卖活动、卖创意、卖服务，通过N个销售拓宽盈利渠道，赚取比广告更为可观的收入。比如门票收入，粉丝追星、团体方阵、招商返还等，多种需求给票务营销带来了灵活性，这些营销手段包括设立零售点、团体销票、购物赠票、买票送版面等。而招商收入则是依托报纸版面实现边际效益最大化，招商实行的是"全媒体广告＋门票"的回报，可以给客户100%乃至高达150%的回报，比如给70%的定制化全媒体广告，80%的门票，而媒体也未增加成本，因为门票的定价权在媒体，同时全媒体广告的易逝品特性也需要及时使用。

还可以创新营销切入点，在演唱会或音乐节现场，媒体可出售的资源是现场几万人的注意力，广告主可以通过演唱会推广品牌，以冠名、赞助等方式参与，提高知名度；可以借演唱会搞商务活动，凭演唱会票根购物打折，以及购物赠票；可以举办营销活动扩大招商，在演唱会现场开展品牌评比的颁奖，将演唱会门票附赠三万张选票，增进品牌的美誉度。

三、案例：免费思维下的模式创新

1. 盈利模式：前项免费＋后项运营

在传统媒体鼎盛时期，为了占领市场，同一区域的报纸常爆发价格战，以晚报、都市报居多。互联网行业不打价格战，它们一上来就免费，比如360安全卫士、QQ用户等，把传统企业的客户群带走，继而转化成流量，然后再用延伸价值链或增值服务来实现盈利。这就是前项免费、后项运营的盈利模式。

传统媒体曾经的价格战也是一种免费模式，价格战爆发时，晚报、都市报以低于成本价的价格出售，广播和电视也是免费收听收看，其目的就是能与受众建立连接，其免费的原因在于它的边际成本为零，同时也能具备触达用户的能力，这也是传统媒体"二次售卖"盈利模式能够成立的前提。

移动互联时代，触达用户是最关键的，只要与用户建立连接，沉淀下用户,后项就能通过推广增值服务和其他收费业务来赚钱。免费可以获取大量用户,如果再获取用户的数据,配以线下的活动,就建立了主流媒体的"护城河"。

2. 案例简介:歌迷见面会

互联网上半场大家争的是流量和入口,互联网下半场线上流量需要在线下变现,大家争的是场景。主流媒体在当地举行歌迷见面会,就是聚合粉丝的社群,举办线下活动,采取前项免费、后项运营的盈利模式,有多个场景可以取得收入。基于粉丝的聚合,媒体进而向产品销售乃至生产环节延伸,扮演中介的角色,沟通厂家与消费者,通过圈层内的影响力来实现产品推销,打造长期的、持久的媒体品牌,参与产业互联网的发育与成长,成为用户与产品之间关系联结的贡献者,也使媒体获得面向未来的发展机遇。

在这个案例中,前项三个免费——观众免费参加、艺人免费出场、媒体免费宣传,后项通过现场冠名、现场展览、现场沉浸式营销、后期商演制作费等盈利点获得收入。其盈利模型如下图所示:

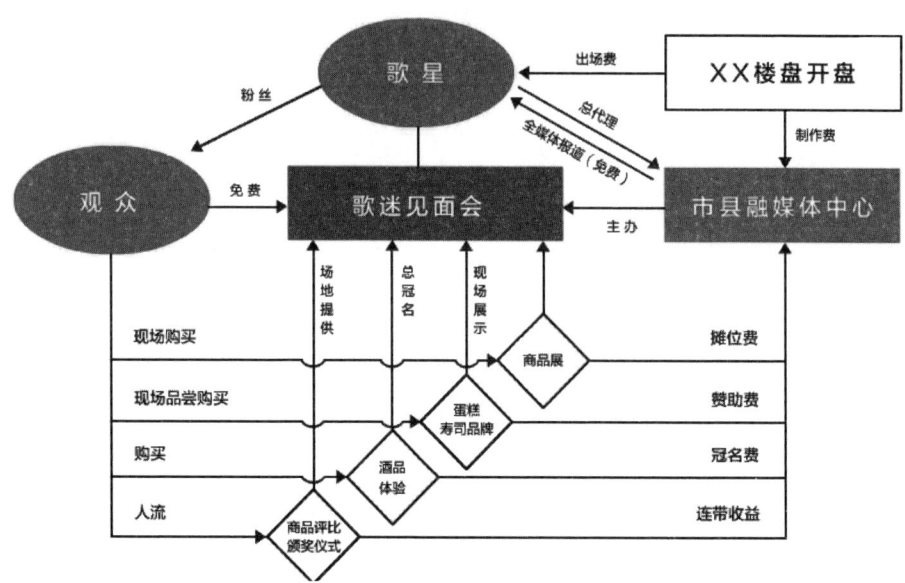

主流媒体"前项免费+后项运营"盈利模型图

3. 收入模式解析

第一步：资源互换，三项免费

主流媒体与歌星合作，代理歌星在当地的演出和宣传，发挥媒体关键资源核心竞争力的优势，策划全媒体宣传方案，包括专访、专版、视频访谈、娱乐节目、视频直播、公益活动等，媒体免费宣传；同时举办歌迷见面会，歌星免费参加，不收出场费；歌迷见面会也不售门票，观众预约，免费参加。

第二步：现场演出，多点营销

歌迷见面会在线下举行，可选择商场、商业综合体中庭、售楼部等地，观众免费参加可以带来人流，活动场地基本可免费搞定。现场设置歌星演出、歌迷互动、舞蹈培训机构现场演出等多个节目。根据现场情况，策划场景营销，可以选择酒冠名，选择蛋糕等食品现场品尝，还可以举办商品展销，收取冠名费、赞助费、摊位费等，整场活动视频直播，全网传播。

第三步：举办活动，连带收益

有了场景和流量，就有了连带收益。可在现场连带举办舞蹈比赛、模特走秀评比、小主持评选等多个活动，各培训机构交费参与，歌迷见面会现场作为颁奖现场，进行展示，对获奖单位收取入场费，歌星参与颁奖，并合影留念。

第四步：后项商演，持续收入

通过歌迷见面会，歌星在当地扩大了影响力。在后续的房博会、车博会等展会活动上，主办方会邀请歌星参加开幕式的商演，此时，歌星可收取出场费，媒体获得代理费及宣传制作费用。

四、案例：社群思维下的主业带动

1. 盈利模式：社群入口 + 整合营销

媒体的主业是新闻宣传，媒体要始终将主要精力放在优质内容的生产传播、区域形象对外宣传上，传播力产生溢出效益，从而撬动产业、带来多元收入。

在这一过程中，通过聚合政务资源，形成内容生产能力，重建用户关系，就能形成新的盈利模式。在用户关系的重建中，要充分利用社群的聚合力，移动互联时代，以连接一切为目的，不仅是人与信息、产品、服务、内容、商业等的连接，更是人与人之间的聚合，这就是社群。以相同价值观、共同归属感为主要特征的社群经济的兴起，成为连接人与人、用户与企业的重要方式。

社群是流量的入口，可以有效沉淀用户，实现了人与人之间最快的连接，社群营销同时具有交易属性，用来变现流量价值。对媒体而言，充分发掘社群入口，进行垂直细分的内容生产和传播，辅以整合营销，已成为创收的重要手段，媒体经营的思路要从经营产品转向经营用户，从经营用户转向经营社群。

2. 案例简介：摄影大赛 + 媒体采风行

近年来，各地媒体经常举办社长总编或摄影记者采风行，邀请全国媒体来当地采风宣传，活动费用均由当地媒体承担，各参加媒体派出人员，拿出版面等传媒体资源为当地宣传。由于缺乏资源整合、社群互动，采风行的影响力有限，很难出圈。

2017 年 5 月，盐阜大众报举办了中国盐城沿海湿地国际摄影展，近 200 名摄影家从海内外赶来，在花海采风，在湿地流连；近 100 名社长、总编和摄影记者云集，并在北京北海公园举办获奖作品展，助力盐城申报世界自然遗产，整个活动为期大半年，分"起承转合"四大活动，在业内外产生了较大的影响。

"起"——5 月启动仪式，面向全国摄影家举办为期 6 个月的摄影大赛；"承"——10 月举行十大摄影名家拍盐城；"转"——11 月举行百名社长总编沿海湿地采风行，摄影记者看盐城；"合"——12 月，大赛评出优秀作品，举办京沪盐三地影展，并在北京北海公园举办颁奖仪式。

整个活动聚合摄影爱好者社群、旗袍社群、记者社群等多个群体，以摄影大赛为入口，通过媒体宣传和线下摄影展放大传播效应，实现基于内容生产创新的营销变现，社会效益、经济效益双丰收，其盈利模型如下图所示：

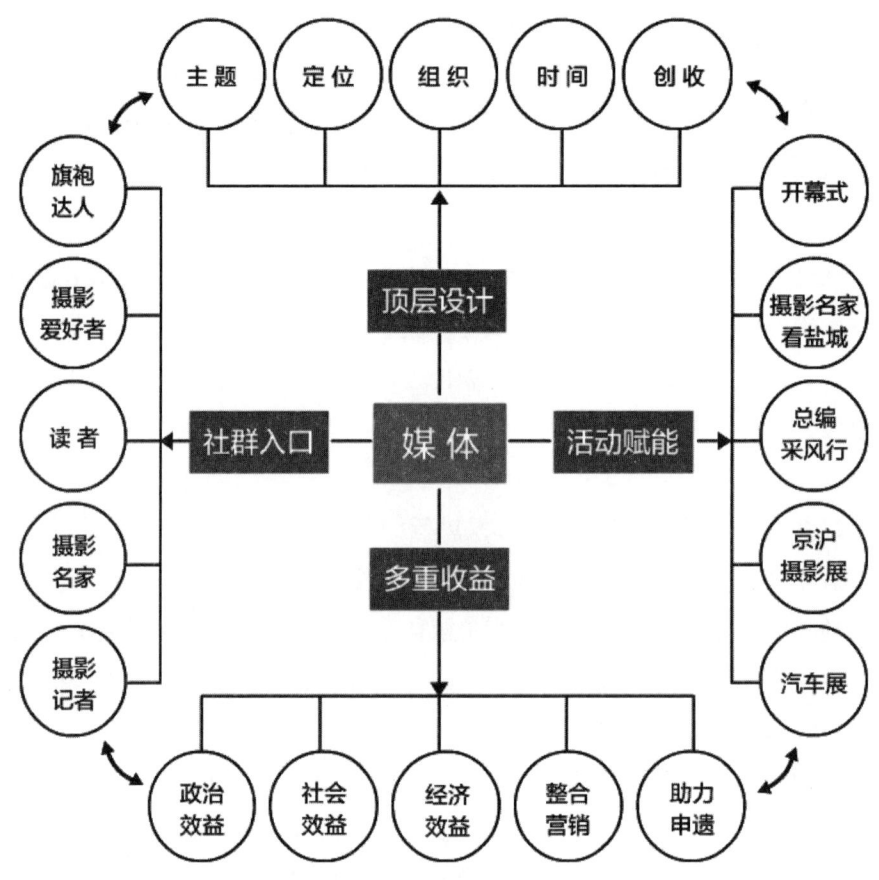

主流媒体"社群入口 + 整合营销"盈利模型图

3. 收入模式解析

第一步：顶层设计

一个大型活动的成功举办，离不开天时、地利、人和，媒体举办活动，也需要顶层设计，举办活动要师出有名，名正则言顺。

沿海湿地国际摄影展的"名"来自江苏省委、省政府提出的生态优先、绿色发展的区域发展新定位。在主题的顶层设计中，从高处落子，将国际摄影展的主题确定为"湿地之眼、视界盐城"：旨在通过湿地之眼、社会之眼、新闻之眼这视觉的"三只眼睛"展示锦绣盐城、大美湿地的美学气质，用最朴实、最纯粹的主张，向世界传播沿海湿地的生态文明。

有了活动主题，还得找准定位。主题解决的是"我从哪里来"，定位解决的是"我到哪里去"。在国际摄影展中，如果仅仅做摄影的定位，格局决定结局，按这个定位做，影响力肯定不大。摄影展，不能简单定位为一项文化活动，更要在经济发展的主战场上发声发力，摄影展定位为"文化搭台、产业唱戏"。除了摄影展本身带动的旅游产业和三产服务业外，活动的冠名，交给了江苏悦达集团，它是"一部车"战略的重要实施单位，随着国内外摄影作品的传播，悦达起亚的标识也将在全国传播。

地市级党报承办国际摄影展，受区域条件所限，往往难有较大的影响力，这就需要我们整合资源，从组织的层面进行顶层设计，解决"邀谁一起干？"经过顶层设计，这项活动确定由中国报业协会、中国摄影报社、中共盐城市委宣传部联合主办。通过整合各方资源，使国际摄影展成为一个"航母平台"，其影响力不言而喻。

在时间的选择上，启动仪式放在盐城市"5·18"经贸洽谈会期间，为大会助势。2017年10月，党的十九大在北京胜利召开，盐阜大众报提高政治站位，选择在11月份举办"国际摄影展"第三阶段活动，策划了中国报业十九大融合传播峰会暨百名社长总编沿海湿地采风行，激发全国报业系统迅速掀起学习宣传党的十九大精神的热潮。

第二步：社群入口

一个活动要想取得成功，社群要精准，影响有影响的人，才能带来裂变式的传播。除了百家党报的社长总编参与外，沿海湿地国际摄影展还邀约全国十大摄影名家来盐，在全国摄影界产生较大影响。随后，近200名摄影家从全国各地赶来，参加摄影大赛，用镜头定格精彩，用艺术呈现视界。

旗袍社群也是重要的参与方，旗袍佳丽走进荷兰花海，现场表演《伞舞》，为旗袍秀摄影活动增色不少。网友微摄影大赛，也吸引了摄影爱好者社群的参加，中国报业协会邀请全国各大报社的社长总编、摄影记者来盐采风，授予盐城"中国报业摄影沿海湿地创作基地"称号，长年吸引全国摄影记者来盐采风。中国摄影报社对获奖作者加入中国摄影家协会加分，为征集到更高水准、更高品质的作品打下了坚实的基础。

第三步：活动赋能

摄影展紧扣各个时间节点，做到季季有活动、次次有亮点。开幕式上，还举办了悦达起亚汽车展，为盐城经济发展宣传助力。

特别是京沪两地摄影展，既是首活动的收官之作，也是呈献盐城美景的开篇华章。在风光秀美的北京北海公园举办获奖作品展，从全国及海外1万多幅参选作品中遴选佳作，与首都人民共同分享盐城湿地之美，助力盐城黄（渤）海湿地申报世界自然遗产。

第四步：多重收益

媒体举办活动，除了注重政治效益、社会效益，还要有经济效益，解决"钱从哪里来"，想法再好，无钱落地，只能是一场空。此次摄影展，除了财政给予小部分支持外，更多的是实现报社、景区、商家的多赢。

除了总冠名单位外，还设计了春夏秋冬四站，以及启动仪式、颁奖仪式，共六个招商平台，每个平台都有一个分冠名。同时，结合各个景区的特点，分别策划嫁接活动，亮点纷呈，涉及多个整合营销方法。

"赞助式"营销，细分为大活动冠名、子活动冠名、荣誉主办、特别协办、指定机构（产品）、鸣谢单位等赞助方式。

"评选式"营销，借势推进"盐城新十景"评选，在上海展、北京展上推出，为各大景区提高知名度和美誉度。

"走进式"营销，在十大摄影名家拍盐城、百名社长总编采风中，走进部分赞助单位，拍摄推广，提高招商回报的"含金量"。

整个主题活动，先后有50多家单位参与其中，获得可观的经济效益，获得江苏省报业2017—2018年度经营创新类优秀奖。

活动更获得了不可测算的社会效益，海内外58份报纸整版报道盐城。全国百家党报社长总编辑盐城采风行优秀版面展示在新华社客户端发布后，单篇就获得"100万+"的阅读量，让"东方湿地之都、仙鹤神鹿世界"成为享誉四方的一张亮丽名片。2019年7月，盐城黄（渤）海候鸟栖息地列入《世界遗产名录》，成为江苏唯一、中国第14个世界自然遗产。

以上三个案例，均实现了边际效益的最大化。在经济学中，边际效益是递减的,也就是其他投入固定不变时,连续地增加某一种投入,新增的产出或收益反而会逐渐减少。但这三个案例却可以实现边际效益最大化。这和传统媒体成本、新媒体成本的支出特点有关,传统媒体的出版播出成本是固定的,不管版面或频道广告有无增减,编辑成本、印刷费、纸张费、发行费、播出费都是固定支出。尤其是在新媒体的冲击下,大量的版面和频道没人关注,极易白白浪费。而新媒体的成本主要是技术成本和人工成本,这两项成本基本上每年也是固定开支。

这时,把多余的版面、频道和新媒体资源,投入线下活动的宣传和招商回报中,可以忽略成本,因为这些资源都是易逝品,与其刊发可读性差的新闻,不如刊发活动的海报和软文,更能吸引用户的眼球。更何况明星、网红、KOL还能吸引流量,带来运营上的收益。此时,投入产出比是最大的,即媒体用最少的投入得到最大的产出(经济效益或社会效益)。

对话喻国明：传媒盈利模式如何重构

北京师范大学新闻传播学院，坐落在北京新街口外大街的一个小院内，宁静、祥和，浓浓的书卷气息漫溢其间。

借"中国报业盈利模式创新大赛"举办之际，中国报业融媒研究中心来到这里，约喻国明老师作一个访谈。

走过一间办公室的门口，看到七八个学生正围着一位老师讨论，笑声阵阵，阳光透过窗棂，打在这一群人身上，活力四射，人群的中间，正是喻国明老师。

喻国明，北京师范大学新闻传播学院学术委员会主任、教授、博士生导师，北京师范大学人工智能与未来媒体实验室主任，中国新闻史学会传媒经济与管理专业委员会会长。

盈利模式："宽融合"下的价格表现和价值表现

访谈问题：媒体融合推进以来，传统主流媒体生产了大量现象级产品，天量的传播带来了天量的受众，但天量的受众却沉淀不下用户。特别是受疫情影响，财政支持减少、线下活动受阻，相当数量的地方媒体陷入了生存危机，如果未来几年找不到赚钱的盈利模式，经营不能反哺主业，新型主流媒体的蓝图就无法实现，媒体融合的背景下，如何重构传媒盈利模式呢？

"我们之前一直把媒体融合，看成媒体和媒体之间的融合，事实上，这是一种'窄融合'。面向未来的媒体融合，必须打破这种边界，要往'宽融合'上靠拢。"喻老师快人快语，直接点出了融合的实质，"媒介融合的逻辑是以媒介的连接性为基础的跨行业'宽融合'。更大的融合是媒体以自身的品牌、传播为本，来连接更多的社会资源和商业资源，形成它们的对接，这种融合才是互联网逻辑下的融合，只有'宽融合'才能破解传统媒体的生存危机。"

很显然，媒体融合中"四全媒体"的构建，仅靠"窄融合"是无法做到的，万物链接的时代，"宽融合"更需要资源整合，得到更多的赋能。

第10讲
盈利模式——流量是如何变现的

盈利模式即媒体赚钱的方法，重构盈利模式，就是帮助媒体摆脱单纯靠财政补贴进行融合的输血模式，通过市场化的方式整合更多的资源为我所用，实现可持续发展和高质量发展。

喻老师接过话题："盈利模式不光是教你如何赚钱，而是提供创收的路径和方法，以方法指导流程，以流程孵化模式。同时，这还是一个双向车道，盈利模式反过来又会固化流程、改良工艺，不断迭代升级。"

"传媒盈利模式的创新，不能把赚钱放在首位，那只是模式的价格表现，赚的只是看得到的钱，是眼前小利。要把价值摆在首位，实现政治效益、社会效益，这才是价值表现。此外，从实操的角度看，由于各地各媒体资源不同、情况各异，一些好的盈利模式在一个地方有效，换一个时间、换一个地方，也可能水土不服，盈利模式没有灵丹妙药，但是路径和逻辑是可复制、可推广的。"

时间窗口：天下武功，唯快不破

访谈问题：当下，传统媒体感受到了流量萎缩、利润减少、人才流失的红海困局，要想赢得明天，不能在充满血腥竞争的红海中厮杀，而是要通过自身转型和盈利模式创新，扬帆蓝海，占领更大范围的影响力版图，其中，需要注意什么？盈利模式又将产生怎样的变化？

喻老师沉默片刻，说了一个关键词——时间窗口，他接着又讲了这样一个事情——喻老师曾经与"今日头条"的创始人张一鸣座谈，问了张一鸣这样一个问题："如果现在给你创办今日头条时100倍的钱，你能不能再组建一个团队，打造一个新App，打败今日头条？"

张一鸣思忖片刻后说："在技术没有革命性变革前，肯定是打不败的，因为时间窗口关闭了。"

喻老师说到这儿，稍停顿了一会儿，他说：在媒体变现过程中，很多机会是可以通过努力得到的，但只有时间不行，时间窗口稍纵即逝，任何一张"旧船票"都无法登上"新客船"。在机遇之下，如果传统媒体迟迟不动，这个窗口期即使足够长，互联网公司也可以慢慢用蚕食的方式，逐渐从源头、系统等各方向进入，形成合作、进驻、占有的状态，逐渐"媒介化"。那时，传统媒体的窗口就永远关闭了。所以说，天下武功，唯快不破。

"时间窗口是一切变革的硬核，媒体的融合转型发展，从传播到技术再到实操，我们面对的变数太大，一个项目的时间窗口很短，如果恰好站在时间窗口的风口上，猪也会飞上天；但如果错过了风口，猪跌下来时也是很惨的。"

比如视频产业就是当下传统主流媒体要抓住的风口。喻老师接着说道：预计到2028年视频用户将占到5G用户总流量的90%，基于"5G + AI"的移动视频收入，未来将保持85%的年复合增长率，虚拟类视频更会带来广告形态颠覆式创新，主流媒体要高度重视。特别是超高清视频直播以及影视将进入3D全息影像时代，虚拟演唱会和体育比赛将重构用户体验模式，将不同地点的观众汇聚在人为设计和建构的情境式、交互式的同一场景之中，为商业拓展提供了切入点。

同时，VR视频中的虚拟物品、人物和增强性情境信息等会带来全新的连接方式，这些新的感知和交互维度，可以实现服务方式的增值并获得新的付费收益。有了人工智能技术的支持，媒体平台可以在多场景中对用户眼球、动作、情绪和生物特征等进行追踪识别分析，视频广告也可以做到因时因地因人的个性化精准投放，并能对广告投放效果进行实时的检验与改进。这些都构成了传媒盈利模式未来质的飞跃。

流量变现：做好下沉市场的"新闻 + 政务服务商务"

访谈问题：近两年，互联网大厂裁员屡上热搜，市值出现下跌。一方面和各大厂服务全球用户受限，以及监管力度加大有关；另一方面，流量红利在经历了多年的指数级增长后，互联网产业的流量变现模式已经见顶。互联网大厂都这样了，传统主流媒体面临的是困境还是机遇？传统主流媒体的流量如何变现呢？

"随着前所未有的互联网治理力度，现在正是主流媒体与互联网合作，引导互联网大厂逐渐跟社会主流合拍合辙的最好时机。"喻老师呈现出自信的笑容，"以大数据、智能化为特征的头部媒体在拥有天量流量后，急于线下落地变现，各地传统媒体是最好的合作伙伴，低频度、高场景、体验型正成为这一时期的'长尾市场'和'利基市场'，特别是三、四线城市的下沉市场，更是合作的最佳地点。"

喻老师作了更深入的分析：对头部互联网平台而言，它们在完成了最初的链接后，要进行加深、加细、加密的线上和线下的交互式搬迁，在这个过程中，光靠链接的作用是不行的。因为人们除了"网络在线"外，还要"生活在线"，人们的工作、生活、交际，还有心理、情绪的表达，交织成一张极其复杂的生活网。此时，再牛的互联网平台，面对这张复杂的网，其垂直资源的注入，也极其艰难。

处在这样的背景下，传统主流媒体深耕本土几十年的资源优势就彰显出来了，主流媒体具有激活、整合"宽融合"所需资源的集成能力，这是任何一家互联网平台都无法具备的优势。双方从市场融合、需求融合这两个点切入，在下沉市场完成线上和线下的转换，获得价格和价值的双赢。

在流量变现上，喻老师认为，主流媒体要探索建立"新闻+政务服务商务"的运营模式，以跨领域、跨行业、超越内容的发展逻辑来创新，转型成为服务于人民群众日常生活的平台型媒体，使人们日常生活中的需求都能够在此平台上实现，那它的不可或缺性就得以确立，不但可以拥有自我造血的盈利能力，而且能反哺主业，传播能力和影响力会大幅提升。

元宇宙：媒体终极形态的创收图景

访谈问题：元宇宙为未来的媒体融合打造了一个新的赛道，可谓媒体的终极形态。元宇宙能够提供与现实社会一样的场景，人可以借助各类感官接口，通过"沉浸式体验"进入新闻现场，获得真实直观的"现场体验"，从而带来传播模式、盈利模式、产业模式的颠覆式重构。在元宇宙的世界里，媒体的创收有哪些变化？

"元宇宙概念的走红，背后蕴含着人们对数字化生存的想象与愿景，它作为一种重塑未来传播模式的可能形态，满足了人们在既有经验生活中对智能化、超感化技术的想象与体验，也意味着对现实世界的超越。"喻老师分析道，"元宇宙诞生于数字技术之中，但是其范畴又不仅仅局限于互联网，它在升维的意义上为互联网发展中全要素的融合提供了一个未来的整合模式，也就是说元宇宙将一系列断裂的、分隔的要素重新整合成一套有序化运行的规则范式和组织体系,构建出未来媒介的可能样态。"

的确如喻老师所言,在可延展、可融合、可触达的三元架构之下,元宇宙为媒体提供了更高的自由度及想象空间。以人工智能、区块链以及5G为主的后端基建,为元宇宙的发展提供了可延展的基础技术支持;以VR/AR/MR、可穿戴设备等为主的智能化前端设备平台,为元宇宙中的用户提供了可融合的交互交流方式;以游戏、社交、教育以及娱乐等为主的多元化虚拟场景,为用户的内容生产提供了可触达的虚拟生活模式。

喻老师举例说:虚拟数字人作为新一代人机交互平台,正向智能化、便捷化、精细化、多样化发展,2030年中国虚拟数字人市场规模将达2700亿元。媒体在这一领域应用较多,虚拟数字人将更深入地融入旅游、影视、传媒、教育等领域中,发挥出更大的潜力。

再如,元宇宙是一种集纳大规模用户的参与式媒介,一方面实现了"时间消灭空间"的传统市场坍塌,创造出了一个全新的空间场景;另一方面则激活了分散化的个人需求,以个性化服务需求为导向的交互场景突破了以往同质化、单一化的困境,成为又一落地场景。

在这一背景下,传统媒体长期以来以满足全社会群众共性化需求的传播模式已经淘汰,需要建立基于"千人千面"的个性化场景的多点触达入口,在网状化、动态性的复合社会中实现需求的"对位"和"匹配",在"场景—服务—体验"的传播过程中进一步完善连接的逻辑链条,在这一过程中,媒体有巨大的介入机会,实现盈利模式的创新。此外,各地数字化基础设施的建设主流媒体也有较大的合作空间,包括大数据中心、智慧城市、VR产业、数字藏品等多个领域。

最后,喻老师总结道,场景时代的大门已经开启,媒介已经从资讯的连接沟通扩张到整个社会场景的重新构建的宏大叙事当中,媒介所扮演的角色,已经完全超出了资讯内容的传播,在整个社会要素重新连接、重新构造、重新整合中,都扮演着极其关键的角色。

未来的每一个人、每个产业都会受到场景时代的深刻影响。在信息技术革命带来的万物互联、万物皆媒的新传播图景下,媒介正在发生着系统性的形式变迁,包括媒体的创收生态。

在这数字文明的全新时代,传统主流媒体,你准备好了吗?

第 11 讲　融合经营——主流媒体告别拉广告

☆ 第一节"破界",说的是媒体要打破原有赛道的边界,到产品的赛道上去竞争。所谓产品,就是能解决用户痛点并带来综合收益的整合方案,长期以来传统媒体只懂作品,不懂产品,造成爆款内容留不下用户,流量难以变现,投入无法回报。本节用三张图——产品设计思维导图、产品矩阵架构图、36 式产品矩阵图,解析如何用产品思维,来设计、运营、推广产品。

☆ 第二节"破圈",要知道"圈"在哪里,圈子的需求是什么。移动互联时代,营销的目标是形成精准用户的私域流量,媒体价值更体现在精准影响了哪些用户圈层,产生了什么样的传播效能。通过全媒体、全案、全流程、全要素的"四全营销",打造媒体营销的"护城河"。本节以粉丝经济下的 B2C2b 营销模式为例,从顶层设计和底层逻辑两个维度,解读媒体营销如何破圈。

☆ 第三节"破冰",说的是寒冬之下,如何"破冰"扬帆、驶向蓝海。产业决定了媒体的竞争力,产品是前端,产业才是根本。当前,移动互联网人口红利、流量红利都已见顶,原来的产业模式难以为继,互联网经济已经进入到一个与传统实体经济全面融合的新阶段,对媒体而言,既是挑战又是机遇。本节阐述了布局媒体产业的四大标准,对产业转型方向逐一分析。

第一节 破界：产品设计要画三张图

2020年9月，中办、国办印发《关于加快推进媒体深度融合发展的意见》，明确提出围绕主业、紧贴市场、关注民生，探索建立"新闻＋政务服务商务"的运营模式，增强自我造血机能。《意见》还多次提到了"产品"，产品设计、产品运营、产品推广也成为《意见》中的热词。

本书上一讲分析了盈利模式重构，要从内容系统升级过渡到产品系统，对传媒而言，属于破界转型。"破界"，即打破原有赛道的边界，媒体要从作品的赛道，转到产品的赛道上去竞争。内容产品如何设计开发？产品矩阵怎样创新打造？本节用三张图来解析。

一、产品能力是媒体的底层能力

对媒体而言，产品能力就是依托媒体的关键资源，整合内容生产、分发传播、客户服务等功能，设计、生产、运营、推广产品，满足用户需求，为用户带来愉悦的体验价值，进而带来综合收益。产品能力是媒体的底层能力，媒体要想盈利，首先要过产品关。

1. 什么是产品

说到"产品"，很多媒体人都很陌生，大家经常提的是"作品"，消息、通讯、评论都是作品，参评中国新闻奖的也都是作品。

两者的区别，简单来说，作品一个人就能完成，产品需要团队来完成；作品是用来传播的，产品是用来解决用户痛点的；作品是一篇文章，产品是能解决用户痛点并带来综合收益的整合方案。

长期以来，传统媒体只管内容生产，不管产品运营，只问耕耘不问收获。夹缝之下，内容产业却走向十字路口，生产了很多爆款内容，却没有留下用户；流量难以变现，投入无法得到回报。

从作品到产品的升级，是媒体融合走向深入的标志，它改变了传统媒体内容的单一表现形态，实现集文字、图片、音频、视频等多种媒介形式于一体，在技术的支撑下，大到一种媒介，小到一个栏目、一条视频，都能被设计为产品，用来解决用户痛点，并带来综合收益。

2. 产品是解决用户痛点的

当前，移动互联网已从流量变现转向留量变现。媒体与用户间的认知差距在不断扩大，仅仅了解受众在前端如何消费内容已经不行了，了解屏幕背后的用户更为重要。

对于传统媒体而言，内容生产与体制机制创新属于供给侧改革，用户需求与产品研发则属于需求侧改革。媒体要转变思路，从单一注重内容生产向注重产品服务、供需关系方向转变，要更加注重用户的需求，解决用户的痛点，制订本地化、个性化的用户服务供需方案。这也是媒体深融中，贯彻落实《关于加快推进媒体深度融合发展的意见》，一切为了群众、一切依靠群众，从群众中来、到群众中去，强化媒体与用户连接的重要方式。

产品研发需要挖掘用户价值，提高用户黏性，记录用户的身份、需求和一切行为，并建立用户中心，进行数据分析和挖掘。此后的一切产品和服务，都是以用户为中心，设计和提供不同时空、不同场景下的服务，在播—在线—在场—在商，把用户的资讯和服务需求牢牢拢在自己的生态圈里。

3. 媒体需要产品思维

媒体融合的下半场，产品本身其实是流量的入口，用互联网的思维看，媒体即产品，媒介传播本身也是一个产品设计、生产、传播的过程。为此，媒体要有产品思维。

所谓产品思维，是指媒体针对用户的需求，把内容当成产品来开发，对内容的生产传播用产品形态进行设计、开发、运营、推广。它是互联网思维的一种方式，通过用户思维、数据思维、体验思维，发现并分析用户需求，以产品的新颖性、实用性、互动性等，满足用户不断变化的需求，提升用户的使用体验。

一是要有"用户至上"的思维模式，产品是解决用户痛点的，产品经理要读懂用户的情绪，我们要知道哪些是用户需要的、用户预期的，哪些是用户讨厌的，然后判断如何提供真正有价值的功能或者服务。

二是要有"交互式体验"的思维模式，产品开发注重的是用户体验，新闻产品不同于实体消费品，它的使用主要体现在产品的价值和功能上。一个好的产品，只有让用户认同才能产生价值，用户分享是按照自己的喜好来完成的，这就需要用户交互式体验，产品只有被见、被赞、被评、被转、被粉，才能成为社群传播的"五好生"。比如互动的新闻产品，对话式新闻、游戏式新闻、数据可视化互动都增强了用户的参与感和体验性。

三是要有"爆款产品"的思维模式，好的口碑是产品引爆的关键，媒体需要专注于产品设计，力求给用户提供最直观有效的界面、最精致的细节和最顺畅的参与体验。比如具有沉浸式体验的 VR/AR 产品，具有实时参与感，有较强的感官体验。爆款产品是"点"，有了爆款产品，才能留下用户、成就品牌，由点到面，再到体，构建全新传播生态。

二、如何设计开发内容产品

产品设计开发前，要想清楚四个底层逻辑：一是我有什么，对自身资源进行梳理，了解自身的关键资源和核心竞争力，能否凝聚产业链上相关的资源；二是用户需要什么，对用户画像，了解用户的需求痛点，他们为什么要依赖我们；三是产品长什么样，明确产品的定位、竞争策略、壁垒构建；四是收入从哪里来，其成长性和市场收益在哪里。这就需要一张产品设计的思维导图。

1. 产品设计思维导图

思维导图，英文是 The Mind Map，又叫心智导图，它把各级主题的关系用相互隶属与相关的层级图表现出来，是表达发散性思维的有效图形思维工具，它充分运用左右脑的机能，利用记忆、阅读、思维的规律，协助人们在科学与艺术、逻辑与想象之间平衡发展，简单却很有效，是一种实用性的思维工具。下面是一张内容产品设计开发的思维导图：

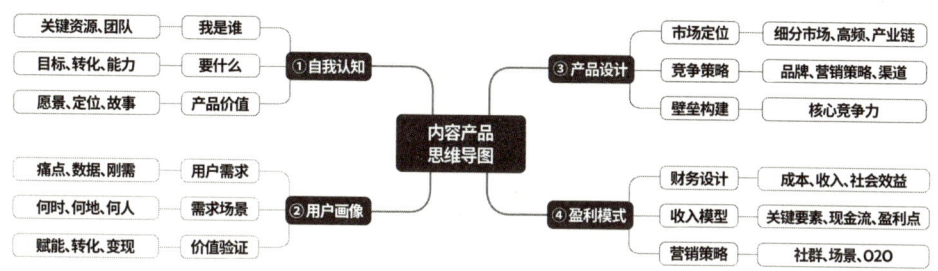

主流媒体产品设计思维导图

在这张图上,产品设计和开发的要素表述得较为清楚,媒体可以按图中的顺序逐一梳理,并想清楚以下10个问题:

①产品的用户是谁?

②产品的定位和细分市场在哪里?

③能解决用户的哪些核心需求和痛点?

④产生收入的盈利点在哪里?

⑤运作这个产品需要组建什么样的团队?

⑥通过哪些渠道来接触你的用户?

⑦产品能讲出什么样的故事,如何做好营销策略?

⑧用哪些关键资源实现目标,如何构建竞争壁垒?

⑨需要哪些合作伙伴,他们贡献什么价值?

⑩产品的成本结构怎样,收入模型如何?

2. 培养媒体产品经理

之前,传统媒体中采编人员不懂技术、技术人员不懂用户、经营人员不懂内容,三者沟通十分困难。产品经理就是一座连接内容、技术、用户、运营的桥梁,他联系并收集用户需求,在内容生产、用户互动、产品迭代、对外合作等方面,提出产品的设计、开发、运营和推广方案。

传统媒体要着力培养自己的产品经理,在产品设计开发和运营中,产品经理扮演着技术、市场、客户、运营、设计中的核心角色,他负责协调采编人员、软件工程师、客户之间的工作,使产品的总体"路线图"与客户需求和业务战略保持一致,这个角色非常重要。

产品经理要发现用户需求、找到目标用户、提炼用户画像、撰写竞品分析、用思维导图设计和开发产品、绘制业务流程图、画出产品原型、进行项目管理、提测验收上线、不断进行版本迭代。

3. 打造媒体产品矩阵

有了产品，还要形成矩阵。一家媒体不是做出了一堆产品就叫产品矩阵。既然称之为矩阵，彼此之间一定是有业务和资源的内在联系。这就需要媒体立足核心业务，聚焦优势资源，将一点打透，取得市场和商业上的优势，下面是一张内容产品矩阵鱼骨图，系按业务模块区分的五大类产品，创意类——脑洞炸、内容类——媒体流、视觉类——视觉秀、技术类——技术控、活动类——线下拼。

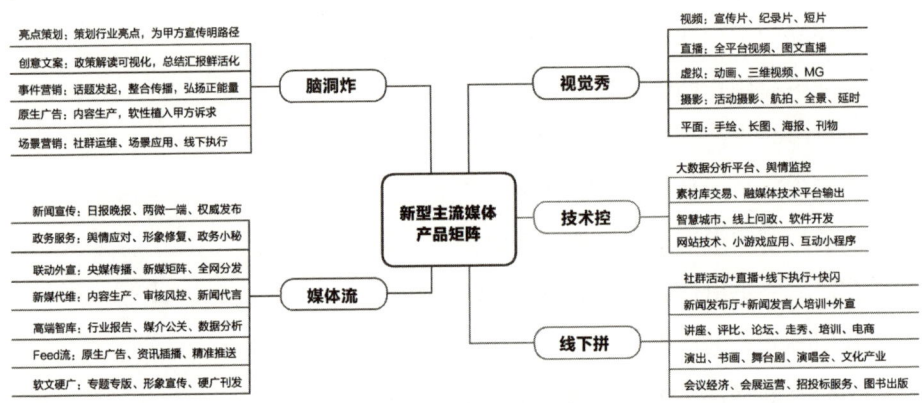

主流媒体产品矩阵架构图

产品的设计开发就是在这些业务模块上进行创新和衍生，分析和挖掘可以实现用户增长、收入增长的玩法，快速开发并在市场中快速试错，不断降低开发和维护成本，形成各具特色的各媒体产品矩阵。

在这一矩阵中，尽管版面广告退出了主阵地，但"白纸黑字"至少有较强的公信力，在媒体的产品矩阵中，有佐证和赋能的作用，同样占据重要的地位。产品矩阵在横向上加强数字文产、城市营销、直播电商、教育培训、会展展陈、文化创意、旅游推广、智慧城市等产业的合作与开拓，延伸报业产业链；在纵向上加强内容分发、政务服务、创意广告、舆情分析、数字出版、智库服务等新内容业态的合作与开拓，增强范围经济效应。

三、七彩祥云产品矩阵

由于每家媒体的关键资源各不相同，文化和团队不尽如人意，主打产品也不尽相同。既有共性的产品，也有个性的产品，形成各自的产品矩阵。

以盐阜大众报为例，依托"众媒云"平台，推出七彩祥云产品矩阵，谁持彩练当空舞，赤橙黄绿青蓝紫，包括党旗红、活力橙、丰收黄、生机绿、云上青、天空蓝、梦幻紫。

不同于上图按业务模块区分的五大类产品矩阵，七彩祥云产品矩阵系按产品功能和产业链延伸来区分，分出的七大类产品系列，基于内容产品的社会价值、经济价值、用户价值，选择有刚需、属高频、有现金流、能延长内容产业链的36个产品，形成七大产品系列，以"新闻+政务服务商务"的运营模式运作。如下图所示：

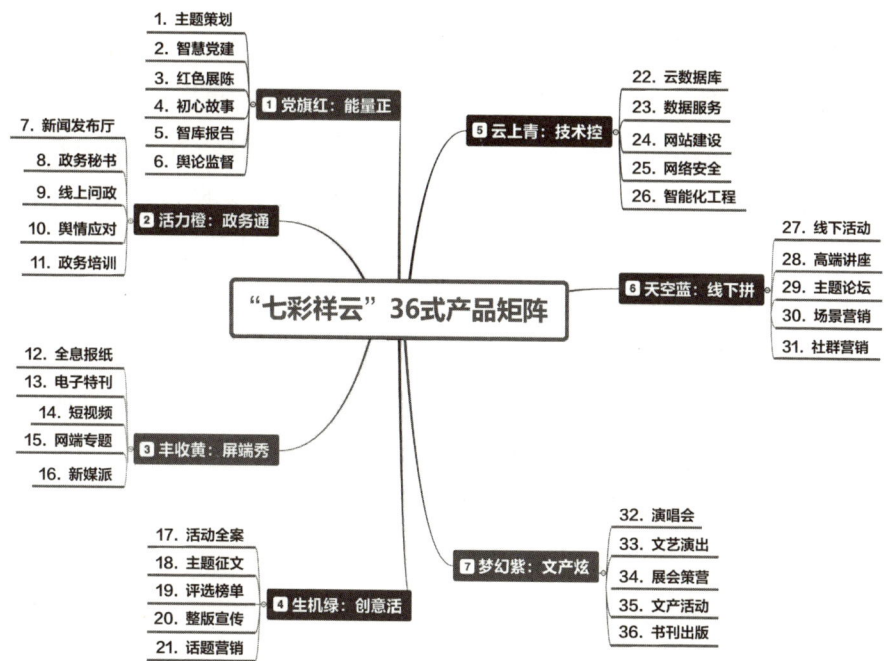

主流媒体"七彩祥云"36式产品矩阵图

1.【红色产品系列】党旗红、能量正——"看万山红遍，层林尽染"

红色产品充分发挥党媒舆论引导作用，通过主题策划、重大报道、智慧党建、红色展陈、初心故事、智库报告等，敲响"定音鼓"，把党的声音传得更远。

党媒姓党，要不断提高政治站位，增强政治判断力、政治领悟力、政治执行力，提升党报首位度。在重大主题报道方面主动牵头，通盘策划，牢牢把握正确的政治方向、舆论导向和价值取向。同时把市委市政府中心工作做好，力求精准把握中央精神，精确解读国家战略，精心落实市委部署，强化主流媒体的"显政"功能和担当，扩大主流价值影响力版图。

2.【橙色产品系列】活力橙、政务通——"菊润初经雨，橙香独占秋"

橙色象征轻快、活力及品质。橙色产品依托平台、渠道、人才、技术等多重优势，通过新闻发布厅、政务秘书、线上问政、舆情应对、政务培训，全力服务党政机关，让政务服务快捷有力。

橙色产品把党政机关作为服务对象，主动对接政务报道需求，深入研究政务服务内涵，不断创新表达方式，以优质新闻产品既帮助服务对象提升形象，又解决实际问题，还化解舆情风险，更得到了用户的认可。巩固和壮大党的新闻舆论阵地，加快形成具有强大影响力和竞争力的新型主流媒体。

3.【黄色产品系列】丰收黄、屏端秀——"夜来南风起，小麦覆陇黄"

黄色预示着丰收、辉煌。黄色产品紧跟时代潮流，不断推陈出新，通过全息报纸、电子特刊、短视频、网端专题、新媒派，让传播手段更加多元，产品种类极大丰富，成效日益凸显，帮助客户在屏端展示新形象。

黄色产品的幕后是专业团队，以流媒体、全息化、沉浸式、交互型全新的呈现方式，创新话语体系，丰富产品形态，在海报、H5、MG 动画、视频音频、直播、VR、AR 等方面形成优势，实现内容产品从可读到可视、静态到动态、一维到多维的转变，以破圈出阵的创新内容为用户提供"精神大餐"。致力于为客户提供全媒体、全方位、多维度、多场景的内容宣传方案。

4.【绿色产品系列】生机绿、创意活——"绿杨烟外晓寒轻，红杏枝头春意闹"

绿色象征活力无限、生机蓬勃。绿色产品以创意带节奏，以策划为引领，以活动为手段，通过活动全案、主题征文、评选榜单、整版宣传、话题营销，进行交互传播，引发用户参与，吸引客户关注，实现媒体、用户、客户共赢。

守正创新，方能破圈出阵。媒体要深度了解行业最新动态，精准把握客户核心诉求，为客户提供活动的全套方案、整合媒体资源、外宣形象包装、活动落地执行，让客户安心做"甩手掌柜"。同时，植入行业元素和文化基因，系统讲好行业故事、全景展示行业形象。

5.【青色产品系列】云上青、技术控——"好风凭借力，送我上青云"

青色象征坚强、创新。青色产品积淀技术、团队、内容、风控等多重叠加优势，以数据挖掘为核心，建数据库、处理大数据、建模分析，积极转型为数据型媒体，通过云数据库、数据服务、网站建设、网络安全、智能化工程，为各行业提供安全、稳定、可控的互联网技术服务。

技术是媒体融合发展的重要支撑。媒体融合发展必须关注新技术、研发新技术、运用新技术，在网络强国、数字中国、智慧城市的主战场，追逐新梦想，肩负新担当，展示新作为。

6.【蓝色产品系列】天空蓝、线下拼——"但无烟海蔚蓝色，暗浮山黛来染衣"

蓝色象征理智、希望。蓝色产品充分运用媒体长期积累的用户和媒资，通过线下活动、高端讲座、主题论坛、场景营销、社群营销，以前瞻的市场调度力、完美的策划推广力，构建全套线下执行系统，以项目为中心，以时间为节点，工作排序、系统推进、层层把控、步步为营，帮助客户成为行业的佼佼者。

线下活动将公信力和内容赋能，实现用户转化，为客户设计盈利点，通过价值引领、融媒传播、场景连接、线下执行、系统推进，产生万众瞩目、全城关注效应，实现了媒体公信力与客户品牌影响力的重叠。

7.【紫色产品系列】梦幻紫、文产炫——"等闲识得东风面，万紫千红总是春"

紫色代表声望、高雅。紫色产品借力党和国家发展文化产业的东风，培育新型文化业态，举办演唱会、音乐节、舞台剧，弘扬社会主义核心价值观，主办社区演出、诗词咏读会、旗袍会、少儿模特大赛,以及美食节、酒博会、婚博会、房展、车展、家装展,以"传媒+文产+公益"模式,唱响了报业跨界文化产业的最强音。

文产活动要精准把控传播重点,以专业的宣传策划力、优秀的线下执行力,打造社群活动的多个场景,与广告主进行交流互动。通过宣传策划、营销策划、流程策划,弘扬社会主义核心价值观,获取社会效益、经济效益双丰收。

任何一家媒体,有了产品思维、设计开发了产品矩阵,接下来就要有一个产品手册。如同任何一家餐厅都需要一张"菜单"一样。这个手册,要传达媒体的品牌理念、核心竞争力,针对每个场景,为用户提供多种解决方案,讲出与用户的合作故事。

移动互联网下的产品手册,很多是在手机端上呈现,MG动画手册、H5手册都是必不可少的,同线下的印刷手册形成一个互补。并制作相关宣传册和系列视频、VR、H5,多方式、多渠道展示全媒体传播情况、策划营销架构和典型案例,经营人员在与客户见面时,先要展示宣传册和产品手册,播放宣传视频,让客户了解与媒体合作的方式,点单式购买,更容易形成合作意向。

第二节 破圈:"四全营销"的新打法

移动互联网给广告营销带来新变化,大数据、人工智能改变了营销行业原有的秩序格局,加上媒体融合引发广告市场的深刻变革,牵动了广告市场的价值标准重构、营销方法破圈。

移动互联时代,营销的目标是形成是精准用户的私域流量,媒体价值更体现在精准影响了哪些用户圈层,产生了什么样的传播效能。精细化、分众化、差异化的营销,是趋势,也是媒体转型的蓝海。

同时,广告主的需求随之变化,与媒体的合作也不再局限于广告宣传,更多的是品牌宣传、效果营销、销售提升。媒体要与更多的主客体发生新的连接，产生新的关系，重构新的价值，针对圈层用户，形成全媒体、全案、全流程、全要素的"四全营销"。

一、什么是"四全营销"

传统媒体长期以来，为客户打造的营销策略是广而告之，即广告，以版面和时段广告为主要手段，为广告主开展营销活动，辅以线下的活动和媒体宣传，达到营销的目标。这种营销方法有极大的弊端，广告界有一句名言——我知道广告费用浪费了一半，但我不知道浪费在哪儿。

移动互联网去中心化特征，大众经济变成了圈层经济、小众经济，广而告之的营销方式已不能适应市场。加上消费者支付场景不断向线上迁移，线上用户越发分散且碎片化，广告对于消费者的影响周期也在缩短，传统意义上的广告营销已经无法影响受众的消费决策，亟待转型。

在这一形势下，媒体营销也从单一广告业务走向"四全营销"，全媒体、全案、全流程、全要素营销。这是基于供给侧改革的营销模式创新，也是"四全媒体"，即全程、全息、全员、全效媒体，在移动互联时代给媒体营销带来的质变。

1. 全媒体营销

即全媒体内容营销，这是以全媒体内容生产和传播为核心的营销模式，通过塑造情感故事，以共情、共鸣，带动消费者情感投射，触及消费者的购买欲望。内容不止于塑造用户心智，还可以驱动用户行为。优质内容本身就像黑洞，具有天然的吸引注意力和聚合资源的优势，主流媒体在全媒体内容生产、全网发布传播、全网数据采集上，具有核心竞争力，通过创造内容来聚集用户，为广告主带来不可替代的价值。

全媒体内容营销是媒体根据广告主的需求，结合不同平台特性，整合报纸、广播、电视、"两微一端"等全媒体资源，创意策划，推出图、文、视频、动画、H5、底部贴片链接、小程序、直播互动等内容产品，为客户提供优质内容传播，提高营销效果。如果没有优质内容的加持，流量瞬间即逝，它的价值只局限在有限的即时转化；而优质内容能为品牌创造与用户深度互动的机会，并提升用户的购买力和复购率，这正是全媒体内容营销的魅力。

全媒体内容营销还能调动用户视、听、触等全部感官，建立与用户的情感纽带，不断加深消费者的认知，形成长期的内容流量，根据流量属性导向不同的垂直渠道，进行交互式传播，提升代入感，用媒体的公信力、传播力，撬动广告主的营销，产生商业价值。

2. 全案营销

也称整合营销传播全案，唐·舒尔茨在《整合营销传播》一书中定义：整合营销传播是将与企业进行市场营销有关的一切传播活动一元化的过程，它包括广告、促销、公关、直销、CI 设计、包装、新闻媒体报道等一切传播活动。

全案营销即媒体为客户提供的一揽子产品和服务解决方案。既然是方案，写方案就成为重中之重，写方案不是目的，关键是媒体能发现客户的问题，并能解决这些问题。

移动互联网的广告营销，不再是一篇稿件、一个版面、一个电视专题片，而是针对客户需求，发现问题，以内容产品为基础，提供创意策划、全媒体传播、网络引爆、效果评估、线下场景活动等相结合的一揽子整合解决方案。包括线上说、线下说、对谁说、说什么、在哪儿说、何时说。

本讲上一节所述七彩祥云产品矩阵，也是一种整合营销传播全案。36 种产品系列，近 500 种投放组合，优化了营销流程和合作模式，形成全要素服务、全渠道推广、全链条运营的全案服务。

媒体从市场调研开始介入，通过头脑风暴，从策划、执行、宣传到结案报告，形成整合方案，介入政府活动、新产品上市、市场分析、领导访谈、行业分析、新闻发布、舆情应对、危机公关等各个方面，实现客户产品和服务的营销目标，媒体也将自身的流量进行变现。

3. 全流程营销

全流程营销也是全链路营销、全链条营销，即建立营销的全流程体系，从一个节点的广告宣传，转变为覆盖全链路过程、全链条产业的营销活动，从内容生产开始，到达成交易、交付，营造全时传播、全面覆盖、全程在线、全效触达的融合营销环境。

具体而言，媒体在内容端进行品宣和"种草"后，再导流到媒体平台沉淀用户，将用户引流到广告主的活动上，形成营销和带货的能力，促使目标受众产生消费行为，并通过线下活动为产品和服务背书、强化品牌印记，从而将媒体用户转化为客户的消费者。形成"分析市场需求—策划创意风暴—全媒体营销全案—全网分发传播—线下活动执行—数据反馈留存"的全流程体系。

特别是在当下新消费的语境下，社交型消费、互动型消费新形式不断出现，消费不再是简单的单向商品购买，而是社交互动前提下的体验式消费，线下活动成为较好的流量转化场景。

主流媒体在当地拥有关键资源，做 O2O 活动有较强的竞争力，特别是主流媒体聚合社群，通过直播，直接下场，实现垂直化内容生产与圈层化消费的精准链接。从线上到线下，从普通场景到智能化营销场景，从单一的内容生产行业到跨界的整合传播服务商，从而形成品效销合一的全链路营销。

这种全链路营销方式，探索的是"内容＋活动＋私域＋渠道"的新路径，内容是核心，活动是通路，私域是主体，渠道是工具。通过线上线下的运营，把内容和私域有效链接，促成高效转化，激化用户的社交裂变和口碑传播。不但告诉消费者产品的优势，还要为消费者提供便捷的渠道向企业咨询产品，甚至是直接购买到产品。

此时，主流媒体就成为集内容生产、品牌推广、精准推送、沉淀用户、服务客户、线上活动、形成销售等功能为一体的互联网营销平台，构建了一个内外融通的生态圈。

4. 全要素营销

全要素营销是打造一体化的营销模式，移动互联时代的营销单靠十几个经营人员是干不成的，它是一个系统工程，需要顶层设计，整合媒体的资源，进行组织匹配、领导力匹配、产品匹配、平台匹配；需要采编、广告、发行、品牌、数据等部门的一体化运作；需要制定流程，从前期沟通、制订方案，到后期组织实施、定期维护，都配备固定团队对接，形成标准化、全流程的服务。

全要素营销是前台、中台、后台团队的通力合作，形成业务前台、开发和技术中台、管理和品牌后台紧密联系的关系，对媒体资源、人员、资金进行重新分配，探索营销新模式、新技术、新业态。

特别是本书第7讲第二节介绍的"三三制"组织构架，以阿米巴模式打造的工作室，包括采编栏目制、经营项目制，都是几人组成跨部门、跨媒体的柔性团队，集文字、摄影、技术、运营等各方面的人才。在垂直化、细分化、个性化的内容生产领域产生独特营销优势，不断输出带有专属标签的内容产品，生产营销合一，开启媒体资源全域商业化运作。

全要素营销还体现在以移动化、数字化、智能化为趋势的营销模式创新，以及营销相关要素的增加。用户24小时手机不离身，大数据提供了精准的消费者个人画像，算法让广告从"寻找"消费者变为"创造"消费者。移动营销、精准营销、数字营销成为主流媒体需要探索的新课题。

同时，以前营销要素涉及的是人、货、场，现在关联到用户、内容产品、平台、场景、社群等各个方面。以前的人只是消费者，现在的人是消费者、用户、品牌的KOL、KOL的粉丝、虚拟的IP等。全要素营销，其核心是链接，要以用户为核心，推广运营的不仅是产品，更是媒体、品牌和用户的链接，运作的是它们之间的关系。

二、"四全营销"下的方法创新

传统媒体的广告，在营销方法上多为传播营销、关系营销、口碑营销。后疫情时代，大众的生活方式和消费习惯正发生着根本性转变，消费者的注意力和时间更多地向线上倾斜，新的营销手段不断出现。

"四全营销"是一个营销方法论，是在互联网思维下的去中心化、大数据、互动性、一对一的营销创新。在具体营销手段上，有社群营销、场景营销、O2O营销、数字营销、话题营销、沉浸式营销等主打模式。本书选择其中四个营销方法，解析如何打造媒体营销的"护城河"。

1. 社群营销

互联网下半场，传播变成双向一对一的交互式，"泛大众营销"变成"社群的交互网状营销"，社群因共同的爱好走到一起，共享信息、分享体验，节点与节点之间彼此相连、织成一种新型的交互网状的关系模式。社群营销是指一群有相同兴趣、认知、价值观的用户，在一起互动、交流、协作，追求共同的目标，形成社群文化，并发生群蜂效应，对产品或品牌形成推广和反哺价值。

移动互联网下，用户的消费决策不受传统媒体广告的影响，更多地受亲戚朋友、社群之间的口碑影响，特别是网红和 KOL 的推荐。为此，媒体要立足生产更多优质的内容，跟用户产生共鸣，找到对的人、对的情绪、对的地点，特别是找到价值观趋同的人，精准地传递出去。

社群营销有四个步骤：介入社群、生产内容、交互传播、线下活动。其核心是重建与消费者的连接，介入精准社群，真正进入用户的生活场景当中，沉淀下用户，并将用户引流到广告主的消费群中，例如将购物爱好者社群导向媒体电商，将音乐爱好者社群导向音乐社区，将晚报小记者社群的家长导向艺术培训班等，进行交互式传播，最后通过线下活动精准营销。

2. 场景营销

移动互联网的地理位置信息带来了一个崭新的机遇，这个机遇就是场景，移动互联网背景下的场景，是指在移动状态下，知道用户何时何地做何事，并能通过支付让用户完成碎片式消费，形成闭环。

互联网上半场大家争的是流量和入口，互联网下半场线上流量需要在线下变现，大家争的是场景。在这一背景下，广而告之的营销方式已不复存在，窄而交互的场景营销，成为营销的主要手段。二维码是场景的关键入口，将后端蕴藏的丰富资源带到前端。

场景营销是以用户所处的特定情景为背景，或营造一些消费场景，让用户身临其境，通过环境、氛围的烘托，激发用户产生情感共鸣，产生购买欲望，借机提供相应的产品和服务，从而让用户产生消费行为。

场景营销是基于对用户数据的挖掘、追踪和分析，在由时间、地点、用户和关系构成的特定场合下，连接用户线上和线下行为，为用户提供实时、定向、创意的信息和内容服务，实现内容场域与交易场域的融合，完成品牌提升、产品销售、提升转化率的目标。

以盐阜大众报承办的儿童舞台剧《山羊×××》为例，盐阜大众报在文学旅游、签售会、文学讲座的不同场景中，变"固定舞台"为"流动舞台"，营造特定的场景。组织小记者到"草房子乐园"游学，举办图书签售会、文学讲座等线下活动，增强儿童以及观众的体验度、获得感，进而将一个演艺活动演变为小记者"成长之旅"的场景。

再如盐阜大众报在承办儿童音乐剧《××山谷》演出时，设计了四个场景：

一是选秀场景：《××山谷》有10名专业演员，在演出落地城市，需另招募10名少儿演员。借此设定选秀场景，在商场或房企打造选秀舞台，同时也成为招商对象的展示平台。

二是培训场景：对参加选秀的小记者，由剧组进行专业的免费培训，该培训场也成为小记者的年度活动项目之一，现场销售套票和《××山谷》绘本。

三是评选场景：开展"魅力幼儿园园长"评选活动，在演出前举行颁奖仪式。组织专人着道具服到幼儿园向小朋友讲述《××山谷》的故事。

四是简演场景：简易版可在商场、房企、儿童医院现场举行。现场简演也增加了招商回报渠道。

3. O2O营销

O2O是Online To Offline的英文简称。广告主定义的O2O，可理解为线上交易、线下体验消费的商务模式。媒体定义的O2O，是指媒体以私域流量为起点，聚焦于社群，直接下场，通过直播方式，连接客户的产品，构建一个"社群＋直播＋线下活动＋圈层交互＋场景营销"的营销系统，配以用户系统、收费系统、数据管理平台等，让党报App、信息发布者、广告商、客户、用户、消费者等相互关联，共处生态圈。形成线上传播、线下执行、营销推广、大数据应用的能力，让用户成为传播者、消费者、参与者，通过社交链传播，小圈层影响大受众，形成较强的带货能力。

以盐阜大众报举办的演唱会为例，线上的全媒体内容传播吸引了市民的注意力，他们也是各类商家极力争取的潜在消费人群，明星的超强人气吸引粉丝来到现场，此时举办线下的营销活动，为不同的广告主制订切入式营销方案，结合现场产品展示进行爆发式传播，让品牌一夜成名。

比如盐阜大众报和唐山劳动日报社联合举办的"亚洲巨星唐山演唱会"上，共策划了 11 项 O2O 营销活动，既独立运行分体策划，又相互关联形成整体，包括：大牌明星我来选，感恩·最美家庭——唐山最暖心的时光故事，魅力凤凰城·活力新唐山——百名总编采风行，寻找下一个亚洲巨星活动——K 歌之王与明星同台演出，演唱会指定医疗机构系列；演唱会指定珠宝——金苹果系列，演唱会指定用车现场推广活动，商业合作伙伴购物赠票，十大魅力楼盘评选，演唱会指定形象顾问，卖酒送票全营销策划等。

4. 话题营销

移动互联时代，很多话题会在朋友圈流行，人们愿意参与讨论，抒发个人观点，成为自带流量的热点事件。媒体自身具备的公信力，也是话题发起和组织的最佳主体，易获得受众的认可，既能够提升媒体传播的有效性，又能够通过受众互动获得流量。

2016 年 5 月 25 日，《深圳晚报》头版的"不懂体"广告，靠话题营销引爆广告圈。这天，一家自媒体"南宁圈"在《深圳晚报》头版上部，刊发广告"不懂为什么，就是突然想打个广告"，下部熊猫自媒体联盟也刊发了广告"我也不懂为什么，见楼上打了我也想打一个"，引爆了话题营销。

一时间各大知名品牌纷纷"蹭热点"，大量品牌跟进，效仿"不懂为什么"，进行话题营销，提升品牌自身的价值，实现品牌价值和社会价值共建。

话题营销主要是运用媒体的力量以及消费者的口碑，让广告主的产品或服务成为消费者谈论的话题，以达到营销的效果。其运营步骤，首先是利用社会热点新闻，抓用户的猎奇心理，发起话题引起关注；其次在社群中进行传播，激发用户好奇心，推动和激发讨论，引入品牌，产生裂变效果；最后通过媒体再关注，对话题进行正确的引导，或解密，或公布答案，借势营销。

2020 年 6 月，盐阜大众报策划了"结婚要拜老槐树"话题营销，东台西溪景区的老槐树，传说是董永、七仙女爱情的见证者，报社设置话题"不知道为什么结婚要拜老槐树"，运用纸媒的公信力，在晚报头版刊发，用交互式广告的形式，打造一个与众不同的话题营销点。

接着，通过"二次传播+纸媒解密"的模式，由媒体揭秘话题答案。这个过程中，用户关注、推广、分享、互动，配合线下活动，成为社群话题，形成较好的景区营销效果，"结婚要拜老槐树"微博阅读量达到380万，并冲上了微博热搜。

此外，在数字营销上，主流媒体也可创新方法，将IP内容与游戏、音乐、虚拟数字人等数字生态相结合，一方面运用AR、VR、MR等新科技手段赋予IP作品感染力；另一方面跨界破圈，与新兴业态共通互融，瞄准热衷二次元文化的Z世代用户，触达年轻群体。通过短视频、直播等传播方式，为观众带来全新的消费场景，达到自身的营销目标。

三、案例：粉丝经济下的B2C2b营销解析

粉丝营销是社群营销的常用模式，移动互联时代，明星、网红、KOL等拥有着高黏附力的粉丝群体，形成独特的私域流量池，短视频、直播强化了粉丝生态的形成。广告主只需要与这些网络红人发生连接，就可以深度链接到其黏附的粉丝群体，形成商业行为。粉丝营销目标受众精准，传播效果比传统媒体广告更好衡量，主流媒体具有粉丝营销的天然优势，容易上手，成为转型方向。

1. 粉丝经济下的营销风口

粉丝经济是基于粉丝关系建立起来的商业行为，早期粉丝关系主要建立在粉丝和明星之间，而后发展为网红、KOL，同时，粉丝关注的对象也不断扩大，商品、虚拟形象、品牌等均可成为被粉对象，成为粉丝消费和时尚追求的风向标，"粉丝经济"应运而生。由于网红、KOL本身在消费观念、时尚风格追求方面与粉丝群体容易达成一致，粉丝尤其信任网红的意见和推荐，在这一营销理念下，买买买也就顺理成章了。

同时，明星和网红在拥有大量粉丝后，也需要线下互动。一方面维护关系，另一方面流量变现，在这一背景下，主流媒体就成了最好的合作伙伴，O2O活动就成为粉丝营销常用的模式。

媒体通过垂直化的内容生产、线上传播、线下直播，形成全网关注的焦点，让粉丝成为传播者、消费者、参与者，在社交链形成裂变式传播，小圈层影响大受众，形成较强的数字化营销和创收能力。这种高场景、体验型的O2O活动，已成为移动互联时代的"长尾市场"和"利基市场"。

2. B2C2b营销模式的顶层设计

这一营销方法属于B2C2b模式，即B（媒体）先2C（明星、粉丝、用户）再2b（广告主）。媒体（B）依托内容生产力，通过举办线下活动，利用明星、网红IP进行圈层营销，把明星粉丝转化为媒体用户，再转化为广告主的用户，这是一个2C的过程（C端既有媒体用户，又有明星粉丝，还有消费者）。把线下活动打造成粉丝娱乐消费的交易入口，针对各个客户营造后项销售切入点，这是一个2b的过程（b既是广告主，又是媒体客户）。其逻辑关系如下图所示：

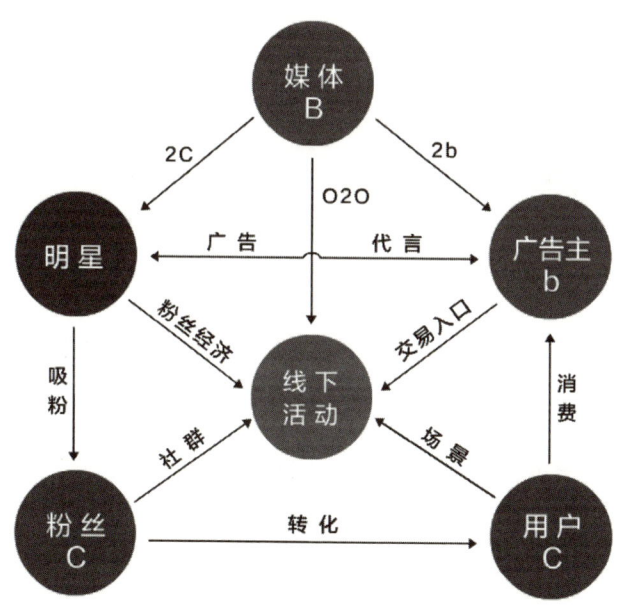

粉丝经济下的B2C2b营销模型图

在这个B2C2b模式中，媒体通过价值引领、产业跨界、融媒传播、社群营销、场景连接、多点盈利、线下执行、系统推进，不但提高了垂直细分社群的内容触达率,还实现了媒体的公信力变现和流量变现,催生了产业和内容的两个长尾效应,实现了经济学上的边际效益最大化。

3. B2C2b 营销模式的创收范式

B2C2b 创收范式同样是:赋能、转化、变现。在赋能上,媒体用关键资源赋能创收,通过内容生产和传播,将媒体的公信力和传播力赋能变现;通过举办线下活动,利用明星或网红 IP 进行圈层营销,将明星的影响力赋能变现;同时打造一个明星和粉丝互动的线上平台,用 O2O 赋能变现。

在转化上,粉丝营销 +O2O,把线下活动打造成一个粉丝娱乐消费的交易入口,圈引"明星粉"成为媒体的用户,继而成为客户的消费者,媒体帮助广告主进行低成本用户转化和互动,将媒体用户转变为若干个 b 端(广告主)的用户,实现了用户的转化。

在变现上,通过精细化运营,全链路撬动粉丝热情,将线上的内容生产和传播,与线下活动及体验相结合,跨界整合资源为媒体用户提供更好的体验,将网红粉丝转化为品牌粉丝,建立起了更人性化、易于沟通的"饭圈人设",以明星和网红为桥梁,打通品牌与粉丝的互动渠道,找到品牌与整个粉丝群体在文化、情感、个性上的共鸣,让网红代言为品牌创造更长期的价值,实现客户产品和服务的销售目标,媒体也将自身的流量进行变现。

第三节 破冰:泛媒体产业的蓝海之路

党的二十大指出,坚持把社会效益放在首位、社会效益和经济效益相统一,深化文化体制改革,完善文化经济政策。健全现代文化产业体系和市场体系,实施重大文化产业项目带动战略。

文化产业是媒体多元产业的重要组成部分,媒体"破冰"扬帆,产业是决定性要素,产品是前端,产业才是根本。产业发展是阵地建设的基础,产业强、媒体才强、舆论引导才更有力。扬帆产业蓝海,主流媒体不能再在"内河"兜圈子,要有公海视野和深海作业能力,组建远洋船队出征蓝海。

第 11 讲
融合经营——主流媒体告别拉广告

几年来，相关部委办局出台了一系列政策推动媒体的产业发展，对于市县融媒体中心而言，要把握发展趋势和媒体优势，一手抓媒体融合，一手抓产业发展，两者是相互依存、互为因果的关系，媒体融合为产业发展提供机遇，产业发展推动媒体融合向纵深发展。

一、拥抱泛媒体产业新蓝海

传统媒体在前几年飞过一群黑天鹅后，又突如其来地受到新冠肺炎这只灰犀牛的冲击，三年疫情，经济活跃度回落，财政紧缩，互联网人口红利、流量红利都已见顶，原来的产业模式已经难以为继，互联网经济进入一个与传统实体经济全面融合的新阶段，对媒体而言，这既是挑战又是机遇。

1. 跟随数字经济的浪潮

当前，数字经济正成为重组全球要素资源、重塑全球经济结构、改变全球竞争格局的关键力量。发展数字经济是把握新一轮科技革命和产业变革新机遇的战略选择。媒体的数据能力、数据应用也将进入一个新的阶段，在国家大力发展数字经济的浪潮下，数字产业和智慧城市成为媒体产业转型的主要方向。

疫情加速了全球原有产业链体系的重塑，疫情虽然阻断了物理空间，但构建了一个新的网络空间，这个空间所承载的产业就是数字经济。2019 年底召开的中央经济工作会议明确提出"要大力发展数字经济"。2020 年 3 月 4 日，中央政治局常委会会议进一步增加了数据中心建设。2020 年 4 月 9 日，中共中央、国务院发布《关于构建更加完善的要素市场化配置体制机制的意见》，把数据纳入了生产要素的范围，中国在世界上率先把数据作为生产要素，并准备在全社会建立数据要素确权交易的市场机制，从而为全面发展数字经济奠定了坚实的基础。

媒体深融的实质也是数字化改造，主流媒体要尽快搭建自身的数字化基础设施，数字经济的运营基础是数据，数据将会成为人类社会新的治理之本。主流媒体以其权威性和公信力，在数字内容生产、舆论引导、数字传播等方面具有较大的优势。长年积累的媒资数据、用户资源、企业资源，可建设强链接、高转化率、强关联的数字平台，在城市驾驶舱、智慧康养、数字文旅等数字经济新业态上合作发力，力争成为数字经济发展的主力军。

2. 抓住后疫情时代的机会

疫情让各家单位和人们的工作、生活转移到了网络空间里。"宅经济"大大催热了线上市场，线上消费、线上办公、线上获客、线上教育异军突起。"战疫"过程形成的云演艺、云展览、云旅游等新业态新模式，展现出强大的成长潜力和活力。传媒在其中也发现了参与的机会，影视点播业务高涨，游戏、文学、漫画的用户覆盖度明显提升，疫情给主流媒体提供了一个通过数字内容的生产和传播，将原来的读者、观众转化成自己的私域流量的契机。

后疫情时代，公众对健康的关注必将高度提升，全民健康理念觉醒，健康产业的升级给媒体也带来了发展机遇，此外，互联网娱乐产业和互联网诊疗公司迅速兴起，对媒体也是一个良机，能否采取"党报+健康俱乐部"的模式，一方面加大健康知识的宣传力度，一方面吸聚用户组建俱乐部，通过"社群+直播+线下活动"的方式，切入运营。后续再对接产业，创造新的产业模式。

此外，直播带货成为现象级电商模式。有媒体的头部主播在不同平台火爆带货，还掀起了公益直播带货助农的风潮，直播的"现场+在场+同场"的本质特点能够触达更广泛、更多的用户，带来高度的参与感和极致的体验感，媒体参与的电商直播，从之前的流量营销转变为内容营销，带有 IP 性质的主播与用户建立高度的信任，成为营销创新的最佳选择。

3. 监管趋严下的产业机遇

近年来，商业媒体、自媒体鱼龙混杂、良莠不齐，平台唯流量、内容博眼球、算法强束缚等问题竞相涌现，出现了假消息泛滥、内容低俗化等严重问题。企业数据采集没有底线，在高科技手段掩饰之下，一些平台公司开始对流量数据进行滥用。

2020 年 11 月，国家市场监管总局发布《关于平台经济领域的反垄断指南（征求意见稿）》。随后多个互联网平台巨头股价应声下跌。旧互联网商业模式已经不能满足中国数字经济建设的需要，互联网经济发展到一个新阶段，形成以实体经济为核心、双循环并重的系统化发展思路。

2021 年，国家相关部委出台了很多新的监管政策，《关于加强网络直播规范管理工作的指导意见》《关于加强互联网信息服务算法综合治理的指导意见》等纷纷出台，《互联网信息服务算法推荐管理规定（征求意见稿）》也公开征求意见。

2021 年 8 月，全国人大常委会表决通过《个人信息保护法》，对应用程序（App）过度收集个人信息、"大数据杀熟"等问题作出了针对性规范，对平台和个人网上行为的监管不断趋严，联盟类广告和引流至电商交易的广告受到严控。这部法律对数字营销从业者明确了个人信息使用的合规义务，对绝大多数广告主的营销活动进行规范，精准投放广告的难度不断提升。

此外，一些省市的部委办也出台相关规定，清理整顿政务新媒体的社会化外包行为，以规范宣传报道的秩序，具有互联网新闻信息采编发布资质的主流媒体将成为政务新媒体的主要运营者。

监管能够促进互联网信息服务健康有序发展，营造风清气正的网络生态。媒体在充分解读政策的基础上，要高度关注政策调整带来的机遇，既要充分利用政策优势，即竞争对手少了，发展空间大了，版权谈判容易了；又不简单收割政策红利，要大力发展内容产业，转型数字经济，通过媒体深融，占领网上主阵地，再加持政策红利，可以大大增强移动互联网对产业转型的增值效应。

二、泛媒体产业如何布局

在媒体融合的推进过程中，要形成"事业支撑产业、产业反哺事业"的发展思路，优化产业布局，提高管理水平，着力构建"一体两翼、双轮驱动"的创新转型、高质量发展新格局。

1. 四个判断标准

由于媒体资金不足、产业人才缺乏，产业跨界的风险还是比较大的，俗话说：隔行如隔山，稍有不慎，就会血本无归。在产业的选择下，有以下四处标准：

一是能延长产业链。选择闭环的、高频的、能持续发力的垂直领域，围绕媒体业务拓展产业布局，打通媒体与产业的壁垒，将产业链拉长，特别是一些轻资产、见效快、与内容产业关联紧密的产业，进行精耕细作，实现多元化、差异化发展。

二是能把公信力变现。入手媒体公信力能影响到的行业，与最熟悉的人脉合作，选择与广告主高度关联的项目，通过项目合作，借助外部力量，整合社会资源，实现互利共赢。

三是能用足媒体关键资源。充分利用媒体核心资源，能抓住政策的红利，有政府支持。产业发展的最大机遇，就在服务国家战略、服务地方党委政府中心工作之中。

四是能通过市场化方式运作。选择的项目或产业商业模式明晰，项目定位、用户关系、变现手段、盈利方式清晰，具有核心竞争力，最好还有一定的风险防控能力。

在这四个评判标准下，诸如内容分发、舆情应对服务、舆情数字监测与分析、展陈业、小记者产业、版权业、智库业、政务服务、文化产业、城市营销推广等，媒体均可介入，在轻投入的前提下，与相关头部企业合作，催生产业的新物种。

2. 规范产业发展主体

产业发展的主体是公司，媒体构建产业发展的格局，就要规范公司治理结构，规范党委会、董事会、编委会、经委会、监事会、经营层的设置和相关功能、义务和权利，对媒体集团下属企业的股权结构进行整合重组，建立科学规范的目标考核体系、权力约束机制，以及决策、运营、激励和监督机制。

完善组织构架和现代企业制度，建立健全适合现代企业发展的财务、经营、产业、投资管理等制度，完善论证、审批、决策程序，提高各经营主体经营、投资效率，有效化解各类经营风险。同时，对产业人才进行有效开发和激励，形成强大的创新能力，提高产业经营的管理水平，推进产业高质量发展。

3. 构建多元产业体系

移动互联时代，产业的边界正在消失，媒体与大数据、云计算、人工智能、物联网等方面不断融合，形成用户共享、相互赋能、上下游贯通的产业生态链条，形成多产业相融共生的生态圈。媒体多元产业体系，一是要做好媒体产业链的打造，做到内部融合，开发内部市场，整合内部资源，降低成本消耗，提高规模效益；二是做好外部融合，实现媒体各要素与外部的产业拓展，构建一个良性的生态体系。

这一多元产业体系通过"新闻＋政务服务商务"的运营模式实现，也就是通过"媒体＋"，打造泛媒体产业圈，推进经营多元化发展。长期以来，新闻出版是媒体的主要产业，广告是媒体经营的主要方式，移动互联时代，传统媒体产业正处于衰退期，只有通过多元经营拓宽多元化的盈利渠道，赚取比广告更为可观的收入。

这些多元产业包括，在横向上以内容产业、智慧城市、直播电商、会展展陈、文化创意、旅游推广等产业的合作与开拓，延伸报业产业链；在纵向上加强内容分发、政务服务、创意广告、舆情分析、数字出版、智库服务等新内容业态的合作与开拓，增强范围经济效应。

多元产业体系产生的规模经济和范围经济，实现了经济学上的边际收益最大化。经济学上有规模经济和范围经济的概念，在媒体经营活动中，当平均成本随着产品和服务的增加而下降的时候，就会出现规模经济；媒体如果把多个经营项目组合在一起，组合后的生产成本低于独立时的生产成本，这种现象就叫范围经济。媒体仅靠新闻出版产业，成本是巨大的，通过多元化产业经营，成本就低得多，这也是规模经济、范围经济带来的边际收益最大化。

三、泛媒体产业的转型方向

移动互联时代是"泛媒体时代"，"泛"即广泛、多而不集中，在"人人皆媒""万物皆媒"的背景下，"泛媒体"打破了原有的传播格局，传播主体日益多元化，传播媒介和途径趋于多样化。泛媒体产业在5G、大数据、人工智能等技术的推动下，媒体产业的应用场景相当广泛，包括内容产业、数字产业、文化产业、智慧城市产业、数字文化产业等，只要符合产业布局的四个判断标准，一家媒体有资金投入、有人才储备、有关键资源、有技术支撑，均可以尝试布局。

1. 内容产业

主流媒体的核心优势是内容生产，创作高质量的数字内容和产品，布局与数字经济相关的内容产业。比如建设好自身的媒资库，进行版权销售、老报纸数字产品销售、图片数据库销售；通过合伙人写作计划、签约摄影师计划，大力发展内容生产协作体。

还可以成立智库研究院，生产可长期沉淀的智库类产品，深度参与社会治理。在智库运作上，主流媒体具有较强的优势，其具备信息搜集和分析能力，有一批深耕行业报道的资深记者，而且能聚合研究学者与业界专家，有发布研究成果的渠道和平台，可以为各行业提供有偿咨询、商业策划、企业战略规划、行业竞争策略研究等服务。还可以提供定制化数据咨询，生产数据新闻、开展媒体培训、舆情服务、智库服务，组织市民评选，发布数据新闻、榜单评价、民意调查报告等；以及为各级党政机关、企事业单位等公共管理部门提供高效的舆情监测分析、研判预警、危机公关、高效传播等新型智库服务。

内容产业新业态还包括了内容数据变现，包括为企业提供各类数据分析或指数产品、利用大数据实现广告精准投放、为企业提供定制化分析等有偿数据服务等。一些新的内容产业形式，如沉浸式游戏、数字出版、"剧本杀"、二次元、虚拟IP、盲盒等，呈现出IP与游戏、短视频、剧本创作等多种以内容IP构建为核心的新趋势，为媒体融合和产业发展带来更大的空间和机遇，已有不少媒体参与其中。

2. 智慧城市产业

随着5G、区块链、云计算的应用，智慧城市必将成为下一个时代城市生活的新场景。主流媒体能否转型成为智慧城市运营商，以本地化生活服务、政务服务为基础，打通城市神经网络，将是判断深度融合成功与否的重要标准。

智慧城市产业覆盖面广，与众多行业存在交叉关系，链条长、带动性强。主流媒体之前已有参与，比如在城市安防上，各地有线电视都不同程度参与了当地的"雪亮工程"；在智慧政务上，各地主流媒体承担了内容生产任务；在智慧生活上，各地 App 一网通办，有不少也是报社或广电在做。

比如，当你打开手机，在主流媒体 App 上就能查看本地新闻资讯、接收防台防汛通知、体验便捷政务办理、预约智慧医疗、监测生态环境等服务。主流媒体 App 要不断提升服务能级，持续上线高频功能服务，打造无处不在、优质普惠的数字生活新图景，用"数据跑路"代替"百姓跑腿"，成为市民离不开的"城市生活服务管家"。

此外，主流媒体要在党委政府的支持下，整合资源，参与智慧城市的顶层设计，取得建设权限，抢占发展先机，参与智慧城市包括智慧民政、智慧公交、智慧公安等开发与硬件建设，运营和维护服务。

比如成立大数据公司开展城市大脑建设，或与当地大数据中心、科技公司合作开展数字政务、城市服务项目。也可以在客户端平台上，建设融合区域各方公共服务资源的大数据、云平台系统，加入智慧城市"中台"建设中，共同打造"城市大脑"。这些"城市大脑"包括：城市大脑指挥中心、一体化智能化公共数据平台、城市驾驶舱、数字治理等。

特别是"城市驾驶舱"项目，是各地建设数字政府、提升治理效能的重要举措。主流媒体要积极参与，媒体融合的成果能直接对接到城市数字化平台，融合城市大脑的场景，围绕"感知预警、辅助决策、联动指挥、城市运营"四大核心功能，全面探索智慧服务的场景和空间，提高政府运行效率、推动社会精准治理。

3. 文化产业

媒体布局文化产业包括以下范围：一是新闻出版产业，即新闻业，包括新闻采访、编辑、制作、刊发与传播，出版发行和版权服务，主要包括图书、报刊出版发行，音像及电子出版物出版发行，版权服务；二是广播电视电影服务，包括广播、电视的生产、制作、传输和电影的制作与发行；三是网络文化服务，主要指互联网信息和娱乐服务，包括互联网新闻服务、互联网视听节目服务、互联网出版服务、互联网电子公告服务及其他互联网信息服务；四是文创产业，包括以文化创造力为核心的产业，如文艺创作、演艺业、动漫、广告传媒、设计、工艺、演出场所、文化研究与文化社团服务等；五是介入文旅产业，旅游产业需要天赋异禀的自然资源、文化资源，还要会讲故事、会对外传播，这也正是媒体与旅游企业合作的最好结合；六是介入文体产业，文体产业与旅游产业一样，是全面建成小康社会后蕴藏巨大市场前景的产业，媒体凭借自身的传播力、引导力、影响力和公信力，联合举办文体项目，有较大的优势。

4. 数字文化产业

国家"十四五"规划纲要提出，到 2035 年我国建成文化强国的目标，要"实施文化产业数字化战略，加快发展新型文化企业、文化业态、文化消费模式"。

数字文化产业，是以内容产业创新突破为重点，向高层次、全链条、数字化的文化产业迈进，包括数字创意、动漫游戏、网络文学、数字音乐、网络视听、数字出版、数字娱乐、在线演播等新型业态，塑造具有鲜明本地特色的文化 IP。

媒体布局数字文化产业，要运用信息技术推动内容生产制作的数字化转型，加强与互联网文娱平台合作，以及与当地文化场馆、景区景点、街区园区的运营合作，提供内容创意服务，开发数字化产品和沉浸式体验服务，如云演艺、云展览、全息互动投影、数字展陈、娱乐体验、线上展示等，延伸数字内容产业链，还可承办当地数字文化产业论坛、创新创业大赛等线下活动。

5. 大视听产业

2020 年 9 月 8 日，国家发展改革委、科技部、工业和信息化部、财政部四部门联合印发的《关于扩大战略性新兴产业投资 培育壮大新增长点增长极的指导意见》，明确将"构建新时代大视听全产业链市场发展格局"纳入战略性新兴产业投资领域。

《意见》要求：加快推进基于信息化、数字化、智能化的新型城市基础设施建设，围绕智慧广电、媒体融合、5G广播、在线消费等成长潜力大的新兴方向，培育形成一批支柱性产业。建设一批数字创意产业集群，加强数字内容供给和技术装备研发，打造高水平直播和短视频基地、一流电竞中心、高沉浸式产品体验展示中心，提供VR旅游、AR营销、数字文博馆、创意设计、智慧广电、智能体育等多元化消费体验。发展高清电视、超高清电视和5G高新视频，发挥网络视听平台和产业园区融合集聚作用，贯通内容生产传播价值链和电子信息设备产业链，联动线上线下文化娱乐和综合信息消费，构建新时代大视听全产业链市场发展格局。

在大视听产业的布局上，媒体可合作建设运维视音频、短视频、动漫社区等网站或平台，做优内容产业推动精品资源产业转化，构建"智慧广电+"生态链，聚焦智慧广电、超高清、高新视频等数字经济重要领域，加强智慧广电公共服务平台和网络建设，满足用户多元化个性化收视和信息需求。建设跨网跨屏跨终端的多功能数字文化传播网，拓展"手机+电视+宽带+内容+体验"的特色融合业务服务。

6. 其他多元产业

除了以上产业外，不少媒体还在酒店业、房地产、户外广告、图书发行、物资印刷、物流配送、养老健康等多元产业上布局，注入传媒资源，联合资本运作，带动泛媒体上下游的产业集聚。

有发展版权产业的，从版权合作入手，扩大到版权登记、托管、交易等服务，通过加强新媒体版权开发运营、挖掘历史数字报资源、IP授权商业化、开发视音频多层次版权产品等方式，打通版权经营全产业链，从而反哺内容生产。可以采取一个省或一个区域的媒体组建联盟，依托技术云的加持，联合与商业平台进行版权销售谈判，维护自身的合法权益。

有建立各类文化创意产业园区、内容（直播）电商产业园（基地）的，打造网络视听节目生产基地、版权试验点等数字化出版基地，利用政府资源，与当地供应链合作，进行MCN运作，将内容制作、产品遴选、供应链、品牌IP化、园区运营等要素进行凝练，将线上内容与线下商业资源融合，实现弯道超车。

还有运作教育产业的，通过"空中课堂""线上教育"，整合当地"名家名师"，依托自身的融媒云，运作当地的"教育云"，形成创收新模式，并将报业的强项——小记者对接进来。

由于各媒体自身情况不同，产业发展也没有固定的模式，需要因地制宜，因势而动，顺势而为，才能实现产业发展的弯道超车。同时，要坚守底线思维，平衡好媒体事业与产业，警惕多元化经营给媒体公信力带来的风险，严防过度追求经济效益而弱化社会效益。

第 11 讲
融合经营——主流媒体告别拉广告

对话朱春阳：咖啡馆里的融合碰撞

2022年，上海的春天过得悄无声息。巨鹿路的梧桐抽了新芽，醉白池的玉兰悄然开花；南京路上，很多人第一次见到如此空荡的街道，熙熙攘攘的人群一夜消失，只有黄浦江的水仍旧奔流不息。

6月中旬，同疫情奋战了两个多月的上海，迎来了解封的曙光。中国报业融媒研究中心终于来到上海，约到复旦大学新闻学院朱春阳教授，同他在重现生气的大学路一家咖啡馆里，做了一场关于媒体融合的访谈。

"单兵扩散"与"云端共联"

访谈问题：媒体融合是一种基于技术的跨界转型，从之前县级融媒体中心建设的过程看，基本上是"单兵扩散"与"云端共联"两种路径。在这一过程中，这两种路径各有何优劣？要注意哪些问题？

这家咖啡馆是世界知名品牌的加盟店，刚刚磨制出的咖啡冒着热气，散发着沁人心脾的香味。

"'云端共联'也相当于加盟一个品牌。"朱教授解释道，其路径是融入上级平台的嵌套建设，将区县媒体资源接入高层级媒体的"媒体云"，在系统性上具有明显的优势，有利于技术标准的统一，有利于提高新闻宣传、舆论引导的协同性。

而"单兵扩散"路径是以县级广电为基础的自我整合，自由度较大，可以根据区县自身情况来建设，费用不高，但易形成技术上的"孤岛"，且后期升级难度高。

"'云端共联'也有不足之处。"朱教授说，"云端共联"的缺点是费用较高，本地化应用较难实施，特别是省级平台不可能开发本地化的模块，导致使用率不高，有的仅成为开会的场所，有的还需要另外再开发本地个性化平台，导致投资重复。

县级融媒体中心应该鼓励多个建设路径的竞争。朱教授说："当前市级融媒体中心的试点工作已全面推开，尤其要吸取县级融媒体中心建设过程的经验和教训，保持对不同路径或模式的开放态度，给其一定的试错空间，切勿一刀切地去强推某一种模式，形成不同路径自由地展开传播、引导、服务的效率竞争。"

的确是这样，结合"单兵扩散"与"云端共联"两者优缺点，"节点—网络"模式应是未来建设中的重要考量，既注重个体资源的整合，又强调纵向平台的兼容性，进而最终形成"网络嵌套"系统，大平台嵌套小平台的模式。

汉军战术对融合的启示

访谈问题：李硕的《南北战争三百年》里说，汉武帝之前，汉军和匈奴交阵，步兵吃亏在移动速度上，骑兵输在骑射功夫上，匈奴袭扰，来去如风，汉军往往无可奈何。后来，卫青、霍去病创造性地把步兵冲击战术与骑兵速度结合起来，形成骑兵冲击战术，这样狂飙突进的军阵，让匈奴溃不成军。今天互联网和传统媒体的关系，也类似匈奴骑兵和汉军的关系，媒介融合的过程，如何寻找类似骑兵冲击战术的创新呢？

我和朱教授有一个共同的爱好，都是历史迷。如果再进行细分，我们都是历史中的军事迷，咖啡馆里的访谈又在《南北战争三百年》中展开。

"互联网平台的传播特征，和匈奴骑兵战术类似，万马齐鸣，迅疾如风，新技术尽显风骚。"朱教授又作了比喻，"而传统媒体作为专业组织，厚重有力，但反应迟缓。如果媒介融合的过程，是专业媒体向互联网一边倒的经验迁移，则很大程度上在重复'李广难封'的悲剧；但媒介融合如果仅仅在既有传统媒体范围内进行，则会出现赵武灵王'胡服骑射'的优势假象。专业媒体的融合发展，应该是把专业优势融合到新技术的'马背上'，形成面对互联网的'骑兵冲击战术'。"

接着，朱教授列举了一个在课堂上常讲的例子：澎湃新闻常常被认为是中国媒介融合的典范，但他们却认为自己应该是"媒介不融合"的典范，因为《东方早报》已经不存在了，只剩下澎湃新闻这个新媒体平台。其实，朱教授却认为他们尝试的是融合中的"骑兵冲击战术"，作为步兵形态的《东方早报》虽然不存在了，但作为一个专业组织的战斗力被整体迁移到了互联网的"马背上"，进而获得前所未有的战斗力。不过，如何顺利延续萌生于传统时代的专业能力，还需要引入"马镫"这样的新创造，以保证专业方阵的稳定性和低转化门槛。

在媒体融合中，何为"马镫"？这引起我的深思。或许技术、流程等就类似于这样一个个"马镫"，在它们的赋能下，传统的步兵才能一跃而上，用骑兵冲击战术，占领互联网的主阵地。

创新，不是放弃自我，而是为自我寻找一匹"战马"，还有"马镫"。这或许是历史留给未来的最好礼物。

"新网红经济"的变现逻辑

访谈问题：网红在若干年前还被视为网络红人的缩写，现今却变成了一种众所周知的形容词标签，形成诸如"网红爆款""网红脸""网红景点"，甚至"网红城市"这样的新称谓。网红是互联网时代率先跨越数字鸿沟的群体，它将注意力资源变现的方法值得媒体借鉴，其演化路径和价值逻辑给我们带来什么启发？

"这家咖啡馆里还有一款网红茶，建议你也尝一尝。"朱教授说着就叫来服务员点了单。"网红"，如今已无孔不入，与社会方方面面都可自由连接，好比这款网红茶，拥有为数众多的粉丝，形成了口口相传的网红经济。

"网红经济的渐成规模，有赖于互联网的技术赋权。"朱教授进一步阐述道,之前的大众网红,由于技术无法分层,面对的是无差别的网友。其往往遵循先成名、后运营的路径,成名之后无论是内容运营开发、开设自媒体接纳广告,还是出席商业活动"走穴",都是将互联网上获取的注意力资源变现,这些都是传统网红经济的运作模式。

之后,大众网红虽然仍可一时获得超高关注,但变现能力已大不如前。由于技术已能实现平台上的分层,网红从原来一枝独秀的公共稀缺品类转向了群星灿烂、各领风骚的丰富品类,每一个网红不再是全民的"王者",而是在不同的细分市场上深耕的"诸侯"。

的确如朱教授所说,如今,依托于技术赋能,各个IP散落在不同的圈层群体内,圈层网红由此出现,他们深耕每一个独特的圈层市场,哪怕粉丝数量不多,但只要在这一圈层中居于中心位置,便拥有进一步运营的潜力。正如凯文·凯利的1000铁杆粉丝理论所说,与获得泛泛的关注相比,圈层网红更关注粉丝与自己的连接力、黏性与深度互动。

朱教授接过话茬:"在运营模式上,这些圈层网红比以往大众网红更为直接,更倾向于在圈粉的过程中通过直接销售来变现。这也给主流媒体带来启示,如何运营圈层,让流量变现,值得好好研究。"

其中,短视频是主流媒体的着重发力点,朱教授进一步阐述道:"短视频和直播所具有的线性、集中化、情感驱动等特点,已演变为高度中心化、基于影像交互、由情感驱动的'收视和销售平台'。圈层网红通常以传播生活方式为手段做产品的软性推广,基于对网红的情感层面的连接,粉丝甚至愿意为这些产品支付情感溢价,这对传统媒体的流量变现有很大的启示。"

未来,主流媒体的产业发展,也会借助新网红经济的变现逻辑,基于粉丝的聚合,进而向产品销售乃至生产环节延展,扮演中介的角色,沟通厂家与消费者,通过圈层内的影响力来实现高效率的产品推销,打造长期的、持久的媒体品牌,参与产业互联网的发育与成长,成为用户与产品之间关系联结的贡献者,获得面向未来的发展机遇。

第 11 讲
融合经营——主流媒体告别拉广告

数字新闻业与"四全"媒体

访谈问题：关于数字新闻业的讨论已经很久了，数字技术迅猛发展为新闻业态变革提供了条件，新闻数字化带来了主体多元、传播方便、便于保存、效率提高，它为媒体未来的发展带来什么契机？

咖啡馆里的访谈，不知不觉已过了两个多小时，夕阳的余晖透过咖啡馆的玻璃窗，斑斑驳驳地照了进来。路上的车辆和行人多了，下班晚高峰快到了。

回想起3月份出现的这波疫情，朱教授的感慨很多。他说，在数字新闻业的背景下讨论今日席卷全球的新冠病毒，似乎具有了特别的意义。三月开始的这一波疫情，上海成为风暴眼，行动者们在网络上共同书写时代的点滴和细节。上海，被人们置于数字技术的显微镜下观察、评价、记录，这些听得见、看得着的时代碎片都将以数字化的方式保存下来，并一代代流传下去，赞美或批判，谣言与真相，善良与丑恶，今天我们所做的一切都因为数字技术而成为新闻，进而成为历史。

"数字新闻业应该是新型主流媒体创新的新方向。"朱教授进一步解释道，"四全"媒体是主流媒体面对数字新闻业挑战的回应。其中，"全程媒体"意味着媒体第一时间介入数字第一现场，"移动优先"也是倡导以移动技术支持全程媒体的实现；"全息媒体"意味着通过数字技术，修复算法导致的"千人千报"的社会认知碎片化；而"全员媒体"则是党的优良传统在当代的继承，"全党办报""群众办报""开门办报"，参与式传播大大拓展主流媒体在数字新闻时代的价值版图；"全效媒体"则意味着国内传播与国际传播一盘棋，网上传播与网下传播一盘棋，从而实现"打造网上网下同心圆"的新型主流媒体的目标。

在倾听朱教授畅谈他对"四全"媒体的理解时，感受到的是他多年研究传媒理论和实践的厚积薄发。无论学界还是业界，都要敬畏数字技术驱动的数字新闻业的创造力与记忆力，在推动社会良性沟通上迎来更美好的未来。

  暮色四合，霓虹闪烁。走出咖啡馆，望向城市的星空，让我想起了英国历史学者麦考莱说过："一个浪头也许很快会平息，然而潮流却永远不会停止。"媒体深融没有永恒不变的答案，面向未来的新秩序，我们既要仰望星空，又要脚踏实地，每一个勇敢者的面前，都有一道光芒万丈的霞光。

第12讲 　王者融归——面向未来的新秩序

☆第一节"跨越",说的是媒体在后疫情时代,要跨过六道坎。新冠病毒从"乙类甲管"调整为"乙类乙管",主流媒体应对疫情也要与时俱进。应急机制如何完善?疫情带来的意识形态风险如何把控?新一波疫情来临,员工如何分班保障?一系列问题考验的是媒体的体制机制、管理能力、宣传水平。

☆第二节"飞越",说的是伴随着"云的聚合、风的狂舞",媒体如何飞越发展,拥抱智媒体。人工智能不仅是一种趋势,更是媒体业态变革的重要驱动力,何为智媒体?区块链、Web3.0、NFT、数字藏品、DAO等新技术,如何引领智媒体建设?智能化的内容生产、编审分发、智媒产品、经营系统如何全方位规划?本节一一道来。

☆第三节"穿越",讲的是未来媒体的终极集成模式"元宇宙",在亦真亦幻的增强现实和虚拟现实中,元宇宙给传媒业带来哪些挑战?如何占领虚拟世界的主阵地?元宇宙背景下的媒体融合如何布局?风起云涌的转型路上,王者融归的路还很长。

第一节 跨越：后疫情时代，媒体要过几道坎

三年抗疫，新冠病毒从"乙类甲管"调整为"乙类乙管"，工作重心从"防感染"转向"保健康、防重症"。但疫情防控仍然面临复杂局面，呈现点多、面广、频发等特点，每家媒体都有了"小阳人"，病毒对媒体的侵入，无处不在。

有应对不及时，记者"团灭"的，新闻没人采了；有物资采购不足，在班 24 小时值守的采编人员，生活无法保障；有些地区，疫情带来了舆情压力，难以把控；有些媒体还出现了"低级红""高级黑"的疫情报道；更有个别媒体措手不及，只得选择休刊……

后疫情时代，各家媒体可能还要经历疫情的第二波、第三波的冲击。防疫是一场硬仗，不仅媒体自身面临防控难题、创收困境，防疫宣传更涉及一个地区的整体防控大局。同时，疫情对全国经济和媒体经营也会带来较大影响，但很快经济就会恢复，商机也会涌现，媒体要提前规划，全力拼经营，夺回失去的三年。

未来，媒体的抗疫工作既有艰巨性又有反复性，防疫工作会常态化伴随，应对疫情的方法也要与时俱进。应急机制如何完善？疫情带来的意识形态风险如何把控？怎样防止"低级红""高级黑"的疫情报道？员工如何做好防护、AB 岗保障？线上工作机制如何完善？一系列问题考验的是媒体的体制机制、管理能力、宣传水平，倒逼媒体在萧瑟凉意下跨过六道坎。

第一道坎：准备过紧日子，全力拼经营

疫情三年，是媒体经营大幅下滑的三年，严格的"清零"政策，消费难以复苏，线下的论坛、会展、活动受限，商业广告大幅下滑。加上房地产市场风光不再，受土地财政的拖累，各地财政吃紧，政府支持大幅缩减，宣传经费大幅缩减，经营哀鸿一片。很多媒体面临生存危机，活下去成为它们的

首要诉求。

正如下雪时并不冷，雪融化时你才感受到刺骨的寒意。疫情过后，才是各家媒体经营的"生死劫"，要做好过紧日子的准备，全力拼经营。

1. 节约开支，把钱花在刀刃上，做好预算管理和考核

要做好新一年的预算，逐步降低人力成本、运营成本，加大目标考核的力度，收入情况不理想的媒体，可在与员工充分沟通的基础上，实行减薪减酬。行政、后勤等部门要严控支出，减少可有可无的开支。同时，严格执行固定资产采购招标，降低采购成本；逐步实现媒体数字化管理，打造线上办公系统，节约时间成本和人力成本。

2. 对没有用户、没有收入、影响力弱的报纸和频道坚决关停

一些都市报、晚报订阅量极少，"谁写谁看，写谁谁看"，写的人绞尽脑汁，看的人少之又少；一些电视频道观众寥寥无几，基本没有收入；还有些新媒体账号，用户加起来还不如当地一个自媒体。

媒体可根据自身情况，作出科学的评估，权衡利弊后，采用合刊、休刊等方法减少纸媒的出版频次，对长期亏损的都市报、晚报可考虑停刊；对于一些投入产出低、美誉度较差、长期没有创新点的电视节目和频道要立即叫停，一方面减少开支，另一方面把人员转移到新媒体和经营项目上来。

3. 推进全面深改，对盈利模式和营销模型重构

疫情过后，大多数媒体已无法通过广告经营维持生存，新媒体创收还处在探索期，流量变现成为最大的痛点。在采编经营两分开、两加强的前提下，打破固有利益格局进行体系再造，包括内容生产与经营的组织架构、薪酬考核、流程再造，建立采编、经营相互支撑的工作机制，形成一支经营队伍服务各个发布平台，一个经营平台上有多种人才配置，实行全要素服务、全渠道推广、全链条运营。

同时，重构盈利模式和营销模型，对媒体内容系统、运营系统、执行系统进行重构，对收入模型重新设计，实现赋能、转化、变现。构建"策划报道+新媒矩阵+线下活动+圈层交互+场景营销"的全媒营销生态，让用户成为传播者、消费者、参与者，通过社交链传播，小圈层影响大受众，形成较强的场景体验，取得营业收入。

4. 尽快调整经营布局和战略规划

后疫情时代，会迎来消费的报复性反弹，但有一个"观望—试探—恢复—增长"的过程。媒体要充分研判，对经营布局进行战略性调整。

一是面对人工智能、5G、虚拟现实等新一代信息技术的演进，加快拥抱数字经济、文创产业、智慧城市等新业态，不断拓展媒体服务链、价值链、产业链。疫情过后，当地政府有大批项目要做，就看媒体有无能力承接，比如健康服务、版权服务、技术输出、审核管理等，都蕴含着大量商机，会带来消费需求的上升，更会带来后续广告需求的上升，是媒体经营逆袭的最佳切入口。

二是对疫情过后能够反弹的消费热点充分评估，对最有可能释放新兴消费潜力、能够有效对冲疫情影响的领域，要提前布局介入。正如有网友说，"要把这三年没做的事情补回来"，人们的出游和消费热情在逐步升温。看展览、观电影、看演出……各类消费媒体都有介入的优势。同时，公众对健康的关注必将高度重视，这对媒体是一个良机，能否采取"党媒+健康俱乐部"的模式，一方面加大健康知识的宣传力度，一方面吸聚用户组建俱乐部，切入后续产业经营。

三是提前布局后疫情时代生活和工作方式创新的行业，比如举办未来生活节、休闲旅游节、音乐节、户外运动、房车旅游等，为文旅产业、乡村振兴提供媒体服务；以及介入内容产业、政务服务、新闻发布、会展展陈、电子商务、在线办公等行业，提供"新闻+政务服务商务"。

第二道坎：舆情错综复杂，提升宣传能力

"疫情要防住、经济要稳住、发展要安全"，这既是对主流媒体作风担当的检验，也是对媒体宣传能力的考验，更是一次媒体融合发展水平的过堂。

极限灾变面前，更加凸显信息传播的重要性，疫情带来了外出受限、贫富差距、收入锐减、医患纠纷、利益冲突等各种问题，造成舆论场中的复杂性，有的还会带来意识形态的风险。主流媒体要进一步增强政治意识，完整

准确全面宣传贯彻党中央决策部署，引导广大干部群众把思想和行动统一到党委政府的决策部署上来。

1. 先声夺人，抢占舆论制高点

自媒体交互性传播，容易扭曲新闻本身的真实性，加上基层群众辨别能力较弱，容易盲目跟风，病毒信息、反转新闻、虚假新闻、网暴新闻等，经常在社交网络成为焦点，造成舆论场的混乱。做好疫情期间的宣传报道，考验着主流媒体的应对能力和水平。

疫情报道中，特别要注重时度效，建立快速反应机制，第一时间、第一现场发出权威声音，对热点话题不失语、不缺位。要发挥好核心优势，及时、充分发布与疫情相关的信息，包括政府的防控措施、疫情的进展、感染者的救助情况、公众的生活保障等。同时，要提高鉴别力和判断力，在各种思想观点、价值取向相互交锋中，加强独家创意策划，在舆论场中掌握主动权。

主流媒体要以更高的标准，配合党委政府，做好突发公共事件信息发布和舆情回应，围绕疫情防控及经济社会发展各方面的舆情热点，迅速撰写、刊发报道或评论，第一时间回应公众关注的舆情热点。及时公布真相、表明态度、辟除谣言、解疑释惑、正确引导、凝聚共识。

2. 坚持人民至上，回应群众关切

疫情报道要站在市委、市政府的高度，想问题，做工作，时刻关注党中央和省市委在关心什么、强调什么，弄清楚该干什么、不该干什么、该怎么干。要提高政治站位，在"脚踏实地"中"仰望星空"，加大对全局问题的把握能力，始终做到严守政治纪律和政治规矩，严守组织纪律和宣传纪律。

在"抬头看路"之中，更要"埋头拉车"，要以民为本，在原生态的舆论场中寻找同理心，不被杂音所干扰，发出理性声音、产生共情共鸣。居家隔离如何治疗，家里该不该囤药，老年人如何保护，如何消除百姓对新冠的恐惧等，要实事求是地充分报道，纠偏网络上的杂音。

要加大正面宣传力度，及时报道防疫工作坚持稳中求进，走小步不停步。要深入基层，以小切口报道大主题，及时回应群众关切，选派实力记者深入一线，采访细心暖心的防疫故事，报道各地坚持人民至上，解决群众急难愁盼的工作举措。同时加大心理健康知识的宣传力度，缓解社会上的焦虑和恐慌心理，提升社会各界的安全意识。从解决人民群众最关心、最现实、最直接的问题入手，推出信息服务、帮扶措施、治疗方法等。

3. 学会议题设置，与百姓同频共振

疫情报道要说人话，实事求是、态度坦诚，加强新闻传播内容、传播手段、表达方式的创新，不避热点难点痛点，不搞长篇大论，不做官样文章，不说漂亮的空洞、谨慎的套话，多说能共情、接地气、有温度的心里话、贴心话，让受众清晰地知道我们在说什么、想干什么。

要加大议题设置，依据权威信息，做好政策解读，稳妥把握敏感问题的报道。要强化第一落点意识，多表达社会关怀与人文情怀，用"润物细无声"的柔性手段引发共鸣，更好地发挥新闻报道的感染力和引导力。2022年疫情期间，上海有媒体连续刊登多位"上海好邻居"守望相助的故事，感动了许多读者和网友。好邻居，是紧要时刻愿意搭一把手，是危急关头愿意撑一片天，是非常时期愿意共一段难。

疫情期间，要加大对全网新闻和舆论趋势的捕捉能力，抓住用户的热点、泪点和痛点，引发用户的情感共鸣。找选题要关注时下的热点，热点自带话题性和流量，更容易获得受众关注。

第三道坎：做好三审三校，精准把握尺度

疫情之下，工作压力加大，媒体各方面问题或多或少都会暴露。上级对宣传的要求高，媒体达不到；人员隔离后在岗人员减少，三审三校人手不足；时间要求急、工作量加大，采编人员不适应……稍有疏忽，"低级红""高级黑"的报道就会酿成大事故，网上信息鱼龙混杂，低级错误频频发生，很多传统媒体就此陷入舆情旋涡，没有火眼金睛肯定不行。

1. 严把三审三校关，把准确性放在首位

疫情之下，信息传播碎片化、混乱化、杂音化，全民关注新闻，疫情中海量信息纷繁复杂，用户求证较难，一个小歧义就能引发大舆情。从各地媒体疫情期间的差错来看，最大的问题是盲目求快，因审核把关不严而出现的

张冠李戴、信息混乱、相互矛盾等问题。低级错误都是未经核实抢发形成的，造成了公众误解，带来恐慌情绪。新闻媒体要做社会舆论的压舱石，将准确性放在首位。

还要加大审核把关力度，严守政治正确、尊重新闻事实、符合传播规律、避免文字歧义等原则，确保发布的信息都经过充分的求证和审核，保证新闻媒体不造谣传谣，树立媒体的公信力和权威性。

2. 做好新闻发布，当好政府助手

疫情期间，新闻发布会成为常态，个别城市的新闻发布会上由于技巧失当，造成乌龙事件，值得媒体警惕。媒体要与发布人配合好，提问应该遵从于事实，不能以虚假、谣言、道听途说的信息作为依据来提问；问题要与新闻发布会或活动主题息息相关，与新闻发言人或采访对象的身份相关；提问应是公众关注、感兴趣，或引发思考的问题，不要提与疫情防控无关的，或老生常谈的问题。

特别是在新闻发布会的聚光灯下，主流媒体要提前策划和配合，帮助政府做好新闻发布会，不能面对镜头照本宣科、口若悬河、长篇大论；不能回避躲闪群众关切，避重就轻、言之无物；要让新闻发布会能说得好、说得清、说得准，多报道科学精准做好疫情防控的举措，以及人民群众生产生活的服务保障，及时解决群众急难愁盼问题，达到暖人心、聚民心、强信心的效果。

辟谣也是疫情期间媒体应承担的责任。2022年某地疫情暴发后，"售卖疫情防控通行证""外卖快递要停""蔬菜物资腐烂，没有配送给居民"等谣言频发，发达的社交媒体以裂变式的方式传播，如果下情上通不畅快、上情下达不充分，就会给谣言传播留下空间。主流媒体要针对各类谣言，多用专家、当事人的解释和回应，公开、透明、坦诚地及时辟谣，少些自我解读，解读不准确容易产生误解，甚至滋生谣言的传播。

3. 防止用力过猛，精准把握尺度

特殊时期，新闻媒体更要注重价值坚守，避免过度煽情，防止渲染悲情，突出人文关怀。哪些新闻要突出报道，哪些内容要淡化处理，都要审慎考虑，既不能把大事说小，也不能把小事说大。要提前研判报道播发后可能引发的社会反应，把握好尺度力度，避免出现"低级红""高级黑"的现象。

比如疫情报道中，有媒体突出强化极端个案，将"极端牺牲"演化为"必要牺牲"，形成错误价值导向；有媒体宣传小学生做核酸志愿者或在社区值守大门量体温等"正能量"，引发争议；某地疫情静态管理中，群众买菜难吃菜难，有媒体竟然在党员干部中开展"晒晒我家蔬菜包"活动，一下登上热搜，造成舆情翻车；有媒体报道高龄行动不便老人克服困难做核酸，似乎不近人情，易遭非议；有媒体宣传防疫期间"女同志30天连续加班不换衣服不洗头"，惹人反感，夸变成贬；还有媒体刊发容易引起恐慌的大规模消杀方阵，以及容易引起松懈的聚集庆祝解封画面，都是属于"低级红"的报道。

媒体应当遵守基本事实和逻辑表述，不断章取义，不片面夸大，不渲染炒作，不歌功颂德，不花言巧语，不粉饰太平。在报道技巧上，要讲方法，讲艺术，讲效果，特别是要把镜头多对准基层，少聚焦领导干部，坚持以人民为中心，实事求是，合情合理，平实朴实。

第四道坎：做好应急管理，防止工作瘫痪

疫情防控是一项长期工作，要做好单位阳性病人突然增加的预案，一旦汹涌来临，每家媒体都要提高政治站位，闻令而动，向疫而行，要提前谋划，成立疫情战时领导小组，成立相关工作机构，重新调整工作机制。

1. 制订应急机制

疫情发生属于重大突发公共事件，对媒体的应急机制、应对能力是极大的挑战，包括指挥协同与联合作战体系、运行全天候工作机制、各部门人员协同生产机制等。

媒体要常态化成立防控工作领导小组，一把手任组长，对媒体的疫情防控工作全面负责，制定落实疫情防控方案、应急预案。完善以部门为网格、条线为单元的全环节、全流程防控体系，明确目标任务，细化具体措施，层层压实责任。

一旦受到疫情冲击，立即启动应急预案。将员工分为两类四个岗位进行管理，完善员工健康监测制度，建立全员健康管理台账。日常工作少开会、

少聚集，或以线上会议为主。

抗原阳性的立即居家休息，同时对相关办公室进行消毒，进行垃圾清收、消杀等工作，停用空调通风系统，每日对公共区域进行两次全面消毒。

如果阳性病人较多，可以员工采取居家工作的方式，通过激发员工的创造力和工作热情，让员工发挥所长，在家里创新性地完成任务，并形成双边联系或多边群体关联的工作机制。

考核上要以完成任务为目标，以"保证结果"为导向，建立轮班制度、日志制度、定时报告制度、线上工作会议、员工响应时间等。做好每个时间节点的工作考核，做好各项通知、新闻提示等接收记录和传达落实工作，第一时间将各项指示传达至各工作终端；所有人员须保持微信、手机等通信手段 24 小时畅通。

2. 员工分类管理

重大突发公共事件的传播快速迅猛，如果最初的判断有所偏差，团队和资源没有调配到位，很可能会陷入困境。要提前谋划，做好人员分类，降低疫情在媒体员工中集中爆发，保证媒体正常运转。

一旦下一波疫情汹涌来临，流行严重时，媒体可按应急预案，立即分出两类人员，实施 ABCD 四个岗位的闭环运作，根据阳性员工情况，动态错位安排在岗与居家人员。每件重要的事情，都有 AB 岗的人备份，确保彼此知道对方负责的事情的进展。在岗的状态饱满，一人干两人的活，居家隔离的尽早康复。

Ⅰ类人员，主要是一线记者，分出 AB 岗，A 岗居家办公，不来单位，线上发稿；B 岗在班值守，与外界隔离，通过网络采访、电话采访，与 A 岗人员相互配合，完成稿件的合成写作。A 岗与 B 岗相互避免接触，如果 A 岗记者被感染，B 岗记者随时能替换，反之亦然。

Ⅱ类人员，主要是新闻指挥中心、版面编辑、新媒体编辑、技术、校对、新闻发布厅等人员，分 CD 岗，C 岗在单位上班；D 岗在家办公，提前准备好电脑、网络、软件。C 岗人员如被感染，及时调换 D 岗人员。

以上两类四个岗位人员，媒体单位最好提前形成工作预案，一旦进入

"战时状态"，立即实施。由于员工感染和阳康是动态的，四个岗位人员处在不断调整之中，媒体要确保 24 小时有人员在岗，确保重大新闻及时采访推送、指挥中心重要指令传达到位。

如果疫情严重，确实人手不够，就要做好取舍计划，哪些版面和频道可以停出，哪些项目可以舍弃，哪些报道必须保证等。

3. 工作闭环开展

一旦阳性病人增多，大量员工居家上班，就要通知最少量的骨干员工来单位封闭办公，完成特殊状态下的刚需任务，包括指挥中心、编辑部、客户端、技术等人员，尽量与其他员工错时感染，这部分人实行全封闭管理。

在单位划出封闭办公区，室内严禁人员聚集，不串门，规范佩戴口罩，交谈时保持 1 米以上距离。所有人员进入封闭区必须规范佩戴口罩，做好手部消毒。也有媒体专门设置了阳性康复员工的集中办公室，称为"小阳间"，同其他员工隔开。

对疫情期间的采访工作，要制订采访细则，尽量采用电话、视频方式采访，如需要现场采访，佩戴好 N95 口罩，不乘坐公共交通工具，尽量步行或使用私家车，做好相机、摄像机、话筒、录音笔等采访设备的防护，采访回来，要及时给器材消毒。

前往有感染风险的区域采访时，防护装备如防护服、防护面罩要齐全，自我消杀要做到位，消毒液随身携带，随时洗手，要速战速决，迅速撤离现场。如果必须进入发热门诊、隔离病区采访，要执行二级防护，身体任何部位不能露出，尤其要注意口、鼻、眼三个地方的防护。与受访对象在不影响交谈的前提下，保持 2 米安全距离。

第五道坎：做好技术支撑，完善工作保障

做好后波疫情冲击的准备，如果单位阳性病人大幅增加，员工居家隔离，无法上班，会给媒体正常运转带来难题，每家媒体都要制订保障预案。

1. 做好远程技术保障

一是组建远程文件共享系统。能在外网下进行文件共享并保证共享系统的安全，在线访问个人和共享的数据，实现跨设备工作，更改实时同步，多人实时协作，实现内外网文档共享。

二是保障机房服务器运维。机房的服务器是媒体网站、采编平台正常运行的关键，采用"机防"+"人防"相结合的方式，通过监测设备，实时监测机房服务器的工作状态，留守的技术人员24小时保障服务器的正常运行。

三是协助搭建居家办公环境。可以将单位的办公电脑提前运至家中，并做好电脑登记工作，协助员工远程安装工作所需软件、程序等，利用技术手段以及网络优化方法，尽可能改善员工居家办公的技术条件。

四是加强在线智能化生产的应用。有媒体使用疫情报道机器人，生成数据可视化新闻，有媒体使用智能拆条、海报视频机器人、字幕生成机器人等，在人工智能的应用上迈出了一大步。

2. 做好员工考核和权益保障

"疫情"不是"怠工"的理由，居家办公也不是放假休息，各部门人员要按照既定的目标任务，做好各项工作，确保不断档、不脱节，做到疫情防控和日常工作"两不误、两促进"。

在薪酬考核上，要大幅提高一线采访人员的工作分，一线记者、摄影、摄像人员风险较大，采访地点可能是感染区域，接触的人员也复杂，工作量成倍增长，要以人文关怀为要，提高工作薪酬；另外，对居家办公的人员，可根据不同情况，实行动态考核的浮动薪酬，没有工作实绩的适当降低薪酬。对一些特殊情况要分别对待，提前做好沟通工作，比如单位没有明确规定居家办公，员工以各种理由不上班的，可算作旷工。

再者，员工在工作期间感染新冠肺炎算不算工伤？新冠肺炎属于流行病毒疾病，国家没有明确的规定界定为工伤。因此，员工在上下班期间感染，以及在日常工作过程中感染，都不能算工伤。人社部发布的《关于因履行工作职责感染新型冠状病毒肺炎的医护及相关工作人员有关保障问题的通知》（人社部函〔2020〕11号）规定，在新冠肺炎预防和救治工作中感染新冠的或因感染新冠死亡的，算工伤，可以享受工伤保险待遇。

员工"阳"了居家隔离，发不发工资呢？按新的政策，居家隔离也属于隔离的一种，如果病情较轻可以正常办公，就要发放正常工资标准；如果病情严重，不能正常工作，或转到医院治疗，就按病假处理，发放病假工资。

如果员工知道自己得了新冠，故意隐瞒不报，导致其他同事传染的，要承担相应赔偿责任。情节严重的，会参照危害公共安全处罚。如果隐瞒不报，单位以此为由解除员工的劳动合同也不算违法。

3. 做好单位防疫保障

一是要提前做好物资采购。平常多准备些生活必需品、防护用品，如抗原、折叠床、睡袋、洗漱用品、食品、药品、口罩、消毒液等。提前确定购买上述物资的渠道，确保疫情来临时，物资能保证供应。

二是做好单位的防疫保障。每日用消毒试剂对办公设备、门把手和电话、键盘等进行消毒。设置单位消杀区，对需回单位的人员，在指定地点，由经过培训的员工进行消杀。食堂提前储备菜品，各楼层派专人到食堂领取盒饭，分发给员工，分散就餐，减少人员聚集。没有食堂的媒体，联系好可靠的送餐企业。

三是做好一线记者的家庭保障。对于一线外采记者，单位要主动关心，工会可向其家庭配送一定物资。对即将在单位留守的员工，工会也要为其家中准备肉菜蛋奶水果等生活用品，优先解决他们的后顾之忧。

第六道坎：学会远程办公，重构采编流程

后疫情时代，如果单位阳性病人增多，很多工作就要从线下转到线上，工作流程面临颠覆式重构，要学会远程办公，重构采编流程，并完善技术保障。

1. 学会远程办公

一是用好远程办公软件。单位出现疫情，大家无法聚到一起工作，远程办公软件是最好的协作工具。不少媒体有自身的 OA 系统和线上采编平台，要提高使用效率，没有的可用共享软件，比如企业微信，它与微信互通，可以在企业微信上沟通工作，还可以打卡、审批、汇报、联系客户等。又如阿里钉钉，可以远程视频会议、群直播、DING 功能，还有日程共享、日志汇

报、任务协同、在线文档协作、钉盘等。还有飞书办公套件，可以提供在线协作文档与表格、日历和日程管理、即时通讯、音视频会议等。这些软件各家媒体可以选择，提前让员工下载，学会使用。

二是做好线上会议的召开。可采用"腾讯会议"+"智慧屏"软硬件结合的方式，"腾讯会议"能够与微信互联，使用便捷，功能丰富；"智慧屏"具备会议全程管理、专业视频会议、超顺畅书写、高清传屏显示，实现屏幕共享、会议录屏、讲写结合、文档标记，完善了线上会议功能。

三是保证采编平台的远程运行。在技术上，要确保居家员工能使用外网进入媒体的采编平台，进行稿件入库、审核、编排、发布工作。比如，可以使用外网客户端进行在线编排，远程制作；可以通过VPN专线连接组版电脑进行版面编辑和排版操作，在家进行数字报制作；版面校对人员可以通过采编平台对报纸大样进行校对，以及能顺畅使用采编指挥平台，进行报料、派单、发稿等。

2. 重构线上采编流程

通常，媒体每天早上要开采前会，每天下午要开编前会，疫情期间不能聚集，每家媒体都要准备采编流程重构及在线采编预案。在线上召开采前会和编前会，线上会议在疫情期间尤为重要，包括传达省市重大工作部署、上报新闻线索、点题策划、调度当天工作、分析传播效果、工作复盘等。

疫情期间，不少媒体都启动了在线化生产方式，形成战时模式"值守+现场+远程"，员工分类管理，采编人员协作，既有线下采访，又有岗位值守，还可远程登录融媒体平台进行在线生产和发布，媒体指挥中心远程协同管理。

此外，还有媒体搭建云编辑系统和云播出专线，采编人员可以不进入单位工作，通过"云编辑""云制作""云播出"等方式，将编辑制作的节目实时传送到单位的演播室和播出机房。

3. 做好"双线"采访

疫情期间最大的挑战是难以线下采访，一线采访力量无法获得足够的原创素材资源。需要提前准备双线作战采访预案，基层采访和线上联动"双线"

作战，在岗与居家"双轨"协作。

在人员安排上，可采取 AB 岗记者，线上线下协同式采写，A 岗记者现场采访，拍摄图片及视频，资料传至后方；B 岗记者在后方梳理整合素材，形成稿件，以搭档的形式展开工作，提高工作效率。

在线索搜集上，可提前与相关部委办局防控人员建立联系，加好微信；通过政府防控会议、政府文件、政务新媒体等寻找；还可关注政府网站以及各委办局的官方微信公众号，从新的角度、以新闻的形式进行改写。

第二节　飞越：智媒时代扑面而来

习近平总书记在中共中央政治局第十二次集体学习时指出："要探索将人工智能运用在新闻采集、生产、分发、接收、反馈中，全面提高舆论引导能力。"为人工智能技术赋能媒体融合指明了方向。

在加快建设"数字中国"、打造智慧城市等方面，智媒体有很大的应用前景和发挥作用的空间。未来，万物智联、万物皆媒，可穿戴设备、无人汽车、智能家居、物联网、云计算、算法、大数据，正在构建一个全新的智能生态。

传统媒体还没有真正理解融媒体时，智媒体来了，还没有真正理解智媒体时，元宇宙又来了。人工智能重新塑造了人与人、人与媒体、人与资讯的关系，带来生产方式、组织形式、产品形态新的变化，颠覆并重构了媒体生态。

一、智媒时代的来临

世界互联网之父、《失控》作者凯文·凯利说过，人工智能会是下一个 20 年颠覆人类社会的技术，它的力量将堪比电与互联网。科技聚合的时代，以人工智能为代表的新技术已经深刻影响了传媒业。

1. 从数字化走向智能化

智能世界 2030 论坛发布了《智能世界 2030》报告，报告认为，未来十年，人与机器将实现感知、情感的双向交互。无所不及的人工智能将成为科学家的显微镜与望远镜，各行各业从数字化走向智能化。

人工智能给这个世界带来巨大变化，深度学习算法、大数据和云计算技术被认为是人工智能浪潮的三大技术基础。"智能+"的作用不亚于现在的"互联网+"，它将颠覆众多传统行业，催生许多新鲜事物。比如智能机器人、智慧医疗、自动驾驶、智能交通、智能工业、智能农业、智能教育等，都是我们可以预见的未来。

人工智能时代，大内容产业和大传播格局也将发生深度变革，人工智能已渗透到媒体"策采编发"全流程当中。内容生产上，写稿机器人已经普遍应用；在审校环节，智能学习、快速纠错、实时审核已经普及；在发布环节，自动生成推荐标题、摘要，实现了精准分发；在图像、视频等视觉领域，智能去背景、智能擦除、智能合成、智能编辑，人工智能都得到很好的应用。

智媒体的提起，还是在2016年，腾讯科技联合清华大学新媒体研究中心共同发布了《智媒来临与人机边界：2016中国新媒体趋势报告》，首次在国内提出了"智媒"的概念。报告指出，智媒是以技术为导向的一种媒体形式，智媒时代，以人为主导的媒介形态开始被打破，各种智能物体及新技术的交互融合，推动传媒产业链的新变革。

自此，"智媒"这一概念得到深入讨论，业内解读"智媒"即媒体智能化，并总结出万物皆媒、人机合一、自我进化的三大特征；进而从信息生产角度认为智媒化将带来以下可能：用户分析与匹配的场景化、智能化与精准化，新闻生产的机器化、智能化与分布式，新闻传播的泛在化、智能化，新闻体验的临场化，互动反馈的传感化与智能化等。

2. 什么是智媒体

所谓智媒体，就是以大数据、人工智能、云计算、区块链、算法、VR、AR、MR、人机交互等新技术为基础，以"AI+"引领新型主流媒体建设，人机协同、自我进化，通过数字化内容、智能化生产、智能化算法、智能化网络、物联化终端实现的媒体全新形态。

一是在生产端，具有强大的议题设置能力，智能采集、智能生产，人机互动机器写稿，实现优质内容的个性化供给；

二是在分发端，实现了智慧推荐和智慧引领，党媒算法完成个性需求与主流价值的平衡，人工智能实现了海量内容与海量用户的智能化匹配；

三是在接收端，通过云产品、云数据、云服务，占领了可穿戴设备、无人汽车、智能家居、元宇宙等传播主阵地；

四是在平台端，升级为新型智慧媒体，媒体、用户、平台、内容供应商、技术方、运营商形成一体，具有较强的技术创新能力，形成了自我学习、自我强化、多元化盈利的可持续发展模式。

2022年11月24日，中国智媒体50人论坛·成都峰会上，中国传媒大学媒体融合与传播国家重点实验室发布了《中国智媒体融合发展报告（2022）》，提出国内首个"智媒体评价指标体系"，包含智媒体技术支撑能力、智媒体技术应用能力两个一级指标，智媒体人才支持、智媒体科研成果、底层技术支持、信息采集、内容生产、内容审核、信息分发在内的7个二级指标，数据基础、时间维度、准确率、主流价值引导等14个三级指标的评价体系。同时盘点了中国智媒体融合发展九大重点领域，主要包括：智能云平台、智能视觉平台、大数据机器学习、虚拟数字人、智能传感器、智能标签、智能审核、智能推荐、智能翻译。

3. 应对智媒时代的挑战

人工智能带来变化的同时，也给人们带来担忧：未来机器承担大量工作，自己是否会下岗？人与人之间的沟通变成人与机器的数字交流，世界是否会变得冷漠？人工智能的普及，阶级差距是否会变大？

对媒体人而言，智媒时代的到来也是一把"双刃剑"。当人工智能进入新闻领域后，会带来怎样的挑战？有学者认为，最大的挑战是被赋能的新业务能力和被取代的重复劳动之间的平衡问题。就新业务能力而言，数据挖掘、数据可视化、人机交互编程等技术重塑了新闻生产的链条，直接影响新闻从业者的身份与职能变化。传统的模式化写作已经很难跟人工智能去竞争。但是在媒体发展的道路上，技术不断求新求变，新闻更呼唤回归人性、观照伦理。

一是如何减少"算法乱象"

人工智能被应用到数据处理中，为用户画像，算法则进行海量内容和海量用户的需求匹配和个性化推荐，算法越来越强大，不留死角地进入我们的日常生活，八爪鱼般地伸向我们的世界，从现实的到虚拟的，全时全息地操纵我们的空间和时间。算法不应替代群体价值的选择，不能代替法律、道德、伦理的判断，否则将不可避免地带来低俗信息、虚假信息的泛滥、个人信息过度收集、"大数据杀熟"等现象，需要严格规范。特别需要加强人驾驭和规范机器的能力，通过人与机器协同工作，将人工智能技术引入舆情预测、内容生产、信息传播环节，提升舆论引导能力。

二是如何消除"深度伪造"

机器学习是人工智能的重要能力，"生成对抗网络"则是机器深度学习中的一种分类。这一技术被用户不当使用，易造成"深度伪造"难题，成为人工智能对新闻传播业带来的挑战，其违反了新闻真实性原则和用户追求真相的价值观，滥用则会威胁国家安全、个人和企业的合法权益。特别是虚假信息混杂在 AIGC（人工智能生成内容）中混淆视听、干扰舆论环境，形成同质化、算法偏见、主体异化等"智能陷阱"，需要政府、社会、媒体共同参与技术治理和法规治理。

三是如何降低"信息茧房"

由于人工智能算法的推荐，人们的信息领域会习惯性地被自己的兴趣所引导，从而将自己的生活桎梏于像蚕茧一般的"茧房"中，成为与世隔绝的孤立者。需要综合分析人们获得信息的多重途径及其过滤机制，通过人工智能提升媒体信息采集能力、传输能力、处理能力，让媒体、内容、受众、终端产生更全面和合理的数据内容和传输形态，构建全媒体传播体系。

四是如何加快智媒进程

媒体融合推进以来，人工智能普遍应用在数字人、智能工具、中央厨房、媒体中台等方面，既包括语言、图像、视频、文字，也包括自然语言理解、生成。人工智能技术投入较大，目前，国内有不少 AI 技术供应商面向媒体领域打造了丰富的场景产品和解决方案。

但头部智能技术企业大多与大型媒体集团、头部内容平台合作，开发的技术多为锦上添花型，带不来经济效益，媒体急需的有较高应用场景、轻投入的智能产品无人供给。许多技术系斥巨资研发，中看不中用，虽然炫酷，但大多数地方媒体无法落地应用。

地方媒体本身技术水平不高，面临着巨大的资金压力，人才瓶颈，专业能力要大幅提高，包括跨媒体协作能力、数据安全能力、内容运营能力、大数据认知力、人机协同工作能力等，都是不小的挑战。

二、智媒时代的新技术

智媒体是一个技术推动的新生态，2020年9月，两办《关于加快推进媒体深度融合发展的意见》提出：利用5G、大数据、云计算、物联网、区块链、人工智能等技术，运用VR（虚拟现实）、AR（增强现实）、MR（混合现实）和流媒体、超高清等技术，推出全息化、可视化及沉浸式、交互式新闻产品。主流媒体要加快拥抱智媒时代的技术新生态。

1. 区块链

近两年，区块链在媒体间的应用越来越广。说到区块链，不得不提它的孪生兄弟——比特币。比特币是一个点对点电子现金系统，绕开银行这个第三方。比特币系统采用的方法是，让所有交易过程都按照时间顺序公开透明地记录下来，这些记录是永久性的，不能篡改。

这个系统以数据块为单位存储数据，这就是区块（Block），大约每隔10分钟，就会有新的区块增加上去。每个区块都记录着比特币的详细交易过程，而且带着时间戳。不同区块之间按照时间顺序、通过某种算法相连，这就是链（Chain）。它们合起来，就被称为"区块链"（Blockchain），用专业术语来讲，区块链是一种分布式账本技术，它是去中心化、可溯源和不可篡改的。

区块链伴随比特币的诞生，如果说比特币是台前明星，区块链就是幕后英雄，负责在底层技术上提供信任机制。区块链使无数信息的孤岛被"链"在一起，为传媒业带来新的发展机会。数据信息的储存、管理、流通可以做到透明、可信，帮助媒体行业以更负责任的方式记录保存，作为一种档案系统而加以利用，保障新闻的可靠性和真实性。比如，其具有的防篡改功能，能够轻松分辨出深度伪造与真实视频，并查看一系列事实中的所有权链。

比如，在版权保护领域，区块链将更好地发挥数字作品版权存证的作用；作为社会的底层操作系统，区块链自我主权身份确认将涉及付费、身份验证、版税以及数字广告等领域；同时，区块链还能重构传媒激励机制，其分布式分类账功能正在改变内容管理和消费方式的激励结构，将权益从互联网巨头向创作者、传播者转移。

2. Web3.0

Web3.0是同元宇宙同样霸屏的科技术语，Web3.0泛指基于区块链的去中心化网络，能将多个场景融为一体的新型数字生态系统和互联网基础设施。常被描述为"互联网的下一阶段：一种可被用户拥有的互联网"。

Web，即万维网，Web1.0时代，网页是"只读的"，用户只能搜索信息，浏览信息；Web2.0时代，是"可写可读的"，用户不仅仅是内容的接收方，还可以参与创作内容。从Web1.0到Web2.0，是用户与互联网信息交互的过程，用户为参与主体，App等平台为应用载体，尽管发展迅速，但也带来一个问题，即平台权力迅速扩张，用户只是互联网的"过客"，而不能真正地拥有互联网。

Web3.0时代，是"可读可写可拥有"的互联网，每个用户都能掌握自己的数字资产和数据，主导权不在互联网平台手中，而在用户手中，用户主导的内容和数据，重建在分散的区块链上，包括加密货币、DAO、NFT、数字藏品等。

区块链是构建Web3.0的基础，它为Web3.0提供了安全的执行层，让用户可以创建、发行、交易加密资产或内容。Web3.0时代，用户的时间、内容创造以及劳动投入，都会通过区块链技术形成数字资产，交付到用户手上。对媒体的内容生产和传播带来重大调整，一个基于区块链技术、用户主导、去中心化的传播生态正在到来。

Web3.0重塑了用户与平台之间的"支配—依附"关系，形成一种新的数字身份体系。不仅提升了用户的隐私和信息安全，掌握了自己的数字身份、数据信息以及数字资产，也打破了平台对信息管理和算法的垄断，彻底改变了用户与平台间的权利义务关系，建立了一套新的数字产权体系。

3. NFT

NFT 是 Web3.0 的基础设施之一，与比特币类似，被称为非同质化通证（Non-Fungible Token，NFT），它与比特币最大的区别在于：比特币是同质化的，每一枚比特币之间没有本质区别，可以互相代替；NFT 是非同质化的，每一个 NFT 都独一无二，它是区块链上的一个合约，用来标记数字世界里数字资产独特性。

NFT 是 Web3.0 用户价值的重要载体，它是架构在区块链技术上不可复制、篡改、分割的加密数字权益证明，可以理解为一种去中心化的虚拟资产或实物资产的数字所有权证书，其项目主要集中在数字藏品、游戏资产和虚拟世界三个领域。一个 NFT 在区块链上被铸造出来之后，就没有人可以再去伪造它，可以保持独一无二的特性。

NFT 解决了元宇宙中身份认证和确权问题，即确认这个数字产品是唯一的、所有权是你的。对传媒业而言，NFT 能够更好地保护创作者权益，用户可以自己制作并将 NFT 记录在区块链上，形成数字化资产的 NFT。一个 NFT 代表一件数字作品，当一幅图片、一条视频能被确认为资产时，人们就永远知道创作者是谁，哪怕被反复下载、复制，人们也总能够确定哪个版本才是正版。

NFT 为创作者提供了新的盈利方式，新闻是历史的记录，重大事件重要历史时刻的新闻作品，天然具有收藏价值。目前 NFT 已经被广泛应用于对图片、音乐、视频等数字产品，以及各种 UGC 产品的产权保护和流转当中。特别是传统媒体长期以来积累的数字内容，因其历史价值和独一性，成为最宝贵的非同质化资产，把图片、稿件、视频打包生成产品，写入一段独特的代码，就可以将这件作品"铸造"成为 NFT 发售，从而改变了媒体的盈利模式。

但加密数字资产，因其匿名的属性，完全由持有人负责，丢失后被寻回的难度较高。2022 年，歌星周杰伦在社交媒体上透露，自己持有的价值高达

55万美元的无聊猿NFT被盗，这让人感受到元宇宙巨大的安全隐患。

NFT具有确权功能，让内容归属明晰，可轻松实现内容资产化，其价值能以精准的价格来呈现。媒体机构可重新构建UGC生态，比如帖子（NFT）竞拍，就是对优质内容的一种投资，数字世界里的用户会挖掘有潜力的作者和有价值的内容，竞拍、投资、获利。从而促使更多的BBS用户去创作好的内容，形成有效的内容激励机制，媒体也可以精确识别和留住自己的用户群体，通过话语共识和身份认同形成社群组织，驱动媒体平台的生态升级。

4. 数字藏品

数字藏品，是具有特定文化印记和艺术的数字出版物，是虚拟空间数字资产的产品。它利用区块链技术，生成链上唯一的所有权或使用权的数字凭证，不可篡改、不可拆分、限量发行，目的是实现作品真实可信的数字化发行、收藏、使用和流转。

2022年7月6日，国家新闻出版署科技与标准综合重点实验室区块链版权应用中心发布了《数字藏品应用参考》，为传媒业介入数字藏品业务指明了方向。

数字藏品现阶段包括：文字作品，口述作品，音乐、戏剧、曲艺、舞蹈、杂技等艺术作品，美术、建筑作品，摄影作品，视听作品，工程设计图、产品设计图、地图、示意图等图形作品和模型作品等。

对传媒业而言，可把数字藏品当作媒体与元宇宙融合的先驱型成果物，作为内容产业的重要发展方向。各家媒体由于拥有优质的内容资源，能将IP内容进行数字化展现，加上数字藏品的稀缺性、购买者身份不可篡改性、内容的独特性等，深得年轻人的喜爱。

媒体数字藏品大致有以下两种：基于新闻报道创作的新闻数字藏品，以及围绕节庆日、重要节点从新闻传播角度创作的数字藏品。《数字藏品应用参考》提出了两种数字藏品合规发行：一是区块链作品版权，将通过上链确权、认证的作品进行财产权转让、交易，需在省级以上政府批准的交易所依法进行；二是区块链数字出版物，将通过上链确权、认证的作品，经网络出版后，以限量、多份的区块链数字出版产品形式销售。

现实中，不少媒体已经涉及数字藏品业务，《人民日报》推出头版数字藏品、《解放日报》发行虎年纪念版数字藏品、中央广播电视总台发行3D版"虎娃"数字藏品、新华数藏推出乡村振兴藏品。目前数字藏品大多通过联盟链上的数字藏品平台发行，权属较为混乱，价格评估也不到位，存在一定的风险，还需进一步规范。特别是数字作品在权益确认、权益保障以及权益灭失等方面仍存在技术难题、法律缺失和认定盲区。

5. 其他技术

DAO 是英文 Decentralized Autonomous Organization 的缩写，即去中心化的自治组织，在线成员共有的社区，由成员的共识而非集中领导来管理，规则不能被单个人物或中心化的一方所改变。DAO 的群体目标一致性，能有效解决内容生产盲目追求流量，以及博眼球、低俗内容的弊端，通过社区成员的自治管理保障了新闻的公共性。这样的社群完全遵循着一套与现实世界不同的组织机制，未来，主流媒体的社群传播在 DAO 的组织内如何运作，将成为重点研究方向。

dApps 即去中心化应用程序，是在区块链上开发的应用程序，传统应用的后端代码是运行在中心化服务器上，但 dApps 的后端代码是运行在去中心化的点对点网络上。它具有去中心化、永久存在、开源的特征，不能被恶意改变或操纵。未来，媒体的 App 也将转为 dApps，在去中心化的前提下，如何落实把关责任和算法推荐，成为一个亟待解决的问题。

Creator Economy 即创作者经济，在 Web3.0 的创作者社区，UGC 可以不通过媒体平台，在 NFT 的支撑下，直接与用户（粉丝）建立联系，发行"写作代币"展开众筹，作品完成后上链进行交易，通过作品转载、粉丝打赏和"币圈"拍卖等形式，获得独立的收入来源。这种去中心化的流程，解决了版权不明、收入与贡献不匹配、盗版猖獗等问题。

三、智媒体的智能应用

6G 技术即将成为互联网领域新赛道，元宇宙将赋予行业发展新动能，新终端、新场景应用会成为新蓝海。"智媒+行业"的强力出圈态势，推动文旅、会展、政务等成为智媒赋能垂直行业、拓展传媒生态版图的试验田。

智媒时代，人工智能底层芯片、传感器、计算机视觉、语音识别、自然语言处理、机器学习等迅速发展，物联智能视觉、内容智能标签、智能推荐、智能考核、脑机接口、智能语音处理技术等也在媒体取得应用突破。在智媒体建设上，有哪些应用需要提前布局呢？

1. 智能化内容生产

人工智能实现了对全网新闻信息趋势的捕捉，让机器及万物都可能成为信息的采集者，而机器也可以完成信息的智能化加工。物联网中的传感器，将成为一种全新的信息采集手段。人工智能对内容生产进行重塑，依赖先进的机器学习，提取新闻事实中的数据、资料加以整合，通过语义分析与已有数据进行对比关联，从而获得新的"内容"，自动写成新闻，形成完整的稿件。

AIGC（人工智能生成内容）已成为 UGC、PGC 之后新兴的内容生产方式。基于大数据建模和算法深度学习等技术，从生成文字、自动剪辑视频、AI 声优机器人，到标题推荐、手语翻译、用词润色、数字人与主播搭档主持等，AIGC 已在多个场景应用，带来更丰富、多元、交互性的信息体验，逐渐走向成熟。相比文字，人工智能在视频领域的应用相对更为普遍。

AIGV（人工智能生成视频）正在兴起，只需输入文案、自动合成语音，就能实现短视频的批量化生产。而无人机航拍、无人车地面拍摄、无人船的水下摄影等，能够最大限度地延伸人类的拍摄能力。

2. 智能化内容编审

传统媒体设有"把关人"，对传播内容的质量与尺度都有把控。新媒体每天产出海量内容，网络审核人员无法及时跟进，人工智能可以发挥重要作用，将存在违规信息的文章发送给负责审核的工作人员处理，担当一个大滤网的角色。

人工智能还会记录并学习工作人员的处理行为，进一步提升自己的审核能力，提升审核效率，对视频、语音、数据进行全媒体内容编辑，多屏编排、发布以及运营管理。特别是对于视频音频，人工审核通常要完整地浏览视频内容，而人工智能可以同一时间节点逐帧分析全内容片段，并进行标记和相应处理。并且催生出智能视频修复、智能视频编辑、多维度审核服务等一系列智慧应用，实现了全自动、智能化的音视频内容生产。

未来的"人工智能编辑部"不仅成为人工智能基础服务平台，还将打造"媒体+AI"生态，促进媒体融合从内容科技、话语体系、媒介组织到平台建设的一体化发展。

3. 智能化内容分发

内容分发的核心是连接，连接的核心是用户画像，人工智能对采集数据进行分析，算力算据算法弹性协同，实现对用户肖像的刻画、行为轨迹的分析，让媒体更好地了解每个用户在特定社群和场景下的行为和需求，研究用户在什么场景和社群里需要怎样的内容。

智能算法是智媒体的标配，它是基于对内容、用户的理解的基础上进行高质量内容的推荐和分发。算法的实质是在海量信息供给与个人化信息需求之间建立一系列数学关系，形成数学模型，更加精细化、精准化、智能化地分发内容，从而让各类媒体介质都能得到更多受众的喜爱。

智能化分发还体现在交互上，例如通过虚拟数字人等交互方式，让受众获得更好的交互体验，机器算法不断抓取用户的需求与兴趣，在双向互动的过程中，完成用户分群、模型建构，打通与其他资源之间的通道，进行更精确的场景化匹配。

4. 丰富的智能化产品

人工智能生产的产品极为丰富，传感器新闻、AI看新闻、虚拟现实新闻、新闻游戏等，为媒体带来了崭新的机会。在产品设计上，人工智能致力在各个功能模块加入AI的体验，为用户提供"视、听、读、聊全息智媒体验"。

以虚拟主播为例，2019年6月，新华智云的前身——"媒体大脑·MAGIC"虚拟主播就已经上岗。只需输入文字，虚拟主播即可播报新闻、生成视频。用户还可选择主播情绪和播报背景，甚至定制主播形象，一键生成AI新闻播报。

AI 主播不需要化妆，可以 24 小时连续工作，大大提升了内容生产效率。虚拟人主播依托背后的技术与财经内容团队，拥有强大的数据处理能力和财经专业度，看似是一个人物形象，实际上是一个重要的信息枢纽，汇聚并处理来自多方的信息。具备了一年 365 天 24 小时随时在线的能力，对时效性强的热点新闻事件进行分钟级的响应。

广电媒体中，大型节目、综艺晚会等更是人工智能的新舞台。央视牛年春晚上，AI+VR 裸眼 3D 拍摄、全景自由视角拍摄、交互式摄像控制技术，让影像的构建与诠释更为绚丽多彩。

5. 全新的智能化终端

人工智能具备物联网的连接能力，未来，全媒体终端物联化，可穿戴设备、智能家居、智能汽车将成为信息终端，每种终端都会成为一个媒介，伴随着新的人机交互方式，如语音交互、手势交互、面部识别等，人工智能像一个庞大的系统，连接着每一个智能设备，带来全新的体验。

在这些智能化终端，当消费场景被无限激发起来时，输出能力就格外重要。每一个人不同时间不同场景的内容需求都不一样，智能媒体根据不同场景主动推送个性化内容给需要的人。

6. 智能化经营系统

智能媒体解决的是媒体供给与用户需求的高度智能匹配，不仅仅是识别用户、发现需求并智能匹配供给，更重要的是生成用户、创造需求、引领需求，这将是一种全新的媒体生产与用户消费方式。

各地数字化基础设施的建设日渐完善，包括大数据中心、智慧城市、VR产业、数字藏品等多个领域，主流媒体有较大的合作空间，进行更全方位的平台合作、资源整合，并进行实时、智能的适配和对接，从而改变当前媒体产业"气血不足"的状况，协调并优化媒体可经营性资源的挖掘，在信息技术革命带来的万物互联、万物皆媒的新传播图景下，媒介的创收生态正在发生颠覆式重构。

第三节　穿越：占领元宇宙的主阵地

2021年，"元宇宙"横空出世，成为国际热词，这一年也被定义为"元宇宙元年"，一时间，元宇宙成为各行业追逐的热点。元宇宙向我们承诺了一个美好的未来，它到底是什么？有人说它是高度致幻的"精神鸦片"，只是一种概念；也有人说它是未来社会的形态。元宇宙给传媒业带来哪些影响？主流媒体如何提前布局？未来，如何占领虚拟世界的主阵地？

一、元宇宙的世界

随着5G+、6G、卫星互联网、Wi-Fi7、IPv6等未来网络生态的来临，互联网已经分布并整合到多个场景中，一个基于未来互联网的、具有连接感知和共享特征的3D虚拟空间——"元宇宙"诞生了。

1. 什么是元宇宙

元宇宙的英文是metaverse，其中verse是版本的意思，英文的"宇宙"universe，按字面翻译就是"唯一版本"，世界的唯一版本就是"宇宙"；meta，就是Facebook改名后用的那个meta，是更本源的意思。metaverse翻译成元宇宙，是指比现有的真实世界更本源的世界。类似的翻译还有元语言（Meta-language）、元数学（Meta-mathematics）。

"元宇宙"的概念，最早由科幻小说家尼尔·斯蒂芬森在1992年的小说《雪崩》中创造出来，根植于现实世界，但又与现实世界相互平行、相互影响，是一种融合了多种新技术所呈现出的虚实相融的社会生态。简单来说，元宇宙就是一个平行于现实世界的虚拟世界。

元宇宙破圈出位，还属2021年10月扎克伯格的改名之举，让元宇宙从一个科幻概念迅速转身为资本追逐的互联网"风口"。Facebook的创始人扎克伯格认为，元宇宙远不是我们在手机或者电脑屏幕上看到的互联网，它是一个我们能够参与的可以置身其中的互联网。人们将以区别于现实的、全新的身份参与其中,从而获得"第二身份"。

在理论上,未来,现实世界可以被完美复制,一切东西都可以被数字化并放进元宇宙之中。现实原生的资产经过数字孪生并上传云端,在虚实共生中能够实现浸入式交互。元宇宙赋予了人们永恒在线的数字镜像化身,并且搭建出独立于现实世界的运行机制与经济体系,允许每一个个体在元宇宙的世界中进行生产与编辑。在元宇宙里,可以做很多真实世界无法做到的事情,比如同时拥有多个身份、去冒险而不会有真正的危险,等等。

综上所述,元宇宙本身不是一种技术,而是一个集成了互联网、云计算、大数据、人工智能、区块链、Web3.0、NFT、VR/AR、物联网等技术的虚拟数字新生态。它不仅是"平行于"现实世界的一种存在,更是既超越现实世界又与现实世界相融合的"混合现实"。

2. 元宇宙有较多的争议

互联网的发展是不断迭代、更新的,Web2.0只是数字化大的进程中的一个阶段,下一代互联网正在面临重构和洗牌,集中表现在元宇宙上。

技术专家、经济学家、哲学家对元宇宙的作用各有各的看法。有学者认为,元宇宙在数字技术里,集成了巨量的数字经济应用和最丰富的应用场景,被认为是未来数字经济的有力抓手,以及城市经济社会发展的新蓝海。

有学者强调元宇宙作为人类思维表象化和数字迁徙的必然路径,承载着打通现实世界与虚拟世界的技术使命;有学者认为,元宇宙是整合多种新技术的下一代互联网应用和社会形态,它基于扩展现实技术和数字孪生实现时空拓展性,基于AI和物联网实现虚拟人、自然人和机器人的人机融生性,基于区块链、数字藏品、NFT等实现经济增值。

各行各业都试图抓住元宇宙这一新的机遇,但市场还存在相当大的泡沫。2022年下半年,Facebook母公司Meta首次大规模裁员,将团队规模缩减13%,裁掉11000多名员工,被扎克伯格寄予厚望的元宇宙业务Reality Labs,第三季度营收同比下降49%,亏损更是大幅扩大。有学者认为"元宇宙"是高度致幻的"精神鸦片",存在很大的泡沫,"元宇宙"的基底就是反历史进程的。

元宇宙作为一个极为复杂、去中心化、开放且不断演化的巨型系统，需要巨大的算力、先进的硬件设备以及相对苛刻的现实条件，需要全社会、所有机构和个体的参与，面临着技术、内容、标准和法律等方面的难题。

3. 元宇宙是一个新赛道

元宇宙热潮下，新的产业形式被催生出来，这是一个新的赛道，大家处在同一个起跑线上，抓住新赛道的机会，就有新的空间。

在现有的互联网技术下，受众只能借助记者的描述或是观看图片、视频，获得"间接体验"。而"元宇宙"能够提供与现实社会一样的场景，比如，不再需要佩戴VR、AR头盔，就能以虚拟人物或卡通形象的形式出现在视频会议中，人可以借助各类感官接口，通过"沉浸式体验"进入新闻现场，从而带来传播模式、传播语态、传播形式的巨大变化，获得真实直观的"现场体验"。

随着元宇宙基础设施的不断完善，会出现许多不同的场景、不同的玩法、不同的广告元素。结合大数据、人工智能等技术分析用户的行为和需求，推出更为精准的产业发展和营销策略。通过虚拟空间、VR线下店、区块链交易平台等，探索一个在Web3.0时代，从内容生产到商业化的产业闭环。

2022年7月8日，上海市政府发布了《上海市培育"元宇宙"新赛道行动方案（2022—2025年）》，推动元宇宙更好赋能经济、生活、治理数字化转型，重点发力全息显示、未来网络、VR/AR/MR终端、3D图像引擎，支持元宇宙+工厂、医疗、文娱、办公等场景打造，试点上海数交所开设数字资产交易板块，推动数字创意产业规范发展等，为转型元宇宙赛道指明了方向。10月，工业和信息化部发布工业元宇宙三年计划，成立工业元宇宙协同发展组织。

国内也已初步建立起完整的元宇宙产业生态，各层级均有数十家代表性企业抢滩布局，有机构分析，元宇宙产业大致分为基础底层技术、终端入口、交互生成、场景应用几个层级。

二、元宇宙给传媒业带来的挑战

元宇宙诞生于数字技术之中，但是其范畴又不仅仅局限于互联网，它还为互联网发展中全要素的融合提供了一个未来的整合模式，元宇宙正是新技术在新闻传播领域的前瞻性研究和应用，构建出未来媒介的可能样态。

1. 传媒学界对元宇宙的思考

传播学者喻国明认为，元宇宙是人类社会的深度"媒介化"，目前传播媒介正在经历着从物理介质到关系介质，再到算法介质的深刻改变，未来媒介的终极演进将是"场景时代""元宇宙"和"心世界"，"元宇宙"在升维的意义上为互联网发展的全要素融合提供了一个未来的整合模式。即以元宇宙为由头，勾画出关于未来的一种全新媒介版图。这个媒介不再是我们传统意义上的媒介，而是一种对我们社会带来了全新操作系统的媒介，在这种新操作系统推动之下，整个媒介的版图都在发生巨大的变革。

传播学者陈昌凤认为，元宇宙是当下顶尖技术的集大成者，是深度媒介化的实践，与人类、历史文化和现实社会有着深层的复杂关系，理解元宇宙、建设理想的元宇宙，要将其视为一个复杂关系的转型过程，立足于人的解放和社会的转型逻辑。它将改变人类的社会关系和交流的性质，也要接受遵循以人为本的价值观。元宇宙将进一步改变交流的性质，可以使人无所不在、永远在场，通过将物理世界和人的存在感虚拟化，打造"去中介化"的交流体验——永远面对面、永远在一起。

传播学者胡正荣认为，元宇宙是虚拟时空间的集合，由一系列的 AR、VR 和互联网所组成，即通过技术能力在现实世界基础上搭建一个平行且持久存在的虚拟世界，现实中的人以数字化身的形式进入虚拟时空中生活，同时在虚拟世界中还拥有完整运行的社会和经济系统。在深度融合创新的框架下，元宇宙将重新界定并迭代优化传媒业的新技术、新产品、新市场与新业态。

传播学者沈阳认为，元宇宙能赋予媒体更多的手段与能力，向受众提供更加细腻的媒介表现形式，若与报道机制相结合将会使整个社会信息更加清晰、透明，实现信息对称。媒体可从四个方面着手布局：历史数据结构化，线下场景元宇宙化，选用实用化的元宇宙技术提升生产力与品牌传播效果，通过数字藏品实现较稳健的盈利。

传播学者彭兰提出了元宇宙的近虑和远忧。元宇宙未来会怎样占领用户的"生理带宽"？她认为，所谓的"生理带宽"是在一段时间之内，每一个人的时间、精力、注意力和身体，这些东西都是有限的。因为元宇宙很多时候是处于沉浸式的，是要全身心投入的。我们一天 24 小时的"生理带宽"有多少会被元宇宙的应用所占用？我们会不会丧失掉一种自主的时间把握？一开始大家也特别愿意用化身的方式进入各种各样元宇宙空间里，但是我们能够跟化身长期共存吗？我们未来如果有很多个化身，这些化身之间能够和平共处吗？

传播学者郭全中认为，元宇宙将经历云游戏、数字孪生、虚实共生三个发展形态。目前，元宇宙正处于初始阶段，通过虚拟现实（VR）、增强现实（AR）、混合现实（MR）等技术让用户体验到更好的沉浸感。元宇宙对于传媒业来讲，一是能带来更好的沉浸感与现场感，二是在产业、内容生产等方面会带来相应变化，三是可以推出更多的创新型数字产品，四是基于区块链技术对版权进行确权。

2. 元宇宙带来的挑战

从学者的研究中，可以看出，"元宇宙"背后蕴含着对数字化生存的想象与愿景，元宇宙存在的"虚实结合"的特性与传媒业存在广泛的交集，作为一种重塑未来传播模式的可能形态，它满足了人们在既有经验生活中对智能化、超感化技术的想象与体验，也意味着对现实世界的超越，或许元宇宙会成为未来媒体的集成模式。

"元宇宙"概念突然火爆，在一定程度上也与目前的媒体融合走向瓶颈有关。同质化、碎片化和过剩化的内容生产，急切需要扩展现实媒介及其营造的沉浸传播边界，展现更强的横向连接，才能引入使用者更多的体验和时间。

元宇宙改变传播方式认知，给传媒业带来了挑战。用户共创内容带来传播内容真实性的担忧；元宇宙的生产主体拥有极大自由度，也将带来舆情把控的难度；区块链去中心化、不可篡改的特点，让虚假信息和谣言很难得到澄清和删除。

此外，内容生产、传播渠道、发布平台也面临新的行业革新，将诞生更加新颖的内容生产方式和新的产品，比如区块链提供了一个去中心化的合约式内容创作形式，"用户生产内容"将升级为"用户共创内容"；用 NFT 加密新闻作品，管理和交易数字资产，如何将 IP 内容变现？这些都给媒体带来新的挑战。

3. 如何占领虚拟世界的主阵地

"元宇宙"是媒体融合下一步进程中不可忽视的概念，元宇宙构建了虚拟世界的主阵地，带来了全新的沉浸式体验，使媒体无处不在，从单向、平面的传播转变为互动式、沉浸式的传播，给舆论引导带来全新的挑战。

比如，元宇宙中的居民是同时具有物理身份和数字身份的混合主体，他们的语境完全不同，针对这些宣传对象，主流媒体如何应对？身临其境的沉浸式体验更会让用户情绪先行，主流媒体能否带好节奏？在虚拟世界里，人们是否关注现实生活中的社会议题？人与机器的交流中，主流媒体能否适应人工智能的认知，把握好舆论导向？能否借用游戏等平台进行议题设置，占领虚拟世界的舆论新高地？这些问题都需要媒体深入研究，主动迎接挑战，推进新技术带来的融合创新，加快元宇宙背景下媒体融合的推进力度。

三、元宇宙背景下的传媒布局

在元宇宙的赛道上，下一代互联网是催生媒介变革的重要关口，过去媒体融合的成果可能都不适应元宇宙的要求，需要媒体用长期思维来适应发展，用颠覆式的思维重新思考，互联网主阵地扩展到哪里，用户聚集到哪里，媒体融合和新闻舆论工作就要触达到哪里，催化自身的融合质变，打造新一代互联网媒体的生态体系。

1. 生产沉浸式新闻产品

沉浸式的产品将是未来较长时期内元宇宙集中发力点，媒体要尽快推出基于 UE 引擎和人工智能的内容生产体系。在元宇宙里，你可以看一份报纸，但这份报纸已不是印刷品，也不是数字报，它可能是一个通过 3D 技术制作的模型；在元宇宙里，你还可以看电视，这个电视可能是用虚拟现实、增强现实、物联网等技术整合的"视、听、识"的新体验，你还可以把自己代入新闻场景成为目击者；在元宇宙里，内容的边界将消除，游戏、电影、电视剧、综艺在元宇宙会融为一体，虚拟主播会更多地出现，和用户之间更好地互动，建立起更有效的连接，占领虚拟产品的舆论主阵地。

还可以通过数字身份的确权，通过新闻产品助力城市治理。比如有媒体推进的"网络文明银行"项目，网民可以把自己在互联网上的文明行为和文明实践在"文明银行"里存起来，铸造一个自己拥有产权的"数字藏品"，成为数字世界中"独一无二"的资产，可以被收藏、展示，也可以作为获取后续线下权益的凭证。

2. 提升沉浸式传播能力

运用元宇宙的新技术，在VR、AR、MR等方面布局沉浸式的内容传播，提供数字生活的新服务。这些传播和服务，在会议报道、赛事直播、综艺节目等方面，都可以尝试，目前已有多家媒体试水。比如中国移动－咪咕作为2022年卡塔尔世界杯足球赛持权转播商，打造了XR虚拟演播室，以"漂浮在元宇宙平行世界中的体育赛场"为主要设计理念，用VR一体机沉浸式看球，为球迷创造了全景式沉浸视觉空间。为传统媒体电视传播营造了新的生活场景。

再比如，观众可借助头戴设备通过"沉浸式体验"进入新闻现场，获得最为真实直观的专属新闻体验。让用户从"受众"变成新闻"主角"，受众具备的"数字化分身"能够进入虚拟再现的新闻叙事场景。2021年10月，江苏卫视推出国产原创动漫形象舞台竞演节目《2060》，真人明星和虚拟3D角色同台载歌载舞，并支持用VR眼镜沉浸式观看，给用户带来多样化、更震撼的体验。

有些突发性的新闻事件，媒体可能并没有实际拍摄的机会，为了快速复现且呈现良好的效果，元宇宙技术可帮助媒体将事实场景复制下来，并创建虚拟角色，辅助以事件解说，将完整的新闻事件照搬到元宇宙场景中，让观众代入场景体验，将新闻事件还原于元宇宙。

3. 培养"一专多能"的元宇宙人才

元宇宙里，媒体的内容生产和传播，已不再是在旧有的框架内扩大用户、拓宽连接范围、延长在线时长，而是对内容的生产、传播和消费的模式颠覆式重构，以虚强实、虚实互动，对人才的要求极高，人才培养挑战艰巨。元宇宙技术重塑了新闻生产的链条，为元宇宙里内容生产赋予新的机遇和可能，直接影响从业者的身份与职能变化。

元宇宙的新闻从业者不仅要掌握"八个全会"，还要有较高的技术素养，有较强的元宇宙空间的传播能力，与用户、虚拟人、人工智能等协同合作。元宇宙记者更多的是团队合作，团队要掌握元写作、元发布、元社交的能力，有较强的新型沉浸式社交平台的交互能力，熟练掌握数字创作、虚拟形象打造、特效实时渲染、虚拟实景搭建、空间声学仿真等技术，以提升媒体元产品中电视、动漫、音频等内容生产的效率和沉浸式体验。

4. 重构媒体盈利模式

元宇宙与实体经济不断创新融合，创造了"元宇宙+"的生活场景，越来越贴近普通人的日常生活，嵌套到我们的文旅、医疗、消费、娱乐等各个领域。媒体要在元宇宙的赛道里弯道超车，创新盈利模式，跨界元宇宙产业。

以媒体较多介入的展陈业、文旅产业为例，元宇宙能运用数字人讲解、增强现实导览等技术，拓展媒体全景旅游、虚拟演艺赛事发展等新模式，引导全息投影、体感交互等技术与赛事、演唱会、音乐会等结合，打造沉浸式"云现场"，以及数字会展、云上展厅、虚拟购物体验、沉浸影音、教育培训等，提供无边界、沉浸式服务。

对于广告业而言，NFT与广告升级，可以促进盈利重构，媒体把现实品牌的线上营销复制到元宇宙里，为广告主带来收益。元宇宙里还会诞生虚拟消费的品牌，现实和虚拟的切换，如何做这些品牌营销，对于媒体广告从业人员来讲，是一个全新的探索。

对直播而言，在各直播平台，众多媒体和品牌合作，已尝试推出定制虚拟形象，通过虚拟主播带货、虚拟代言人等方式与消费者互动，以此增强媒体、商家和用户之间的信息传递。虚拟主播正是在人工智能、智能网络技术推动下，数字人与电商行业、传媒行业的结合，产生幻觉性的沉浸意识和交互体感，最终形成崭新的传播情境。

媒体的"新闻+政务"服务也要打破虚拟与现实的边界，构建新型的传播体系。比如可通过建立城市数字沙盘，推进城市数字孪生体建设，加快虚拟空间和现实世界的全面连接和高度协同，提升城市治理科学性。比如提供智能化政务服务，建设虚拟综合办事大厅，开发场景式服务导航。在媒体的无界面办公系统上，还能运用虚拟化身、场景交互、空间渲染等技术形成虚拟办公平台，实现图、文、视频、版面、数据的实时协同。

此外，元宇宙技术创新数字资产、数字艺术品、数字影视版权等合规交易机制，促进数字人在数字营销、在线培训、电商直播、影音娱乐、服务咨询等多场景的应用，助力新型主流媒体在虚拟世界里的产业发展。

第12讲
王者融归——面向未来的新秩序

对话李鹏：蜀道之路，智媒通云天

"走到玉林路的尽头　坐在小酒馆的门口……"

成都，一座来了就不想离开的城市。这里，不仅有美景、美食，还有两朵业内著名的"媒体云"。

一朵是四川日报社打造的"四川云"，构建了数据共享平台、智能融媒平台、社会治理平台，提供省域治理的全媒体解决方案。

一朵是封面传媒打造的"智媒云"，由融媒技术、数字文博、内容科技、智慧营销、产教融合五大矩阵组成，提供智媒体的集成化创新引擎、多行业解决方案。

2019年起，中国报业融媒研究中心就开始关注和研究"封面"的智媒体建设，在当年的中国报业发展大会上，现场访谈了时任四川日报报业集团副总编辑、封面传媒董事长兼CEO李鹏，在业内引起较强反响。之后，李鹏升任四川日报报业集团党委副书记、总编辑，同他的对话也一直在延续。

ABCDGI，破译智媒体的密码

访谈问题：智能传播是"ABCDGI"的时代，带来了传媒百年未有之大变局。A是AI，人工智能；B是Blockchain，区块链；C是Cloud Computing，云计算；D是Data，大数据；G是5G，和即将到来的6G；I是IOT，物联网。技术给传媒带来颠覆性的改变，如何破译"ABCDGI"智媒体的密码？

"在智能传播时代，人工智能、区块链、云计算、大数据、5G、物联网这六种新技术给信息生产与传播带来巨大影响，概括起来即'ABCDGI'，它们是媒体深融变革通向未来的关键技术密码。"李鹏的语速，快而热烈，几句话下来，就把我们带入了节奏。

李鹏的这种提炼概括,应该是应用了笛卡尔方法论中的"分析律"与"综合律",而这也是媒体深融改革、探索方法论的底层思维。

"先说A,人工智能。目前已进入新闻线索搜集、写作、事实核查,再到效果反馈的各个环节,推动新闻生产流程的智能化变革。"李鹏以封面传媒举例,封面新闻开发的小封机器人,是封面传媒公司的第240号员工,已成为全国排名前十的机器写作工具。再比如封巢系统,将"前方记者+后方编辑"的传统生产,升级为"数据支持+智能写稿辅助+融媒呈现+全网推流"的多线程、智能化协作。

"就目前而言,媒体还是以人为中心的。"李鹏说,"技术的迭代,成就了智媒的第二个密码,即区块链,也就是B,它将在版权保护与资产管理、信源认证与内容审核、内容生产与新闻众筹、智能交易与广告效果、舆情分析与舆论环境等方面得到广泛应用。"

的确,在版权保护领域,区块链将更好地发挥数字作品版权存证的作用;作为社会的底层操作系统,区块链自我主权身份确认将涉及付费、身份验证、版税以及数字广告等领域。

"再说第三个密码C,云计算。"李鹏认为,云计算能够帮助媒体建立基层技术架构,从媒体升级为互联网平台;并拓展了媒体产业生态,支撑迭代多元产品体系,"云计算不仅仅是技术变革,更是商业模式的变革,封面智媒云5.0进军的智慧文博云端产业,就是一次技术和商业模式双重变革的结晶。"

第四个密码D,大数据,媒体人并不陌生,大数据是人工智能的基础支撑,所有算法、机器学习都离不开数据。李鹏说道,四川的两朵"媒体云"都以"数据驱动增长"作为首位战略,其中包含了四层数据的挖掘和应用:用户数据运用,实现传播精准化;信息数据挖掘,实现报道可视化;生产数据存储,实现内容结构化;技术数据开发,实现发展智能化。最终形成以用户为中心,以增长为导向,用数据驱动AI开发、产品迭代、用户运营、安全保护、收入增长、组织变革。

进入5G时代,意味着万物互联。李鹏接着谈到第五个密码"G",即5G和未来的6G技术,其高速率、低时延、泛在网,催生了新的数字变革,让视频传播走向主流形态。在川报，推广的是全员视频化生产和全屏视频化传播。李鹏特别强调：“这里的视频化，是智媒体的视频化，包括 VR、MR、3D、5GVR 全景直播等新技术，以及虚拟主播、智能剪辑视频技术、智能审核视频的运用等。”

最后一个密码是"I"，物联网。"对于物联网，有一个有趣的比喻：连一粒沙子都可以有自己的 IP 地址。媒体融入物联网后，将有怎样的场景出现呢？"李鹏说道，"物联网实现了万物互联，万物互联之后就是万物皆媒，特别是基于 IPv6 的下一代互联网，将催生出更多新业态、新应用、新场景。"

的确如李鹏所言，未来，将会有更多超越手机的物联网传播媒介诞生，如眼镜、芯片植入、车联网、智能家居等，会真正让信息无处不在，至于如何抢占这些舆论阵地，那将是传媒通向未来的重要课题。

智媒体 = 智能媒体 + 智慧媒体 + 智库媒体

访谈问题：破译了"ABCDGI"的密码，我们看到未来媒体的表现形式将是"智媒体"。"AI 时代"强势来袭，"IT 时代"渐渐远去，"DT 时代"也融汇升级。智媒体的内涵是什么？其发展前景怎样？

封面传媒是全国最早提出建设智媒体的媒体，对于智媒体，李鹏有较深的体会："2015 年封面传媒公司成立时，公司愿景就确立为'构建引领人工智能时代的泛内容生态平台'，即用人工智能打造新型主流媒体。2016 年，我们又提出建设智媒体，朝着目标一路坚持，一路奔跑。"

李鹏认为，智媒体是用人工智能技术重构新闻信息生产与传播全流程的媒体。技术驱动是智媒体的本质特征，人机协同是智媒体的重要标志，智能传播是智媒体的目标追求。说到这儿，李鹏在一张纸上写下了一个公式：智媒体 = 智能媒体 + 智慧媒体 + 智库媒体。

他把这个公式推到我们面前，说："这就是我们的智立方。展开来讲，包含了智能媒体、智慧媒体、智库媒体三个维度。"

一是智能媒体，就是用人工智能技术改造媒体，重新定义媒体，加大人工智能技术在采访、写作、互动、效果检测、营销等环节的探索和应用,给用户带来全新体验,让智媒体成为"人体的延伸"。

李鹏举了两个例子,一个是四川日报的"智能编辑部",就是一个"智媒大脑",将人工智能等新技术赋能新闻信息传播全过程,人和机器各自发挥作用,形成协同关系,产生聚合效应。通过智媒编辑部实现 AI 赋能人机协作的内容全流程管理,包括线索、采集、编辑、审核、发布、考核等。

另一个例子是封面的智媒演播室,致力于探索视频的云创新和云创作,在视频全流程管理、审核、脱敏、卡点、拆条、标签、媒资库建设、视频直播、电子布景虚拟演播厅、3D 建模、MR 视频等环节,实现了视频的智能化生产、视觉化传播和沉浸式体验,不断迭代受众的沉浸式体验。

二是智慧媒体。李鹏说:"智慧媒体即充分发挥智慧主导的作用,为技术引擎植入价值观的灵魂,生产正能量、年轻态、个性化的智慧原创内容,为智媒体赋予正确的价值导向。同时建设全场景适配的传播引导和智能服务的智媒云平台,深度融入社会智慧治理体系建设。"

比如,封面传媒正式推出智慧治理综合信息平台建设的解决方案,将同一城市的 12345 市民热线、基层网格、基层党建以及网络报料和全网舆情的信息进行统一归口,在信息中枢中通过前端交互矩阵和后台分发系统,与 C 端用户和政府机构建立双向反馈机制,并将智能分析的结果传递至指挥决策的可视化平台,供城市管理者及时掌握社情民意的趋势分析和情况预判。

而四川云"21183+N"也打造了赋能省域三级治理体系,通过三级(省级、市级、县级)政府部门互联互通的省域治理协作平台,为各级媒体、各地、各部门提供内容运营、新闻传播、数字资产管理等全流程优质服务。

三是智库媒体。"所谓智库媒体,就是通过智能技术和智慧报道,为政府、企业、社会民众提供智力支持,给政府和企业决策的发展提供参考,为用户提供生活资讯服务,成为政企机构、媒体和用户的连接点。"

李鹏以川观智库举例,川观智库提供了四类高质量智力服务。"问"系列:聚焦地方经济社会发展重大问题,面向全国采访 100 多位高水平专家,发挥智力支持作用;"探"系列:聚焦地方、行业发展需求,与省政府办公厅联合开展常态化调研活动,输出调研报告,服务高质量发展;"参"系列:主要聚焦通识信息参考,也为政府和企业的特定需求提供参考报告;"论"系列:聚焦交流分享,策划举办各类研讨会、论坛、沙龙等,满足各级政府发展和治理需求。

云端之上,传媒数字产业的机遇

访谈问题:新型技术的变革发展,推动文化产业形态、商业模式发生深刻变革。有专家预测,未来基于互联网的文化创意产业将在文化产业中占比70%。那么,在数字时代,主流媒体怎样更好地承担兴文化的时代责任,拓展新型文化业态,从产品向产业进军?

"数字化不仅改变着人们的日常生活,也正在拓展和满足每个人更高层次的需求。当三星堆遇上数字化技术,会碰撞出怎样的火花?"接受访谈中的李鹏反问了我们一个问题。

三星堆与数字化技术的融合在业内较有影响,2022年,封面传媒承接了第十七届中国(深圳)国际文化产业博览交易会上的三星堆文化数字展览,国宝铜纵目面具经过数字采集后以全息技术现场展览,"活"了起来。

"这背后,应用的是人工智能、大数据、云计算、知识图谱等新一代数字技术,"李鹏解密道,"通过三星堆遗址数字考古与多维度的数字研究,建立了考古数据档案,形成了考古研究成果的数字化阐释。"

的确如李鹏所言,封面传媒组建了数字文博产业全链条解决方案研发团队,向数字文化发布、数字展览技术应用、数字文博产业研发、文化国际传播等方向发力,让坐拥三星堆、九寨沟、大熊猫等顶级文化资源的四川也可以拥有一批线上数字文化国际平台。

"所以说,科技是引领,智媒体是核心,新型文化业态是支撑,三者相辅相成,形成了良性发展生态。"李鹏总结道,封面传媒发展数字文博产业链有三大方向:一是云上交互展览,二是文物数字化采集,三是以数字文博为核心的文化传播体系打造。已经有多个数字文物采集保护、数字文物沉浸式展览和云端数字文物展览项目进入实施阶段，数字文博产业，将是封面拓展传媒产业外延的重要载体。

李鹏总结道，未来，媒体产业链条将围绕"智媒体"这个核心，重点瞄准三个产业：一是智媒信息服务产业，提供基于人工智能技术的多样化资讯服务；二是技术交互娱乐产业，进军VR、AR、MR娱乐消费和游戏互动等视听感官体验的新技术文化产业；三是新型文旅产业，依托新创意、高科技打造多产业融合文旅项目，进军智慧文旅、文创产业。

党媒算法，"智驱"主流价值传播

访谈问题： 在新闻传播中，通过算法为用户分发内容，虽然能够因人而异传播，但也容易产生"信息茧房"，更容易产生低俗的流量、失序的流量。四川日报把主流媒体算法作为智能驱动引擎，研发推出自主可控的"川观算法"，是如何引领主流价值观的？

长期以来，算法一直是业内思考的重要问题。党媒算法不同于商业平台算法，要求更高，在建模过程中就要从算法架构、标签体系、应用场景等方面解决"主流价值传播"的难题。

"我们把川观算法定位为主流价值观的智能驱动引擎，"李鹏说道，"川观算法主要通过制定内容质量、内容认知、智能分发、传播效果等方面的算法规则，利用自然语言处理、知识图谱等技术，从算法架构、标签体系、应用场景等方面解决'信息茧房'问题，首创性地把主流价值融入'12235'共5层算法体系，更好地实现了优质信息找人，让智能算法与主流信息传播有机融合、相得益彰。"

接着，李鹏作了更深入的分析，他详细解释了"12235"的5层算法体系，"1"即建设一个党媒知识图谱。川观算法以治国理政、党史等内容构建知识图谱，研发基于党媒知识图谱的内容识别技术和智能校对技术，实现党政报道和党史人物、时间、事件的精准检索与快速连接。

第一个"2"即建立两组标签体系。川观算法自建了用户标签体系和内容标签体系。前者关注用户的性别特征、行为特征、阅读兴趣等,在党媒推荐系统中构建科学的用户画像标签;后者关注内容特征,在党媒推荐系统中构建主流价值观标签,深度挖掘主流内容与用户潜在的关联,推送党史知识、治国理政实践、党政人物数据、民生政策等用户感兴趣的正能量内容。

第二个"2"即建立两个模型。观点分析模型基于用户评论与观点数据,深化用户观点认知训练,为新闻决策提供依据;效果评估模型致力于动态监测传播对象、传播渠道等传播全链条的数据,让热点事件和热点新闻的传播更精准,可视化呈现传播数据。

"3"即打造三个引擎。川观算法打造智能推荐引擎、智能搜索引擎、人机交互引擎,深度融合党媒业务场景,发挥专业优势,形成多场景分发、多算法融合的主流智能分发机制,更好实现了"优质信息找人"。

"5"即提升五种算法能力。通过持续不断地训练,川观算法完善了热点挖掘算法、热点聚合算法、内容理解算法。同时,自主研发内容风控算法和价值观判定算法,采用语义分析、内容聚类等先进自然语言处理技术,建立内容风控体系,从源头把控内容质量,打造全媒体时代优质内容入口。

李鹏的话,让我们原先思考的问题有了一个正解:党媒算法是用主流价值导向引领算法发展,在主流价值驾驭之下,实现了海量内容与个性化需求的分发匹配,必将成为媒体深融的关键一步。

与李鹏的访谈,收获满满。川报的"智媒+",从顶层设计、战略规划到战术路径、技术打法,再到未来智媒场景,是那么清晰,未来已来,只有躬身入局,才能永立潮头。

结束访谈之际,突然想到传统媒体如果不变革,所处的境地就如李白写的那首诗"蜀道之难,难于上青天",智媒时代,重构媒体新秩序,既需要"凤凰涅槃"的勇气、"腾笼换鸟"的胆气,更要跨越思想和技术的藩篱。

面向未来的新秩序,勇于变革的媒体,或许可用这句诗来形容:蜀道之路,智媒通云天。

参考文献

书籍部分

［1］［德］托马斯·瑞德．机器崛起：遗失的控制论历史［M］．王晓，郑心湖，王飞跃译．北京：机械工业出版社，2017．

［2］［美］凯文·凯利．失控：全人类的最终命运和结局［M］．张行舟等译．北京：电子工业出版社，2016．

［3］卜宇．区域性主流媒体策略研究［M］．北京：人民出版社，2009．

［4］陈昌凤．媒体融合：策略与案例［M］．北京：中国社会科学出版社，2019．

［5］程明．数字营销传播导论［M］．武汉：武汉大学出版社，2022．

［6］杜飞进等．大变局——移动赋能价值传播［M］．北京：商务印书馆，2022．

［7］范以锦．传媒现象思考［M］．广州：暨南大学出版社，2020．

［8］高建华．赢在顶层设计：决胜未来的中国企业［M］．北京：北京大学出版社，2013．

［9］胡正荣．全球传媒发展报告（2016—2017）［M］．北京：社会科学文献出版社，2017．

［10］黄常开．传播力——南方报业媒体融合实践［M］．广州：南方日报出版社，2021．

［11］黄奇帆，朱岩，邵平．数字经济：内涵与路径［M］．北京：中信出版集团，2022．

［12］李鹏．智媒体：新物种在生长［M］．上海：东方出版社，2019．

［13］吕焕斌．媒体融合的芒果实践报告［M］．北京：中信出版集团，2019．

［14］南方都市报编．从纸媒到智媒［M］．广州：南方日报出版社，2022．

［15］刘润．底层逻辑：看清这个世界的底牌［M］．北京：机械工业出版社，2021．

［16］双传学．建设新型主流媒体：理论与进路［M］．南京：南京大学出版社，2021．

［17］宋建武．新闻媒介管理［M］．北京：高等教育出版社，2013．

［18］王平．融道：传统媒体智造新融合平台的方法论［M］．北京：中国国际广播出版社，2021．

［19］魏炜，朱武祥.重构商业模式［M］.北京：机械工业出版社，2010.

［20］吴晨光.源流说——内容生产与分发的 44 条法则［M］.北京：中国人民大学出版社，2021.

［21］吴军.智能时代［M］.北京：中信出版集团，2016.

［22］吴声.新物种爆炸［M］.北京：中信出版集团，2017.

［23］喻国明，杨雅.元宇宙与未来媒介［M］.北京：人民邮电出版社，2022.

［24］袁国宝.政务新媒体：引爆指尖上的"政能量"［M］.北京：中国经济出版社，2020.

［25］郑永年.技术赋权：中国的互联网、国家与社会［M］.上海：东方出版社，2014.

［26］周劲.传媒治理：理论与模式的中国式建构［M］.北京：人民出版社，2008.

［27］朱春阳，何伟.媒介融合时代的传媒集团企业文化建设［M］.浙江：浙江大学出版社，2016.

［28］朱岩，须峰.网聚天下：互联网商业模式的进化［M］.北京：清华大学出版社，2014.

论文部分

［1］中国红人经济商业模式及趋势研究报告 2020 年［C］.艾瑞咨询系列研究报告，2020（7）：87-128.

［2］卜宇.媒体融合十问：有看点吗？有人气吗？有人才吗？［J］.传媒，2022（02）.

［3］常湘萍.元宇宙将为传媒业带来哪些新体验？［N］.中国新闻出版广电报，2022-06-21（005）.

［4］沈浩，袁璐.人工智能：重塑媒体融合新生态［J］.现代传播，2018，40（07）：8-11.

［5］陈昌凤.元宇宙：深度媒介化的实践［J］.现代出版，2022（02）：19-30.

［6］陈然.媒体融合创新社会治理的理论渊源与逻辑进路［J］.青年记者，2021（07）：60-61.

［7］陈月军，范立月.传统主流媒体因应广告新生态的破圈路径［J］.青年记者，2021（08）：17-18.

［8］陈智尧，华小波.推进媒体深度融合探索经营新范式［J］.传媒评论，2021（06）：78-80.

［9］崔士鑫.加快推进媒体深度融合发展建立全媒体传播体系［J］.传媒，2020（20）：18-21.

［10］代志武，关咏霞.从荆州日报社"十四五"规划看地市报党媒融合发展路径［J］.传媒，2021（10）：21-24.

［11］董剑.媒体资本运营还有空间可为吗？［J］.中国报业，2022（01）.

［12］董立林."造厨房"只是媒体深融的第一步——浙报集团推进媒体深度融合的精细化探索［J］.新闻战线，2018（05）：81-86.

［13］段晓宏.国内城市媒体一体化改革的调研与观察［J］.城市党报研究，2021（11）：32-36.

［14］郭全中，王宇恒.国有传媒单位制定"十四五"发展规划的四大关键点［J］.传媒，2021（10）：25-27.

［15］郭全中."十四五"期间媒体深度融合战略研究［J］.中国出版，2022（01）：11-16.

［16］郭全中.元宇宙的缘起、现状与未来［J］.新闻爱好者，2022（01）：26-31.

［17］何冰冰，范以锦.深度融合实现质的提升 社会治理亟待继续强化［J］.中国报业，2022（01）：27-29.

［18］何芳明.融媒体时代传统媒体经营转型路径探析［J］.城市党报研究，2019（09）：66-68.

［19］胡泳，李雪娇.产业之变——"流量至上"市场逻辑的三大推手［EB/OL］.德外5号，2022-07-12.

［20］胡泳，刘纯懿.拥抱长线思维，元宇宙构建传播新局面［EB/OL］.德外5号，2022-07-21.

［21］胡正荣.智能化：未来媒体的发展方向［J］.现代传播，2017，39（06）：1-4.

［22］胡正荣，黄艾.展望2022 | 传媒业需要面对哪些时代课题［N］.中国新闻出版广电报，2022-01-04.

［23］胡志刚.培训、编制、薪酬与媒体存量队伍开发［J］.新传播，2021（05）.

［24］黄常开.提升现代传播能力建设新型主流媒体［J］.中国记者，2022（01）：26-30.

［25］黄楚新，曹曦予.内容科技助推新时代传媒业内容供给侧改革［J］.青年记者，2020（24）：11-12.

［26］黄楚新，刘美忆.2020年县级融媒体中心建设现状、问题及趋势［J］.新闻与写作，2021（01）：39-45.

［27］黄楚新，许可.当前中国媒体深度融合的热点、难点与机制突破［J］.传媒，2021（14）：12-14.

［28］黄浩．对新发展阶段新闻内容供给侧改革的思考［J］．青年记者，2021（13）：68-70．

［29］黄奇帆．关于互联网经济发展的六个战略思考［EB/OL］．清华大学互联网产业研究院公众号，2020-05-06．

［30］黄怡静，赵云泽．元宇宙背景下的新闻业发展趋势研究［J］．新闻爱好者，2022（06）：9-12．

［31］黄作敏．NFT赋能下，未来媒体都有哪些可能［J］．传媒评论，2022（09）．

［32］霍思明，单学刚．从舆情大数据到舆情数据新闻［J］．新闻战线，2021（12）：51-54．

［33］姜涛．主流媒体新媒体内容商业化路径探索［EB/OL］．德外5号，2022-08-11．

［34］蓝天，邹升平．习近平关于舆论引导的重要论述探析［J］．思想教育研究，2021（01）：14-19．

［35］李鹏．科技强媒，以"智媒+"引领新型主流媒体建设［J］．新闻战线，2022（05）：5-7．

［36］李鹏．新型主流媒体深度融入国家治理体系探究［J］．新闻战线，2021（17）：18-21．

［37］李秋红．加快广播电视产业向大视听产业转型［J］．传媒，2021（07）：1．

［38］廖建文，陈春花．这三步改变，决定企业未来的命运［EB/OL］．长江商学院MBA，2017-12-05．

［39］廖鲁川．打造用户广泛参与的内容生态［J］．新闻战线，2021（11）：35-38．

［40］刘海陵，林洁．从疫情防控报道看羊城晚报的流程改革［J］．新闻战线，2020（11）：13-15．

［41］刘思扬．变革：数字化社会的媒体智能化发展［J］．中国记者，2018（10）：32-33．

［42］柳斌杰．大变局之下传媒的重构与能力再造——2021年中国媒体发展特点与未来趋势展望［J］．新闻战线，2022（03）：12-17．

［43］罗静．传播生态嬗变重新定义媒体商业模式［J］．传媒观察，2020（10）：88-93．

［44］马良柱．坚守新闻舆论工作根本原则 推进媒体党建与业务深度融合［J］．新闻战线，2021（22）：6-9．

［45］牛占华．加快推进事业单位改革［J］．人民日报，2018-05-25．

［46］漆亚林．"一体化"视域下主流媒体内容供给侧改革［EB/OL］．中传传媒经济研究所，2021-11-25．

［47］裘新．标到非标，非标到标——技术如何加快媒体深度融合发展［J］．新闻战线，2020（09）．

[48] 全媒派.视频的另一种革命：关于"竖屏时代"，我们该知道些什么？［EB/OL］.腾讯传媒，2021-01-21.

[49] 荣翌.渠道与平台：媒体融合语境下的概念辨析［J］.新闻战线，2018（15）：110-113.

[50] 宋建武，陈璐颖.建设区域性生态级媒体平台——打造新型主流媒体的路径探索［J］.新闻与写作，2016（01）：5-12.

[51] 宋建武，黄淼.媒体智能化应用：现状、趋势及路径构建［J］.新闻与写作，2018（04）：5-10.

[52] 唐胜宏，彭琪月，韩韶君.新技术条件下主流媒体舆论引导能力提升策略［J］.新闻战线，2021（21）：91-94.

[53] 唐维红，王京.新型主流媒体建设成效评价体系研究［J］.新闻战线，2021（15）：99-102.

[54] 唐铮.推进媒体深度融合该如何发力［N］.中国新闻出版广电报，2022-05-23.

[55] 田丽.我国媒体人工智能发展现状与问题［J］.新闻战线，2019（23）：41-44.

[56] 王君超.顶层设计与新闻舆论"四力"体系初探［J］.新闻战线，2022（02）：49-53.

[57] 王明浩等.主流媒体重大疫情报道的时度效［J］.中国记者，2022（07）.

[58] 王思文，赵随意.破局与方向：媒体融合背景下广电业新型主流媒体建设研究［J］.传媒，2022（04）：18-20+22.

[59] 王昕，边墨竹.深融阶段主流媒体的广告经营与创新方向［J］.青年记者，2021（08）：19-22.

[60] 王炎龙，邱子昊.供给侧结构性改革视阈下媒体融合的格局重构［J］.湖南科技大学学报，2019，22（05）：126-133.

[61] 文远竹.2022年：媒体经营管理呈现四大趋势［N］.中国新闻出版报，2022-01-11.

[62] 吴小红，刘桦葳.社区媒体助力新时代基层社会治理路径探析［J］.传媒，2022（02）：41-43.

[63] 肖春飞.县级融媒体中心建设的价值观与方法论［J］.中国记者，2019（08）：20-24.

[64] 谢新洲，石林.县级融媒体中心客户端建设的问题与优化策略［J］.青年记者，2021（03）：50-54.

[65] 杨永亮.媒体深度融合，人力资源改革的"硬骨头"怎么啃［J］.新闻战线，2019（09）.

［66］杨明品.广电行业纾困关键在强主体［EB/OL］.国家广电智库，2022–06–10.

［67］杨明品.推动媒体深度融合的政策靶向［EB/OL］.国家广电智库，2022–04–26.

［68］姚林.报业媒体融合中的融媒体经营分析［J］.中国报业，2019（19）：32–35.

［69］岳学渊.用户特别希望和我们一块"玩"［J］.长江，2020–12–27.

［70］张光辉.浅谈媒体融合条件下经营转型的策略与模式创新［J］.中国记者，2021（03）：41–45.

［71］张浩然.Web 3.0 将如何重塑新闻业？｜芒种观察［EB/OL］.腾讯媒体研究院.

［72］张立.数字内容产业的"三重"与"三轻"［J］.传媒，2020–07–20.

［73］张曙红.主流媒体的看家本领：信息准确性+言论导向性+内容权威性［EB/OL］.2021 中国经济媒体融合发展高峰论坛，2021-12-12.

［74］张涛甫.未来已来［J］.新闻大学，2020（12）：1.

［75］张涛甫."王炸"与"副牌"［J］.新闻大学，2022（2）：1.

［76］张严."未来电视"已来［EB/OL］.国家广电智库，2022–08–31.

［77］赵前卫.智能时代移动舆论场的传播特点与舆论引导［J］.青年记者，2022（03）：77–78.

［78］赵随意.未来已来睿者同行［EB/OL］.清华大学互联网产业研究院公众号，德外5号，2018-05-15.

［79］周伟，荣欣欣.主流媒体如何构建政策性营收模式［J］.青年记者，2021（15）：67–69.

［80］朱岩.平台经济领域反垄断——以流量为核心的互联网商业模式的终结［EB/OL］.清华大学互联网产业研究院，2020-11-23.

［81］朱春阳.研究的"画术"［J］.新闻大学，2020（7）：1.

［82］朱鸿军.怎样建强用好县级融媒体中心［N］.中国新闻出版广电报，2022–08–30.

［83］之江轩.新闻客户端不能有"端"无"客"［J］.浙江宣传，2022–10–26.

［84］之江轩.元宇宙的盛宴背后［J］.浙江宣传，2022–11–26.

［85］之江轩.市级媒体融合，浙江为何要先行［J］.浙江宣传，2022–11–28.

后　记

2022年的深冬，新冠疫情的第一波冲击让每个人都措手不及，整个城市摁下了静默键，只有医院的大厅里挤满了病人，极度疲惫的医生彻夜抢救，一些人在希望中回归，一些人在失望中悲伤，每个人的日子都不容易。

这一年，传统主流媒体也极为不易，整个行业的日子都不好过，巨大的灰犀牛终于冲了过来。

2018年底，我曾写了篇文章《预见2019，传统媒体的10个小趋势，灰犀牛会扑来吗？》，在业内刷屏，文中写道：灰犀牛，是指大概率发生的潜在危机，你能看见它，却不知道它何时发生，当它扑过来时，你只能猝不及防，束手无策。

一

2018年，灰犀牛还没有扑过来，那是一个媒体人格外怀念的年代。那一年，尽管传统媒体也很艰难，觉得冬天已经来临，但大家的信心依然满满。

那一年的4月26日，北京京西宾馆里，中国报业协会隆重举行"成立30周年纪念大会"，全国报业500多位社长总编辑参加。

当晚，受中国报业协会委托，我主持召开了"全国报业大调研座谈会"，开场，便问了这样一个问题：

你面前有一个红色按钮，一个绿色按钮。按下红色按钮，就能获得100万元。按下绿色按钮，有50%的概率获得1亿元，你会选择哪一个？

这个看似简单的选择题，说的是媒体转型向何处去。在当时用户失联、收入腰斩后，坊间流传着这样的话：改了找死，不改等死。

一种是继续守着纸媒谋求财政供养，如同按下红色按扭，不用费神，就能得到 100 万元，落袋为安嘛。

一种是危中寻机，走上深化改革之路，如同按下绿色按钮，前方荆棘丛生，50% 的成功概率，如果豪赌一把，那可真的是去找死。

现场见仁见智，大家热议起来，有选择红色按钮的，也有选择绿色按钮的，双方各陈理由，各抒己见。

在期待的目光中，我公布了正确答案。那就是选择绿色按扭，但不能直接去按，有三个方案，都要进行顶层设计和整体谋划，也就是后来这本书归纳的，14 个一体化的深融布局。

方案一：将 50% 概率获得 1 亿元的选择权，100 万元卖给一个大佬，如果中了 1 亿元双方分成，将选择权直接变现，实现盈利模式重构；

方案二：找一个基金或投行，把选择权估值成 5000 万元，再 2000 万元卖掉，这就是资本运营的顶层设计；

方案三：把选择权做成彩票发行，媒体公信力背书，抽 1000 万元的大奖，这就是多元产业的发展思路。

说完答案，大伙脑洞大开。一个看似魔幻的选择题，小中见大，折射出传媒转型中变与不变、创新与固守的话题。

座谈会一直开到深夜，直到工作人员多次催促方才结束。10 多位社长、总编辑意犹未尽，转场到我住的房间夜谈。那一晚，大家谈困境、谈出路，直抒胸臆，有的问题还形成了正反两方，激烈辩论，交锋中茅塞顿开。在一众报人身上，我看到的是一盏不灭的精神之灯——永不言败的情怀。

夜谈会结束时，已经东方既白，大家鼓励我把夜谈的成果整理出来，那一夜，我也就不知深浅地萌生了写作《融中对》的念头。

二

因为有情怀，我们乘着时代的东风，没有什么山峰不能攀登。

京西宾馆会议后，在中宣部的指导下，中国报业协会正式发文，启动全国报业大调研，交中国报业融媒研究中心执行。

通知下发后，从央媒到省媒、从行业报到地方报，几百家报社积极参与，

后 记

我也带着《融中对》的课题，走访调研了多家报社。从大调研的情况看，大家对当下的困境看得都很清楚，但对未来的路径，却很迷茫，有的还走错了方向。

正如以色列畅销书作家尤瓦尔·赫拉利在《今日简史》中所说："我们可能担心对了困境，但我们可能关心错了问题。"

好在传统媒体人最为可贵的一点，是决不轻言放弃，闯过隘口才能一马平川，正如任正非在华为遭遇危机时所言：冬天不是靠熬就能够过去的。

冬天，更多的是雨雪纷飞，需要抱团取暖。积力所举，则无不胜；众智所为，则无不成。在调研中，大家希望中国报业融媒研究中心能总结归纳各家报社好的做法，整理出一揽子媒体融合解决方案，不谈高深理论，换一个姿势奔跑，能立足实践、突出实用、指导实战。

在调研报告写作过程中，盐阜大众报"众媒云"的建设探索，较好地验证和纠偏了《融中对》当初构想的解决方案。

2019年，盐阜大众报报业集团与中国报业融媒研究中心合作，启动全面深改。中心为集团研发了一揽子改革方案，包括"14个一体化"的顶层设计，逐步配套的11个战略规划和战术方案，从"摸着石头过河"到"摸准石头过河"，三年三大步，初步建成了新型主流媒体区域平台——"众媒云"。

2021年，"众媒云"被国家新闻出版署评为"中国报业深度融合发展创新案例"；"众媒云"组织架构和云平台两次被评为"江苏省出版传媒融合发展优秀案例"；2020年盐阜大众报报业集团广告收入增长2600万元，增幅42%；2021年现金到账增长3800万元，增幅24%。

从2019年亏损3900万元到2021年实现利润1300万元，盐阜大众报报业集团仅用了两年时间，实现了奇迹般的逆势上扬，并连续两年获得中国新闻奖，走出了一条独具特色的传统媒体融合转型之路。

两年来，全国近百家媒体来到盐阜大众报考察指导，同行们在交流中，迫切希望中国报业融媒研究中心能把实践的探索总结出来，出一本书，授人以鱼不如授人以渔，更坚定了我把《融中对》写下去的信心。

三

新时代为媒体融合开辟了广阔天地，号角激越，催人奋进。

2020年6月30日，中央深改委第十四次会议审议通过了《关于加快推进媒体深度融合发展的指导意见》（以下简称《意见》），为媒体深度融合发展指明了方向、提供了遵循。

为深入学习领会《意见》精神，2020年9月，中宣部传媒监管局和中国报业协会专门成立"报业深度融合课题"专家小组，研究《意见》在全国报业系统的贯彻落实，我有幸成为专家组成员，在北京封闭讨论期间，深刻把握了《意见》的丰富内涵，为本书的写作打下了坚实的政策理论基础。

综合各方意见，本书从两个角度展开写作。一是自上而下，从顶层设计的角度，按照《意见》精神，理清媒体深融的方法论，从实践中来，再到实践中去；二是自下而上，从底层逻辑的角度，切合基层实际，总结实战中的经验和路径，先提出问题，再解决问题。

得益于身兼两职，中国报业融媒研究中心主任、盐阜大众报报业集团总编辑，我很庆幸能在这春潮涌动的时代，上接天气、下接地气，始终站在实践的最前沿，感知春江的水暖，打通理论与实践的"任督二脉"，从时代背景、行业格局、自身实践几个方面"抓活鱼"，试图给出"带露水"的思考。

如果从本书第一讲的演讲稿算起，这本书已经准备了7年时间。还记得2015年初冬，黑龙江日报报业集团邀我去作全员培训，媒体融合顶层设计的破题，就是那次内训的讲稿。

在这个"七年之痒"中，每个双休日，我大多是在思考和写作中度过，品味"千淘万漉虽辛苦，吹尽狂沙始到金"的甘苦。

如果要说本书的特点，那就是跨界。相比于学界，我们是一线操盘手，不坐而论道；相对于业界，我们擅长实战研究，能知行合一。

四

在本书封笔之际，卡塔尔世界杯半决赛现场，香港歌手陈奕迅演唱的

后　记

《孤勇者》在球场响起。一首歌承载的奋勇精神，在这个被疫情冲击的年代，让世界的心脏一起澎湃。

2023年的元旦，北京的街道再次出现拥堵，上海的地铁又挤满了乘客，城市的烟火气逐步回归，很多人的口罩换成了N95，一些店铺早早地挂上吉祥兔……

大疫后的秩序重建，媒体融合的现代化征程，我们有太多的路要走，传统主流媒体也到了勇毅前行的时刻，只要踔厉奋发，终将春日暖阳，谁说站在光里的才是英雄呢？

换一种姿势奔跑吧，历史已从身后闪过，回望过去，留在内心深处的唯有感谢和致敬。

感谢中国报业协会，为全国报业融合转型举大旗、指路径、解难题，带领传统主流媒体不忘初心、砥砺前行。感谢中国报业协会历任领导的信任和支持，将中国报业融媒研究中心设在盐阜大众报报业集团，给我的研究写作提供了广阔的智库平台。

感谢人民日报出版社，对本书编辑出版的指导，并将此书列入重大选题。这是我与人民日报出版社合作的第三本书，第一本《剑指云天：报业转型风口之战》，被原国家新闻出版广电总局指定为全国社长总编辑培训班参考教材；第二本《王者融归：媒体深度融合56个实战案例》，被中国报业发展大会指定为会议用书，参会人员人手一册；如今第三本书出版，希望也能给大家带来新的收获。

感谢培育我成长的盐阜大众报。诞生于抗日战争烽火岁月的盐阜大众报，刘少奇同志亲笔题写了报名，2023年将迎来她创刊80周年的华诞，80年光辉岁月，红色基因，代代赓续。希望这本书能作为生日礼物，让她与时俱进，引领媒体融合的守正与创新。

感谢为80年光荣梦想而努力奋斗的盐阜报人，感谢历任领导和同事对我工作的关心和支持，这本书呈现的不仅是我个人的思考，写作中也得到了很多同事的帮助，它更是全体盐阜报人集体智慧的结晶。

感谢书后所列参考文献的所有作者，如果本书还有一些新意，都是参阅借鉴了这些老师的研究成果，受到他们真知灼见的启发。由于水平有限，本书还有很多缺憾和不足，恳请各位方家和同行不吝指正。

最后要说明的是，书中"融中对"栏目，是我多年来在各家媒体经历、了解、感知的人和事，以非虚构文学的方式整合创作，为这段传统媒体蝶变的历史，增加些生动有趣的注脚，如有雷同，纯属巧合。

周　劲

2023 年元月

图书在版编目（CIP）数据

融中对：市县融媒体中心全景实战12讲/周劲著.—北京：人民日报出版社，2023.4
ISBN 978-7-5115-7659-0

Ⅰ.①融… Ⅱ.①周… Ⅲ.①县—传播媒介—建设—研究—中国 Ⅳ.① G206.2

中国国家版本馆 CIP 数据核字（2023）第 001298 号

书　　名：	融中对：市县融媒体中心全景实战 12 讲 RONG ZHONG DUI: SHI XIAN RONG MEITI ZHONGXIN QUANJING SHIZHAN 12 JIANG
作　　者：	周　劲
出 版 人：	刘华新
责任编辑：	林　薇　梁雪云
封面设计：	主语设计
版式设计：	格律图文
出版发行：	人民日报出版社
社　　址：	北京金台西路 2 号
邮政编码：	100733
发行热线：	（010）65369509　65369827　65369846　65363528
邮购热线：	（010）65369530　65363527
编辑热线：	（010）65369526
网　　址：	www.peopledailypress.com
经　　销：	新华书店
印　　刷：	河北大厂回族自治县彩虹印刷有限公司
法律顾问：	北京科宇律师事务所　（010）83622312
开　　本：	710mm×1000mm　1/16
字　　数：	428 千
印　　张：	29
版次印次：	2023 年 4 月第 1 版　2023 年 4 月第 1 次印刷
书　　号：	ISBN 978-7-5115-7659-0
定　　价：	68.00 元